高等学校土木工程学科专业指导委员会规划教材

（按高等学校土木工程本科指导性专业规范编写）

线 路 设 计

（铁道工程专业方向适用）

易思蓉　主编

魏庆朝　主审

中国建筑工业出版社

图书在版编目(CIP)数据

线路设计/易思蓉主编. —北京：中国建筑工业出版
社，2015.12
高等学校土木工程学科专业指导委员会规划教材（按
高等学校土木工程本科指导性专业规范编写）（铁道工程
专业方向适用）
ISBN 978-7-112-18771-3

Ⅰ.①线…　Ⅱ.①易…　Ⅲ.①铁路线路-设计-高等学
校-教材　Ⅳ.①U212.3

中国版本图书馆 CIP 数据核字(2015)第 279317 号

　　本教材主要阐述铁路线路设计的基本理论和方法，界定了路网铁路的分类与等级划分，分析了铁路主要技术标准选择的影响因素。围绕客货列车共线运行、客运专线和货运专线铁路三大类，详细介绍铁路运输能力、线路平面和纵断面设计、铁路定线、方案比选、既有线改建与增建复线设计。同时，为适应铁路发展方向和城市轨道交通发展的需要，介绍了城市轨道交通规划与线路设计等内容。本教材在内容编写上以培养 21 世纪优秀土木工程人才为宗旨，强调知识与能力的协调，尽可能纳入铁路线路设计中的新理论与新方法，更加注重内容体系的科学性和创新性。

　　本书为高等院校土木工程专业的本科教材，也可作为相关专业大专课程的选用教材，并可供有关工程技术人员学习、参考。

责任编辑：王　跃　吉万旺　仕　帅
责任校对：张　颖　党　蕾

高等学校土木工程学科专业指导委员会规划教材
（按高等学校土木工程本科指导性专业规范编写）

线 路 设 计
（铁道工程专业方向适用）

易思蓉　主编
魏庆朝　主审

*

中国建筑工业出版社出版、发行(北京西郊百万庄)
各地新华书店、建筑书店经销
北京科地亚盟排版公司制版
环球东方（北京）印务有限公司印刷

*

开本：787×1092 毫米　1/16　印张：18½　字数：391 千字
2016 年 3 月第一版　2016 年 3 月第一次印刷
定价：**42.00** 元
ISBN 978-7-112-18771-3
(27950)

本系列教材编审委员会名单

主　　　任： 李国强

常务副主任： 何若全　沈元勤　高延伟

副　主　任： 叶列平　郑健龙　高　波　魏庆朝　咸大庆

委　　　员：（按拼音排序）

陈昌富　陈德伟　丁南宏　高　辉　高　亮　桂　岚
何　川　黄晓明　金伟良　李　诚　李传习　李宏男
李建峰　刘建坤　刘泉声　刘伟军　罗晓辉　沈明荣
宋玉香　王　跃　王连俊　武　贵　肖　宏　许　明
徐　蓉　许建聪　徐秀丽　杨伟军　易思蓉　于安林
岳祖润　赵宪忠

组 织 单 位： 高等学校土木工程学科专业指导委员会
　　　　　　　中国建筑工业出版社

出　版　说　明

　　近年来，高等学校土木工程学科专业教学指导委员会根据其研究、指导、咨询、服务的宗旨，在全国开展了土木工程学科教育教学情况的调研。结果显示，全国土木工程教育情况在 2000 年以后发生了很大变化，主要表现在：一是教学规模不断扩大，据统计，目前我国有超过 400 余所院校开设了土木工程专业，有一半以上是 2000 年以后才开设此专业的，大众化教育面临许多新的形势和任务；二是学生的就业岗位发生了很大变化，土木工程专业本科毕业生中 90％以上在施工、监理、管理等部门就业，在高等院校、研究设计单位工作的本科生越来越少；三是由于用人单位性质不同、规模不同、毕业生岗位不同，多样化人才的需求愈加明显。土木工程专业教指委根据教育部印发的《高等学校理工科本科指导性专业规范研制要求》，在住房和城乡建设部的统一部署下，开展了专业规范的研制工作，并于 2011 年由中国建筑工业出版社正式出版了土建学科各专业第一本专业规范——《高等学校土木工程本科指导性专业规范》。为紧密结合此次专业规范的实施，土木工程教指委组织全国优秀作者按照专业规范编写了《高等学校土木工程学科专业指导委员会规划教材（专业基础课）》。本套专业基础课教材共 20 本，已于 2012 年底前全部出版。教材的内容满足了建筑工程、道路与桥梁工程、地下工程和铁道工程四个主要专业方向核心知识（专业基础必需知识）的基本需求，为后续专业方向的知识扩展奠定了一个很好的基础。

　　为更好地宣传、贯彻专业规范精神，土木工程教指委组织专家于 2012 年在全国二十多个省、市开展了专业规范宣讲活动，并组织开展了按照专业规范编写《高等学校土木工程学科专业指导委员会规划教材（专业课）》的工作。教指委安排了叶列平、郑健龙、高波和魏庆朝四位委员分别担任建筑工程、道路与桥梁工程、地下工程和铁道工程四个专业方向教材编写的牵头人。于 2012 年 12 月在长沙理工大学召开了本套教材的编写工作会议。会议对主编提交的编写大纲进行了充分的讨论，为与先期出版的专业基础课教材更好地衔接，要求每本教材主编充分了解前期已经出版的 20 种专业基础课教材的主要内容和特色，与之合理衔接与配套、共同反映专业规范的内涵和实质。此次共规划了四个专业方向 29 种专业课教材，为保证教材质量，系列教材编审委员会邀请了相关领域专家对每本教材进行审稿。

　　本系列规划教材贯彻了专业规范的有关要求，对土木工程专业教学的改革和实践具有较强的指导性。在本系列规划教材的编写过程中得到了住房和城乡建设部人事司及主编所在学校和单位的大力支持，在此一并表示感谢。希望使用本系列规划教材的广大读者提出宝贵意见和建议，以便我们在重印再版时得以改进和完善。

高等学校土木工程学科专业指导委员会
中国建筑工业出版社
2015 年 4 月

前　言

本教材是根据《高等学校土木工程本科指导性专业规范》中"线路设计"基本知识单元要求，并在 2009 年由西南交通大学主编、由西南交通大学出版社出版的《铁路选线设计》（第三版）教材的基础上，参阅了近年来出版的有关规范、设计手册和书籍等编写的。

"线路设计"是一门面向土木工程专业铁道工程方向教学需求的课程。本教材在体系上继承了 2009 年版《铁路选线设计》（第三版）教材的结构体系，在内容编写上采用了最新的数据资料，增加了近年来发展起来的新技术、新知识。本教材按照《高等学校土木工程本科指导性专业规范》推荐的知识单元，实施"基于问题、基于项目、基于案例"的学习，最大限度地贴近工程，回归工程教育的本质要求。教材在介绍基本原理和基本方法的同时，特别注意围绕工程案例和典型项目展开基本原理和方法的阐述，并考虑与实践性教学环节（专业实习、毕业实习、课程设计、毕业设计等）的衔接。本教材主要阐述铁路线路设计的基本理论和方法，界定铁路的分类与等级划分，分析铁路主要技术标准选择的影响因素。围绕客货列车共线运行、客运专线和货运专线三大铁路类，详细介绍铁路能力与牵引计算、线路平面和纵断面设计、铁路定线、方案比选、铁路运输能力加强和既有线改建与增建复线设计。为了提高教材的时间延续性，本教材在编写中重点阐明铁路线路设计的基本原理、基本知识和基本方法，避免直接引用规范的条款。书中还扼要介绍了铁路选线设计中的新理论、新技术，以启迪学生的思路。结合我国铁路的发展动向，本书在参考国内外高速铁路技术的研究与工程实践资料的基础上，结合我国高速铁路建设的特点，对高速铁路选线设计知识进行了归纳和提炼，并将其以基本原理和方法的形式融入全书的各个章节中。为了适应城市轨道交通系统的发展，书中介绍了城市轨道交通系统的基本概念、线路规划与线路设计的基本知识。

本教材在内容编写上以培养现代铁路卓越工程师人才为宗旨，着重体现铁路线路设计中的创新实践和创新方法，更加注重内容体系的实践性和创新性。

本教材由西南交通大学易思蓉教授主编。参加编写的有：易思蓉、曾勇、张家玲、马弯。

本书由北京交通大学魏庆朝教授担任主审。

本书在编写过程中，得到铁路管理与勘测设计企业专家的指点，并提出了许多宝贵意见，在此特致谢意！

本书在编写中参考并引用了《铁路线路设计手册》、《牵引计算规程》、《铁路线路设计规范》、《铁路站场与枢纽设计规范》、《铁路主要技术政策》、《高速铁路设计规范》、《铁路统计公报》等文献的数据和资料，在此一并表示感谢。

编　者

2015 年 8 月

目　　录

第1章
绪 论

本章知识点

> 知识点：铁路运输的性质与特点、铁路基本建设程序、铁路选线
> 设计的基本任务、铁路设计中应遵循的规程和规范，世
> 界铁路发展概况，中国路网结构、中国铁路建设规划，
> 高速铁路发展动态和重载运输的发展概况。
>
> 重 点：铁路基本建设程序、铁路选线设计的基本任务。

1.1 概述

1.1.1 铁路运输的性质与特点

1. 铁路运输的性质与特点

铁路运输业是一个独立、特殊的物质生产部门，是发展国民经济、提高人民物质文化生活水平的重要基础设施。铁路运输具有物质生产的三个要素：车、机、工、电各部门运输职工的劳动，线路、机车、车辆、通信、信号等劳动资料，作为劳动对象的人或物（旅客或货物）。铁路运输使旅客与货物的场所发生预定的变化，从而具有使用价值。运送旅客可满足人们旅行的需要。运送货物是生产性质的价值增值过程，也是生产过程在流通领域的继续。所以铁路运输是一个独立的物质生产部门。

在铁路运输生产的三要素中，人的劳动和劳动资料虽然由铁路支配，但劳动对象即运送的旅客和货物，铁路只是为其提供服务而不能自由支配，所以铁路运输虽然是一个物质生产部门，但还具有服务的功能。这就决定了铁路运输在各种运输方式的协作配合、合理分工的条件下，能安全、舒适、快捷地满足运输需求，以适应国民经济的发展。

在社会主义市场经济条件下，铁路还具有企业性质，必须重视投入产出问题，建立竞争机制与营销策略，讲究经济效益，以保证铁路的生存和发展。

铁路运输的生产过程不改变物质的形态或性质，只改变旅客和货物的场所，属于空间变化，其产品是人和物的位移，用"人·km"和"t·km"来衡量铁路运输的生产量。

工农业生产的产品既可以储存，又可以调拨。而以"人·km"和"t·

2

km"表示的铁路运输生产量，则是在运输生产过程中完成的，它不能作为独立的物体存在于运输过程之外，只能在运输过程中被同时消费。所以，铁路运输的产品是不能在运输过程以外进行储存和调拨的。因此在国民经济发展的总体规划中，铁路建设应当适度超前，避免铁路成为制约因素和瓶颈产业，以保证国民经济持续稳定的发展。同时在一条铁路的规划设计中，也需要使其能力具有一定储备，以适应铁路经行地区工农业迅猛增长的运输需求。

2. 铁路运输的生产量

铁路运送旅客的生产量用"人·km"衡量，称为旅客周转量，按下式计算：

$$旅客周转量＝\sum（旅客人数×旅行距离的公里数）\qquad (1-1)$$

铁路运送货物的生产量用"t·km"来衡量，称为货物周转量，按下式计算：

$$货物周转量＝\sum（货物吨数×货物运距的公里数）\qquad (1-2)$$

为了统计铁路客货运输的综合生产量，习惯上可将每"人·km"的旅客周转量折算为一个"t·km"的货物周转量。这样，就可以将旅客周转量和货物周转量直接相加，称为客货周转量或换算周转量，单位为"换算t·km"。换算周转量可以综合体现铁路完成客货综合生产量的大小。

平均每公里铁路每年运送的旅客人数称为客运密度，平均每公里铁路每年运送的货物吨数称为货运密度，平均每公里铁路每年完成的换算吨数称为运输密度。运输密度是衡量铁路运输效能最重要的指标。

3. 铁路在交通运输中的地位

20世纪80年代以前，我国在铁路、公路、水运、民航和管道五种运输方式中，铁路基本处于垄断地位，全国的长、短途客货运输非铁路莫属。自20世纪80年代起，国民经济迅猛发展，交通运输全面紧张，公路和民航发展很快，铁路客运被大量分流。在社会主义市场经济逐步完善的过程中，运输市场的竞争日益显著，铁路的垄断地位已被削弱。

在综合交通运输体系中，五种运输方式应当发挥各自的优势，协调发展，共同为国民经济持续、稳定、快速发展服务。铁路运输能力大，运输成本低，是中长距离客货运输的主力，在地区间物资交流和大宗货物运输中具有明显优势，是我国陆上运输的骨干。公路运输机动灵活，在广大城乡集散客货的运输中非公路莫属，是短途运输的主力。水运投资少、运力大、成本低、能耗少，沿海和内河水运应当充分利用。管道运输投资少、运力大、建设周期短，占地极少，是输送油、气的最佳运输方式。航空运输速度高、运达快，但能耗大、成本高、运力有限，主要担负中长途高级客流和贵重货物的快速运送任务。

发展综合运输体系要符合我国的国情民情，要以铁路为重点。因为：

（1）我国疆域辽阔，人口众多，且处于小康水平，中长距离的旅客出行，需要运力大、运费低的铁路运输。

（2）我国东部工业发达，中西部资源丰富，形成了北煤南运、西煤东运、南粮北调、西棉东调等大宗货物长距离运输的格局，只有铁路才能承担这样繁重的运输任务。

（3）我国还处于社会主义初级阶段和工业化前期，决定了运输物品多为煤炭、矿产品、原材料和粗加工的大宗货物，量大而价低，为了减少销售成本中的运费支出，必将选择运费低廉、安全可靠的铁路运输。

1.1.2　铁路基本建设程序

1998 年铁道部制定的《铁路基本建设工程设计程序改革实施方案》和 2007 年 8 月发布的《铁路建设项目预可行性研究、可行性研究和设计文件编制办法》规定：铁路大中型建设项目应在决策阶段开展预可行性研究和可行性研究，在项目实施阶段开展初步设计和施工图设计。小型项目或工程简易的项目可适当简化，可不编制预可行性研究文件，设计可按一阶段设计，即施工图设计，文件内容和深度应满足项目决策和工程实施的要求，同时加强铁路建成后的后评估工作。

1. 预可行性研究。预可行性研究文件是项目立项的依据，应按铁路建设的长远规划，充分利用国家和行业资料，经调查踏勘后编制。在预可行性研究中，要从宏观上论证项目的必要性，为项目建议书提供必要的基础资料。其内容和深度主要包括：系统研究建设项目在路网及交通运输中的意义和作用，论证项目的必要性；解决拟建规模、线路起讫点和线路走向方案（改建铁路则应针对其运能与运量不相适应的薄弱环节拟定改建初步方案，铁路枢纽则应结合总图规划拟定研究年度的建设方案）；提出主要技术标准、各项主要技术设备设计原则的初步意见和主要工作内容；对相关工程和外部协作条件作初步分析；提出建设时机及工期、主要工程数量、投资估算、资金筹措设想；初步进行经济评价；从宏观上分析对自然和社会环境的影响。

预可行性研究中，对影响线路走向方案选择的长距离、大面积地质条件极其复杂的地区，应开展遥感工作，编制遥感地质报告，对线路走向方案做出地质评价。地形地质特别复杂、线路可能方案较多、范围较大的地区，应在预可行性研究中提出加深地质工作的具体意见，经审查后，在初测前安排加深地质工作，确定初测方案，指导后续地质工作。

2. 可行性研究。可行性研究是项目决策的依据，应根据批准的项目建议书，从技术可行性、经济合理性上进行全面深入地论证，采用初测资料编制。其内容和深度主要包括：解决线路方案、接轨点方案、建设规模、铁路主要技术标准和主要技术设备的设计原则（改建铁路则应解决改建方案、分期提高通过能力方案、增建二线的第二线位方案，以及重大施工过渡方案；铁路枢纽则应解决主要站段方案和规模、枢纽内线路方案及其铁路主要技术标准、重大施工过渡方案；铁路特大桥则应解决桥址方案，初步拟定桥式方案）；进一步落实各设计年度的客货运量，提出主要工程数量、主要设备概数、主要材料概数、用地及拆迁概数、建设工期、投资估算、资金筹措方案、外资使用方案、建设及经营管理体制的建议；深入进行财务评价和国民经济评价；阐明对环境与水土保持的影响和防治的初步方案，以及节约能源的措施。可行性研究的工程数量和投资估算要有较高的精度。

3. 初步设计。初步设计文件是项目建设的主要依据，应根据批准的可行性研究，采用定测资料编制。其内容和深度主要包括：解决各项工程设计原则、设计方案和技术问题；提出工程数量、主要设备数量、主要材料数量、用地及拆迁数量、施工组织设计及总概算；确定环境保护和水土保持措施。初步设计文件经审查、修改、批准后，作为控制建设总规模和总概算的依据，应满足工程招标承包、设备采购、征用土地和进行施工准备的需要。初步设计概算（静态）与国家批复的投资估算（静态）差额不应大于10%。

4. 施工图。施工图文件是工程实施和验收的依据，应根据已审批的初步设计和补充定测资料编制。应为施工提供需要的图表和必要的设计说明，详细说明施工时应注意的具体事项和要求，并编制投资检算。

5. 工程施工和设备安装。

6. 验交投产。由建设单位会同设计、施工和铁道部有关单位组织验收。验收合格，铁路交管理局投入运营，基本建设阶段结束。

7. 后评估。在铁路运营若干年后，由建设单位会同有关部门对立项决策、设计决策、设计质量、施工质量、技术经济指标、投资和经济效益等进行后评估，以总结经验，提高决策水平。

1.1.3　铁路选线设计的基本任务

铁路建设是一项牵涉面大、影响因素多、技术层次高的复杂的系统工程，是一项以线路为纽带，包括经济、行车、桥梁、隧道、轨道、路基、站场等有关专业或工程，以及站后通信信号、机车车辆、电力、给水排水、房屋建筑、施工组织、概预算等多学科、多工种、多专业综合运行并联合开展工作的庞大的系统工程。所以，总体设计实质是针对一条铁路建设（新建或既有线改建）的系统规划设计，在这个系统规划指导下，使铁路整个设计过程达到协调最好、周期最短、成本最低，并得到最优的设计成果。作为总体设计负责人（或称项目总工程师），除了担负线路的定线插旗、确定线路技术标准和空间位置外，主要是制定全部设计计划，协调以线路、站场为主体的各专业关系，做好技术管理，提出作业的文件要求，按计划完成外业和内业工作，提高设计成果质量。

综合性的铁路选线设计即铁路总体设计，是一项关系到全局的总体性工作，其工作目标是提出质量可靠的设计文件，以保证铁路投资的经济效益。铁路设计是一项涉及面广、技术比较复杂的工作，必须按照规定的程序进行勘测，提供设计所需要的资料。

铁路设计所需要的资料包括经济资料（如设计线的客运量、货运量、地方运量与直通运量的比重、车站装卸量等）与技术资料（如铁路沿线的地形、地质、气象等）两类。经济资料与技术资料分别通过经济勘察（即经济调查）

与技术勘测获得。

铁路选线设计的基本任务：

（1）根据国家政治、经济、国防的需要，结合线路经过地区的自然条件、资源分布、工农业发展等情况，规划线路的基本走向，选定铁路的主要技术标准。

（2）根据沿线的地形、地质、水文等自然条件，村镇、交通、农田、水利设施等具体情况，设计线路的空间位置（平面、立面），并在保证行车安全的前提下，力争提高线路质量，降低工程造价，节约运营支出。

（3）与其他各专业共同研究，布置线路上各种建筑物，如车站、桥梁、隧道、涵洞、路基、挡墙等，并确定其类型或大小，使其总体上互相配合，全局上经济合理，为下一步单项设计提供依据。

铁路选线设计工作必须从国家的全局出发，统筹兼顾，正确处理铁路与工农业的关系、近期与远期的关系。要做好铁路建设与水利、公路、航运以及城乡建设的配合，要贯彻"以农业为基础"的方针，节约用地，少占良田，保证农业灌溉，方便农村交通，并结合工程改地造田。铁路选线设计工作要坚持勤俭节约的原则，既要防止标准过高，又要照顾到将来的发展。要因地制宜，就地取材，力求节约人力、物力和财力。要加速实现铁路现代化，积极而慎重地采用新技术、新结构、新设备、新材料。铁路选线设计必须讲究经济效益，既要考虑铁路的部门效益，又要考虑全局的社会效益，在拟定设计决策和评选原则方案时，更应着眼于社会效益。

铁路选线设计中，要认真进行调查研究工作，切实做好经济调查和地形、地质、水文的勘测工作。要从大面积着手，由面到带，逐步接近，实事求是地评选比较方案，选定合理的线路位置。

1.1.4　铁路设计中应遵循的规程与规范

《铁路线路设计规范》（简称《线规》）属于国家标准（现行标准为 GB 50090—2006）。《线规》是线路设计的依据，与本课程有密切关系，内容包括：总则、术语、符号、线路的平面和纵断面、车站分布、铁路与道路的交叉、正线轨道等。《线规》将随着铁路技术装备的更新和行车组织方式的改进，而不断地修订和完善。从事铁路选线设计工作的人员应掌握制订标准的理论基础，创造性地运用《线规》。

《铁路轨道设计规范》是为了统一铁路轨道设计标准，使铁路轨道设计符合安全适用、经济合理、技术先进的要求而制定的规范，适用于客货共线运行，旅客列车设计行车速度不大于 160km/h，货物列车设计行车速度不大于 120km/h 的标准轨距铁路轨道的设计。

《新建时速 200 公里客货共线铁路设计暂行规定》、《新建时速 200～250 公里客运专线铁路设计暂行规定》、《高速铁路设计规范》是为了指导时速不小于 200km/h 的新建铁路设计而制定的暂行规定或规范。由于我国高速铁路处于发展初期，高速铁路相关设计规定和标准还需要经历实践的验证和修正。

6

工程技术人员应按照"以人为本、服务运输、强本简末、系统优化、着眼发展"的铁路建设理念，结合工程具体情况，因地制宜，充分发挥主观能动性，积极采用安全、可靠、先进、成熟、经济、适用的新技术，不能照搬照套标准。

《铁路技术管理规程》（简称《技规》）是为铁路各部门和各工种安全、迅速、准确、协调地进行生产活动而制定的基本法规，所有铁路工作人员都必须严格遵守执行。铁路线路养护维修应符合《技规》的规定。

《铁路线路修理规则》（简称《修规》）是为指导铁路线路修理，保证线路质量，实现科学管理，确保铁路运输安全生产而制定的基本法规。

此外，还有铁道部颁布的车站、信号、桥涵、隧道、路基工程等设计规范，以及《列车牵引计算规程》（简称《牵规》）、《铁路车站及枢纽设计规范》（简称《站规》）等，在设计工作中均应遵守。

1.2　世界铁路发展概况

铁路是现代文明的一项巨大工业成就，它随着科学技术的不断发展而发展。当 19 世纪 20 年代世界上随着铁轨和蒸汽机车这两种主要设备的发明及人们将两者配合运用的时候，世界铁路史的第一页便被揭开。铁路科技界通常把 1825 年 9 月 27 日建成并通车的英国斯托克顿至达林顿的 32km 标准轨铁路作为世界上正式营业的第一条铁路，这一年也就成为世界铁路的诞生年。

世界铁路的产生和发展是与科学技术进步和大规模的商品生产分不开的。1804 年，英国人特雷维西克试制了第一台行驶于轨道上的蒸汽机车。1825 年，英国在达林顿到斯托克顿之间修建了世界上第一条铁路，长 32km。此后，欧美比较发达的资本主义国家竞相仿效，法国（1828 年）、美国（1830 年）、德国（1835 年）、比利时（1835 年）、俄国（1837 年）、意大利（1839 年）等国纷纷修建铁路。到 19 世纪 50 年代初期，亚、非、拉地区也开始出现了铁路，如印度（1853 年）、埃及（1854 年）、巴西（1854 年）、日本（1872 年）等国。自 825 年开始到 1860 年间，世界铁路已修建了 105000km。

自 1870 年到 1913 年第一次世界大战前，铁路发展最快，每年平均修建 20000km 以上。主要资本主义国家将大部分投资用于修建铁路，大量钢材用于轧制钢轨，如美国从 1881 年到 1890 年的 10 年间，每年平均建成 10000km 铁路，其中 1887 年一年就建成 20619km 铁路，而当年钢产量仅 339.2 万吨。到 1870 年世界铁路营业里程为 21.0 万 km，1880 年为 37.2 万 km，1890 年为 61.7 万 km，1900 年为 79.0 万 km，1913 年为 110.4 万 km，绝大部分铁路集中在英、美、德、法、俄五国。19 世纪末叶，英、美、德、法、俄等国利用其掌握的铁路技术，开始在殖民地、半殖民地国家修建铁路。

第一次世界大战后到第二次世界大战前的 20 多年间，主要资本主义国家的铁路基本停止发展。而殖民地、半殖民地、独立国、半独立国的铁路则发展较快，到 1940 年世界铁路营业里程达到 135.6 万 km。

第二次世界大战中，西欧各国的铁路受到战争破坏，直至 1955 年前后才恢复旧貌。战后，公路和航空运输发展较快，主要资本主义国家的铁路与公路、航空的竞争更为激烈，铁路客货运量的比重日益减少，很多铁路无利可图、亏损严重，不少国家不得不将铁路收归国有。美、英、德、法、意等国继续封闭并拆除铁路，如美国的铁路营业里程自 1916 年的 40.8 万 km，到 1980 年为 31.8 万 km，缩短了 9 万 km；英国铁路的营业里程自 1929 年的 3.28 万 km，到 1980 年为 1.77 万 km，缩短了 1.51 万 km，相当于减少 46％的营业里程；法国铁路的营业里程自 1937 年的 6.48 万 km，到 1980 年的 3.39 万 km，缩短了 3.09 万 km，相当于减少 47％的营业里程。

20 世纪 30 年代至 60 年代初，一方面，资本主义国家的铁路营业里程有所萎缩，另一方面，亚、非、拉与部分欧洲国家的铁路营业里程有所增长，所以世界铁路营业里程基本保持在 130 万 km 左右。

20 世纪 60 年代末期，世界铁路的发展又开始复苏。特别是 70 年代中期世界石油产生危机后，因为铁路能源消耗较飞机、汽车低，噪声污染小，运输能力大，安全可靠，作为陆上运输的骨干地位被重新确认，很多国家都确定以电力牵引为铁路发展方向。近 30 年的时间内，先进技术广泛采用，如牵引动力的改革，集装箱和驮背运输的发展，通信信号的改进，轨道结构的加强，以及管理自动化的迅速发展。更值得注意的是高速铁路方兴未艾，重载运输日新月异。

目前，世界上有铁路运营的国家和地区约 140 个，铁路总营业里程约 120 万 km（未含城市轨道公交系统）。其中，美洲铁路约 45 万 km，占总里程的 37.5％；欧洲铁路 37 万 km，占 30.8％；亚洲铁路 25.1 万 km，占 20.9％；非洲和大洋洲铁路 12.8 万 km，约占 10.8％。世界电气化铁路总里程已达 24 万 km，约为世界铁路总营业里程的 20％。

据最新资料统计，到目前为止，铁路营业里程最长的十个国家是：美国 27.1 万 km，中国 10.3 万 km（不包括地方铁路），俄罗斯 8.7 万 km，印度（国有铁路）6.3 万 km，加拿大 5.8 万 km，德国 4.5 万 km，澳大利亚 3.97 万 km，阿根廷 3.4 万 km，法国 3.2 万 km，巴西 2.94 万 km。

1.3　中国铁路建设与发展

1.3.1　路网建设

中国铁路迄今已有 100 多年的历史：从第一条营业铁路——上海吴淞铁路 1876 年通车之时算起，已有 140 年；从自建的第一条铁路——唐胥铁路 1881 年通车之时算起，也有 135 年。

19 世纪后期，帝国主义国家开始对我国进行经济、政治、军事侵略。1865 年英国商人杜兰德在北京宣武门外修建了约 0.5km 的窄轨铁路试行小火车，清政府以"见者骇怪"为理由，命令拆除。1876 年，英国怡和洋行在上海—吴淞之间修建了 15km、轨距为 762mm 的窄轨铁路，清政府又出银 28.5 万两将铁路赎回拆除。直到 1880 年，清政府才同意英商在唐山—胥各庄（今丰南）之间修建一段长为 9km 的铁路，以运送唐山开滦煤矿的煤，但只允许用骡马牵引。这段铁路 1881 年竣工，轨距为 1435mm，这一轨距以后被广泛采用，成为我国铁路的标准轨距。1882 年改用机车牵引，这台机车是由旧锅炉改制而成，时速 32km，可牵引 100 多吨，是我国制造的第一台蒸汽机车。

1840～1900 年，帝国主义国家接连发动侵华战争，迫使清政府割地赔款，订立种种不平等条约，在我国划分势力范围，夺取筑路特权。于是，在 1900 年前后，形成了帝国主义掠夺中国的"筑路高潮"，如帝俄修建的中东铁路，德国修建的胶济铁路，比利时修建的京汉铁路，英国修建的沪宁铁路，日本修建的安奉铁路，法国修建的滇越铁路。这些用中国劳动人民血汗修建起来的铁路，却成了帝国主义对我国进行经济掠夺和军事侵略的工具，铁路过处，主权尽失。在全国舆论"保路"、"赎路"的压力下，清政府才自行筹款，修建了京张、株萍等少量铁路。到 1911 年清朝皇帝退位时，全国铁路通车里程约 7800km。

国民党统治时期，先后建成了粤汉路株（洲）韶（关）段、陇海、浙赣、同蒲、江南（南京—芜湖）、淮南（田家庵—裕溪口）等铁路。1931 年"九·一八"事变后，日本帝国主义侵占东北，为了经济掠夺和军事侵略，先后修建了吉（林）长（春）、四（平）洮（南）、四（平）辑（安）、图（们）佳（木斯）、锦（州）承（德）、叶（柏寿）赤（峰）等铁路。到 1937 年抗日战争爆发前夕，东北铁路通车里程达 8300km，全国铁路通车里程达 19000km。

旧中国的铁路，自 1881 年兴建唐胥铁路到 1949 年新中国成立前夕，如果将所有通车的铁路都计算在内，里程为 21800km（我国台湾地区未计入）。在这 69 年间，平均每年兴建铁路才 320km，发展速度非常缓慢。

1949 年，新中国成立以后，铁路建设有了很大的发展。特别是改革开放以来，更是把铁路建设放在发展国民经济的重要地位。因此，我国铁路无论在路网建设、线路状况还是技术装备和运输效率等方面，都取得了巨大的成就。

到目前为止，我国基本建成了贯通东西南北的铁路路网。南北干道有：哈大、京沈、津沪、京九、京广、太焦—焦枝—枝柳、宝成—成昆、成渝—川黔—黔桂—湘桂（柳州至友谊关）等线。东西干道有：滨洲—滨绥、京秦—京包—包兰、石太—石德—胶济、新焦—新菏—兖石、陇海—兰新、沪杭—浙赣—湘黔—贵昆、广梅汕—三茂等线。围绕七大经济区域的铁路网构架已基本形成，高速客运网建设已全面启动。

1. 东北经济区

东北经济区包括东北三省及内蒙古自治区东部，面积 124.0 万平方公里，是中国能源、钢铁、木材和粮食生产基地。铁路营业里程 15212.2km，占全国铁路营业里程的 18.4%，路网密度 114.4km/万平方公里，其中，滨洲—滨绥、哈大和沈山组成"才"字形主通路，加上平齐、大郑、沈吉、长图、哈佳、京通、京承锦、集通、通让等30多条干线，路网结构基本完善。但东北地区不少主要干线运输能力紧张，相关线路客货分线和强化改造前期工作仍在紧张进行。

2. 环渤海经济区

环渤海经济区包括北京、天津、河北、山西、辽宁、山东和内蒙古自治区中部，面积133.5万平方公里，是中国经济较发达的地区，其铁路干线是中国铁路网的中心，大量主要干线经由本区，如煤运通道的大秦线、石太—石德—胶济线、邯长—邯济线、侯月—新月—新菏—菏兖日线，南北通道的京山—沈山—哈大线、京沪线、京广线、京九线、南北同蒲线，以及京通线、集通线、京承锦线、丰沙大线、京原线等。铁路营业里程23904.7km，占全国铁路营业里程的29.7%，路网密度171.8km/万平方公里，路网布局基本趋于完善。鉴于该地区铁路主要干线在路网中的特殊地位，铁路建设速度继续加快：烟大轮渡以及京沪、胶济线电气化改造等一批项目相继建成投产；石太客运专线等项目进展顺利；张家口至集宁，石家庄至德州、大同至包头电气化改造相继开工建设。

3. 长江三角洲及沿长江经济区

长江三角洲及沿长江经济区包括上海、浙江、江苏、安徽、江西、湖南、湖北、四川和重庆七省二市，面积148.4万平方公里，区内长江中下游地区是中国经济最发达的地区之一。铁路营业里程21953.1km，占全国铁路营业里程的23.0%，路网密度119.2km/万平方公里。经由本区的铁路除浙赣、襄渝、汉丹、武大、合九、西合等线外，主要为南北向铁路干线，主要通道运输能力紧张。浙江省沿海经济较为发达，但由于缺少横向联系，其经济再升级受到影响。新建沪汉蓉铁路通道中的武合、合宁铁路已建成开通运营。东南沿海通道中的甬台温、温福铁路建设进展顺利，浙赣、沪杭、京沪线电气化改造完成。

4. 东南沿海经济区

东南沿海经济区包括福建、广东两省，面积29.9万平方公里。该地区地理环境优越，比邻港、澳、台，是中国改革开放的门户，经济发展居全国领先地位。已形成京广、京九南段及广深、鹰厦、外福、横南、三茂、广梅汕和赣龙等干线组成的区域铁路网，营业里程6747.7km，占全国铁路营业里程的4.9%，路网密度126.4km/万平方公里。随着区域经济的快速发展，福建省缺乏大能力铁路通道，广东既有主要干线运输能力紧张更为突出，需要加快京广客货分线步伐，加快厦深、向莆铁路以及珠江三角洲地区城际铁路的建设。武广、广深、广珠客运专线和福厦、厦深、龙厦、向莆铁路等项目建设稳步推进。2009年武广等项目已开通运营。

5. 中部五省经济区

中部五省经济区包括安徽、江西、河南、湖南、湖北五省，地处中国腹地，面积87.1万平方公里，属经济、交通较发达地区。已形成京广、京沪、京九、焦柳四条南北运输通道和陇海、浙赣—湘黔、新月—新菏兖、西安—合肥、襄渝—汉丹—武大五条东西运输通道组成的主骨架，铁路营业里程16128.2km，占全国铁路营业里程的18.5%，路网密度164.0 km/万平方公里，布局趋于完善。目前的问题是京广、京沪和陇海等主要繁忙干线运能紧张，沪汉蓉通道、沿江铁路尚未形成。应加快沪汉蓉通道和沿江铁路的建设，繁忙通道应尽快实施客货分线，相关项目正有序推进。

6. 西南及华南部分省区

该地区包括四川、贵州、云南、广西、西藏、海南、重庆七省市及广东部分地区，面积261.0万平方公里，占全国土地面积的27.2%。该区域内经济不发达和贫困地区多，地形复杂和交通不便是制约该地区经济发展的重要因素。遂渝、渝怀铁路建成投产，极大加强了川渝地区与东南沿海等地区的经济联系。2006年7月1日，青藏铁路格拉段建成通车，结束了西藏无铁路的历史。至2008年末，铁路营业里程14080.6km，占全国铁路营业里程的15.7%，路网密度46.3km/万平方公里。该地区东部铁路网骨架虽已形成，但襄渝、焦柳、渝怀线间及湘桂线以南大片地区无铁路，西南的北口和广西壮族自治区尚无大能力对外运输通道，西南与西北交流及西南与东南亚交流缺少便捷通路，川西地区铁路仍为空白。黔桂扩能、永州—玉林（茂名）、宜昌—万州铁路仍在紧张施工，国际通道、西南西北通道、西南华南通道的贵广、南广铁路、南昆增二线、湘桂增二线以及相关地区开发性铁路和既有线扩能改造工程正抓紧进行。

7. 西北经济区

西北经济区包括甘肃、青海、陕西、宁夏、新疆五省区及内蒙古西部，面积344.0万平方公里，占全国土地面积的36%。该地区经济基础薄弱，属经济不发达地区，交通基础设施比较落后。铁路营业里程13823km，占全国铁路营业里程的14.0%，路网密度31.5km/万平方公里，是中国铁路唯一未成网的地区，甚至连骨架都未形成。新疆、青海仍为"一线牵"省区。2006年，作为该区域主要运输通道的兰新线兰州—武威段增二线、武威—嘉峪关电气化改造工程建成投产。兰州至西宁增二线开工建设，临河至策克、太（中）银铁路正加快建设，国际通道、西北西南通道以及相关地区开发性铁路和既有线改造项目前期工作也在抓紧进行。

8. 高速客运网建设

1997年以来，中国铁路进行的五次大面积提速取得了显著成绩。2007年实施的铁路第六次大提速，提速线路延展长度达到2.2万km，京沪、京广、京九和陇海线部分区段，京哈、胶济、浙赣、武九、广深等延展长度约5300km的线路实现了时速200km的运行目标。2003年以来，为适应我国城市化建设飞速发展和快速旅客运输的需要，客运专线建设全面展开。京津城际客运专线于2008年8月1日正式运营。截至2013年底，我国已开通运营的设计时速（含预留）250km/h以上的高速铁路线路达33条，包括：秦沈、合宁、济青、京津、石太、合武、甬台温、温福、武广、郑西、福厦、成灌、沪宁、昌九、沪杭、海东、长吉、广珠、京沪、广深、汉宜、郑武、合蚌、哈大、京郑、宁杭、杭甬、盘营、津秦、西宝、厦深、武咸、南柳。

截至 2014 年底，我国铁路营业里程达到 11.2 万 km，里程长度位居世界第二。全国铁路复线里程 4.8 万 km，复线率 46.6％；电气化铁路里程 5.6 万 km，电气化率 54.0％。经过六次大面积提速改造，线路技术条件满足时速 120km 及以上的线路延展里程达到 3.2 万 km；时速 160km 及以上线路延展里程达到 2.6 万 km；时速 200km 及以上线路延展里程达到 1.6km，高速铁路营业里程突破 1 万公里，居世界第一位。

1.3.2　铁路建设规划

铁路是国民经济的大动脉，在社会主义建设中发挥着重大作用。但是我国铁路的密度仍然较低，按人口计算，人均约 7.7cm，在世界上排在 100 位之后；按国土面积计算，每平方公里约 10.0m，在世界上排在 60 位之后。为适应国民经济持续稳定、快速增长的需要，铁路应有一个历史性的大发展。

铁路建设要服从和服务于国民经济和社会发展的战略需要。在适应社会主义市场经济体制和扩大对外开放的形势下，要确立超前发展的战略思想，以建立大能力通道作为战略重点，以打通限制口为突破方向。为适应全面建设小康社会的目标要求，铁路网要扩大规模、完善结构、提高质量、快速扩充运输能力，迅速提高装备水平。

按照《中长期铁路发展规划网》的目标，到 2020 年，中国铁路运营里程将达到 12 万 km，复线率和电气化率分别达到 50％和 60％以上，主要繁忙干线实现客货分线，基本形成布局合理、结构清晰、功能完善、衔接顺畅的铁路网络，使运输能力满足国民经济和社会发展需求，主要技术装备达到或接近国际先进水平。铁路建设面临新的高潮，任重道远。

为满足快速增长的旅客运输需求，建立省会城市及大中城市间快速客运通道，未来 20 年建设快速客运网将是铁路发展的重点任务。到 2020 年，初步形成北京—上海、北京—武汉—广州—深圳、北京—沈阳—哈尔滨（大连）、杭州—宁波—福州—深圳、徐州—郑州—兰州、杭州—南昌—长沙、青岛—石家庄—太原、南京—武汉—重庆—成都四纵四横客运专线，同时建设南昌—九江、柳州—南宁、绵阳—成都—乐山、哈尔滨—齐齐哈尔、哈尔滨—牡丹江、长春—吉林、沈阳—丹东等客运专线，总规模达 1.6 万 km 以上，旅客列车运行时速将达到 200km 以上。除此之外，为适应地区经济发展，还将在长江三角洲、珠江三角洲、环渤海（京津冀）地区、长株潭、成渝以及中原城市群、武汉城市圈、关中城镇群、海峡两岸城镇群等经济发达和人口稠密地区建设城际客运系统，覆盖区域内主要城镇。

在完善路网方面，将以扩大西部路网规模为主，形成西部铁路网骨架，完善中东部铁路网结构，提高对地区经济发展的适应能力。到 2020 年，规划建设新线约 4.1 万 km。

为了迅速提高铁路输送能力，在修建新线的同时，要加强既有路网技术改造和枢纽建设，提高路网既有通道能力。规划既有线增建二线 1.9 万 km，既有线电气化 2.5 万 km。

强化煤炭运输通道是铁路建设的另一重点任务。围绕十大煤炭外运地区运输需求，在建设客运专线等相关线路、释放既有线货运能力的同时，加快煤运通道建设和既有线扩能改造力度，形成运力强大、组织先进、功能完善的煤炭运输系统。同时在加强港口和口岸后方通道建设、继续扩展西部路网、优化和完善东中部路网、建设集装箱运输系统、加强主要枢纽建设等方面的任务也非常繁重。

1.4　世界高速铁路与重载运输的发展动态

1.4.1　高速铁路发展动态

1. 高速铁路发展概况

高速行车是铁路现代化的重要标志，行车速度指的是正规运营中实现的速度而非试验速度。自 1964 年日本建成世界上第一条高速铁路东京至大阪高速铁路，高速铁路从无到有，迅速发展。21 世纪的铁路运输业将会出现轮轨系统高速铁路的全面发展，全球性高速铁路网建设的时期已经到来。高速铁路的发展可以分为三个不同的阶段，即 20 世纪 60 年代至 80 年代末的第一次建设高潮，90 年代初期形成的第二次建设高潮，以及 90 年代中期以后形成的第三次建设高潮。

（1）高速铁路建设的第一次高潮（20 世纪 60 年代至 80 年代末期）

1964～1990 年是世界高速铁路发展的最初阶段。在这期间建设并投入运营的高速铁路有：日本的东海道、山阳、东北和上越新干线；法国的东南线、大西洋线；意大利的罗马—佛罗伦萨线以及德国的汉诺威—维尔茨堡高速新线，高速线里程达 3198km。这期间，日本建成了遍布全国的新干线网主体结构。除了北美以外，世界上经济和技术最发达的日本、法国、意大利和德国推动了高速铁路的第一次建设高潮。

第一次建设高潮时期，高速铁路呈现出如下特征：由于采用了新技术，使得铁路的竞争力增强，铁路旅客运输在市场中所占的份额出现回升，经济效益开始好转；解决了运输能力紧张的问题；推动了沿线地区经济的均衡发展，促进了相关产业的建设；节省能源，降低对环境的污染。新建项目带动了既有铁路网的技术改造，使国家既有设施得到整治并从中受益。

（2）高速铁路建设的第二次高潮（20 世纪 80 年代末期至 90 年代中期）

高速铁路建设在日本和法国所取得的成就影响了很多国家。20 世纪 80 年代末，世界各国对高速铁路的关注和研究酝酿了第二次建设的高潮。第二次建设高峰于 90 年代在欧洲形成，所涉及的国家主要有法国、德国、意大利、西班牙、比利时、荷兰、瑞典和英国等。1991 年瑞典开通了 2000 摆式列车；

1992年西班牙引进法、德两国技术，建成了471km长的马德里—塞维利亚高速铁路；1994年英吉利海峡隧道把法国与英国连接在了一起，开创了第一条高速铁路国际连接线；1997年，从巴黎开出的欧洲之星又将法国、比利时、荷兰和德国连接在了一起。在该时期内，日本、法国、德国以及意大利对发展高速铁路进行了全面规划。

在第二次建设高潮时期，高速铁路所表现出的特征体现在：已建成高速铁路的国家进入了高速路网规划和建设的年代；高速铁路的建设已经不仅仅是铁路部门的需要，修建高速铁路网成为地区之间相互联系的政治需求；能源和环境的要求呼吁发展无污染的高速铁路，出现了全国的和跨越国境的高速铁路网。

（3）高速铁路建设的第三次高潮（20世纪90年代中期至今）

高速铁路的建设与研究自20世纪90年代中期形成了第三次高潮，这次高潮波及亚洲、北美、大洋洲以及整个欧洲，形成了交通领域中铁路的一场复兴运动。自1992年以来，俄罗斯、韩国、中国、澳大利亚、英国、荷兰等国家和地区均先后开始了高速铁路新线建设。据不完全统计，为了配合欧洲高速铁路网的建设，东部和中部欧洲的捷克、匈牙利、波兰、奥地利、希腊以及罗马尼亚等国家正在进行干线铁路改造，并全面提速。此间修建高速铁路新线的国家和地区达到12个，修建新线总长约8770km。其中，中国已建成投产和正在建设的高速客运专线达5258km。

除了以上这些已经开工建设的项目，对高速铁路开展前期研究工作的国家还有土耳其、中国、美国、加拿大、印度、捷克等。与以前所不同的是，参与第三次高速铁路建设高潮的各个国家所表现出的特征主要体现在以下几个方面：

① 大多数国家在高速铁路新线建设的初期即拟订了修建高速铁路的全国规划；

② 虽然建设高速铁路所需资金巨大，但从社会效益、节约能源、治理环境污染等诸方面分析，修建高速铁路对整个社会具有很好的效益，这一点得到各国政府的共识；

③ 高速铁路促进地区之间的交往和平衡发展，欧洲国家已经将建设高速铁路列为一项政治任务，各国呼吁在建设中携手打破边界的束缚；

④ 高速铁路从国家公益投资转向多种融资方式筹集建设资金，建设高速铁路出现了多种形式融资的局面；

⑤ 高速铁路的技术创新正在向相关领域辐射和发展。

（4）欧洲高速铁路网规划

1991年，欧洲议会批准了泛欧高速铁路网的规划。1994年12月，欧洲铁路联盟通过了在2020年内建成泛欧高速铁路网的规划，规划的目标是新建10000km、可以满足列车以250km/h以上速度运行的高速铁路，改造15000km既有线，形成25000km的高速铁路网，以连接欧洲所有的主要城市。

（5）截止到2013年世界高速铁路网总规模及在建规模

据不完全统计，截止到2013年12月，全世界运营中的高速铁路营业里程总长达约 17393km，这些线路分布在 11 个国家和地区（表 1-1）。

截止到 2013 年底世界高速铁路运营里程　　　　　　表 1-1

国别	日本	法国	中国	西班牙	德国	韩国	意大利	英国	比利时	瑞典	丹麦
高速铁路里程（km）	2 176	1 559	11 000	952	917	292	254	122	88	18	15

2. 其他高速交通系统研究与发展概况

（1）气垫车

黏着铁路很难实现 500km/h 的最高速度，为此需研制新的运输工具。20 世纪六七十年代，一些国家开始着手研制气垫车。

气垫车一般用燃气轮作动力产生高压喷气，在导轨与车辆间形成气垫使车辆浮起，并用喷气机驱动车辆前进，英、法两国研制 10 年，制成试验车。法国试验的飞行列车，车长 26m，质量 20t，可载客 80 人，用 530kW 的燃气轮机产生气垫，用 2956kW 的动力驱动，在 18km 长的高架轨道试验线上试运转时，最高时速达 422km。1974 年能源危机时，为紧缩开支，且因喷气机污染环境、噪声太大，取消了研究计划。苏联、美国都曾对气垫车进行过研究，未取得显著成就而停顿。从 20 世纪 70 年代起，技术先进的国家，都先后停止了气垫车的进一步探索，转而研制磁悬浮车。

（2）磁悬浮车

磁悬浮（Magnetic levitation），通常缩写为 Maglev，是当今世界最新的地面交通运输技术。磁悬浮技术彻底摆脱了轮轨关系的束缚，因而使速度、运量、功率、轴重、舒适度和安全等达到了更好的结合。目前世界上达到工程实用化程度的有三种磁悬浮车，分别是：日本超导斥力型磁悬浮列车 MLU，德国常导吸力型磁悬浮车 TR 和日本常导吸力型磁悬浮车 HSST。

1）常导体吸力型磁悬浮车

如图 1-1 所示，常导磁悬浮车的车辆跨座在导轨上，车上安装的集电设备向供电轨供电，导轨相应部位安装感应轨，利用两轨间磁场的吸引力将车辆吸起 10mm 左右，然后利用线性电动机驱动车辆前进。

美国 1974 年 8 月曾在普通轨道中心加铺铝感应轨，用线性电动机驱动，起动时用喷气机驱动，最高时速达 410km。

英国伯明翰在机场到铁路车站之间的 0.4km 距离内，建成了磁悬浮高架线路，并正式投入商业运行。由于距离太短，最高时速限制为 50km，全程需时 1.5min。每辆车载客 40 人，可运送旅客 1500 人/h，目前已经停用。

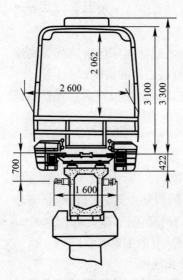

图 1-1　常导磁悬浮车示意图

德国研制的向地面功能件供电的常导 TR 磁悬浮车，其行车速度可不受取流设备的限制。1987 年，德国蒂森公司耗资 8 亿马克修建了可与实际应用相似的条件下，用于长期运行的有两个环、总长 31.5km 的试验线，并开始研究设计目标最高速度为 500km/h 的应用车。最新的 TR08 型磁悬浮车，载客 200 人，试验速度达 505km/h。

日本在 20 世纪 90 年代研究的常导吸力 HSST 型磁悬浮车，最高时速可达 200km/h，其研究目的主要用于城市内的轨道交通线路，和市间直达快速交通线。为配合 2005 年 3～9 月召开的日本国际博览会而建设的东部丘陵线采用 HSST 型常导磁悬浮。该磁悬浮铁路与名古屋市名东区的市营地铁东山线在藤丘站连接，到达万博会正门的爱知青少年公园站，全长 7km，运行时间需要约 13min。该线已于 2005 年 3 月正式建成运营。

我国西南交通大学、国防科技大学等单位于 20 世纪 90 年代初试制出载人磁浮车，并修建了一定长度的试验线，进行工程实用化研究。

我国修建的上海磁悬浮铁路示范运营线于 2003 年 1 月正式运营。该线引进德国先进技术，是世界上第一条高速磁悬浮铁路运营线。上海磁悬浮高速铁路线路正线全长约 30km，双线折返运行，设两个车站、两个牵引变电站、一个运营控制中心，设计最高速度为 430km/h，总投资约 89 亿元人民币。西南交通大学派出的专家在该线的建设工作中发挥了重要作用，并指导完成了该线的选线设计工作。

2）超导体相斥式磁悬浮车

超导磁悬浮车的车辆跨座在导轨上，车上装置超导电磁线圈，超导体线圈一般由铌钛合金制成，浸入－268.8℃的氦溶液中，线圈电阻即接近于零，一旦有电流通过，即可持续通电，不需再供电。车下导轨相应部位也安装线圈，当车辆通过时，导轨上的线圈产生感应电流出现磁场。超导体线圈的磁场与导轨上线圈的磁场产生相斥力，可使车辆浮起 100mm 左右，适合于高速运行，采用的仍是线性电动机驱动车辆前进。

1979 年 12 月，日本在宫崎县 7km 的试验线上实现了 517km 的最高时速。1980 年又对磁悬浮车的车型和导轨进行了改进，1982 年载人运行，最高时速达 262km。1987 年 2 月最高时速达到 375km 和 408km，磁悬浮技术已接近实用阶段。1996 年，日本在山梨县又修建了 18.4km 的试验线，其中隧道总长 16km，最小曲线半径为 8000m，最大坡度为 40‰，复线线间距为 5.8m。制造的 MLX-01 号超导磁悬浮列车，两端头车长 28m，中间车一辆长 21.6m，列车宽 2.8m、高 2.65m，列车长度为 77.6m，重量为 80t，可载客 146 人。为减轻重量，车体采用铝合金的筒形结构，具有流线型外形、客室密闭，最高试验速度达到 550km/h。当速度小于 100km/h 时，用胶轮支承车体运行；速度大于 100km/h，车体浮起与轨道保持 100mm 间隙；停车时将胶轮放下，利用盘形制动使列车停止。

（3）管道磁浮

地面高速运输要克服巨大的空气阻力。当速度超过 500km/h 后，空气阻力将非常大，所以产生了管道磁浮线路的设想。将磁浮车系统置于空气稀薄的管道中，时速几乎可以无限制地提高。美国兰德公司设想一种管道高速运输系统，预计在 21 世纪可能成为现实。

该设想的轮廓是：由纽约到洛杉矶修建一条长 3950km 的横贯美国东西的地下隧道，隧道内抽成相当于 1‰ 个大气压的真空，将磁浮系统安装在隧道内，悬浮力和驱动力都由超导电磁形成。速度受 3950km 的加速与减速距离限制，3950km 的一半用于加速，一半用于减速，中间速度最高为 22500km/h。若采用中速 13000km/h，则平均速度为 6750km/h，由纽约到洛杉矶也只要 36 分 30 秒的旅行时间。隧道当然不宜转弯，转弯时曲线半径需达 700～800km。据当时（20 世纪 80 年代）估算，隧道造价要 1850 亿美元，包括磁浮系统总费用约需 2500 亿美元。

1.4.2　重载运输的发展概况

1. 国外铁路重载运输的发展概况

货运重载化是世界铁路发展的重要方向之一。从 1978 年第 1 届国际重载运输大会在澳大利亚柏斯城召开至今已有 23 年，重载运输从概念的提出到蓬勃发展经历了一个技术不断进步的过程。

（1）各国发展重载运输的主要模式

技术比较先进的国家，重载运输大致形成三种不同的方式，即北美式重载单元列车、苏联超长超重列车和合并列车、加拿大式的由几个车组编成的始发直达重载列车。

自 20 世纪 60 年代起，美国远距离运送煤炭大宗货物多采用万吨以上重载列车，运行在煤矿、发电站或港口之间。这种列车采用同型大轴重大容量货车、大功率机车、双机或多机牵引，固定编组、在固定的始终站之间循环直达运输。1966～1967 年间，美国东部宾夕法尼亚中央铁路与诺福克西方铁路曾进行超重列车的竞赛。前者开行了总质量 32000t、总长 2.9km、挂车 341 辆的铁矿石列车，后者开行了一列总质量 48584t、挂车 500 辆的创纪录超重列车，由 6 台 2650kW 的内燃机牵引，头部 3 台，300 辆之后挂补机 3 台，运行速度为 48km/h。单一货种的重载运输开始于 1985 年的美国南太平洋铁路，由矿区运送铁矿石直达钢厂，运程 272km，列车由载重 90.7t 的矿石车 85 辆组成，总质量达 10000t。

南非在一些以运送矿石、煤炭为主体的线路上，开行由 6～7 台内燃机车牵引 200 余辆车皮、载重 2.0 万 t 的重载列车，列车全长 2.2km。1989 年 8 月，在一条矿石专用铁路上，创造了开行重载列车的 4 项记录：列车长度最长——7300m，编组车辆数最多——660 辆，列车牵引吨数最重——71232t，以及行驶距离最远——861.5km。

澳大利亚哈默斯利和纽曼山重载铁路，均开行专门运送矿石的单元列车。纽曼山铁路于 1969 年建成，由矿山惠尔巴克山至黑德兰港，全长 490km，开行单元列车固定车底循环运输。列车编组 150 辆，总重 1.9 万 t，用 3 台 3900

马力电传动内燃机车牵引。该线的年运量达 3000 万 t 以上。

加拿大铁路的重载运输，除开行单元列车外，还发展了由几个车组编成或几个短小列车编组而成的重载列车。这种列车每个车组前多有机车，列车在到达站，车组连同机车分别摘解后驶向各自货主的专用线。

1969 年加拿大太平洋铁路西段在罗伯茨班港（温哥华南边）至卡尔格里间长约 500km，为了增加向日本出口煤炭，将牵引吨数由 7500t 提高到12300t，列车由载重 91t 的 105 辆货车组成，采用 2200kW 的内燃机车牵引，头部 4 台，全长 2/3 处有无人驾驶的补机 2～4 台，由主机无线电遥控。通过22‰的陡坡时，列车尾部再加 4～5 台有人驾驶的补机推送。

加拿大东部拉布拉多半岛上运送铁矿砂的铁路，长 640km，由矿区至圣劳伦斯河口装船，采用组合重载列车，车辆荷载 90.9～101.6t，最大轴荷载为 30t。最重列车由 260 辆编成，总重达 30000t，由 5 台 2200kW 的内燃机车牵引，3 台在头部，2 台在列车 2/3 长度处，由无线电遥控操纵。

俄罗斯重载运输始于苏联，其特征是行使超长超重列车、组织合并列车，发展直达运输。苏联莫斯科铁路局于 1979 年初开始试验、组织超长列车的运行，超长列车是在通过能力接近饱和的区段，挖掘潜力提高输送能力的一种措施。这种列车利用起讫编组站的较长股道进行编发与到达，中间站站线有效长度不足时，一般不停车通过。从 1979 年开行第一列 6000t 运煤重载列车时起，列车重量分别逐年增加到 1 万 t、1.6 万 t，以至达到 3.4 万 t。

西欧各国在运送矿石、煤炭等大宗货物时，也积极创造条件，开行牵引重量为 4000～5500t 的直达超重列车。如联邦德国自 1977 年起，由汉堡至派纳和萨尔茨吉特钢厂间的 200km 线路上，用两台 6 轴电力机车牵引 5400t 的矿石列车。又如，瑞典为了出口铁矿石，也在北部干线上组织重载专列运输，东去波罗的海的牵引吨数为 3800t，西去挪威海口的牵引吨数可达 5200t。再如，日本积极组织散装货物的直达专列运输，完成的运量约为总运量的 1/3。

（2）世界铁路重载运输发展的新水平

重载运输发展 40 多年来，世界各国重载铁路借助于采用高新技术，促使重载列车牵引重量不断增加。2001 年 6 月 21 日澳大利亚西部的 BHP 铁矿集团公司在纽曼山—海德兰重载铁路上创造了重载列车牵引总重 99734t 的世界纪录。2004 年巴西 CVRD 铁矿集团经营的卡拉齐重载铁路上，开行重载列车的平均牵引重量已达 39000t。南非 Orex 铁矿重载线是窄轨铁路（1067mm 轨距），开行重载列车的平均牵引重量为 25920t。美国最大的一级铁路公司联合太平洋铁路（UP）经营的铁路里程为 54000km，其所有列车的平均牵引重量已达 14900t，一般重载列车的牵引重量普遍达到 2 万～3 万 t，其复线年货运量在 2 亿 t 以上。2005 年国际重载运输协会（IHHA）的巴西年会上已对重载运输的定义作了新的修订：重载列车牵引重量至少达到 8000t（以前为5000t），轴重（或计划轴重）为 27t（以前为 25t）及以上，在至少 150km 线路区段上年运量超过 4000 万 t（以前为 2000 万 t）。

重载运输技术在越来越多的国家得到推广应用。不仅在幅员辽阔的大陆性国家（如美国、加拿大、澳大利亚、南非等国）重载铁路上大量开行重载列车，而目前在欧洲传统以客运为主的客货混运干线铁路上也开始开行重载列车。德国铁路从 2003 年开始在客货混运的既有线路（如汉堡—萨尔兹特）上开行轴重 25t、牵引重量 6000t 的重载列车，最高运行速度 80km/h（重车），同时开行速度为 200～250km/h 的旅客列车。从 2005 年 9 月开始，法国南部铁路正式开行 25t 轴重的运送石材的重载列车。芬兰铁路正在研究开行 30t 轴重的重载列车。欧盟经过研究认为，欧洲铁路客运非常发达，每年运送 90 亿人次、6000 亿人公里。但欧洲铁路货运同样也很繁忙，货运量占全世界铁路货运总量的 30%，而且每年还以 4.4%～7.5% 的速度增加。欧洲铁路的货运量中有 30% 重载运输潜力。2001 年以欧洲铁路为主体的国际铁路联盟（UIC）以团体名义加入国际重载运输协会（IHHA），成为团体理事成员。

美国已在高速既有铁路东北走廊上开行 30t 轴重重载列车，美国重载列车开始在东北走廊高速铁路上运行。2003 年美国在东北走廊高速铁路的巴尔的摩和 Rerryville 间不仅开行 240km/h 的 Acela 高速列车，还同时开行轴重为 30t、平均速度为 80km/h 的重载列车。Acela 高速列车的动力车轴重为 25.5t，高速客车轴重为 15.9t。这是世界既有线高速铁路同时开行重载货物列车轴重最大的一条铁路，其年货运量达 3700 万 t，年客运量 2650 万人，每天开行 122 列客货列车。

2. 我国铁路重载运输发展概况

同世界各国相比，我国铁路重载运输起步较晚，1984 年经国务院批准，决定在北京局管辖的丰沙大和京秦电气化铁路试验开行重载列车，从此开始了我国的铁路重载运输。我国铁路重载运输经历了三个阶段：

第一阶段（1984～1990 年）为改造旧线、开行组合式重载列车模式阶段。1984 年 11 月在大同—沙城—丰台—秦皇岛间首次开行了由两列普通货物列车合并的重载列车，随后又在沈山线、石德线和平顶山—江岸西间开行了 7000～7600t 的组合列车。

第二阶段（1990～1992 年）为新建大秦铁路，开行单元式重载列车模式阶段。1992 年我国建成了全长 653.2km 的大同—秦皇岛铁路，它是我国第一条双线电气化重载单元列车的运煤专线，单元列车的重量达到了 10000t。它是中国铁路重载运输发展的重要标志。

第三阶段（1992 年以后）为逐步改造既有繁忙干线，开行整列式重载列车模式阶段。为了在全国既有路网推行重载列车技术，铁道部有计划、分步骤地在一些主要干线（包括京广线、京沪线、京哈线等）繁忙区段组织开行了 5000t 级的整列式重载列车，这种扩能效果显著的重载运输方式，已成为中国发展重载运输的主要方式。

进入 21 世纪以来，我国的重载运输技术取得了突破性的进展。2002 年大秦铁路的年运量已达到 1 亿 t 的设计能力。为最大限度发挥大秦铁路的作用，有效缓解煤炭运输的紧张状况，从 2004 年起，铁道部对大秦铁路实施持续扩能改造。2004 年 12 月 12 日，大秦线进行 2 万 t 列车牵引试验，并取得圆满成功。

2007 年 6 月 2 日，第一台由我国自主研制的和谐型大功率交流电力机车在大秦线投入使用。同年 8 月，大秦线成功开行两台和谐型机车牵引 2 万吨重载组合列车，开创了世界铁路重载史的新篇章。2007 年、2008 年，大秦线年运量分别突破 3 亿 t、3.4 亿 t。

通过系统集成创新，我国铁路已掌握两台和谐型机车牵引 2×10000t 重载组合列车的成套技术，掌握了 4 台韶山 4 型机车牵引 2×10000t 和 4×5000t 重载组合列车的成套技术。

目前，我国京广、京沪、京哈、陇海等繁忙铁路干线在大量开行时速 200～250km/h "和谐号" 动车组，列车速度大幅提升、列车密度大幅增加的同时，已经普遍开行 5000～6500t 重载货物列车。这种客货共线运行，速度、密度与载重三者并举的运输组织模式，是世界铁路运输的一项重大创举。

小结及学习指导

本章首先对铁路运输的性质与特点、铁路基本建设程序、铁路选线设计的基本任务以及铁路设计中应遵循的规程和规范进行了概述；然后介绍了世界铁路发展概况、中国铁路建设与发展；最后介绍了世界高速铁路与重载运输的发展动态。

思考题与习题

1-1 简述铁路运输的特点及其在国民经济中的作用与地位。

1-2 简述铁路选线设计的基本任务。

1-3 简述铁路基本建设程序。

第2章
铁路能力与牵引计算

本章知识点

知识点：客货运量的调查和预测、铁路选线设计所需要的运量参数、铁路设计年度，铁路区间通过能力，铁路输送能力，高速铁路运输能力，铁路等级与主要技术标准，牵引计算的概念、机车牵引力、列车运行阻力、列车制动力、列车运动方程式，合力曲线图、牵引质量计算以及列车运行速度与运行时分。

重 点：铁路区间通过能力、铁路输送能力、高速铁路运输能力、牵引质量计算以及列车运行速度与运行时分。

难 点：铁路输送能力、牵引质量计算以及列车运行速度与运行时分。

2.1 铁路运量与设计年度

2.1.1 客货运量的调查和预测

新建与改建铁路，设计前必须进行经济调查，以明确设计线的政治、国防和经济意义，确定设计线在铁路网中的地位和作用，并提供铁路总体设计和各种设施设计所需要的客货运量资料。客货运量是设计铁路能力的依据，是评价铁路经济效益的基础，还是影响线路方案取舍的重要因素。因此，铁路设计必须十分重视客货运量的调查和预测工作。

设计线客货运量的确定，首先要划定设计线的吸引范围，然后在吸引范围内进行经济调查，以确定近期的客货运量，并根据吸引范围的建设规划和经济统计资料，预测远期的客货运量。

1. 划定吸引范围

设计线的吸引范围是设计线吸引客货运量的区域界限，设计线客货运量的调查和预测都是在吸引范围内进行的。吸引范围按运量性质划分为直通吸引范围和地方吸引范围两种。

（1）直通吸引范围

直通吸引范围是路网中客货运量通过本设计线运送有利的区域范围。因为铁路运价是按里程计算的，所以直通吸引范围可按等距离的原则划定吸引范围，即在直通吸引范围内的运量，通过设计线要比其他路径运程短。直通吸引范围需按上、下行分别勾画，如图2-1所示。

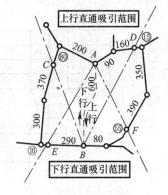

图 2-1　直通吸引范围图

初步勾画出直通吸引范围后，需根据以下具体情况加以修正。如充分利用铁路能力富余的线路，绕过限制区段；充分利用线路平纵断面条件较好的线路，以降低运输成本；考虑直通列车牵引定数划一，力争中途不换重；充分利用空车，减少排空运输等。

（2）地方吸引范围

地方吸引范围是在设计线经行地区内，客货运量要由设计线运送有利的区域范围。运量包括运出、运入和在本线装卸的货物。

地方吸引范围可按运量由设计线运送运价最低（运距最短）的原则来确定。可先作设计线经济据点（城市、工矿区等）与邻接铁路经济据点的连线，再连接各连线的中点，即可粗略画出吸引范围，然后再考虑公路、水运的布局与运价情况，山脉、河流等自然条件及行政区划等具体情况加以修正。若某线吸引范围边界附近的经济据点，不能确定是否属于设计线吸引范围时，可根据货流方向计算不同径路的运价（包括公路、铁路运费与装卸费用），并考虑倒装次数、运送时间等利弊加以确定。图2-2中的虚线即为设计线 AB 的地方吸引范围示意图。

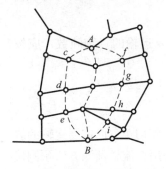

图 2-2　地方吸引范围图

2. 货运量的调查和预测

直通货运量可根据国家计划部门制定的地区间物资交流规划，分析直通吸引范围内的物资供求情况，分上、下行汇总得到。

地方货运量可按产销运平衡法，估算各运品的铁路运量。如粮食的运量，可根据播种面积乘平均亩产量得到产量为口粮、饲料粮、种子粮、酿造业、食品加工用粮和储备粮之和，总运量为产量与销售量之差（正值为运出量，负值为运入量）。再从总运量中扣除公路、水运等其他运输方式承担的运量，即可得到铁路的粮食运量。将各运品的运量汇总，即可得到铁路上、下行的货运量。

设计线远期运量的预测尚缺乏成熟经验，一般多比照条件接近的既有铁路，用曲线拟合办法或多元回归等办法，结合设计线近期的调查运量来预测远期运量。

通过调查和预测，将直通货运量和地方货运量汇总，可绘出货流图，如图2-3所示。从货流图中可以看出各路段的货运品种、数量和流向，以及各大站的货物装卸量。

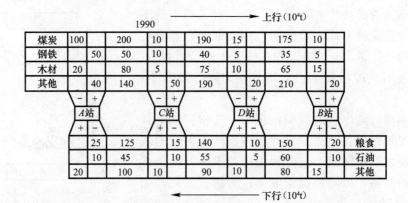

图 2-3 货流示意图

3. 客运量的调查和预测

直通客运量占客运总量的比重一般并不很大，可进行客流的典型调查，找出直通客流量和地方客流量的比值，根据地方客运量估算直通客运量。

地方客运量与吸引范围内的人口总数、工矿企业职工人数比重、人均收入、内迁工厂多少、早期移民数量、旅游地多少等因素有关，可用乘车率（每人每年的平均乘车次数）或多元回归法预测。

将客流量汇总后，可按每列车定员估算旅客列车数；亦可比照和设计线条件相近的既有线，拟定设计线的旅客列车数。

2.1.2 铁路选线设计所需要的运量参数

1. 铁路运量

铁路运量包括货运量和客运量。

货运量 C 是设计线（或区段）一年内单方向需要运输的货物吨数，应按设计线（或区段）分上、下行分别由下式计算：

$$C = \sum C_i \quad (10^4 \, t/a) \tag{2-1}$$

式中 C_i——某种货物的年货运量（$10^4 \, t/a$）。

客运量（或客流密度）A_K 是设计线（或区段）一年内单方向需要运输的旅客人数，应按设计线（或区段）分上、下行方向，采用客流量预测方法预测确定。对于城际客运专线，应分别按高峰季节客流量和平日客流量统计客运量资料。

2. 运输周转量

铁路运输周转量包括货物周转量和客运周转量，是衡量铁路运输生产能力的重要指标。

货物周转量 C_{HZ} 是设计线（或区段）一年内所完成的货运工作量，可由上、下行方向一年内各种货量 C_i（$10^4 \, t/a$）与相应的运输距离 L_i（km）按下式计算：

$$C_{HZ} = \sum_{上行}(C_i \times L_i) + \sum_{下行}(C_i \times L_i) \quad (10^4 \, t \cdot km/a) \tag{2-2}$$

客运周转量 A_{KZ} 是设计线（或区段）计算时间内（一年或者一天）所完成

的客运工作量，按年客运量计算时，可由一年内的客运量 A_{Ki}（10^4 人/a）与相应的运输距离 L_i（km）的乘积来计算：

$$A_{KZ} = \sum \left[(A_{KS} + A_{KX}) \times L_i \right] \quad (10^4 \text{ 人} \cdot \text{km/a}) \qquad (2\text{-}3)$$

式中　A_{KS}、A_{KX}——上、下行各区段的年客运量（百万人）。

按每天旅客列车对数 N_K 计算时，

$$A_{KZ} = 2 \times 365 \sum (N_{Ki} \cdot M_{Ki} \cdot \alpha_K L_i) / 10^4 \quad (10^4 \text{ 人} \cdot \text{km/a}) \qquad (2\text{-}4)$$

式中　N_{Ki}——各类旅客列车每天的对数；

　　　M_{Ki}——各类旅客列车定员数（人）；

　　　α_K——客座利用率，可取 0.85～0.90；

　　　L_i——各类旅客列车在规划线上的运行距离（km）。

3. 货运密度

货运密度 C_M 是设计线（或区段）每千米的平均货物周转量：

$$C_M = \frac{C_{HZ}}{L} \quad \left[10^4 \text{t} \cdot \text{km/(km} \cdot \text{a)} \right] \qquad (2\text{-}5)$$

式中　C_{HZ}——设计线或各区段的货物周转量（10^4 t·km/a）；

　　　L——设计线（或区段）的长度（km）。

4. 货流比

设计线上、下行方向的货运量不均衡时，应区分为轻车方向和重车方向。货流比 λ_{QZ} 是轻车方向货运量 C_Q 与重车方向货运量 C_Z 的比值，即

$$\lambda_{QZ} = \frac{C_Q}{C_Z} \qquad (2\text{-}6)$$

5. 货运波动系数

由于生产和消费的季节性等原因，设计线的货运量在一年内各月份并不相等。一年内最大的月货运量和全年月平均货运量的比值称为货运波动系数，以 β 表示。设计线必须完成运量最大月份的运输任务，所以在计算铁路能力时，应考虑货运波动系数的影响：

$$\beta = \frac{\text{一年最大的月货运量}}{\text{全年月平均货运量}} \qquad (2\text{-}7)$$

6. 客流波动系数

由于节假日等原因，设计线的客流量在一年内各月份或一月内的各天并不相等，旅游旺季和淡季的客流有时会有较大差别。通常以月间客流波动系数来衡量设计线客流的波动情况。高峰日最大客流量与平日平均客流量的比值称为月客流波动系数，以 β_K 表示。对于高速铁路、城际客运专线必须完成高峰日的客运任务，所以在计算铁路客运能力时，应考虑月客运波动系数的影响：

$$\beta_K = \frac{\text{高峰日最大客流量}}{\text{平日平均客流量}} \qquad (2\text{-}8)$$

若以平日客流为设计依据，则客运波动系数 β_K 为 1.0。

7. 零担、摘挂、快运货物和旅客列车

零担列车是运送地方零散货物的列车，在中间站办理零担货物的装卸，

一般运行于一个区段内。

摘挂列车是运送地方整车货物的列车，在中间站办理货车甩挂和到货场取送车作业，一般运行于一个区段内。

快运货物列车是运送鲜活或易腐货物的列车，为缩短旅途时间，这种列车很少停站，其他普通货物列车要停站待避，使其不停车通过。

旅客列车是运送旅客的列车。旅客列车按运行要求、运输组织模式、旅行速度和编组情况的不同，可分为特别旅客快车、直通旅客快车、直达旅客快车、普通旅客列车和市郊列车等。这些列车的对数，应根据经济调查资料分析确定。

2.1.3　设计年度

设计线交付运营后，客货运量是随着国民经济的发展逐年增长的，设计线的能力必须与之适应。上述运量参数，也需分设计年度提供。铁路的设计年度一般分为近、远两期，近期、远期分别为铁路交付运营后第十年和第二十年。必要时，也可增加初期，初期为交付运营后第五年。各期运量均采用预测运量，应通过经济调查确定。

铁路设施的设计标准应使铁路设施的能力与运量增长相适应，既能满足日益增长的运输要求，又可节约铁路建设的初期投资。铁路线下基础设施和不易改、扩建的建筑物和设备，应按远期运量和运输性质设计，并适应长远发展的要求；对于易改、扩建的建筑物和设备，可按近期运量和运输性质设计，并预留远期发展的条件。

随运输需求变化增减的机车、车辆等运营设备，可按交付运营后第三年或第五年的运量进行设计。

动车组的配置数量及变压器的安装容量等可随运输需求变化而增减的运营设备，可按交付运营后第五年运量进行设计。

2.2　铁路区间通过能力

铁路通过能力是指该铁路线在一定的机车车辆类型和一定的行车组织方法的条件下，根据其现有固定设备，在单位时间内（通常指一昼夜）最多能够通过的列车对数或列车数。通过能力也可以用车辆数或货物吨数来表示，而客运专线还可以用旅客人数来表示。

铁路通过能力的大小，主要受区间内的正线数目、区间长度、线路平纵断面、牵引机车类型、信号、连锁、闭塞设备、线路及供电设施日常保养维修的机械设备以及行车组织方法等因素影响。铁路能实现的通过能力，取决于上述设备中最薄弱环节限制的通过能力。设计铁路时，一般根据区间通过能力来设计其他各种设备的能力，使之相互协调，且不小于区间通过能力。

2.2.1　列车运行图

行车组织方法具体体现为列车运行图。

列车运行图是用以表示列车在铁路的区间运行及在车站到发或通过时刻的技术文件，它是组织铁路各部门共同完成国家运输任务的基础。列车运行图是运用坐标原理对列车运行时间、空间关系的图解表示，因而实际上是对列车运行时空过程的图解，如图 2-4 所示。在列车运行图上，横轴表示时间，每 10min 画一竖线；纵轴表示距离，每一车站中心画一横线。两站的斜线为列车在该区间的运行线，斜率越陡，说明列车走行速度越高，走行时分越短。斜线与相邻两横线的交点分别表示列车发车和到达时间；斜线与相邻两横线交点间的时段，表示列车在该区间的走行时分。例如，图 2-4 中的 1248 次列车通过 C 站的时间是 0 时 06 分，到达 B 站的时间是 0 时 20 分，其间走行时分为 14 分。在运行图上还显示出列车在站停留时间，例如 1248 次列车在 B 站从 0 时 20 分到达至 0 时 27 分发车，共停站 7min。

运行图中的列车编号：离北京渐远方向的列车编号为单数，称为下行列车；向北京渐近方向的列车编号为偶数，称为上行列车。

在铁路运营中，采用的是非平行运行图（图 2-4）。因为在铁路上开行的旅客列车、直通货物列车、摘挂列车和零担列车的速度各不相同，所以在运行图上各种列车在同一区间的运行线互不平行。非平行运行图只在实际运营中使用。

在铁路设计中，采用的是平行成对运行图（图 2-5）。这种运行图假定在线路上运行的都是直通列车，往返成对且同一区间同一方向的列车运行速度相同，故其运行线相互平行。采用平行成对运行图，便于直接计算通过能力。

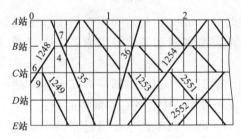

图 2-4　单线非平行运行图

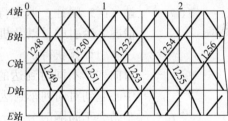

图 2-5　单线平行成对运行图

平行成对运行图是研究各种类型运行图性质和规律性的基础。计算区间通过能力时，一般是首先计算平行运行图的区间通过能力，然后，在平行运行图区间通过能力的基础上，再根据其他各种列车规定的开行数量和相应的扣除系数计算非平行运行图的区间通过能力。

2.2.2　平行运行图区间通过能力计算

1. 平行运行图周期

在平行运行图上，同一区间内同方向列车的运行速度相同，并且上下行方向列车在同一车站上都采取相同的交会方式，因而同方向列车的运行线相互平行。从这种平行图上可以看出，任何一个区间内的列车运行线，总是以

25

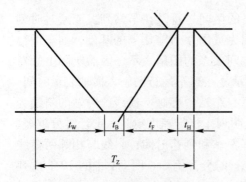

图 2-6　平行成对运行图周期

同样的铺画方式周期性地一组一组地反复排列着。这组列车占用区间的总时间，称为该种运行图的周期，以 T_Z 表示，如图 2-6 所示。

全线（或区段）的各个站间，其站间距离、行车速度各不相同，车站间隔时分也不相同，故一对直通货物列车在各站间的运行图周期也互有差异，各站间的通过能力也有大有小。运行图周期值最大的站间，通过能力最小，全线（或区段）的通过能力要受到它的控制，称为控制站间。全线（或区段）的通过能力，应按控制站间的运行图周期计算。

2. 单线平行成对运行图通过能力

单线铁路通过能力按平行成对运行图考虑时，用一对普通货物列车占用区间的总时分（称运行图周期 T_Z）来计算，如图 2-6 所示。它包括一对列车在区间的往、返走行时分 t_W、t_F，以及两端车站接发列车的车站作业间隔时分 t_B、t_H。单线平行成对运行图的通过能力 N 可用下式计算：

$$N = \frac{1440 - T_T}{T_Z} = \frac{1440 - T_T}{t_W + t_F + t_B + t_H} \quad (\text{对}/\text{d}) \qquad (2\text{-}9)$$

式中　1440——每一昼夜的分钟数；

T_T——日均综合维修"天窗"时间（min）：电力牵引取 90min，内燃牵引取 60min；

t_W、t_F——站（区）间往、返走行时分（min），与站间距离、平纵断面情况、牵引质量以及机车类型和制动条件等因素有关，可通过牵引计算获得；

t_B——对向列车不同时到达的间隔时分（min），即一列车到达车站中心起到对向列车到达或通过车站中心的最小间隔时分；

t_H——车站会车间隔时分（min），即一列车到达或通过车站中心起到该车站向原区间发出另一列车时的最小间隔时分。

t_B 和 t_H 与车站信联闭类型、股道数目和作业性质等因素有关，选线设计时，可采用表 2-1 中的数据。

车站作业间隔时分（min）　　　　　　　　　　　　　　　　表 2-1

闭塞方式	t_B	t_H
电气路签（牌）	5～6	3～4
半自动闭塞	4～6	2～3
自动闭塞	3～5	1～2
自动闭塞与调度集中	3～5	0.5～1.0

3. 双线平行运行图通过能力

双线铁路通过能力按平行运行图考虑，因上、下行的列车分线单向运行，所以通过能力应分方向计算，单位：列/d。

（1）半自动闭塞

采用半自动闭塞时，同向列车可连发运行，如图 2-7（a）所示，通过能力 N 为：

$$N = \frac{1440 - T_T}{T_Z} = \frac{1440 - T_T}{t + t_L} \quad (列/d) \qquad (2\text{-}10)$$

式中　T_T——日均综合维修"天窗"时间（min）：电力牵引取 120min，内燃牵引取 70min；

　　　t——普通货物列车站间单方向走行时分（min）；

　　　t_L——同向列车连发间隔时分（min）：若前后列车都通过前方邻接车站，则 $t_L = 4\sim6$min；若前一列车通过后一列车停站，则 $t_L = 2\sim3$min。

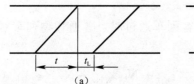

图 2-7　双线平行运行图

（a）连发；（b）追踪

（2）自动闭塞

采用自动闭塞时，同向列车可追踪运行，如图 2-7（b）所示，通过能力 N 为：

$$N = \frac{1440 - T_T}{T_Z} = \frac{1440 - T_T}{I} \quad (列/d) \qquad (2\text{-}11)$$

式中　I——同向列车追踪间隔时分，其数值根据运营条件决定，一般采用 $I = 8\sim10$min；

　　　T_T——意义及取值同公式（2-10）。

2.3　铁路输送能力

铁路输送能力是铁路在一定技术设备和行车组织条件下，铁路单方向每年能运送的货物吨数。设计线各设计年度的输送能力不应小于经济调查得到的相应年度的货运量。

输送能力 C 可用下式计算：

$$C = \frac{365 N_H \times G_j}{10^6 \beta} \quad (Mt/a) \qquad (2\text{-}12)$$

式中　N_H——折算的普通货物列车对数（对/d），按公式（2-13）计算；

　　　G_j——普通货物列车净载；

　　　β——货运波动系数，由经济调查确定，通常取 1.15。

快运货物列车、零担列车、摘挂列车的牵引吨数通常较普通货物列车小，需要将这些列车的对数按装载的货物质量折算为普通货物列车对数。折算的普通货物列车对数 N_H 为：

$$N_H = N_{PT} + N_{KH} \times \mu_{KH} + N_L \times \mu_L + N_Z \times \mu_Z \quad （对 /d） \quad (2\text{-}13)$$

式中　N_{PT}、N_{KH}、N_L、N_Z——普通货物、快运货物、零担、摘挂列车对数（对/d）；

μ_{KH}、μ_L、μ_Z——快运货物、零担、摘挂列车的货物质量与普通货物列车的货物质量的比值，称为满轴系数，其值可根据设计线的具体情况拟定，一般取 $\mu_{KH}=0.75$，$\mu_L=0.5$，$\mu_Z=0.75$。

每天可能通过的普通货物列车对数 N_{PT}，应在站间通过能力 N 的基础上考虑一定的通过能力储备量，再扣除旅客列车、快运货物列车、零担和摘挂列车占用的通过能力。

当设计线或区段内没有直达旅客列车通过时，普通货物列车对数可用下式求得：

$$N_{PT} = \frac{N}{1+\alpha} - (N_K \times \varepsilon_K + N_{KH} \times \varepsilon_{KH} + N_L \times \varepsilon_L + N_Z \times \varepsilon_Z) \quad （对 /d）$$

$$(2\text{-}14a)$$

当设计线或区段内有直达旅客列车通过，且直达旅客列车数为 N_{KZD} 时，普通货物列车对数可用下式求得：

$$N_{PT} = \frac{N}{1+\alpha} - (N_K \times \varepsilon_K + N_{KH} \times \varepsilon_{KH} + N_L \times \varepsilon_L + N_Z \times \varepsilon_Z) - N_{KZD}\varepsilon_{KZD} \quad （对 /d）$$

$$(2\text{-}14b)$$

若直达旅客列车的扣除系数 ε_{KZD} 取 1，普通货物列车对数可用下式求得：

$$N_{PT} = \frac{N}{1+\alpha} - (N_K \times \varepsilon_K + N_{KH} \times \varepsilon_{KH} + N_L \times \varepsilon_L + N_Z \times \varepsilon_Z) - N_{KZD} \quad （对 /d）$$

$$(2\text{-}14c)$$

式中　　　　　　　N——通过能力（对/d）；

α——通过能力储备系数；其作用为：保证国民经济各部门及军列的特殊运输需要；保证列车晚点和车站堵塞时及时调整运行图，恢复正常运行秩序；保证线路经常维修与大中修工作不干扰列车正常运行的需要；其数值：单线 $\alpha=0.20$，双线 $\alpha=0.15$；

N_K、N_{KZD}、N_{KH}、N_L、N_Z——旅客、直达旅客、快货、零担、摘挂列车对数（对/d）；

ε_K、ε_{KZD}、ε_{KH}、ε_L、ε_Z——旅客、直达旅客、快货、零担、摘挂列车的扣除系数。

扣除系数是开行 1 对（或 1 列）旅客、快货、零担、摘挂列车，在平行运行图上占用的时间与 1 对（或 1 列）普通货物列车占用时间的比值。因旅客列车与快运货物列车速度较快，且停站次数少，普通货物列车要停站待避其越行或交会。而零担和摘挂列车停站次数多、停站时间长，故扣除系数值均大于1。其值主要取决于正线数目和闭塞方式，也与各种列车的数量、运行图铺画方式、各种列车的速度差及区间不均等程度等因素有关。一般采用表2-2所列数值。

将式（2-14a）代入式（2-13）得：

$$N_H = \frac{N}{1+\alpha} - [N_K \times \varepsilon_K + (\varepsilon_{KH} - \mu_{KH})N_{KH} + (\varepsilon_L - \mu_L)N_L$$
$$+ (\varepsilon_Z - \mu_Z)N_Z] \quad （对/d） \tag{2-15}$$

扣 除 系 数（min） 表 2-2（a）

正线数目	闭塞方式	旅客列车	快货列车	零担列车	摘挂列车	附注
单线	自动	1.0	1.0	1.5～2.0	1.3～1.5	
	半自动	1.1～1.3	1.2	1.5～2.0	1.3～1.5	3对以上取1.3
双线	自动	见表2-2（b）	2.0～2.3	3.0～4.5	2.5～3.0	$N_Z>3$时，取相应的低限值
	半自动	1.3～1.5	1.4	2.0～3.0	1.5～2.0	

注：其他闭塞方法，可参照半自动闭塞的扣除系数。

三显示双线自动闭塞区段旅客列车扣除系数（min） 表 2-2（b）

N_K（列） ＼ I（min）	6	7	8	9	10	11	12
5～10			2.3～2.4	2.15～2.3	2.05～2.2	1.95～2.1	1.9～2.0
11～20			2.3～2.35	2.15～2.2	2.05～2.1	1.92～2.0	1.8～1.9
21～30		2.4～2.45	2.2～2.25	2.05～2.1	1.95～2.0	1.85～1.9	1.7～1.8
31～40	2.5～2.55	2.3～2.35	2.1～2.15	1.95～2.0	1.85～1.9	1.75～1.8	1.6～1.7
41～50	2.4～2.45	2.2～2.25	2.0～2.05	1.85～1.9			
51～60	2.3～2.35	2.1～2.15	1.9～1.95				
＞61	用图解法确定						

注：四显示双线自动闭塞区段，用图解法并参照本表取值确定。

2.4 高速铁路运输能力

2.4.1 高速铁路通过能力

高速铁路的通过能力主要受运输模式、运行速度、列车种类、停站次数及时间、运行图铺画方式、站间距离、天窗设置等因素的影响。

高速客运专线铁路通过能力可采用扣除系数法计算。扣除系数法是沿袭传统的非平行运行图通过能力计算法，以一种列车占用能力为标准，确定其他列车与该标准列车在能力占用中的当量关系，即所谓扣除系数，从而将不同列车的能力占用归一化为标准列车的数量，确定出通过能力的理论计算值。

在各客流区段中可能存在两种不同的列车扣除系数：在高速列车之间，办理停站作业的高速列车由于额外占用列车运行图，从而产生高速列车扣除系数 ε_G；在高速列车与中速列车之间，由于旅行速度不同而产生中速列车扣除系数 ε_{ZK}。

高速铁路的线路通过能力，可按下列方法估算：第一步，估算平行运行图通过能力；第二步，估算全部为高速旅客列车的非平行运行图通过能力；第三步，估算高、中速旅客列车混合运行的非平行运行图通过能力。

1. 高速客运专线铁路平行运行图区间通过能力估算

$$N = \frac{1440 - T_T}{I} - \frac{60 \times S}{V \times I} = \frac{1}{I}\left(1440 - T_T - \frac{60 \times S}{V}\right)$$

或

$$N = \frac{1440 - T_T - T_W}{I} \tag{2-16}$$

式中　N——平行运行图通过能力（对/d 或列/d）；

　　　　T_T——综合维修天窗时间（min），取 240～360min；

　　　　I——追踪列车间隔时间（min）；

　　　　S——客运区段长度，如天窗开设长度小于客运区段，则为天窗开设长度（km）；

　　　　V——客运专线铁路列车运行速度（km/h）；

　　　　T_W——列车运行图无效时间（min），包括非客运时段、三角区时段等。

客运区段是指有大量始发终到列车或跨线旅客列车产生的两节点间构成的客运区段。

2. 全高速旅客列车非平行运行图区间通过能力估算

由于高速旅客列车在区段内有停站与不停站等不同情况，因此，停站（包括不同的停站次数）与不停站高速旅客列车旅行速度之差将产生高速旅客列车本身的扣除系数。

全高速列车的区间通过能力按下式估算：

$$N_G = \frac{1}{I\varepsilon_G}\left(1440 - T_W - \frac{60 \times S}{V}\right)或$$

$$N_G = \frac{N}{\varepsilon_G} = \frac{1440 - T_T - T_W}{I\varepsilon_G} \quad （对/d 或列/d） \tag{2-17}$$

全高速列车的小时区间最大通过能力为：

$$N_G^h = \frac{60}{I\varepsilon_G'} \quad （对/d 或列/d） \tag{2-18}$$

全高速列车的区间使用能力为：

$$N_G^u = N_G K_S \quad （对/d 或列/d） \tag{2-19}$$

式中　N_G——全高速列车的区间最大通过能力（对或列）；

　　　　ε_G——高速列车扣除系数，一般取 1.4～1.6；

　　　　ε_G'——计算时间内高速列车扣除系数，$\varepsilon_G' = 1 \sim \varepsilon_G$；

　　　　K_S——区间通过能力使用系数，一般取 0.9。

3. 不同速度等级列车混合运行的非平行运行图区间通过能力估算

对于采用"高、中速列车共线运行"运输组织模式的高速铁路，其通过能力可按下式计算

$$N_m = N_{G1} + N_{ZK} = N_G - N_{ZK} \times \varepsilon_{ZK} + N_{ZK} = \frac{1440 - T_T - T_W}{I\varepsilon_J} \quad (2-20)$$

式中　N_m——不同速度等级列车混运条件下区间最大通过能力，等于高速列车数和中速列车数之和（对或列）；

N_{ZK}——指定铺画的中速列车数（对或列）；

ε_{ZK}——中速列车扣除系数；

N_{G1}——在铺画指定数量的中速列车的条件下，最多能铺画的高速列车数（对或列）；

ε_J——高、中速列车的平均扣除系数，$\varepsilon_J = \varepsilon_{ZK} \times g_Z + \varepsilon_G \times (1 - \gamma_Z)$，可按表 2-3 取值；

γ_Z——列车运行图中的中速列车比重；

其余符号意义同前。

中速列车不同比例条件下的 ε_{ZK} 和 ε_J　　　　　表 2-3

	γ_Z	0.00	0.10	0.20	0.30	0.40	0.50	0.60
ε_{ZK}	$r_Z = 0$		4.57	3.89	3.28	2.98	2.79	2.47
	$r_Z = 0.2$		4.90	3.80	3.47	3.18	3.02	2.62
ε_J		1.40	1.75	1.88	2.02	2.11	2.21	2.13

注：表中 r_Z 为高速列车在途中站的停站比。

$$N_m^u = N_G^u - N_{ZK}\varepsilon_{ZK} + N_{ZK} = N_G K_S - N_{ZK}\varepsilon_{ZK} + N_{ZK} \quad (2-21)$$

式中　N_m^u——不同速度等级列车混运的区间使用能力（对或列）。

2.4.2　高速铁路客运能力（线路输送能力）

高速铁路客运能力是指在一定技术设备和行车组织条件下，一列车一昼夜能够运送的旅客人数。

一列旅客列车的年运量 A_L（万人/a）为：

$$A_L = \frac{365 \times \alpha_L \times \varphi_Z}{10^4 \beta_K} \quad (2-22)$$

式中　β_K——月间客流波动系数；

α_L——列车平均定员（人/列）；200km/h、300km/h 及以上列车定员，长编组可按 1200 人考虑，短编组可按 600 人考虑；

φ_Z——列车平均载客率，即客座利用率；300km/h 及以上列车客车满员率，一般取 0.8～0.85，高峰时段可取 0.95；200km/h 及以上列车定员，按长编组列车定员计算。

根据不同种类旅客列车的年输送能力，可求得全年客运总能力 A_N。

1. 全高速列车运行的线路输送能力：

$$A_N = N_G \times K_S \times A_L^G \quad （万人/a）$$

式中　　N_G——高速列车的区间最大通过能力（对或列）；

K_S——区间通过能力使用系数，一般取 0.9；

A_L^G——一列高速列车的年输送能力。

2. 不同速度等级列车混运的线路输送能力：

$$A_N = N_{G1}A_L^G + N_{ZK}A_L^Z + N_{PK}A_L^P \quad （万人 /a）$$

式中　　N_{G1}、N_{ZK}、N_{PK}——不同速度等级列车混运条件下高速、中速和普通列车的使用能力（对或列）；

A_L^Z、A_L^P——一列中速和普通列车的年输送能力。

2.4.3　高速铁路通过能力的利用

高速铁路通过能力的利用与常规铁路有较大不同，主要表现在以下几个方面：

（1）由于旅客出行的规律特征，往往形成客流高峰、平峰及低谷的不同时段，造成高速铁路昼夜能力利用的不均衡性进一步扩大，这与常规铁路力求组织均衡运输，充分利用区间通过能力的运营要求有较大不同。

（2）理论上，高速铁路运行图可以铺画较多的列车运行线，而实际上，各条运行线由于所处的实际时段不同，所能吸引并完成的旅客输送量却大不相同。

（3）与常规铁路相比，高速铁路整体形成的实际输送能力与理论计算能力之间的差距较大。为完成同样的旅客运输量，高速铁路通常需要更大的后备能力。

（4）由于高速铁路有长、短线能力之分，在运程较大的客流区段，特别是高、中速列车共线运行的区段，往往出现长线能力相对不足与短线能力相对富余并存的现象，长线能力可以分段使用，转化为短线能力，而短线能力却不能组合为长线能力。

2.5　铁路等级与主要技术标准

2.5.1　铁路等级

铁路等级是根据铁路线在铁路网中的作用、性质和远期客货运量，以及最大轴重和列车速度等条件，对铁路划定的级别。

铁路等级是铁路的基本标准。设计铁路时，首先要确定铁路等级，铁路的技术标准和装备类型都要根据铁路等级去选定。

目前，我国铁路根据运输性质的不同，将铁路分为客运专线铁路、客货共线铁路和货运专线铁路三类，根据其在路网中的作用、性质、主要运输任务、旅客列车设计行车速度和近期客货运量划分为 7 级，并为每一级铁路规定了旅客列车最高设计速度和（或）货物列车最高设计速度。

1. 客运专线铁路

铁路网中专门（或主要）用于旅客运输、列车在主要区间能以 200km/h 及以上速度运行的标准轨距铁路，称为客运专线铁路。新建客运专线铁路（或区段）的等级，根据其在铁路网中的作用、性质、旅客列车设计行车速度可分为高速铁路和快速铁路两级。

（1）高速铁路

在客运专线网中起骨干作用或最高设计行车速度为 250km/h 及以上的客运专线铁路，称为高速铁路。

高速铁路通常建于经济特别发达、人口很稠密、客运量很大的地区，连接国家重要政治、经济中心城市，具有特别重要的政治、经济意义。高速铁路的主要任务是运输旅客，列车在主要区间能以 250km/h 及以上速度运行，列车最小行车间隔可达三分钟，列车密度可达每小时 20 列，列车定员可达 1600 余人/列，每小时最大输运能力可达 2×32000 余人，能够实现大量、快速和高密度运输。

高速铁路应采用本线旅客列车和跨线旅客列车混合运行的运输组织模式。对于新建 300～350km/h 高速客运专线，本线旅客列车应采用运行速度 300km/h 及以上的动车组，跨线旅客列车应采用运行速度 200km/h 及以上的动车组。

（2）快速铁路

在客运专线网中起联络、辅助作用，为区域或地区服务且最高设计行车速度不高于 250km/h 的客运专线铁路。

我国目前修建的快速铁路，根据其在铁路干线网中的作用和服务区域的不同，通常可分为快速客运干线铁路和城际铁路。

1）快速客运干线

快速客运干线铁路通常建于经济发达、人口很稠密、客运量很大的地区，连接省会城市及大中城市，具有重要的政治、经济意义。旅客列车设计速度大于 200km/h 的中长距离客运干线铁路，称为高速客运专线铁路。高速客运专线铁路的主要任务是运输旅客，列车在主要区间能以 200km/h 及以上速度运行，列车最小行车间隔可达三分钟，列车密度可达每小时 20 列，列车定员可达 1600 余人/列，每小时最大输运能力可达 2×22000 余人，能够实现大量、快速和高密度运输。

快速客运干线铁路应采用本线旅客列车和跨线旅客列车混合运行的运输组织模式。对于新建时速 200～250km/h 客运专线，跨线旅客列车运行速度不应小于 160km/h。

2）城际铁路

城际铁路通常建于经济发达区域，具有重要的政治、经济意义，连接经济区域内存在着经济旅客运量需求的中心城市的区域城际客运专线铁路，称为城际铁路。城际铁路主要任务是运输旅客，列车在主要区间能以 200km/h 及以上速度运行。

城际铁路分为：单式城际铁路和复式城际铁路。单式城际铁路是指连接两个城镇的铁路线上只存在着彼此之间唯一一对经济旅客运量需求的铁路。复式城际铁路是指连接多个城镇的铁路，同时每两个城镇之间也可能存在着经济旅客运量需求。

2. 客货共线铁路

铁路网中客货列车共线运行、旅客列车设计行车速度不大于 160km/h、货物列车设计行车速度不大于 120km/h 的标准轨距铁路，称之为客货共线铁路。

《铁路线路设计规范》规定：新建和改建客货共线铁路（或区段）的等级，应根据其在铁路网中的作用、性质、旅客列车设计行车速度和客货运量确定，并应符合下列规定：

Ⅰ级铁路　铁路网中起骨干作用的铁路，或近期年客货运量不小于 20Mt 者；

Ⅱ级铁路　铁路网中起联络、辅助作用的铁路，或近期年客货运量小于 20Mt 且不小于 10Mt 者；

Ⅲ级铁路　为某一地区或企业服务的铁路，近期年客货运量小于 10Mt 且大于 5Mt 者；

Ⅳ级铁路　为某一地区或企业服务的铁路，近期年客货运量小于 5Mt 者。

以上年客货运量为重车方向的货运量与客车对数折算的货运量之和。每日一对旅客列车按 1.0Mt 年货运量折算。

铁路的等级可以全线一致，也可以按区段确定。如线路较长，经行地区的自然、经济条件及运量差别很大时，便可按区段确定等级。但应避免同一条线上等级过多或同一等级的区段长度过短，使线路技术标准频繁变更。

3. 货运专线铁路

铁路专门（或主要）用于货物运输，轴重 25t 及以上、列车牵引质量 10000t 及以上、年输送能力 1 亿 t 及以上的标准轨距铁路，称之为货运专线铁路。货运专线铁路重点围绕煤炭、矿石等资源外运地区运输需求建设，用于运载大宗散货，供总重大、轴重大的列车、货车行驶。通常行车密度和运量特大，为货运专线铁路。货运专线铁路实际上是客货共线铁路客车对数为零、牵引质量大于 10000t 的特例，通常按重载运输考虑。重载铁路的列车单列运输量至少在 5000t 以上，总重可达 1 万～2 万 t，轴重可达 30t，行车密度可达 1 万 t·km/km。运输的大宗散货主要为煤炭、矿石、散粮等。

货运专线铁路设计按客货共线铁路的重载铁路级的标准进行设计。

2.5.2　铁路主要技术标准

铁路主要技术标准是指对铁路输送能力、工程造价、运营质量以及选定其他有关技术条件有显著影响的基本标准和设备类型。目前，我国客货共线铁路的主要技术标准包括：正线数目、限制坡度、最小曲线半径、到发线有效长度、牵引种类、机车类型、牵引质量、机车交路和闭塞类型。客运专线铁路的主要技术标准包括：最大坡度、最小曲线半径、到发线有效长度、牵引种类、动车组（机车）类型、列车运行控制方式、行车指挥方式和追踪列车最小间隔时分。这些标准是确定铁路能力大小的决定因素，一条铁路的能力设计，实质上是选定主要技术标准。同时这些标准对设计线的工程造价和运营质量有重大影响，并且是确定设计线一系列工程标准和设备类型的依据。

主要技术标准应根据国家要求的年输送能力、旅客列车设计行车速度、旅客列车对数、沿线地形地质条件和确定的铁路等级在设计中综合考虑，经技术经济比选确定，以保证技术上先进、经济上合理、标准间协调。

1. 正线数目

正线数目是指连接并贯穿车站的线路的数目。按正线数目可把铁路分为单线铁路、双线铁路和多线铁路。单线铁路是区间只有一条正线的铁路，在同一区间或同一闭塞分区内，同一时间只允许一列列车运行，对向列车的交会和同向列车的越行只能在车站上进行。双线铁路是区间有两条正线的铁路，分为上行线及下行线，在正常情况下，上下行列车分别在上下行线上行驶，但在同一区间或同一闭塞分区的一条正线上，同时只允许一列列车运行。多线铁路是区间有多于两条正线的铁路。

单线和双线铁路的通过能力悬殊。单线半自动闭塞铁路的通过能力约为42～48 对/d；双线自动闭塞则为 144～180 对/d。双线的通过能力远远超过两条单线的通过能力，而双线的投资比两条平行单线少约 30%，双线旅行速度比单线高约 30%，运输费用低约 20%。可见，运量大的线路修建双线是经济的。

平原、丘陵地区的新建铁路，远期年客货运量大于或等于 35Mt/a，山区新建铁路远期年运量不小于 30Mt/a 时，宜按双线设计，分期实施。近期年客货运量达到上述标准者，宜一次修建双线。远期年客货运量虽未达到上述标准，但按国家要求的年输送能力和客车对数折算的年客货运量不小于 30Mt/a，宜预留双线。

客运专线一般修建在具有较大客运量的地区，列车开行方式要求高密度、小编组、安全、准时、快速，因此应当按一次修建双线铁路设计。

2. 最大坡度（限制坡度）

最大坡度是铁路线路纵断面坡度允许采用的最大值。在一定自然条件下，线路的最大坡度不仅影响线路走向、线路长度和车站分布，而且直接影响行车安全、行车速度、运输能力、工程投资、运营支出和经济效益，是铁路全局性技术标准。

客货共线铁路，线路最大坡度是由货物列车运行要求确定的，单机牵引地段的最大坡度称为限制坡度。限制坡度是单机牵引普通货物列车，在持续上坡道上，最终以机车计算速度等速运行的坡度。它是限制坡度区段的最大坡度，是货物列车的牵引质量的确定依据。设计线（或区段）的限制坡度（最大坡度）应根据铁路等级、地形类别、牵引种类和运输需求比选确定，并应考虑与邻接线路的牵引定数相协调，但不得大于《线规》规定的数值。

客运专线铁路，高速列车采用大功率、轻型动车组，牵引和制动性能优良，能适应大坡度运行。高速列车质量不是限制线路最大坡度的主要因素。客运专线铁路的最大坡度允许值，应根据运输组织模式和地形条件确定。我国客运专线铁路一般采用高、中速混运模式。高速动车组的动力比较大，一般在较大的坡度上均可以达到最高允许速度，而且可以根据速度目标的差异选择相应的功率配置，所以最大坡度主要受跨线旅客列车牵引特性和列车编组条件控制。

3. 最小曲线半径

最小曲线半径是设计线采用的曲线半径最小值。最小曲线半径不仅影响行车安全、旅客舒适等行车质量指标，而且影响行车速度、运行时间等运营技术指标和工程投资、运营支出和经济效益等经济指标。

最小曲线半径应根据铁路等级、路段旅客列车设计行车速度和工程条件比选确定。

4. 到发线有效长度

到发线有效长度是车站到发线能停放最长到发列车而不影响相邻股道作业的最大长度。

（1）客货共线铁路

对客货共线铁路，到发线有效长度对货物列车长度（即牵引吨数）起限制作用，从而影响列车对数、运能和运行指标，对工程投资、运输成本等经济指标也有一定影响。货物列车到发线有效长度应根据运输需求和货物列车长度确定，且宜与邻接线路的货物列车到发线有效长度相协调，并应采用1050、850、750、650等系列值。

改建既有线和增建第二线的货物列车到发线有效长度采用上述系列值引起较大工程时，可根据实际需要计算确定。

近期货物列车长度一般较远期短，若近期到发线有效长度按远期铺设，不但增加初建期投资，而且增大初、近期调车作业行程，增加运营支出，故近期有效长度应按实际需要铺设。

（2）客运专线铁路

目前我国的客运专线铁路的运输组织模式采用本线列车和跨线列车共线运行的模式，跨线旅客列车均采用动车组。到发线有效长度必须满足该线路最长到发列车停车的需要。到发线有效长度由站台长度、安全防护距离、警冲标至绝缘节的距离组成。

根据列车最大编组的要求，确定的站台长度为450m。考虑测速测距误差、司机确认停车点距离及动车组过走防护距离，确定安全防护距离应不小于95m。警冲标至绝缘节的距离，根据目前第一轮对距离车头的距离最长为4.85m，确定警冲标至绝缘节的距离为5m。即到发线有效长度＝2×（5＋95）＋450＝650m。若考虑站台两端的安全过走距离取125m，则客运专线车站到发线有效长度为：450＋2×125＝700m。

因此，客运专线的到发线有效长度不应小于650m。

5. 牵引种类

牵引种类是指机车牵引动力或动车组动力的类别。我国铁路目前的牵引种类有电力、内燃、蒸汽三种。蒸汽机车已停产多年，次要线路和地方铁路仍在使用。今后牵引动力的发展方向为大功率电力和内燃机车。

牵引种类应根据路网与牵引动力规划、线路特征、沿线自然条件以及动力资源分布情况，结合机车或动车组类型合理选定。运量大的主要干线，大坡度、长隧道或隧道毗连的线路上应优先采用电力牵引。

对于高速客运专线，国外高速铁路全部采用电力牵引，我国目前正在使用和开发的动车组也全部是电力牵引动车组。因此，高速客运专线铁路应按电气化铁路设计。

6. 机车（动车组）类型

机车（动车组）类型系指同一牵引种类中机车或动车组的不同型号。它对铁路运输能力、行车速度、运营条件及工程与运输经济具有重要的影响。20世纪80年代以来，我国机车工业有很大发展，蒸汽机车停产，大功率电力、内燃机车发展迅速，已形成了4、6、8、12轴数系列和B-B、Bo-Bo、Bo-Bo-Bo、Co-Co、2（Bo-Bo）、2（Co-Co）轴式系列（B、C分别表示二轴和三轴转向架，o表示电力传动），客、货运机车轴功率电力分别达到900kW和800kW，内燃分别达613kW和532kW，机车的牵引性能和动力制动性能大大提高。

为了实现高速运行，把动力装置分散安装在每节车厢上，使其既具有牵引力，又可以载客，这样的客车车辆便叫做动车。而动车组就是几节自带动力的车辆加几节不带动力的车辆编成一组。带动力的车辆叫动车，不带动力的车辆叫拖车。动车组的分类有多种：按照传动类型，可分为电动车组和内燃动车组；按照动力形式，可分为动力集中型和动力分散型；按照传动方式，又可划分为电传动和液力传动两种类型。内燃动车组通常两端是动力车，部分带客室。电力动车组分为动力集中型和分散型。

机车（动车组）类型应根据牵引种类、运输需求以及与线路平、纵断面技术标准相协调的原则，结合车站分布和领域的牵引质量，经技术经济比选确定。时速200km/h的旅客列车应优先选用动车组。

7. 牵引质量

牵引质量就是机车牵引的车列质量，也称牵引吨数。线路（区段）方向上规定的列车牵引质量标准，常称为牵引定数。列车牵引质量的水平，通常作为货物列车的发展标志。牵引质量标准的确定，涉及众多的运营、技术和经济因素。

（1）货流条件。牵引质量的大小与货流条件有密切关系。主要以重质的大宗散装货物为运输对象的铁路，应取较高的牵引质量标准。牵引质量标准应综合货物品类、批量大小、产供销关系以及装卸和存储设备的条件等综合分析确定。

（2）机车牵引能力。当设计线最大坡度一定时，机车牵引能力和车辆载重能力是确定货物列车牵引质量标准的主要技术因素。提高牵引质量需要有相应的牵引能力的机车，并有足够的制动能力。提高机车的牵引能力的途径有两个：一是采用大功率机车；二是采用中等功率的机车多机牵引。

（3）到发线有效长度。当车辆延米重一定时，牵引质量的大小受到发线有效长度限制。提高牵引质量，需要适当的到发线有效长度相配合。我国主要干线的到发线有效长度，已基本形成 850m 的系统，其对应的普通货物列车牵引质量为 3000~4000t。若牵引质量大于 4000t，则需要进一步延长到发线有效长度；对于 5000t 的重载运输，应当采用 1050m 的到发线有效长度。

机车的牵引能力、车站到发线有效长度、限制坡度等技术标准，是影响牵引质量的主要因素，应当结合设计线的运输任务、地形条件采用多指标综合优化的方法确定各项技术标准。

（4）轨道结构强度。在到发线有效长度一定的前提下，提高列车牵引质量，可以采用大型车辆以提高车辆延米重。但车辆大型化的措施即增加车辆轴重，相应需要采用重型轨道结构和提高桥梁的活载等级，从而影响移动设备和固定设备的维修和装卸条件，增加工程运营成本。

牵引质量标准的选择，还应考虑与邻线标准的统一和配合。

8. 闭塞方式

铁路线路以车站（线路所）为分界点划分为若干区间。区间的界限，在单线铁路上以两个车站的进站信号机柱的中心为车站与区间的分界线；在双线铁路或多线铁路上，分别以各线路的进站信号机柱或站界标的中心线为车站与区间的分界线。为了提高线路通过能力，在自动闭塞区段又将一个区间划分为若干个闭塞分区，以同方向两架通过信号机柱为闭塞分区的分界线。

铁路为了保证行车安全、提高运输效率，利用信号设备等来管理列车在区间运行的方法，称为闭塞方式，简称闭塞。办理闭塞所用的设备叫做闭塞设备。

闭塞方式决定车站作业间隔时分，从而影响通过能力。实现闭塞的方法有三种，即人工闭塞、半自动闭塞和自动闭塞。

人工闭塞是一种采用电气路签、路牌或路票作为列车占用区间的凭证，由接车站值班员检查区间是否空闲的闭塞方法。

半自动闭塞是闭塞机与信号机发生连锁作用的一种闭塞装置，是人工办理闭塞手续，列车凭信号显示发车后，出站信号机自动关闭的闭塞方法。因为既要车站值班员的操纵，又需要列车自动动作，所以叫做半自动闭塞。列车进入区间的凭证是出站信号机显示绿灯，但出站信号机受闭塞机的控制，只有在区间空闲、双方车站办理好闭塞手续后，出站信号机方能再次显示绿灯。

自动闭塞根据列车运行及有关闭塞分区状态，自动变换通过信号机的显示，司机凭信号显示行车的闭塞方法。自动闭塞时，区间被分为若干闭塞分区（图 2-8），进一步缩短了同向列车的行车间隔距离。列车运行完全根据色灯信号机的显示，由于信号的显示完全由列车本身通过轨道电路来控制，所以称自动闭塞。

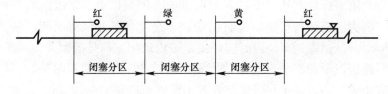

图 2-8　自动闭塞分区

单线铁路远期应采用半自动闭塞，双线铁路应采用自动闭塞。当旅客列车设计速度大于 120km/h 时，双线区段应采用速差式自动闭塞，单线区段宜采用自动闭塞或自动站间闭塞。一个区段内应采用同一闭塞类型。

9. 列车运行控制方式

随着干线铁路速度的提高和行车间隔的缩短，依赖色灯信号机实现闭塞的方式已不能适应铁路发展的需要。速度大于 200km/h 的高速客运专线铁路，信号系统应采用自闭式的自动控制系统，行车运行控制方式应当采用自动控制。

自动运行控制系统通过计算机控制、计算机网络、通信及信息处理等先进技术与列车、牵引、线路及道岔等设备或系统相连，完成对列车运行的控制、安全防护、自动运行及调度管理等任务。所以，运行控制系统在整个铁路系统中起一个对列车运行进行自动控制与安全防护的核心地位。

我国铁路目前主要采用通用型机车信号和主体机车信号与列车运行监控记录装置相结合的中国铁路列车控制系统（CTCS 系统）。高速客运专线应采用列车运行控制系统（CTCS），车载信号作为列车运行的凭证。

10. 运输调度（行车指挥）方式

铁路运输生产部门为了控制运输生产状态、组织日常工作和对日常运输生产进行指挥、监控所进行的运输生产活动，统称为运输调度。为了对日常运输生产进行统一指挥、有效监控，铁路运输系统必须实行集中领导、统一指挥。调度中心是铁路运输生产日常管理的指挥中心，而行车调度是调度机构的核心工作。

为了提高客运专线的运输调度指挥效率和自动化水平，实现运营调度系统的信息共享，减轻运输生产人员的劳动强度，客运专线应采用调度集中系统（CTC）。

调度集中是调度中心（调度员）对某一区段内的信号设备进行集中控制、对列车进行直接指挥、管理的技术装备。将调度区段内各中间站的继电集中连锁及区间的自动闭塞设备结合起来，建立一个由列车调度员直接操纵的信号通信与遥控的综合系统，称为调度集中系统。

调度集中既是先进的技术装备，也是新型的运输组织方式。调度集中通过集中控制，提高行车调度的自动化程度，为铁路运输提供安全和效率的保证，从而充分运用线路的通过能力，提高劳动生产率和改善劳动条件。

40

11. 追踪列车最小间隔时分

在自动闭塞区段，凡一个站间内同方向有两列以上列车以闭塞分区为间隔运行，称为追踪运行。追踪运行的两列车之间的最小间隔时间，称为追踪列车间隔时分。追踪列车间隔时间，决定于自动闭塞信号的制式、列车长度、列车运行速度以及闭塞分区长度等因素。追踪列车最小间隔时分，对铁路通过能力有很大影响。对于双线铁路，若追踪列车间隔时分取 8min，通过能力约为 168 列/d，追踪列车间隔时分取 4min，通过能力可达 340 列/d。

目前，我国客货共线铁路采用三显示自动闭塞的铁路，设计时按货物列车间最小容许追踪间隔时间 6～10min 来划分闭塞分区和配置信号机。对于高速客运专线，铁路技术政策规定，追踪列车最小间隔时分为 3～4min。

12. 机车（动车组）交路

铁路上运转的机车（动车组）都在一定区段内往返行驶。机车（动车组）往返行驶的区段称为机车（动车组）交路（以下简称交路），其长度称为交路距离。客货共线铁路交路两端的车站称为区段站。客运专线交路两端的车站通常是动车段（所）所在的中间站，类似于客货共线铁路的区段站。区段站都设置一定的机务设备（动车组运用检修设施）。交路距离影响列车的旅途时间和直达速度。

客货共线铁路的区段站按工作性质和设备规模分为机务段（基本段）和折返段。机务段配属有一定数量的机车，担任其相邻交路的运转作业，并设有机车整备和检修设备，配属本段的机车在此整备、检修，隶属本段的机车乘务组在此居住并轮换出乘。折返段设在机车返程站上，不配属机车，机车在折返段进行整备和检查，乘务组在此休息或驻班。此外，机务设备还有担任补机、调机或小运转机车整备作业的机务整备所和担任折返机车部分整备作业的折返所。

客运专线的动车组运用检修设施分为三种类型，即高速动车段、高速动车运用维修所和高速动车运用所。动车段承担动车组的夜间停放任务，完成动车组从日检到三级修各级作业，并预留大修条件；动车运用所承担动车组的夜间停放任务，完成动车组日检，一、二级修作业；动车运用所具有动车组夜间停放及日检、一级修功能，并担当派驻动车组的夜间存放及日检、一级修功能。

交路由于交路类型、运转方式和乘务制度不同，而有多种形式，如图 2-9 所示。其交路距离也各不相同。

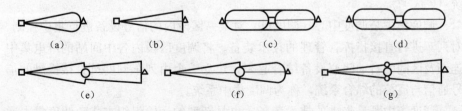

图 2-9　机车交路

(a) 肩回式短交路；(b) 肩回式长交路；(c) 循环式短交路；(d) 半循环式短交路；
(e) 两处驻班制超长交路；(f) 中途驻班制超长交路；(g) 随乘制超长交路

（1）交路类型

长交路：一个单程交路由一班乘务组承担。

短交路：一个往返交路由一班乘务组承担。

超长交路：一个单程交路由两班乘务组承担。

（2）机车（动车组）运转方式

肩回式：机车（动车组）返回区段站均要入段整备。

循环式：机车（动车组）在相邻两个短交路内往返行驶，在区段站上机车不摘钩在到发线上整备。

半循环式：机车（动车组）在相邻两个短交路内往返行驶，每一循环入段整备一次。

（3）乘务制度

包乘制：机车（动车组）由固定的乘务组驾驶称为包乘制。原则上是三班包乘（图 2-9 的随乘制要四班包乘），若乘务组全月工作时间超过规定，则用三班半制调节。

轮乘制：机车（动车组）不固定包乘组，由不同乘务组分段轮流驾驶，相应采用超长交路，适用于电力和内燃牵引。采用超长交路和轮乘制，可以缩短机车（动车组）在区段站非生产停留时间，加速机车车辆周转，机车（动车）日车公里客运可提高 40% 以上，货运可提高 8% 以上，运用机车也可减少，运输成本有所降低。目前我国正积极推行这种乘务制度。

（4）交路距离

交路距离主要由交路类型决定，并与机车（动车组）乘务组连续工作时间和列车旅行速度有关。乘务组实际驾驶机车（动车组）的工作时间一般不小于 6h，不大于 9h。乘务组连续工作时间包括在本段或外段作业停留时间和出、退勤时间。

根据我国铁路的运输情况，机车交路距离，短交路一般为 70～120km，长交路一般为 150～250km，超长交路可达 300～500km，采用轮乘制距离更能加长。

机车交路应根据牵引种类、机车类型、车流特点、乘务制度、线路条件、结合路网规划、机务设备布局，经技术经济比选确定。我国铁路应大力推行机车长交路，实行长交路、轮乘制，客运机车交路一般为 500～1000km，货运机车交路一般为 350～500km。

高速动车组交路采用循环运转制，动车组运行至定检公里方入段检修。

2.6 作用于列车上的力与列车运动方程式

作用于列车上的力有机车牵引力、列车运行阻力及列车制动力。

2.6.1 机车牵引力

1. 机车牵引力的形成与粘着限制

（1）机车牵引力的形成

机车牵引力是与列车运行方向相同并可由司机根据需要调节的外力。

41

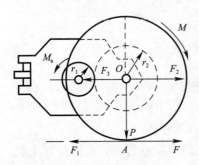

图 2-10　电力机车及电传动
内燃机车牵引力的形成

图 2-10 为电力机车（或电传动内燃机车）的传动部分示意图。机车动轴上装有牵引电动机，通过齿轮传动装置将转矩传给动轴。由图可知，动轮上的转矩 M 对机车来说是内力，不能使机车前进。以力偶（F_1、F_2）代替转矩 M，$F_1 F_2 = M/R$，R 为机车动轮半径。F_2 作用于动轮中心（即轮轴的轴承上），而 F_1 作用于钢轨上企图推移钢轨，但钢轨是固定不动的，因而轮心 O 点及轮轨接触点 A 必然产生一反力矩，其大小与 M 相等而方向相反。力 F_3 为轴承作用于轮轴的反作用力，F 为钢轨作用于车轮的反作用力。就整个机车来说，F_3 为内力，轴承以力 F_3 作用于动轮轮轴，而轮轴也以大小相等、方向相反的力 F_2 反作用于轴承，两者相互平衡。显然，F 是作用于机车上的唯一外力，也就是使机车前进的牵引力。F 是依靠轮轨间的粘着产生，由钢轨作用于动轮轮周上的反作用力。这种由钢轨作用于动轮轮周上的切向外力之和，即为机车轮周牵引力，简称机车牵引力。

我国《列车牵引计算规程》中规定：机车牵引力以轮周牵引力为计算标准，即以轮周牵引力来衡量和表示机车牵引力的大小。机车车钩牵引力（或称挽钩牵引力）是指机车用来牵引列车的牵引力，其值等于轮周牵引力减去机车全部运行阻力。

（2）粘着牵引力的限制

粘着牵引力是受轮轨间粘着力限制的机车牵引力，其最大值为动轮荷载的重力乘轮轨间的粘着系数。机车粘着牵引力 F_μ 可表示为：

$$F_\mu = 1000 \cdot P_\mu \cdot g \cdot \mu_j \quad \text{(N)} \qquad (2\text{-}23)$$

式中　P_μ——机车粘着质量（t）；

　　　g——重力加速度（m/s²）；

　　　μ_j——机车的计算粘着系数。

机车的轮周牵引力不能大于机车所能产生的粘着牵引力，称为粘着牵引力限制。

轮轨间粘着系数 μ_j 则受很多因素影响，包括气候、动轮轮踏面和钢轨材质与表面状况、行车速度、动车有关部件状态等，难以用理论方法计算，只能通过专门试验得出的试验公式表达。试验公式表示在正常粘着条件下计算粘着系数和机车运行速度的关系。

1）机车计算粘着系数

各种机车的计算粘着系数 μ_j 的试验公式为：

国产各型电力机车：$\qquad \mu_j = 0.24 + \dfrac{12}{100 + 8v} \qquad (2\text{-}24)$

国产各型电传动内燃机车：$\mu_j = 0.248 + \dfrac{5.9}{75 + 20v} \qquad (2\text{-}25)$

式中　v——行车速度（km/h）。

2）高速动车组计算粘着系数

我国高速铁路客运专线处于发展初期，尚无针对高速动车组的粘着性能的专门试验资料。我国目前投入使用的 CHR 系列动车组是在引进国外先进技术的基础上发展起来的，动车牵引特性参照国外相关技术标准。国外高速列车动车组的计算粘着系数 μ_j 的试验公式为：

日本（干轨）：
$$\mu_j = \frac{27.2}{85+V} \tag{2-26}$$

日本（湿轨）：
$$\mu_j = \frac{13.6}{85+V} \tag{2-27}$$

德国（干轨）：
$$\mu_j = 0.116 + \frac{9}{42+V} \tag{2-28}$$

德国（干轨）：
$$\mu_j = 0.7 \times \left(0.116 + \frac{9}{42+V}\right) \tag{2-29}$$

式中　V——行车速度（km/h）。

2. 机车牵引特性曲线

机车牵引特性曲线是表示机车轮周牵引力（纵轴）与运行速度（横轴）相互关系的曲线，通常由试验得到。机车牵引特性曲线因牵引种类而异，牵引种类相同时，多种机车类型的牵引特性曲线大同小异。我国《牵规》附录中，列有各类常用机车的牵引特性资料及牵引特性曲线图。以下按电力机车、内燃机车、高速动车组分述如下。

（1）电力机车牵引特性曲线

电力机车上的牵引电动机，目前均采用直流串激电动机。因为这种电动机的机械特性曲线与双曲线相近，适合于机车牵引特性的需要。

1）电力机车的牵引特性曲线分析

图 2-11 为韶山 3 型电力机车的牵引特性曲线图。电力机车的牵引力主要受牵引电动机功率和轮轨粘着力的限制。

粘着牵引力：图中阴影线为韶山 3 型电力机车受轮轨间粘着力限制的牵引力曲线，是根据公式（2-23）和公式（2-24）计算得出。

电动机牵引力：图中注有 1、2、…、8-Ⅲ的类似双曲线的一组曲线，表示电力机车牵引电动机功率所决定的牵引力。由牵引电动机电机械特性换算到机车动轮轮周后求出。

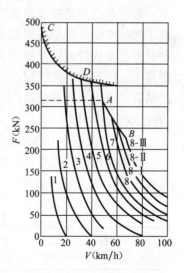

图 2-11　韶山 3 型电力机车牵引特性曲线

机车运行中，根据运行需要，希望机车牵引力和速度能在相当大的范围内变化。仅有一条 $F = f(V)$ 曲线是不够的。干线机车一般采用改变电动机端电压和磁通量（削弱磁场）来进行速度调节。韶山 3 型机车有 8 个调压级，故有 8 条 $F = f(V)$ 曲线。在 8 级位上又有 8-Ⅰ、8-Ⅱ、8-Ⅲ共 3 个削弱磁场级，分别称Ⅰ、Ⅱ、Ⅲ级削弱磁场。

电动机允许电流限制的牵引力：受电机发热条件所限制的牵引力。根据电机发热条件的不同，电机容许电流可分为持续电流、小时电流和最大电流。持续电流是指电机长时间运转而不致使电机超过容许温度的电流值。小时电流是指电机在这种电流下运转一小时而不致超过容许温度的电流值。最大电流是指在短时间（1min）运转而不致出现火花引起电机破坏的电流值，此种电流只用于列车起动，所以称为起动电流。与上述电流相应的牵引力分别称为持续牵引力、小时牵引力和起动牵引力。

图 2-9 中斜线 AB 表示受电机持续电流发热条件限制的牵引力曲线。

2）机车牵引力取值及有关参数

① 不同速度下的牵引力取值

《牵规》规定电力机车牵引力取持续制。对于韶山 3 型机车，自起动至机车构造速度，牵引力分别取粘着牵引力（CD 段）、电动机牵引力（DA 段、BE 段）和电动机持续电流限制的牵引力（AB 段）。

② 计算速度和计算牵引力

计算速度是计算列车牵引质量所依据的速度，其所对应的牵引力称为计算牵引力。《牵规》规定以最高级位满磁场牵引特性上持续电流所决定的速度和牵引力作为最低计算速度和最大计算牵引力。图 2-9 中 A 点对应的速度与牵引力，即为韶山 3 型电力机车的最低计算速度（V_{Jmin}）与最大计算牵引力（F_{Jmax}）。

③ 计算起动牵引力

起动牵引力是在起动条件下机车所能发挥的最大牵引力。《牵规》规定的机车起动牵引力是根据限制条件计算或经过专门试验确定的，称为计算起动牵引力。多数货运机车的计算起动牵引力都是受粘着条件的限制；客运机车则基本上受起动电流的限制。韶山 3 型机车进行起动检算时，取速度为零时的粘着牵引力为计算起动牵引力（F_q）。少数机型则取起动电流限制的牵引力为计算起动牵引力。

④ 电力机车牵引性能参数

我国常用电力机车牵引性能参数见表 2-4。表中 P 和 P_μ 是机车质量 P 和粘着质量，L_J 是机车长度。

电力机车牵引性能参数表　　　　　表 2-4

机型 ＼ 参数	V_{jmin} (km/h)	F_{jmax} (kN)	F_q (kN)	P、P_μ (t)	V_g (km/h)	L_J (m)
韶山 1	43.0	301.2	487.3	138	95	20.4
韶山 3	48.0	317.8	470	138	100	21.7
韶山 4	51.5	431.6	649.8	2×92	100	32.8
韶山 7	48.0	353.3	487.3	138	100	22.0
韶山 8	99.7	127.0	230.0	88	177	17.5

（2）内燃机车牵引特性曲线

内燃机车的动力是机车上的内燃机（柴油机）提供的。传动装置有机械传动、电传动和液力传动三种方式。我国铁路干线机车多采用电传动。

图 2-12 为东风 4B（货）型电传动内燃机车的牵引特性曲线图，用以说明电传动内燃机车牵引特性曲线的基本概念。

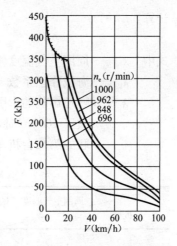

图 2-12　东风 4B（货）型
内燃机车牵引特性曲线

粘着牵引力：图中带有阴影的曲线。按公式（2-24）和公式（2-25）计算。

机车柴油机和传动装置的牵引力：柴油机功率随燃料供入量变化，柴油机功率（转速）决定着发电机功率，一种转速就有一条 $F=f(V)$ 牵引力曲线。东风 4B（货）型机车柴油机有 4 种转速，相应就有 4 条 $F=f(V)$ 曲线。

电传动内燃机车上的牵引电动机也是直流串激电动机，像电力机车那样，也可采用削弱磁场方法调节。图中的每一条 $F=f(V)$ 曲线均由 3 段组成：低速范围是满磁场；中速范围是一级削弱磁场；速度更高时为二级削弱磁场。图中没有表示出磁场转换过程，而是将其转换过程速度范围内的牵引力平均值绘成圆滑曲线。

起动电流限制的牵引力：列车起动是由静态向动态的转变过程，列车是逐辆起动，在守车起动时，机车的速度约为 2.5km/h。内燃机车的起动牵引力按此计算。有的机型受粘着力限制；有的机型受起动电流限制。

内燃机车的最小计算速度 V_{Jmin} 及与之对应的最大计算牵引力 F_{Jmax}，一般取持续速度与持续牵引力。常用干线内燃机车牵引性能参数见表 2-5。

干线内燃机车牵引性能参数表　　　　　　　　　表 2-5

项目 机型	V_{jmin}（km/h）	F_{jmax}（kN）	F_q（kN）	P、P_μ（t）	V_g（km/h）	L_J（m）
东风 4（货）	20.0	302.1	401.7	135	100	21.1
东风 4（客）	24.0	251.6	346.3	135	120	21.1
东风 4B（货）	21.8	313.0	442.2	138	100	21.1
东风 4B（客）	29.0	235.2	325.3	138	120	21.1
东风 4C（货）	24.5	301.5	442.2	138	100	21.1
东风 8	31.2	307.3	432.6	135	100	22.0
东风 11	65.6	160.0	253.0	135	170	21.3

注：东风 4B（货）、东风 4C（货）、东风 8 型机车的 F_q 受粘着限制，其他机型受起动电流限制。

内燃机车的柴油机有效功率与进入汽缸的空气量有关。当在大气压力较低的高原或高温地区运用内燃机车时，机车功率会有所降低。此时，应对机车牵引力进行修正，修正系数由试验确定。修正后的机车牵引力 F_x 按下式计算：

$$F_x = F\lambda_h\lambda_p\lambda_s \tag{2-30}$$

式中　λ_h——周围空气温度修正系数（表 2-6）；

　　　λ_p——海拔修正系数（表 2-7）；

　　　λ_s——隧道影响的牵引力修正系数：东风 4B 型客、货运机车，在长度
　　　　　大于 1000m 时，单机或双机重联的第一台机车取 0.88，双机重
　　　　　联的第二台机车取 0.85。

周围空气温度修正系数 λ_h 　　　　表 2-6

机型 ＼ 周围空气温度（℃）	30	32	34	36	38	40
东风 4	1	0.985	0.958	0.930	0.904	0.877
东风 4B	1	0.982	0.952	0.921	0.892	0.864
东风 4C	1	0.987	0.954	0.920	0.886	0.853
东风 8、东风 11	1	0.984	0.950	0.913	0.877	0.841

海拔修正系数 λ_p 　　　　表 2-7

海拔（m）		500	1000	1500	2000	2500	3000	3500	4000
大气压力（kPa）		95.23	89.64	84.32	79.40	74.61	70.22	65.97	62.85
东风 4		1	0.933	0.855	0.780	0.707	0.638	0.569	0.503
东风 4B	45GP802-A 增压器	1	0.940	0.880	—	—	—	—	—
	ZN310 增压器	—	0.885	0.823	0.758	0.697	0.634	0.569

（3）高速动车组牵引特性曲线

世界各国已投入运营的 200km/h 以上的高速列车普遍采用动车组牵引方式。牵引模式基本上分为两类：动力分散型动车组和动力集中型动车组。

动力分散型动车组由动车和拖车组成。动车是指既具有动力，又可载客的车辆；拖车是只载客而无动力装置的车辆。动力集中型列车在其头尾两端配置动力车，而中间全部为拖车。动力车是不载客的动车。

我国通过全面技术引进，最终实现国内制造的 CRH 系列动车组，为动力分散、交流传动的电动车组。CRH 系列动车组均采用三相交流异步电力电机，运行速度为 200km/h 及以上。当牵引质量和速度目标值相同时，所需要的列车总功率相近。

高速动车组的牵引力大小取决于动车组总功率。而动车组所需功率可根据牵引质量和速度目标值的大小，通过配置相应的动车组合来提高。动车组通常采用固定编组形式。

动车组牵引力的计算可根据牵引特性曲线取值。不同的生产厂家给出的动车组牵引特性曲线形式有所不同，有的以单辆车牵引特性曲线的方式给出，有的以全列车特性曲线的方式给出。图 2-13 为 CRH$_1$ 动车组的牵引特性曲线。在低速范围内，动车组的牵引力受起动电流的限制，如 CRH$_1$ 动车组在 0～50km/h 的速度范围内，动车组牵引力受起动电流限制为一定值 325kN。

当速度大于一定值后，动车组牵引力受牵引电机功率的限制，随着速度的升高而降低。

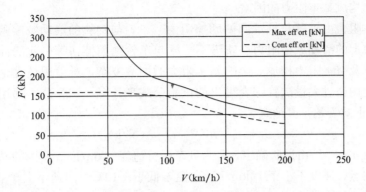

图 2-13 CRH₁ 动车组牵引特性曲线

我国生产的 CRH 系列高速动车组的牵引性能参数如表 2-8 所示。

CRH 高速动车组牵引性能参数表　　　　　表 2-8

参数 机型	V_s（km/h）	F_s（kN）	F_q（kN）	P（t）		V_m（km/h）	车长（m）	
				动车	拖车		头车	中车
CRH1	200	87	325	≤16	≤16	250	26.96	26.60
CRH2	200/300	132/83	237	≤14	≤14	250/330	25.70	25.00
CRH3	200/350	160/92	300	≤14	≤14	380	25.70	25.00
CRH5	200	95	300	≤17	≤16	250	27.60	25.00

注：V_s 为最高运营速度，F_s 为对应于最高运营速度时的牵引力，V_m 为最高试验速度，P_z 为轴重。

2.6.2 列车运行阻力

1. 概述

列车运行时，作用在列车上的阻止列车运行且不能由司机控制的外力，称为列车运行阻力，简称列车阻力，以 W 表示。列车阻力 W 是机车阻力 W' 和车辆阻力 W'' 之和。

试验表明，作用在机车、车辆上的阻力与其质量成正比，故在牵引计算中采用单位阻力来计算总阻力。单位阻力即单位机车或车辆重力所受的阻力，单位为 N/kN。它乘以机车或车辆质量（t），即得机车或车辆所受总阻力（N）。

根据阻力的性质，将阻力分为以下三类：

（1）基本阻力：列车在空旷地段沿平直轨道运行时遇到的阻力，该力在列车运行中总是存在的。阻力方向与列车运行方向相反。

（2）附加阻力：列车在线路上运行时受到的额外阻力，如坡道阻力、曲线阻力、隧道阻力等。附加阻力的种类随列车运行的线路平、纵断面情况而定。

47

（3）起动阻力：列车起动时的阻力。

2. 基本阻力

（1）构成基本阻力的因素

基本阻力由轴颈与轴承间的摩擦阻力、车轮与钢轨的滚动摩擦阻力、车轮在钢轨上的滑动摩擦阻力、轨道不平顺与车轮踏面擦伤等引起的冲击和振动阻力以及空气阻力构成。影响基本阻力的因素复杂，难以用纯理论公式求算，只能用通过大量试验综合得出的试验公式来计算。试验公式都用单位阻力 w_0 的形式表达，其形式为：

$$w_0 = a + bV + cV^2 \quad (\text{N/kN}) \tag{2-31}$$

式中常数 a、b、c 由试验确定，V 为列车运行速度（km/h）。我国的基本阻力公式是在运行速度不小于 10km/h、外温不低于 $-10℃$、风速不大于 5m/s 的条件下试验得出的。

（2）机车单位基本阻力

我国常用机车的单位基本阻力 w_0' 试验公式如下：

1）电力机车

韶山 1、韶山 3、韶山 4 采用公式：

$$w_0' = 2.25 + 0.0190V + 0.000320V^2 \quad (\text{N/kN}) \tag{2-32}$$

韶山 7：　$w_0' = 1.40 + 0.0038V + 0.000348V^2 \quad (\text{N/kN}) \tag{2-33}$

韶山 8：　$w_0' = 1.02 + 0.0035V + 0.000426V^2 \quad (\text{N/kN}) \tag{2-34}$

2）内燃机车

东风 4（客、货）、东风 4B（客、货）、东风 4C（货）、东风 7D 等型：

$$w_0' = 2.28 + 0.0293V + 0.000178V^2 \quad (\text{N/kN}) \tag{2-35}$$

东风 8：　$w_0' = 2.40 + 0.0022V + 0.000391V^2 \quad (\text{N/kN}) \tag{2-36}$

东风 11：　$w_0' = 0.86 + 0.0054V + 0.000218V^2 \quad (\text{N/kN}) \tag{2-37}$

（3）车辆单位基本阻力

1）客车单位基本阻力计算公式

客车在运营中载重量变化不太大，所以客车不用分空车和重车。而且中国铁路干线客车已全部是滚动轴承。客车单位基本阻力公式如下：

$V \leqslant 120\text{m/h}$ 时，21、22 型：

$$w_0'' = 1.66 + 0.0075V + 0.000155V^2 \quad (\text{N/kN}) \tag{2-38}$$

$V \leqslant 140\text{km/h}$ 时，25B、25G 型：

$$w_0'' = 1.82 + 0.010V + 0.000145V^2 \quad (\text{N/kN}) \tag{2-39}$$

$V \leqslant 160\text{km/h}$ 时，快速单层客车：

$$w_0'' = 1.61 + 0.004V + 0.000187V^2 \quad (\text{N/kN}) \tag{2-40}$$

快速双层客车：

$$w_0'' = 1.24 + 0.0035V + 0.000157V^2 \quad (\text{N/kN}) \tag{2-41}$$

2）货车单位基本阻力计算公式

重车：

滚动轴承：　$w_0'' = 0.92 + 0.0048V + 0.000125V^2 \quad (\text{N/kN}) \tag{2-42}$

滑动轴承：$\qquad w_0'' = 1.07 + 0.0011V + 0.000236V^2$ （N/kN）$\qquad$ (2-43)

空车：$\qquad w_0'' = 2.23 + 0.0053V + 0.000675V^2$ （N/kN）$\qquad$ (2-44)

（4）高速动车组单位基本阻力计算公式

CRH 系列动车组的单位基本阻力可按下列公式计算：

CRH1：$\qquad w_0'' = 1.12 + 0.00542V + 0.000146V^2$ （N/kN） (2-45)

CRH2：$\qquad w_0'' = 0.88 + 0.00744V + 0.000114V^2$ （N/kN） (2-46)

CRH3：$\qquad w_0'' = 0.66 + 0.00245V + 0.000132V^2$ （N/kN） (2-47)

CRH5：$\qquad w_0'' = 0.69 + 0.0063V + 0.00015V^2$ （N/kN） (2-48)

（5）列车基本阻力与列车平均单位基本阻力

1）中低速列车

列车基本阻力 W_0 为机车基本阻力 W_0' 与车辆基本阻力 W_0'' 之和，即

$$W_0 = (W_0' + W_0'') \times g = (P \cdot w_0' + G \cdot w_0'') \times g \quad \text{（N）} \qquad (2-49)$$

式中　P、G——机车质量、牵引质量（t）。

列车平均单位基本阻力 w_0 是列车基本阻力 W_0 与列车质量（$P+G$）或 M 的比值，即单位列车质量的列车基本阻力，按下式计算：

$$w_0 = \frac{W_0}{(P+G) \times g} = \frac{P \cdot w_0' + G \cdot w_0''}{P+G} \quad \text{（N/kN）} \qquad (2-50)$$

2）高速列车

$$W_0 = M \times w_0'' \times g \quad \text{（N）} \qquad (2-51)$$

式中　M——动车组质量（t）。

其列车平均单位基本阻力就是车辆单位阻力，即 $w_0 = w_0''$（N/kN）。

3. 附加阻力

附加阻力决定于线路情况（坡道、曲线、隧道）及气候条件（大风、严寒等）。气候条件引起的附加阻力目前尚无可靠计算方法。因此，附加阻力仅计算坡道附加阻力、曲线附加阻力、隧道空气附加阻力。

（1）坡道附加阻力

列车在坡道上运行时，其重力产生垂直于轨道的和平行于轨道的两个分力，垂直于轨道的分力被轨道的反力平衡，平行于轨道的分力即为列车坡道附加阻力。列车上坡时，坡道附加阻力方向与列车运行方向相反，阻力是正值；列车下坡时，坡道附加阻力方向与列车运行方向相同，阻力是负值。坡道附加阻力计算公式推导如下。

在图 2-14 中，设列车的质量为 M（t），则其在坡道上运行时的重力为 $M \cdot g$（N），平行于轨道的分力 F_2 即为坡道附加阻力：

$$F_2 = M \cdot g \cdot \sin\alpha \quad \text{（kN）}$$

因为 α 角一般都很小（线路坡度 $i = 34.9‰$ 时，$\alpha = 2°$），可令 $\sin\alpha \approx \tan\alpha$，并考虑列车质量 M 的单位换算，于是得：

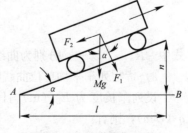

图 2-14　坡道附加阻力

49

$$F_2 = 1000M \cdot g \cdot \tan\alpha \quad (N)$$

线路坡度 i 系用千分率表示，$i = h/l \times 1000 = 1000 \cdot \tan\alpha$（‰），即 $\tan\alpha = i/1000$，故：

$$F_2 = M \cdot g \cdot i \quad (N)$$

因单位阻力的定义为单位质量阻力，故单位坡度附加阻力 w_i 为：

$$w_i = \frac{M \cdot g \cdot i}{M \cdot g} = i \quad (N/kN) \tag{2-52}$$

式中　i——坡度值（‰），上坡为正值，下坡为负值。

可见，单位坡道附加阻力等于坡度的千分率。例如，列车在 6‰ 的上坡道上运行时，其单位坡道阻力为 6N/kN；若为下坡，则坡道单位附加阻力为 $-6N/kN$。

（2）曲线附加阻力

1）引起曲线附加阻力的因素

列车在曲线上运行比在直线上运行的阻力大，增大的部分称为曲线附加阻力。引起曲线附加阻力的因素主要是，机车、车辆在曲线上运行时，轮轨间的纵向和横向滑动、轮缘与钢轨内侧面的摩擦增加，同时由于侧向力的作用，上、下心盘之间以及轴承有关部分摩擦加剧。由这些原因增加的阻力与曲线半径、列车运行速度、外轨超高、轨距加宽量、机车车辆的固定轴距和轴荷载等诸多因素有关，故难以用理论公式计算，通常采用试验方法，得出以曲线半径 R 为函数的试验公式。

2）曲线附加阻力计算式

由试验得到的货物列车单位曲线附加阻力 w_r 的计算公式为：

$$w_r = \frac{600}{R} \quad (N/kN) \tag{2-53a}$$

分析《京沪高速铁路线、桥、隧主要技术参数研究》的相关成果得到的高速客运专线的单位曲线附加阻力 w_r 的计算公式为：

$$w_r = \frac{2000}{R} \quad (N/kN) \tag{2-53b}$$

如果用圆曲线长度 L_y（m）与曲线转角 α（°）表示半径，则 $R = 180L_y/\pi\alpha$（m），上式可写成：

$$w_r = \frac{10.5\alpha}{L_y} \quad (N/kN) \tag{2-54a}$$

或

$$w_r = \frac{34.9\alpha}{L_y} \quad (N/kN) \tag{2-54b}$$

式中　R、α、L_y——分别为曲线半径（m）、曲线转角（°）、曲线长度（m）。

3）货物列车平均单位曲线附加阻力

设列车长度为 L_L（m）且列车质量按长度均匀分布，列车延米质量为 q（t/m），则有：

① $L_L \leqslant L_y$ 时，列车全长均受到曲线附加阻力的作用，列车受到的总的曲

线附加阻力为：

$$W_r = \frac{600}{R} g \times L_L \times q \quad (N)$$

列车平均单位曲线附加阻力为：

$$w_r = \frac{600}{R} \quad (N/kN) \tag{2-55}$$

或

$$w_r = \frac{10.5\alpha}{L_y} \quad (N/kN) \tag{2-56}$$

② $L_L > L_y$ 时，列车仅有 L_y 长的一部分受到曲线附加阻力的作用，所以：

$$W_r = \frac{600}{R} g \times L_y \times q \quad (N)$$

列车全长平均单位曲线附加阻力为：

$$w_r = \frac{600}{R} \frac{L_y}{L_L} \quad (N/kN) \tag{2-57}$$

或

$$w_r = \frac{10.5\alpha}{L_L} \quad (N/kN) \tag{2-58}$$

③ 如果列车同时位于多个曲线上，且列车全长范围内的曲线转角总和为 $\sum \alpha$，则列车平均单位曲线附加阻力 w_r 为：

$$w_r = \frac{10.5 \sum \alpha}{L_L} \quad (N/kN) \tag{2-59}$$

（3）隧道空气附加阻力

列车在隧道内运行时，由于空气受隧道约束，不能向四周扩散，造成活塞现象，造成头部正压与尾部负压的压力差，产生阻碍列车运动的阻力。同时，由于车辆外形结构的原因，隧道内的空气产生紊流，造成空气与列车表面及隧道表面的摩擦，也对列车产生阻力。因此，列车在隧道中运行时，作用于列车上的空气阻力远较空旷地段大，增加的空气阻力称为隧道空气附加阻力。

隧道空气附加阻力与行车速度、列车长度、列车迎风面积和列车外形、隧道长度、隧道横截面积、隧道表面粗糙度等因素有关。这些因素的影响很复杂，难于推导出理论计算公式，一般采用试验方法得出经验公式。目前可暂时按下列公式计算隧道空气附加阻力：

隧道内有限制坡道时：$w_s = L_s \cdot V_s^2 / 10^7 \quad (N/kN) \tag{2-60}$

隧道内无限制坡道时：$w_s = 0.00013 \cdot L_s \quad (N/kN) \tag{2-61}$

式中　L_s——隧道长度（m）；

　　　V_s——列车通过隧道的运行速度（km/h）。

（4）附加阻力换算坡度及加算坡度

1）附加阻力换算坡度

根据单位坡道附加阻力的计算公式（2-52），若将曲线附加阻力和隧道空气附加阻力分别视为由坡度 i_r 和 i_s 产生的阻力，即令：

$$w_r = i_r \quad (N/kN), \quad w_s = i_s \quad (N/kN)$$

因此，我们把 i_r、i_s 分别称为曲线、隧道附加阻力换算坡度，或称曲线、隧道当量坡度。

2）加算坡度及列车平均单位阻力

加算坡度 i_j 是指线路纵断面上坡段的坡度 i（上坡）与该坡道上的曲线、隧道等附加阻力换算坡度之和，即：

$$i_j = i + i_r + i_s \quad (‰) \tag{2-62}$$

对应的单位加算阻力为：

$$w_j = w_i + w_r + w_s \quad (N/kN) \tag{2-63}$$

列车总阻力为：

$$W = W_0 + W_j = [P \cdot w_0' + G \cdot w_0'' + (P+G) \cdot i_j] \cdot g \cdot 10^{-3} \quad (kN) \tag{2-64a}$$

或 $\quad W = W_0 + W_j = [M \cdot w_0'' + M \cdot i_j] \cdot g \cdot 10^{-3} \quad (kN) \tag{2-64b}$

普通列车平均单位阻力为：

$$w = \frac{W}{(P+G) \cdot g} = w_0 + w_i + w_r + w_s \quad (N/kN) \tag{2-65}$$

高速动车组列车平均单位阻力为：

$$w = \frac{W}{M \cdot g} = w_0'' + w_i + w_r + w_s \quad (N/kN) \tag{2-66}$$

（5）其他附加阻力

除了上面所述各种附加阻力外，还有因大风或严寒等气候条件所引起的阻力。

由于机车、车辆的基本阻力公式是在一定的气候条件下进行试验求得的，所以气候条件变化时，列车的基本阻力亦将发生变化。风向与列车运行方向相反时列车阻力增大；风向与列车运行方向相同时则阻力减小。如果大风从列车侧面吹来，将使列车表面加大摩擦，并使车轮轮缘紧靠钢轨一侧，发生较大摩擦；同时，轴承摩擦以及轮间的滑动也会加剧，列车越长时这种附加阻力就越大。因此，这种侧向大风对列车运行是不利的。

严冬季节，气温很低的地区将使列车运行增加额外阻力。由于轴承之间的润滑油黏度随着气温下降而增大，摩擦系数和摩擦阻力也随之增加；同时气温降低时，空气密度增大，空气阻力也有所增加。

由以上两种条件的变化而额外增加的阻力应由专门试验来确定，或者采用适当减少牵引重量的措施进行修正。

4. 起动阻力

普通货物列车的机车、车辆停留时，轴颈与轴承之间润滑油被挤出，油膜减薄。同时，轴箱内温度降低，油的黏度增大，故起动时，轴颈与轴承的摩擦阻力增大。此外，车轮压在钢轨上产生凹形变形比运行时大，增加了滚动阻力。同时，列车起动时，要求有较大的加速力以克服列车的静态惯性力。《牵规》将起动加速力也包括在起动阻力中。因此，应另行计算列车起动时的阻力。

根据我国试验结果，列车的起动阻力计算采用如下公式，其中已包括了起动时的基本阻力及起动附加阻力。

（1）机车单位起动阻力 w'_q

内燃和电力机车：$\qquad w'_q = 5 \quad (\text{N/kN}) \qquad\qquad$ (2-67)

（2）货车单位起动阻力 w''_q

滚动轴承货车：$\qquad w''_q = 3.5 \quad (\text{N/kN}) \qquad\qquad$ (2-68)

滑动轴承货车：$\qquad w''_q = (3 + 0.4i_q) \quad (\text{N/kN}) \qquad$ (2-69)

式中 i_q——起动地段的加算坡度值（‰）。

滑动轴承货车当 w''_q 的计算结果小于 5（N/kN）时，按 5（N/kN）计算。

2.6.3 列车制动力

为了使列车减速或停车，必须施行制动。制动力是由司机操纵制动装置产生的，与列车运行方向相反的力。

1. 制动方式分类

按制动力的操纵控制方式，列车制动力所采用的制动方式可分为空气制动、电空制动和电制动三类。

（1）空气制动

以机车上装置的空气压缩机产生的压缩空气为动力，推动机车车辆上的制动闸瓦压紧车轮轮辋，由摩擦产生制动。这种方式可以产生较大的制动力，故称为空气制动。

（2）电制动

操纵控制和原动力都用电的制动方式成为电磁制动，简称电制动，如电阻制动和再生制动。因电制动具有能够提供强大的制动力和其他诸多优点，已成为各种电力机车、电传动内燃机车和高速动车组的主要制动方式。

（3）电空制动

电空制动是电控空气制动的简称，它是在空气制动机的基础上，每辆车加装电磁阀等电气控制部件而形成的。电空制动的特点是制动作用的操纵控制用电，制动作用的原动力还是用压缩空气。当制动机的控制失灵时，仍可实行空气压强控制，临时变成空气制动机。

电空制动机通过电气指令控制每辆车电磁阀的开闭，来控制制动管的充/排风（增/减压），进而使三通阀动作，实现全列车的制动和缓解。因此，与空气制动机相比，它大大改善了列车前后制动和缓解的一致性，从而显著减轻了列车的纵向冲击，缩短了制动距离，电空制动本质上也是空气制动。我国高速动车组通常采用电空制动。

2. 制动力计算

（1）空气制动力计算

1）空气制动原理

空气制动是由机车车辆上装置的制动机实现的，原理可用图 2-15 来说明。

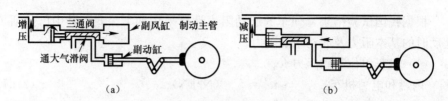

图 2-15　自动制动机工作原理

(a) 制动机缓解；(b) 制动机制动

缓解时，司机将制动阀置于缓解位，使压缩空气由总风缸经过制动主管、三通阀至副风缸储存。此时制动缸内无压缩空气，闸瓦不接触车轮，故称为充风缓解状态。

制动时，司机操纵制动阀遮断总风缸通路，同时列车制动主管与大气连通放气减压，此时副风缸内储存的压缩空气进入制动缸，驱使活塞杠杆，使闸瓦压紧车轮，故称减压制动。闸瓦压力的大小与制动主管减压量大小有关。

2）单位列车制动力计算

空气制动力是轮轨接触点的反作用力，因而受轮轨间粘着力的限制。若闸瓦压力过大，制动力大于粘着允许的最大值，车轮将被闸瓦抱死，车辆沿轨滑行，引起轮轨剧烈磨耗和擦伤。故制动力不得大于轮轨间的粘着力。

列车单位制动力，即平均每一吨列车质量的制动力，新线设计时可依据换算闸瓦压力和换算摩擦系数计算列车单位制动力 b：

$$b = 1000\varphi_h\vartheta_h \quad (N/kN) \qquad (2\text{-}70)$$

式中　　φ_h——闸瓦与轮箍间的换算摩擦系数，因闸瓦材质而异，解算中磷、高磷及低摩合成闸瓦混编列车运行时，可采用中磷闸瓦的换算摩擦系数，即：

$$\varphi_h = 0.356\frac{3.6V+100}{14V+100} + 0.0007(110-V_0) \qquad (2\text{-}71)$$

其中，V 和 V_0 分别为列车速度、制动初速（km/h）；

ϑ_h——列车单位换算闸瓦压力，按《铁路技术管理规程》（以下简称《技规》），ϑ_h 不得小于：货物列车为 0.28，旅客列车为 0.58，盘形制动、高摩合成闸片的快速旅客列车为 0.32；紧急制动时，列车换算制动率 ϑ_h 应取全值；而在解算列车进站时，ϑ_h 一般取全值的 0.5；计算固定信号机的距离时，取全值的 0.8。

（2）动力制动力计算

动力制动具有与空气制动很不同的性能：在高速时制动力随速度的降低而增大，而在低速时制动力随速度的降低而减小。在长大下坡道上，采用动力制动可使列车安全地以较大速度行驶，提高线路通过能力。通过站场或在缓行区段，使用动力制动减速，可节省轮、瓦的磨耗。但是，动力制动只是在机车和动车上才有，所以它并不能代替空气制动而只能作为一种辅助的制动。由于低速时动力制动力随速度而降，列车在低速和停车时还必须依靠空气制动来控制。

动力制动力的计算与牵引力类似，一般是参考制动特性曲线，运用线性内插法或曲线拟合法进行求解。下面以电制动为例，介绍动力制动的计算方法。

1）电制动原理

电制动是利用列车在下坡道上运行中的下滑惯性力带动牵引电动机电枢旋转，使牵引电机变为发电机运行，由轮对驱动，将列车的动能转换成电能。电阻制动通过制动电阻将电能变成热能后散逸掉，再生制动将电能反馈回电网再利用。图 2-16 为电阻制动的电路示意图。切断牵引电动机 D 的输入电源，并与制动电阻 R 接成回路。串激电动机改为它激电机，励磁绕阻串联后由另一电源供给励磁电流，其大小可以调节，即可调节制动力，从而控制列车运行速度。

2）电力机车电阻制动特性曲线

图 2-17 为韶山 3 型电力机车电阻制动特性曲线的外包线。图中左端直线为最大励磁电流限制线，右端曲线为最大制动电流（电机电枢电流）限制线，制动电流太大会破坏电机安全整流。因为励磁电流是无级调节的，所以在上述限制线的范围内可根据运行需要，提供必要的制动力。

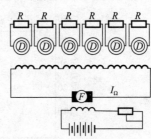

图 2-16　电阻制动原理电路

3）内燃机车电阻制动特性曲线

图 2-18 为东风 4B（货）内燃机车电阻制动特性曲线的外包线，其对应的柴油机转速为 850r/min。其他转速也对应有各自的特性曲线，以提供列车运行所需要的制动力。

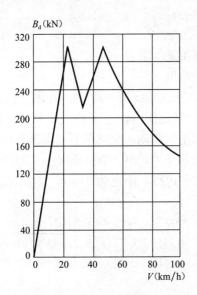

图 2-17　韶山 3 型电力机车
电阻制动特性曲线

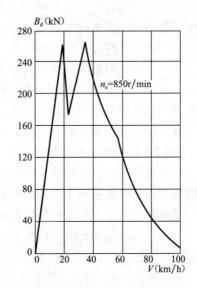

图 2-18　东风 4B（货）型内燃机车
电阻制动特性曲线

2.6　作用于列车上的力与列车运动方程式

4）高速动车组再生制动特性曲线

图 2-19 为 CRH2 动车组每辆动车的再生制动性能曲线。CRH2 动车组所有动车的车轴上都具有电制动，其电制动系统由受电弓、牵引变压器、牵引变流器及牵引电机组成。CRH2 动车组的常用制动设 1～7 级，常用制动时按速度-粘着特性曲线控制，并具有空重车载荷调整功能，可按载重来调节制动力。当列车运行速度较低时，电制动急剧衰减，因此在时速 15km/h 以下时不使用电制动。15～70km/h 的速度范围为 VVVF 控制的恒力（或力矩）区。当速度在 70～250km/h 之间时，制动力受电机功率的限制，随着速度的升高而减小。再生制动在最高级位常用制动时的减速特性为：70km/h 以下为 0.747m/s²，118km/h 时为 0.619m/s²，200km/h 时为 0.505m/s²。

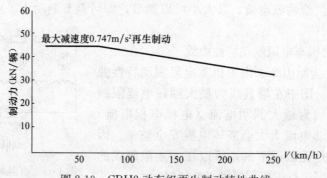

图 2-19 CRH2 动车组再生制动特性曲线

5）电制动力需要值的确定

如果采用电制动控制，即按某一限制速度恒速下坡，根据合力为零的条件，可以求出所需要的电制动力 $B_{d(x)}$。由 $[(P+G) \cdot i_j - Pw_0' - Gw_0''] \cdot g - B_{d(x)} = 0$，得：

$$B_{d(x)} = [(P+G) \cdot i_j - Pw_0' - Gw_0''] \cdot g \quad (N) \qquad (2-72)$$

式中　$B_{d(x)}$——需要的电制动力（N）；

　　　w_0'、w_0''——按限速计算的机车、车辆单位基本阻力（N/kN）；

　　　i_j——列车运行坡道的加算坡度绝对值（‰）。

求得 $B_{d(x)}$ 后，可按机型查相应的电制动特性曲线图，若 $B_{d(x)}$ 在图中的使用范围内，说明可以用电阻制动控制列车按限速保持恒速下坡；如果超出使用范围，说明除采用电制动力外，还需辅以空气制动，使列车不超限速运行。

【例 2-1】　韶山 3 型电力机车，机车质量 $P=138t$，牵引质量 $G=2620t$，牵引滚动轴承货车。在坡度为 9‰ 的下坡道上运行，限速为 77km/h，试求采用电阻制动能否控制列车按限速保持恒速下坡。

【解】　$w_0' = (2.25 + 0.019 \times 77 + 0.00032 \times 77^2) = 5.610 \text{N/kN}$

　　　　$w_0'' = (0.92 + 0.0048 \times 77 + 0.000125 \times 77^2) = 2.031 \text{N/kN}$

　　$B_{d(x)} = (138 + 2620) \times 9 - 138 \times 5.610 - 2620 \times 2.031$

　　　　　$= 18726.6 \text{N}$

查图 2-15 知：$V=77$km/h 时，最大能提供 188000N 的电阻制动力，$B_{d(x)}$ 在使用范围内，故仅用电阻制动即可控制列车不超限速运行。

2.6.4 列车运动方程式

2.6.3节分析了机车或动车牵引力、列车运行阻力、列车制动力的形成及其计算方法。本节将进一步分析这三种力作用于列车时，合力与列车加（减）速的数学关系，即列车运动方程式。然后即可应用列车运动方程式解算牵引质量、列车运行速度、运行时分、列车制动等实际问题。

1. 列车运动状态分析

列车运行状态（加速、等速、减速）决定于作用在列车上的合力，合力大小与机车工况及线路平、纵断面条件有关。机车有三种工况：

（1）牵引运行。此时作用于列车上的力为牵引力 F 和运行阻力 W，其合力 C 为：

$$C = F - W \tag{2-73a}$$

（2）惰力运行。此时作用于列车上的力仅有运行阻力 W，故合力 C 为：

$$C = -W \tag{2-73b}$$

（3）制动运行。此时作用于列车上的力为运行阻力 W 和制动力 B，故合力 C 为：

$$C = -(W + B) \tag{2-73c}$$

因 F、W、B 均随速度而变化，故合力 C 也随速度变化。当 $C>0$ 时，列车加速运行；当 $C=0$ 时，列车等速运行；当 $C<0$ 时，列车减速运行。

2. 列车运动方程式

（1）列车运动方程式的一般形式

列车运动可以看成由两部分组成：全部质量集中于质心的平移运动和某些部分（如轮对等）的回转运动。所以列车的动能 E_d 亦由两部分组成：

$$E_d = \frac{MV^2}{2} + \frac{\sum J\omega_h^2}{2} = \frac{MV^2}{2} + \sum \frac{JV^2}{2R_h^2}$$
$$= \frac{MV^2}{2}\left(1 + \sum \frac{J}{MR_h^2}\right) = \frac{MV^2}{2}(1 + \gamma) \tag{2-74}$$

式中　M——列车全部质量（t）；

V——列车运行速度（km/h）；

J——回转部分的转动惯量（t·km²）；

ω_h——回转部分的角速度（rad/h），$\omega_h = \dfrac{V}{R_h}$，$R_h$ 为回转部分的回转半径（km）；

γ——回转质量系数，普通列车一般取 0.06，动力集中式动车组取 0.06~0.08，动力分散式动车组取 0.08~0.11。

如视列车为刚性系统，则其动能增量为：

$$dE_d = M(1 + \gamma)VdV \tag{2-75}$$

根据动能定律，刚性系统动能的增量等于所有作用于该系统的力在这段时间中所做的功。而这段时间内作用于列车的合力 C 所做的功为 $C \cdot V \cdot dt$，故：

$$M(1+\gamma)V\mathrm{d}V = C\cdot V\cdot \mathrm{d}t \qquad (2\text{-}76\mathrm{a})$$

$$\frac{\mathrm{d}V}{\mathrm{d}t} = \frac{C}{(1+\gamma)M} = \frac{g}{1000(1+\gamma)}\cdot\frac{C}{Mg} = \frac{g}{1000(1+\gamma)}\cdot c \qquad (2\text{-}76\mathrm{b})$$

式中　$g\approx9.81$（m/s²）$=127000$km/h²。

故
$$\frac{\mathrm{d}V}{\mathrm{d}t} = \frac{127000}{1000(1+\gamma)}\cdot c = \frac{127}{1+\gamma}\cdot c \qquad (2\text{-}77)$$

令 $\dfrac{127}{1+\gamma}=\zeta$，称为加速度系数，代入上式得出列车运动方程式的一般形式：

$$\frac{\mathrm{d}V}{\mathrm{d}t} = \zeta\cdot c \qquad (2\text{-}78)$$

加速度系数 ζ 的值决定于回转质量系数 γ 的值，因机车车辆类型不同而异。若取 $\gamma=0.06$，则 ζ 近似等于 120，则列车运动方程式可写为：

$$\frac{\mathrm{d}V}{\mathrm{d}t} = 120c \qquad (\mathrm{km/h^2}) \qquad (2\text{-}79)$$

式中　c 为单位合力（N/kN）。

公式（2-79）即为列车运动方程式的一般形式。对该式积分，得列车运行时分为：

$$t = \int\frac{\mathrm{d}V}{120c}(\mathrm{h}) = \int\frac{0.5\mathrm{d}V}{c}(\mathrm{min}) = \int\frac{30\mathrm{d}V}{c} \quad (\mathrm{s}) \qquad (2\text{-}80)$$

运行距离为：

$$S = \int\mathrm{d}S = \int V\mathrm{d}t = \int\frac{V\mathrm{d}V}{120c}(\mathrm{km}) = \int\frac{8.33V\mathrm{d}V}{c} \quad (\mathrm{m}) \qquad (2\text{-}81)$$

单位合力 c 与工况、线路条件（曲线阻力、坡道阻力等）有关。合力中的牵引力、基本阻力、制动力虽然是速度的函数，但曲线和坡道等附加阻力值仅与列车某时段所处位置有关，并非速度的函数。因此，单位合力 $c=f(V)$ 是因时、因地而异的。解算公式（2-80）及公式（2-81）的方法有直接积分法和近似积分法。

（2）近似积分法解算列车运动方程式

将公式（2-80）和公式（2-81）中的积分上、下限间划分为若干更小的速度间隔 ΔV，假定每一个有限小的速度间隔内的单位合力 c 为常数（取 ΔV 范围内平均速度时的单位合力 c_p），并设 ΔV 间隔内的初、末速为 V_1 和 V_2，则可得解算列车运行时分和运行距离的近似积分公式。

1）运行时分：

$$\Delta t = \int_{V_1}^{V_2}\frac{0.5\mathrm{d}V}{c_\mathrm{p}} = \frac{(V_2-V_1)}{2c_\mathrm{p}} \quad (\mathrm{min}) \qquad (2\text{-}82)$$

$$t = \sum\Delta t \quad (\mathrm{min}) \qquad (2\text{-}83)$$

2）运行距离：

$$\Delta S = \int_{V_1}^{V_2}\frac{8.33V\mathrm{d}V}{c_\mathrm{p}} = \frac{4.17(V_2^2-V_1^2)}{c_\mathrm{p}} \quad (\mathrm{m}) \qquad (2\text{-}84)$$

$$S = \sum\Delta S \quad (\mathrm{m}) \qquad (2\text{-}85)$$

ΔV 取得越小，计算结果越精确。手工计算时，ΔV 一般取 10km/h；计算机计算时，可根据精度要求取值。

在不同工况下，公式（2-82）和公式（2-84）中的列车受力组成可有不同的形式：

牵引运行：$c_p = f - w$

惰力运行：$c_p = -w$

制动运行：$c_p = -(w + \beta_b \cdot b)$

式中　f——ΔV 间隔内的平均单位牵引力，$f = \dfrac{F}{M \cdot g} = \dfrac{F}{(P+G) \cdot g}$，$F$ 按 $V_p = \dfrac{V_1 + V_2}{2}$ 查牵引性能图；

w——ΔV 间隔内，牵引运行的平均单位阻力，$w = w_0 + w_i + w_r + w_s$，其中 w_0 及 w_s 按 V_p 计算；

b——单位列车制动力，根据 V_p 按公式（2-70）计算；

β_b——单位列车制动力取值系数，紧急制动时取 1.0，进站制动时取 0.5。

2.7　牵引质量计算

牵引质量就是机车牵引的列车质量，也称牵引吨数。在新线设计以及运营线上，一般情况下均是按列车在限制上坡道上，以机车的计算速度作等速运行为条件来确定牵引质量。快速线上按列车在平直道上以最高速度运行，并保有一定加速度余量为条件来确定牵引质量。

2.7.1　牵引质量计算

1. 按限制坡度上以机车计算速度等速运行为条件

根据列车运动方程式，列车作等速运行时合力为零，即 F−W=0 或 F=W。

设机车计算速度为 V_j，对应的计算牵引力为 F_j，则列车在限制坡道 i_x 上的合力（N）为 0 的条件为：

$$\lambda_y F_j - P(w_0' + i_x)g - G(w_0'' + i_x)g = 0$$

得：
$$G = \frac{\lambda_y F_j - P(w_0' + i_x) \cdot g}{(w_0'' + i_x) \cdot g} \quad \text{(t)} \qquad (2\text{-}86)$$

在多机牵引或补机推送时：

$$G_{JL} = \frac{(1 + \sum \lambda) \lambda_y F_j - \sum P(w_0' + i_{JL}) \cdot g}{(w_0'' + i_{JL}) \cdot g} \quad \text{(t)} \qquad (2\text{-}87)$$

式中　G、G_{JL}——单机和加力牵引质量（t），舍取为 10t 的整倍数；

P、$\sum P$——机车计算质量或其和（t）；

F_j——机车计算牵引力（N），常用机车查表 2-4 与表 2-5；

λ_y——机车牵引力使用系数，取 0.9；

i_x、i_{JL}——限制坡度、加力牵引坡度（‰）；

w_0'、w_0''——计算速度 V_j 下的机车、车辆单位基本阻力（N/kN）；

$\sum \lambda$——多机牵引或补机推送时，重联机车或推送补机牵引力利用系数之和；电力与内燃机车的 λ 值为：重联牵引同步操纵时取 1；重联牵引分别操纵时第二台及以后各台均取 0.98；推送补机取 0.95。

2. 按列车在平直道上以最高速度运行并保有一定的加速度余量为条件

设列车最高速度为 V_{max}（km/h），此时机车牵引力为 F_g（N）、机车和车辆的单位基本阻力分别为 w'_{0g} 和 w''_{0g}（N/kN）、保有的加速度余量为 a（m/s²）、牵引质量为 G_g（t），则扣除加速度余量后的机车牵引力 F 为：

$$F = F_g - 1000(P + G_g)(1 + \gamma)a \quad (N) \tag{2-88}$$

列车运行阻力 W 为：

$$W = (Pw'_{0g} + G_g w''_{0g})g \tag{2-89}$$

列车等速运行时合力 $C = F - W$ 应为零，即 $F = W$，当取 $\gamma = 0.06$ 时，得：

$$G_g = \frac{F_g - P \cdot g \cdot w'_{0g} - 1060P \cdot a}{g \cdot w''_{0g} + 1060a} \quad (t) \tag{2-90}$$

《牵规》规定：旅客列车最高速度 V_{max} 为 120、140、160km/h 时，加速度余量 a 分别为 0.01、0.015 和 0.02m/s²；货物列车 $a = 0.005$m/s²。

【例 2-2】 韶山 3 型电力机车，牵引滚动轴承货车，求线路限制坡度 $i_x = 6‰$ 时的单机牵引质量。

【解】 查表 2-4 得：$V_j = 48$km/h，$F_j = 317800N$，$P = 138$t。得：

$$w'_0 = (2.25 + 0.019 \times 48 + 0.00032 \times 48^2) = 3.899N/kN$$

$$w''_0 = (0.92 + 0.0048 \times 48 + 0.000125 \times 48^2) = 1.4384N/kN$$

$$G = \frac{0.9 \times 317800 - 138 \times (3.899 + 6) \times 9.81}{9.81 \times (1.4384 + 6)} = 3736.01t，取 G = 3730t。$$

【例 2-3】 韶山 8 型电力机车牵引准高速单层客车，在平直道上最高速度为 140km/h，求保有加速度余量为 0.015m/s² 时的牵引质量。

【解】 韶山 8 型电力机车 $P = 88$t，$V_{max} = 140$km/h 时，$F_g = 74100N$。

$$w'_{0g} = (1.02 + 0.0035 \times 140 + 0.000426 \times 140^2) = 9.8596N/kN$$

$$w''_{0g} = (1.61 + 0.004 \times 140 + 0.000187 \times 140^2) = 5.8352N/kN$$

$$G_g = \frac{74100 - 88 \times 9.8596 \times 9.81 - 1060 \times 88 \times 0.015}{5.8352 \times 9.81 + 1060 \times 0.015}$$

$$= 877.58t，取 G_g = 870t。$$

2.7.2 牵引质量检算

限制牵引质量的条件包括：起动条件、车站到发线有效长条件和车钩强度条件。如果受到上述某一条件限制，应采用降低牵引质量或其他技术措施。

1. 起动检算

列车启动时，启动阻力较大，故应检算所求牵引质量是否能在车站上起动。

受起动条件限制的牵引质量 G_q，可按机车计算起动牵引力 F_q 等于列车起动时总阻力 W_q 的条件求出，即由 $\lambda_y F_q = P(w'_q + i_q)g + G_q(w''_q + i_q)g$，得：

$$G_q = \frac{\lambda_y F_q - P(w'_q + i_q)g}{(w''_q + i_q)g} \quad \text{(t)} \qquad (2\text{-}91)$$

式中　F_q——机车计算起动牵引力（N），常用机车查表 2-4 或表 2-5；

　　　w'_q——机车单位起动阻力（N/kN），电力、内燃机车为 5（N/kN）；

　　　w''_q——货车的单位起动阻力（N/kN），按公式（2-68）、式（2-69）计算；

　　　i_q——起动地段的加算坡度值（‰）。

当 $G_q \geqslant G$ 时，列车可以起动；如 $G_q < G$，列车不能起动，应根据具体情况降低牵引质量 G，或减小站坪设计坡度。

【例 2-4】　接【例 2-2】，已知 $G=3730$（t），起动地段加算坡度 $i_q=1.83$（‰），试检算列车在该站能否起动。

【解】　查表 2-4 得计算起动牵引力 $F_q=470000$N。

$$w'_q = 5.0\text{N/kN}, \quad w''_q = 3.5\text{N/kN}$$

由式（2-91）得：

$$G_q = \frac{0.9 \times 470000 - 138 \times (5.0 + 1.83) \times 9.81}{(3.5 + 1.83) \times 9.81} = 7913.08\text{t}$$

因 $G_q > G$，故列车在该站能起动。

2. 车站到发线有效长检算

已知车站到发线有效长度为 L_{yx}，则可按下式检算到发线长度允许的牵引质量 G_{yx}：

$$G_{yx} = (L_{yx} - L_a - N_J L_J)q \quad \text{(t)} \qquad (2\text{-}92)$$

式中　L_a——安全距离（m），一般取 30m，重载线路可酌情增大；

　　　L_{yx}——到发线有效长度（m）；

　　　L_J——机车长度（m），见表 2-4 或表 2-5；

　　　N_J——列车中机车台数；

　　　q——列车延米质量（t/m），取 5.677t/m。

如果 $G_{yx} \geqslant G$，则牵引质量不受到发线有效长限制。

【例 2-5】　接【例 2-2】，已知车站到发线有效长为 750m，检算牵引质量是否受到发线有效长限制。

【解】　$G_{yx} = (750 - 30 - 21.7) \times 5.677 = 3964.25\text{t} > 2620\text{t}$

所以，牵引质量不受到发线有效长限制。

3. 车钩强度检算

在加力牵引的上坡道上，如果机车用重联方式牵引，第一位车辆的车钩所受拉力可能超过车钩允许强度。车钩强度限制的牵引质量 G_c 按下式计算：

$$G_c = \frac{F_c}{g(i_{JL} + w''_0)} \quad \text{(t)} \qquad (2\text{-}93)$$

式中　F_c——车钩允许拉力（N）；

　　　i_{JL}——加力坡度（‰）；

　　　w''_0——按在 i_{JL} 坡上的列车均衡速度计算的车辆基本阻力（N/kN）。

如果 $G_c < G$，则应采用补机推送方式。

【例 2-6】　根据【例 2-2】计算，牵引定数 $G=3730t$，$w_0''=1.4384N/kN$，货车车钩为 13 号车钩，检算在双机坡度 $i_{JL}=12‰$ 的坡度上，能否采用双机重联牵引。

【解】　13 号车钩允许拉力 $F_c=562500N$。

由式(2-83)得：　$G_c=\dfrac{562500}{(12+1.4384)\times 9.81}=4266.84t$

由式(2-79)得：$G_{JL}=\dfrac{(1+1)\times 0.9\times 317800-2\times 138(3.899+12)\times 9.81}{(1.4384+12)\times 9.81}$

$$=4012.66t$$

因 $G_{JL}>G$ 且 $G_c>G_{JL}$，故可采用双机重联牵引。

2.7.3　牵引辆数、牵引净载及列车长度计算

在确定了列车牵引质量后，可进一步计算牵引辆数、牵引净载和列车长度。

1. 一般计算方法

（1）货物列车牵引辆数

包括守车在内的牵引辆数 n 可按下式计算：

$$n=\frac{G-q_s}{q_p}+1\quad（辆）\tag{2-94}$$

式中　q_s——守车质量（t），四轴货车为 16t，两轴货车为 9t；

　　　q_p——每辆货车平均总质量（t），取 78.998t。

（2）货物列车牵引净载

货物列车牵引净载 G_J 按下式计算：

$$G_J=(n-1)q_J\quad（t）\tag{2-95}$$

式中　q_J——每辆货车平均净载（t），取 56.865t。

（3）货物列车长度 L_L

货物列车长度 L_L 按下式计算：

$$L_L=L_J+(n-1)L_p+L_s\quad（m）\tag{2-96}$$

式中　L_J——机车长度（m），见表 2-4 和表 2-5；

　　　L_p——每辆货车平均长度（m），取 13.914m；

　　　L_s——守车长度（m），四轴守车为 8.8m，两轴守车为 7.7m。

2. 新线设计中的简化计算

货物列车牵引辆数：

$$n=\frac{G}{q_p}\quad（辆）\tag{2-97}$$

货物列车牵引净载：

$$G_J=K_J\cdot G\quad（t）\tag{2-98}$$

式中　K_J——货车净载系数，取 0.72。

货物列车长度：

$$L_L=L_J+\frac{G}{q}\quad（m）\tag{2-99}$$

2.8 运行速度与运行时分

列车在区间的运行速度和运行时分，是铁路的重要运营指标之一，也是评价线路设计优劣及估算运营支出的一项重要指标。解算列车运行速度及运行时分的方法，实际上就是结合线路情况解算列车运动方程式。单位合力 $c=f(V)$ 是解算列车运动方程式的基础，故先介绍合力曲线图的绘制及其特性，再介绍求算运行速度及运行时分的方法。

2.8.1 列车运行速度的概念

铁路选线设计中所涉及的列车运行速度有下列几种。

1. 旅客列车设计行车速度

它是根据运输需求、铁路等级、正线数目、地形条件及机车类型、线路平纵断面运营条件所确定的旅客列车行车速度。它是确定设计线各种与客车速度有关的建筑物和设备标准的基本参数。设计线各路段中的旅客列车设计行车速度（简称路段设计速度或路段速度）的最大值称为设计线旅客列车最高设计行车速度，以 V_{max}（km/h）表示。

2. 走行速度 V_Z

它是指普通货物（或旅客）列车在区段内运行，按所有中间车站不停车通过所计算的区段平均速度，可由牵引计算得到。

3. 技术速度 V_{JS}

它是指普通货物（或旅客）列车在区段内运行，计入中间车站停车的起停附加时分所计算的区段平均速度，也可由牵引计算得到。

4. 旅行（区段）速度 V_L

普通货物（或旅客）列车在区段内运行，计入中间车站停车的起停附加时分和中间车站停车时分所计算的区段平均速度。旅行速度在选线设计中用途广泛，运营部门可根据绘出的非平行运行图，用区段内普通货物（或旅客）列车的旅行时分推算，设计部门则用旅速系数推算。

旅速系数 β_L 是旅行速度 V_L 和走行速度 V_Z 的比值，故 $V_L=\beta_L \cdot V_Z$。在选线设计时，β_L 可采用如下经验数据：单线铁路，内燃与电力牵引均取 0.70；双线铁路，内燃与电力牵引分别取 0.80 和 0.85。

2.8.2 合力曲线图及其应用

合力曲线图是表示机车各种工况下作用在列车上的单位合力与速度关系的坐标图。

1. 单位合力曲线图

因坡道、曲线、隧道等阻力是因地而异的，绘制单位合力曲线图时，可先不计入这类附加阻力，而按列车在空旷平直道上运行考虑。待具体应用时，再根据列车运行地段的线路具体情况，计入加算坡道阻力值。

通常先列表计算出列车在三种工况下各种速度时的单位合力，再绘成单位合力曲线图，以便使用。计算单位合力时，必须给出机车类型、机车数量及牵引方式、牵引质量、列车单位闸瓦压力等条件。

(1) 单位合力的计算

表 2-9 为一具体算例，列出了计算内容及顺序，现将计算要点说明如下：

1) 速度 V：由零开始，列至平坡限制速度，每隔 10km/h 取值，并将机车牵引性能曲线及动力制动曲线上各转折点的对应速度列入。$V=0$ 时的 F、w_0'、w_0''，按 $V=10$km/h 计算。

2) 机车牵引力 F：与各栏速度 V 相应的 F 值可先从机车牵引性能曲线图或表上查出，采用外包线时，应乘以牵引力使用系数 λ_y (0.9)。内燃牵引时应先按公式 (2-30) 计算，再乘以 λ_y。

3) 空气制动时的单位制动力 b：单独使用空气制动时，按常用制动取 0.5b；与电阻制动配合使用时，取 0.2b。

4) 电阻制动力 B_d：根据机车电阻制动特性曲线图或表取值。

(2) 下坡限制速度计算

单位合力曲线图上还绘有列车在下坡道上的限速线，供解算下坡道上列车运行速度及运行时分时应用。

在列车指定制动距离、换算制动率和坡度等条件时列车有一个最大速度，称为制动限速。制动限速的解算，实际上需要用计算制动距离试凑，这可以很方便地用电算完成。

司机施行制动，从移动闸柄到列车完全停车为止，列车所走行的一段距离为制动距离 S_b。紧急制动时，对于时速 120km 及以下列车，我国目前规定允许的最大制动距离为 800m。计算下坡限速即求制动距离为 800m 时的制动初速。线路条件一定时，制动能力越高，允许的限速越高。

列车的制动距离是制动空走距离 S_k 和有效制动距离 S_c 之和。即：

$$S_b = S_k + S_c \qquad (2\text{-}100)$$

1) 空走距离 S_k 的计算

空走距离 S_k 指从司机移动闸柄到闸瓦发生作用时为止，列车所走行的距离：

$$S_k = \frac{1000 V_{ch} \cdot t_k}{3600} = \frac{V_{ch} \cdot t_k}{3.6} \quad (\text{m}) \qquad (2\text{-}101)$$

式中　V_{ch}——紧急制动初速（km/h）；

　　　t_k——紧急制动空走时间（s），见《牵规》4.2。

2) 有效制动距离 S_c 的计算

有效制动距离 S_c 指闸瓦发生作用到列车完全停车时的走行距离。由公式 (2-81) 得：

$$S_c = \int_{V_{ch}}^{V_{m0}} \frac{8.333 V \mathrm{d}V}{c} \quad (\text{m}) \qquad (2\text{-}102)$$

式中　V_{ch}、V_{m0}——制动初、末速（km/h）；

　　　c——单位合力，$c = -(w_0 + \beta_b \cdot b \pm i_j) = -(w_0 + 1000 \vartheta_h \cdot \varphi_h \cdot \beta_b \pm i_j)$ (N/kN)，其中，β_b 为制动力利用系数，见《牵规》表 4。

表 2-9

韶山 3 型电力机车单机牵引货物列车的单位合力曲线计算表

$(i_x=9‰,\ P=138t,\ G=2620t,\ V_j=48km/h,\ F_j=31700N,\ \vartheta_h=0.28)$

运行工况	栏别	计算式	0	10	20	23.6	30	33.5	40	47	47.5	48	60	66	70	80
牵引运行	1	F (N)	373680	373680	348750		335430		327240	323100		286020	229590	209250	180090	127980
	2	w_0'(N/kN)	2.47	2.47	2.76	2.88	3.11	3.25	3.52	3.85	3.87	3.90	4.54	4.90	5.15	5.86
	3	w_0''(N/kN)	0.98	0.98	1.07	1.10	1.18	1.22	1.31	1.42	1.43	1.44	1.66	1.78	1.86	2.10
	4	$c=\dfrac{F-W_0}{P+G}\,g$ (N/kN)	12.514	12.514	11.516		10.913		10.470	10.201		8.839	6.557	5.687	4.536	2.392
惰行	5	$c=\dfrac{W_0}{P+G}\,g$ (N/kN)	1.035	1.035	1.129	1.169	1.249	1.297	1.395	1.514	1.523		1.768	1.900	1.994	2.248
空气制动	6	φ_h	0.356	0.264	0.214	0.181		0.159	0.157		0.142		0.130			0.112
	7	$b=1000\varphi_h\vartheta_h$	92.56	68.64	55.64	47.06		41.34	40.82		36.92		33.80		31.20	29.12
	8	$c=0.5b+w_0$	47.315	35.355	28.949	24.699		21.967	21.805		19.983		18.668		17.594	16.808
电阻制动	9	B_d (N)		127800		301700		213200			302100		239400		206000	180500
	10	$c=\dfrac{B_d+W_0}{P+G}\,g$ (N/kN)		5.669		12.108		9.027			12.477		10.448		9.463	8.793
空气制动与电阻制动	11	$c=0.2b+b_d+w_0$ (N/kN)		19.397		21.520		17.295			19.861		17.208		15.703	14.617

注：1. 第 3 栏 "w_0''" 按滚动轴承重货车计算；

2. 第 7 栏 φ_h 按原《牵规》中磷闸瓦简化计算式 $\varphi_h=0.356\dfrac{0.4V+100}{4V+100}$ 计算。

如用近似积分法，则出公式（2-76）得：

$$S_c = \sum \frac{4.17(V_2^2 - V_1^2)}{c_p} \quad (m) \tag{2-103}$$

式中　V_1、V_2——在初速 V_{ch}、末速 V_{m0} 的上、下限内所取各速度间隔的初、末速；

c_p——按每次速度间隔的平均速度 $V_p = \dfrac{V_1 + V_2}{2}$ 计算的单位合力（N/kN）。

3）求算限速

因为制动距离 S_b 为已知，末速 V_{m0} 要求为零。按上述公式求得初速 V_{ch}，即为所要求的限制速度。将 $S_b = 800m$、$S_k = \dfrac{V_{ch} \cdot t_k}{3.6}$ 和 S_c 代入公式（2-100），即得：

$$800 = \frac{V_{ch} \cdot t_k}{3.6} + \sum \frac{4.17(V_2^2 - V_1^2)}{-(w_0 + 1000\vartheta_h \cdot \varphi_h \cdot \beta_b \pm i_j)} \tag{2-104}$$

根据公式（2-104）的计算结果，《技规》制定了使用自动制动机的货物列车及混合列车闸瓦力表。工作中可根据列车的换算制动率 ϑ_h 直接查得下坡限速。也可近似按下式计算：

$$V_x = 85 + 0.8i \quad (km/h) \tag{2-105}$$

例如：平坡时 $i = 0$，限速 $V_x = 85km/h$；10‰ 下坡的限速 $V_x = 76km/h$。

（3）单位合力曲线图绘制

根据表 2-9 计算结果，按一定比例尺绘制单位合力曲线图，如图 2-20。取纵轴为速度轴，取横轴为单位合力轴，原点左侧为正，右侧为负。按表 2-9 中第 4 栏数值绘出的为牵引运行的单位合力曲线 $f - w_0 = f(V)$；按第 5 栏数值绘出的为惰力运行单位合力曲线 $w_0 = f(V)$；按第 8、第 10、第 11 栏分别绘出空气制动 $0.5b + w_0 = f(V)$、电阻制动 $b_d + w_0 = f(V)$、空气与电阻制动合用 $0.2b + b_d + w_0 = f(V)$ 曲线。这些曲线统称单位合力曲线。

2. 单位合力曲线特性

（1）有加算坡道时的应用

单位合力曲线图是按列车在空旷地段平直道上运行情况计算的，即 $i_j = 0$。如果有加算坡道时，单位合力应扣除加算坡道的阻力，即 $c = f(V) - i_j$，故只需将图 2-20 中合力曲线图的纵轴移动一个 i_j 值即可。i_j 为正值时，纵轴向左移动；i_j 为负值时，纵轴向右移动。这时原来各条 $c = f(V)$ 曲线对新的坐标轴关系，就是列车在 i_j 坡道上运行时的单位合力曲线。

（2）均衡速度的确定

在合力曲线图上，考虑加算坡道纵轴移动后，速度轴与各工况 $c = f(V)$ 曲线相交处单位合力 $c = 0$，这时列车就以该点所对应的速度作等速运行，该速度称为该加算坡道的均衡速度 V_{jh}。线路情况不同（即加算坡道 i_j 不同），则均衡速度不同。机车操作有不同工况，也有相应的均衡速度。例如，在图 2-20 中，列车在 $i = 4$‰ 的上坡道上运行（此时纵轴左移数值为 4N/kN），$c = 0$ 时，$V_{jh} = 73km/h$。

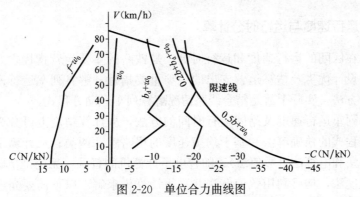

图 2-20　单位合力曲线图

（3）判断列车运行状况

在任何坡道上，列车运行速度低于所采用工况在该坡道上的均衡速度时，列车受到的单位合力为正值，列车将加速运行，直到均衡速度为止。如列车运动速度大于均衡速度，列车受到的单位合力为负值，列车将减速运行，直到均衡速度。仍以图 2-20 来说明。

1）牵引运行时

例如：列车以速度 $V=45\text{m/h}$ 牵引运行，到达 $i=4‰$ 的上坡道后，因列车在该坡道的均衡速度应为 $V_{jh}=73\text{km/h}$，所以列车应加速运行。

2）惰力运行时

例如：列车以速度 $V=50\text{km/h}$ 惰力运行，到达 $i=-2‰$ 的下坡道后，因列车在该坡道上惰力运行的均衡速度 $V_{jh}=67\text{km/h}$，故列车要加速运行。同样情况下，列车到达 $i=-1.5‰$ 的下坡道，因列车在该坡道上的惰力运行均衡速度为 $V_{jh}=44\text{km/h}$，所以列车要减速运行。

（4）确定按限速运行时的机车操作状态

1）牵引运行时

例如：列车在 $i=0$ 的坡道上运行时，8-Ⅲ 手柄位的均衡速度为 100km/h（图中未绘出），如果要求限速为 82km/h，则应采用 8-Ⅲ 以下手柄位操作。

2）空气制动时

例如：列车在 $i=-18‰$ 的下坡道上运行，要求限速为 70km/h，图 2-20 中的纵轴右移到 $i=-18\text{N/kN}$ 处，按 $V=70\text{km/h}$ 在空气制动（$0.5b+w_0$）的单位合力曲线上，查得 $c=-20\text{N/kN}$，说明列车要减速。所以需采用机车、车辆交替制动（周期制动），使列车不超限速运行。

3）电阻制动时

例如：列车在 $i=-5‰$ 的下坡道上运行，要求限制速度为 80m/h，图 2-20 中的纵轴右移到 -5N/kN 处。如用惰行，单位合力大于零，列车加速运行要超过限速；如用空气制动，单位合力小于零，列车要减速。如果采用电阻制动的某一级位，可使单位合力为零，列车按限速 80km/h 恒速运行。

2.8.3　运行速度与运行时分计算

列车在区间的运行速度和运行时分，是铁路的重要运营指标之一，也是评价线路设计优劣及估算运营支出的一项重要指标。解算列车运行速度及运行时分的方法，实际上就是结合线路情况解算列车运动方程式。

解算列车运行速度及站间运行时间的方法，从计算精度上可分为基于列车运动方程式的精确解法和基于均衡速度的粗略解法两类；从计算手段上可分为图解法和电算法（数值法）。随着电子计算机的普及，无论是精确解法还是均衡速度法，均已利用数值解法并采用计算机求解。以下简要介绍基于列车运动方程式的数值解法及均衡速度法。建设项目前期工作阶段或精度要求不高的概略计算时，可先化简线路纵断面坡度。

1. 线路纵断面坡度化简

（1）化简坡度 i_h

化简坡度 i_h 按下式计算：

$$i_h = \frac{H_2 - H_1}{l_h} \times 1000 \quad (‰) \tag{2-106}$$

式中　H_1、H_2——化简坡段的始、终点高程（m）；

　　　l_h——化简坡段的长度（m），$l_h = \sum l_i$，l_i 为化简坡段中各坡段的坡长（m）。

（2）化简坡度的检查

化简坡段中任一坡道的坡长 l_i 必须符合下列经验公式：

$$l_i \leqslant \frac{2000}{\Delta i} \quad (m) \tag{2-107}$$

式中　2000——经验常数（m）；

　　　Δi——化简坡度与化简坡段中任一坡道坡度差的绝对值，即 $\Delta i = |i_h - i_i|$（‰）。

（3）化简坡度注意事项

为减小因化简坡度造成的计算误差，站坪坡、动能坡或需校验牵引质量的坡道，不得与其他坡道一并化简。逆坡也不应一并化简。

（4）化简后的加算坡度 i_{hj}

化简后的加算坡度 i_{hj} 按下式计算：

$$i_{hj} = i_h + i_r + i_s \quad (‰) \tag{2-108}$$

式中　i_r、i_s——曲线附加阻力和隧道空气附加阻力的折算坡度（‰）；

$$i_r = \frac{10.5 \sum \alpha}{l_h} \quad (‰), \quad i_s = \frac{\sum (w_s \cdot l_s)_i}{g \cdot l_h} \quad (‰)$$

　　　$\sum \alpha$——化简坡段范围内曲线转角之和（°）；

　　　$\sum (w_s \cdot l_s)_i$——化简坡段范围内，各隧道的单位空气附加阻力及其隧道长度乘积之和。

加算坡度应分方向分别计算。

2. 运行速度与时分计算

(1) 数值解法

数值解法就是根据列车运动方程式的直接积分式、近似积分式或数值积分式解算列车的运行速度与运行时分（同时可计算能耗和机械功）。列车在区间运行的速度受多种因素限制，司机需根据不同情况和条件，通过合理操纵机车改变列车的工况，使列车的速度符合要求。由于坡度变化直接影响列车的运行速度，因此，通常是以坡段为基本单元进行计算的，数值解法的关键在于确定合理的工况及其变化点。

根据列车运动方程式推导出列车运行时分、距离、机车牵引机械功和能耗的计算公式。由于单位合力、牵引机械功和能耗均为运行速度 V 的插值函数，故在计算中可采用插值公式（如拉格朗日三点插值公式）对插值进行一元三点不等距分段插值，并采用数值积分法（如高斯数值积分），求解上述各式。图 2-21 绘出了相应的 $V=f(s)$ 及 $t=f(s)$ 曲线。

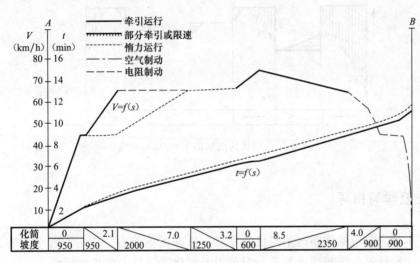

图 2-21　一个区间的 $V=f(s)$ 及 $t=f(s)$ 曲线

(2) 均衡速度法

均衡速度法是假定列车在每一个坡段上运行时，不论坡段长短，也不论进入坡段时的初速高低，都按该坡道的均衡速度（或限制速度）作等速运行考虑。按这样的速度来计算列车运行能时消耗的方法称为均衡速度法。图 2-22 表示甲站至乙站的速度—距离曲线：虚线表示实际运行速度曲线，实线表示均衡速度法绘的速度曲线（每个坡段上均按均衡速度等速运行，$V=f(s)$ 曲线均为水平线），两者的走行时分是不同的。坡度变化不大时，均衡速度法中速度的超过部分（垂直影线部分）与其不足部分（水平影线部分）大体上可以抵消，只是在车站起动及进站停车时相差较大。所以，用均衡速度法计算时，要加起停车附加时分 t_q+t_t。如果线路纵断面坡段很多，相邻坡段坡度差较大时，误差更大。故均衡速度法一般多用于概略计算。

图 2-22 中，甲站至乙站运行时，因考虑甲、乙两站均停车，运行时分为：

$$T_{甲-乙} = \sum (t_i \cdot L_i) + t_q + t_t \quad (\text{min}) \tag{2-109}$$

式中　t_q、t_t——起车、停车附加时分，与牵引种类、牵引质量及进出站线路
纵断面情况有关；一般电力、内燃牵引时取 $t_q = 1 \sim 3\text{min}$，
$t_t = 1 \sim 2\text{min}$；

L_i——某一坡段的长度（km）；

t_i——某一坡段上的每千米的运行时分（min/km），上坡时 $t_i = 60/V_{jh}$，V_{jh} 为在合力曲线图上查得的均衡速度（km/h）；下坡时 $t_i = 60/V_x$，V_x 为下坡限速（km/h），货物列车可按公式（2-105）计算。

计算应分方向进行，是否应附加 $t_q + t_t$，应根据是否在该站停车而定。

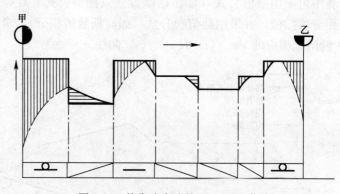

图 2-22　均衡速度法的 $V = f(s)$ 曲线

小结及学习指导

本章内容包括铁路运量与设计年度、铁路运输能力、作用于列车上的力、牵引质量计算、运行速度与运行时分以及铁路等级与主要技术标准。

通过本章学习，要求掌握铁路运量和吸引范围调查方法；能根据运量调查资料统计选线运量参数；能根据运输需求划分铁路等级，选定铁路主要技术标准；能正确计算铁路区间通过能力、铁路输送能力以及正确估算高速铁路运输能力；熟悉牵引特性曲线并确定列车牵引力；熟悉运行阻力计算方法、列车制动力确定方法；能推导列车运动方程式；掌握牵引质量的计算方法及其限制条件，单位合力图的绘制、特性及其应用，以及计算行车时分的方法。

思考题与习题

2-1　铁路选线设计需要哪些运量参数？简述各运量参数的含义及计算方法。

2-2　简述铁路设计年度的意义，铁路设施的设计标准如何与设计年度相

适应？

2-3 铁路设计涉及的速度概念有哪些？简述其物理意义。

2-4 什么是机车牵引力？它以什么值为计算标准？根据电力机车的牵引特性图，分析机车牵引力所受的限制条件。

2-5 列车运行阻力包括哪几类？简述各类阻力的内容、含义、特点及构成因素。

2-6 简述列车制动方式分类方法；分析空气制动、电力制动和电空制动的特点及其主要用途。

2-7 简述用均衡速度法计算行车时分的基本假定及计算原理。

2-8 单位合力曲线是按什么线路条件计算与绘制的？在其他线路条件下如何使用？

2-9 简述目前我国铁路等级的划分方法。

2-10 分析各项铁路主要技术标准的含义及其对铁路建设及运输的影响。

2-11 某设计线为单线铁路，韶山 4 型电力机车牵引，$i_x = 12‰$，牵引定数 $G = 2700t$，国家对该线要求完成的输送能力为 12Mt，全线有 11 个区间，各区间的往返走行时分如下表：

A	B	C	D	E	F	G	H	I	J	K
29	31	32	31	30	29	31	30	32	31	30

特种车辆资料如下：$N_K = 3$ 对/天，$N_Z = 2$ 对/天，$N_L = 1$ 对/天，$N_{KH} = 1$ 对/天。

试检算该线的输送能力是否满足要求。

2-12 某高速客运专线铁路，运输模式为近期采用高、中速列车共线运行，远期为 300km/h 纯高速列车运行。该线设计的客运区段长度为 40km，夜间 0 点 0 分至 5 点 30 分为非客运时段，追踪列车间隔时分为 3min，综合维修天窗时间为 4 小时。

（1）平行运行图区间通过能力；

（2）若近期列车运行图中的中速列车比重为 0.20，高速列车在途中站的停站比为 0.2，计算不同速度等级列车混合运行的非平行运行图区间通过能力；

（3）若高速列车扣除系数为 1.5，计算全高速旅客列车非平行运行图区间通过能力；

（4）若远期运行长编组列车，月间客流波动系数为 1.1，计算该客运专线的线路输送能力。

2-13 某列车采用韶山 3 型电力机车牵引，机车质量 $P = 138t$，列车牵引质量 $G = 2620t$，车辆均采用滚动轴承。若列车长度为 730m，当牵引运行速度为 50km/h 时，计算下列情况下的列车平均单位阻力。

（1）列车在平直道上运行；

（2）列车在纵断面为 3‰ 的下坡道，平面为直线的路段运行；

（3）列车在长度为 1200m，坡度为 4‰ 的上坡道上行驶，该坡道上有一个

⑺1⃝

曲线，列车分别处于图题 2-14 中的（a）、（b）、（c）路段。

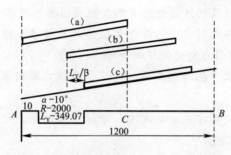

图题 2-13

2-14　韶山 3 型机车牵引 2000t 的货物列车，在 12‰的下坡道上运行，若需维持 40km/h 等速运行，应采用多大的电阻制动力，若要维持 70km/h 等速运行，除采用电阻制动外，尚需多大的空气制动力？按理论计算，得到这样大的空气制动力，起计算单位闸瓦压力为多少？

2-15　某设计线为单线铁路，$i_x = 9$‰，韶山 3 电力机车牵引，车辆采用滚动轴承货车，到发线有效长度 750m，站坪最大加算坡度为 $i_q = 2.5$‰。

（1）计算牵引质量，取 10t 的整倍数；

（2）进行起动与到发线有效长度检查（按无守车考虑）；

（3）计算牵引净重和列车长度。

第3章
线路平面和纵断面设计

本章知识点

知识点：铁路线路设计的基本原则，夹直线、最小曲线半径、曲线超高、未被平衡超高、缓和曲线、夹圆线、线间距，最大坡度、限制坡度、加力牵引坡度、竖曲线、相邻坡段坡度差、坡段长度、最大坡度折减，桥涵、隧道、路基地段的纵断面设计，站坪长度、站坪的线路平面、站坪的线路纵断面以及线路平面图和详细纵断面图。

重　点：最小曲线半径、曲线超高、未被平衡超高、缓和曲线、线间距，最大坡度、限制坡度、竖曲线、坡段长度、最大坡度折减。

难　点：最小曲线半径、缓和曲线、限制坡度、竖曲线、最大坡度折减。

3.1　概述

1. 线路设计基本要求

铁路是一条三维空间带状实体。一般所说的线路，是指铁路中心线所在空间的位置，以路基横断面上距外轨半个轨距的铅垂线 AB 与路肩水平线 CD 的交点 O 在纵向上的连线表示，如图 3-1 所示，简称为线路中线。

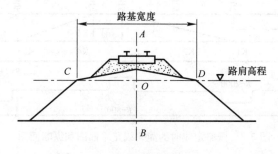

图 3-1　路基横断面

线路在空间位置是由它的平面和纵断面决定的。线路平面是指线路中心线在水平面上的投影，表示线路在平面上的具体位置。线路纵断面是沿线路中心线所作的铅垂剖面在纵向展直后，线路中心线的立面图，表示线路起伏情况，其高程为路肩高程。

各设计阶段编制的线路平面图和纵断面图是铁路设计的基本文件。各设计阶段的定线要求不同，线路平面图和纵断面图的详细程度也各有区别，绘制时应遵循铁路行业制定的线路标准图式。图 3-2 为新建铁路简明的线路平面图和纵断面图，可应用于线路方案研究或（预）可行性研究阶段中的概略定线，它包含了线路设计的部分基本信息和资料。

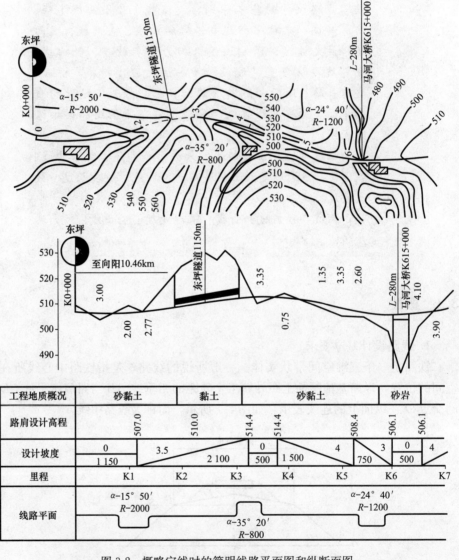

图 3-2 概略定线时的简明线路平面图和纵断面图

简明平面图中，等高线表示地形和地貌特征，村镇、道路等表示地物特征。图中粗线表示线路平面，标出里程、曲线要素（转角 α、曲线半径 R 等）、车站和桥隧特征等资料。

简明纵断面图的上半部为线路纵断面示意图，下半部为线路基础数据，自下而上顺序标出：线路平面、里程、设计坡度、路肩设计高程、工程地质概况等栏目。

线路平面和纵断面设计必须满足以下三方面的基本要求：

（1）必须保证行车安全和平顺。主要指：不脱钩、不断钩、不脱轨、不途停、不运缓与旅客乘车舒适等，这些要求反映在铁路设计相关规范所规定的技术标准中，设计要遵守相关规定。

（2）应力争节约资金。既要力争减少工程数量、降低工程造价，又要考虑为施工、运营、维修提供有利条件，节约运营支出。从降低工程造价考虑，线路最好顺地面爬行，但因起伏弯曲太大，给运营造成困难，导致运营支出增大。从节约运营支出考虑，线路最好又平又直，但势必增大工程数量，提高工程造价。因此，设计时必须根据设计线的特点，分析设计路段的具体情况，综合考虑工程和运营的要求，通过方案比较，正确处理两者之间的矛盾。

（3）既要满足各类建筑物的技术要求，还要保证它们协调配合、总体布置合理。铁路上要修建车站、桥涵、隧道、路基、道口和支挡、防护等大量建筑物，线路平面和纵断面设计不但关系到这些建筑物的类型选择和工程数量，并且影响其安全稳定和运营条件。因此，设计时不仅要考虑各类建筑物对线路的技术要求，还要从总体上保证这些建筑物相互协调、布置合理。

2. 平面基本线形

分析行驶中的铁路车辆导向轮旋转面与车身纵轴之间有三种关系，即角度为零、角度为常数和角度为变数。满足列车运行条件的线路平面，是一个由曲线和与之相切的直线组成，且由圆曲线和缓和曲线构成的曲率连续的线路，如图 3-3 所示。

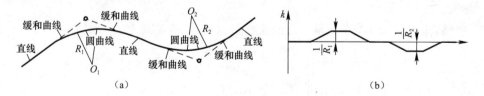

图 3-3 曲率连续的线路平面
（a）平面线形；（b）曲率变化图

纸上定线时，在相邻两直线之间需用一定半径的圆曲线连接，并使圆弧与两侧直线相切。曲线半径的选配，可使用与地形图比例尺相同的曲线板，根据地形、地质与地物条件，由大到小选用合适的曲线板，决定合理的半径。若地势开阔，可先绘出两相邻的直线段，然后选配中间的曲线半径，如图 3-4（a）所示；若曲线毗连，则先在需要转弯处绘出恰当的圆弧，然后用切于两圆弧的直线连接之，如图 3-4（b）所示。选定曲线半径后，量出偏角，再计算曲线要素和起讫点里程。

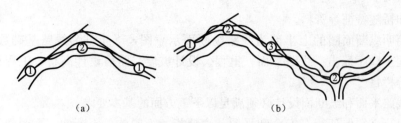

图 3-4　纸上定线时曲线和直线的设置方法

3.2　区间线路平面设计

3.2.1　直线

1. 直线设计的一般原则

直线作为平面线形要素之一，具有短捷、直达、列车行驶受力简单和测设方便等特点，但过长的直线难于与地形相协调，也不利于城镇地区既有设施的绕避。因此，在选线设计中，应综合考虑工程和运营两方面的因素，合理选用直线线形。

（1）设计线路平面时，相邻两直线的位置不同，其间曲线位置也相应改变。因此，在选定直线位置时，要根据地形、地物条件使直线与曲线相互协调，线路所处位置最为合理。

（2）设计线路平面，应力争设置较长的直线段，减少交点个数，以缩短线路长度、改善运营条件。只有因遇到地形、地质或地物等局部障碍而引起较大工程时，才设置交点绕避障碍。

（3）选定直线位置时，应力求减小交点转角的度数。转角大，则线路转弯急，总长增大，同时列车行经曲线要克服的阻力功增大，运营支出相应加大。

转角 α 与每吨列车质量克服的曲线阻力功 A_r 的关系式为：

$$A_r = w_r \times L_y = \frac{600}{R} \times \frac{\pi \times \alpha \times R}{180} = 10.5\alpha \quad (\text{J/kN}) \qquad (3\text{-}1)$$

式中　w_r——单位曲线附加阻力（N/kN）；

L_y——圆曲线长度（m）。

2. 两相邻曲线间的夹直线长度

在曲线毗连路段，为了保证线形连续和行车平顺，两相邻曲线间应有一定长度的直线段。该直线段，即前一曲线终点（HZ_1）与后一曲线起点（ZH_2）间的直线，称为夹直线，如图 3-5 所示。两相邻曲线，转向相同者称为同向曲线，转向相反者称为反向曲线。

（1）最小夹直线长度

夹直线长度应力争长一些，为行车和维修创造有利条件。但是，在地形困难地段，为适应地形变化、减小工程量，可以设置较短的夹直线。但不应短于下列条件所要求的最小长度。

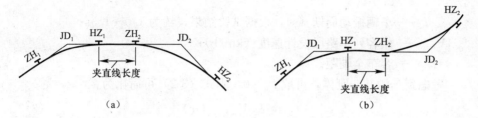

图 3-5 夹直线
(a) 同向曲线；(b) 反向曲线

1）保证线路养护维修的要求

夹直线太短，特别是反向曲线路段，列车通过时，因频繁转换方向，车轮对钢轨的横向推力加大，夹直线的正确位置不易保持。同时，由于直线两端曲线变形的影响，夹直线的直线方向也不易保持。

维修实践证明：为确保直线方向，夹直线长度不宜短于 2～3 节钢轨，钢轨标准长度为 25m，即 50～75m；地形困难时，至少应不小于一节钢轨长度，即 25m。

高速客运专线采用大型养路机械维修线路。轨道检查时，为判明直线或圆曲线，要求其线形必须有一定的连续性，此值一般应大于 50m。同时，施工机具要求一定长度的线段定向，此长度不应小于 50～75m。

2）车辆横向摇摆不致影响行车平顺

列车从前一曲线通过夹直线进入后一曲线的运行过程中，因外轨超高和曲线半径的变化，引起车辆横向摇摆和横向加速度变化，反向曲线地段更为严重。为了保证行车平稳、旅客舒适，夹直线长度不宜短于 2～3 节客车长度。我国 22 型和 25 型客车全长分别为 24.0m 和 25.5m，故夹直线长度不宜短于 48.0～76.5m。高速动车组的长度一般为 25.0～27.6m，相应的夹直线长度不宜短于 56～84m。

3）车辆振动不致影响旅客舒适

列车通过夹直线时，要跨过夹直线前后的缓直点和直缓点。车轮在缓直点和直缓点处与钢轨冲击引起转向架弹簧的振动。为避免这两次振动的叠加，以保证旅客的舒适，夹直线应有足够长度，保证旅客列车以最大行车速度通过夹直线的时间 t 不小于转向架弹簧振动消失的时间 t_Z。如进一步考虑客车后转向架后轴在后方缓直点产生的振动，不与前转向架前轴在前方直缓点产生的振动叠加，则夹直线长度 L_J 中尚需减去客车全轴距 L_Z 再计算时间。

由 $t \geqslant t_Z = n \times T$，得 $\dfrac{L_J - L_q}{V_{max}/3.6} \geqslant n \times T$

$$L_J \geqslant \frac{n \times T \times V_{max}}{3.6} + L_q \quad \text{（m）} \qquad (3-2)$$

式中　t_Z——弹簧振动消失时间（s），与车辆构造和弹簧装置性能有关；

n——转向架振动消失所经历的周期数，根据试验结果，一般取 1.5～2.0；

　　T——车辆振动周期（s），根据试验结果，约为 1.0～1.5s；

　　V_{max}——旅客列车路段设计速度（km/h）；

　　L_q——客车全轴距。

考虑到车辆并非刚体，可取 $L_q=0$，则式（3-2）可简化为：

$$L_J = \tau \times V_{max} \quad (m) \tag{3-3}$$

τ 为具有时间量纲的系数，可根据路段速度的高低和工程条件的难易程度确定。我国的取值为：客货共线铁路，当 $V_{max}=160$km/h 或 140km/h 时，一般取 0.8，困难取 0.5；当 $V_{max} \leqslant 120$km/h 时，一般取 0.6，困难取 0.4。客运专线铁路，一般取 0.8，困难取 0.5。国外最高运营速度 200～350km/h 的高速铁路，其夹直线的最小长度为（0.4～1.0）V_{max}。

L_J 的计算结果应取为 10m 的整倍数。按式（3-3）计算确定的不同路段速度时的夹直线最小长度如表 3-1 所示。

夹直线及圆曲线最小长度（m）

表 3-1

铁 路 类 型		客 运 专 线				客货共线铁路					
设计速度（km/h）		350	300	200<V≤250	200	200	160	140	120	100	80
工程条件	一般	280	240	200	160	140	130	110	80	60	50
	困难	210	180	150	120	100	80	70	50	40	30

我国台湾地区对夹直线最小长度的规定为：同向曲线间，丘陵地区为 100m，山岳地区为 60m；反向曲线间，丘陵地区为 60m，山岳地区为 30m。

（2）夹直线长度的保证

线路平面设计时，在设置圆曲线和缓和曲线后，应检查夹直线长度是否满足相应的最小长度要求，即应保证：

$$L_J \geqslant L_{Jmin}(m) \tag{3-4}$$

纸上定线时，有时仅绘出圆曲线而不绘出缓和曲线。此时，相邻两圆曲线端点（YZ_1 与 ZY_2）间直线长度 L_J 应满足下列条件：

$$L_J \geqslant \frac{l_{01}}{2} + L_{Jmin} + \frac{l_{02}}{2} \quad (m) \tag{3-5}$$

式中　L_{Jmin}——夹直线最小长度（m），按表 3-1 取值；当曲线超高顺坡延伸至直线范围内时，此长度应为直线上左端超高顺坡终点与右端超高顺坡起点间的长度；

　　　　l_{01}、l_{02}——相邻两圆曲线所选配的缓和曲线长度（m）。

夹直线长度不满足要求时，应修改线路平面设计。如减小曲线半径或选用较短的缓和曲线长度，或改移夹直线的位置，以延长两端点间的直线长度和减小曲线偏角（见图 3-6a）。当同向曲线间夹直线长度不够时，可采用一个较长的单曲线代替两个同向曲线（见图 3-6b）。

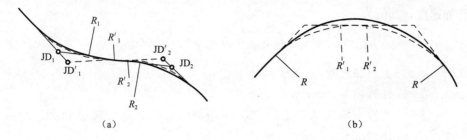

图 3-6 夹直线长度不够时的修正设计

-------- 初定线路；———— 修正线路

3.2.2 圆曲线

1. 最小曲线半径

（1）最小曲线半径计算原理

1）曲线超高的设置及其允许值

① 曲线超高的设置

当列车通过曲线时，产生离心加速度 a_L，其值与列车通过速度的平方成正比，与曲线半径 R 成反比，即：

$$a_L = \left(\frac{V}{3.6}\right)^2 \times \frac{1}{R} \quad (\text{m/s}^2) \tag{3-6}$$

式中　V——列车通过速度（km/h）；

　　　R——圆曲线半径（m）。

列车在曲线上行驶时，由于离心力的作用，将列车推向外股钢轨，加大了外股钢轨的压力，也使旅客感到不适、货物产生位移等。因此需要将曲线外轨适当抬高，使列车的自身重力产生一个向心的水平分力，以抵消离心力的作用，使内外两股钢轨受力均匀和垂直磨耗均等，满足旅客舒适感，提高线路的稳定性和安全性。曲线外轨抬高后产生的外轨顶面与内轨顶面的水平高度之差称为曲线超高，如图 3-7 所示。

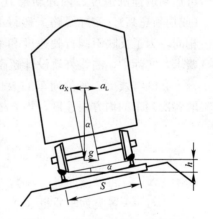

图 3-7 列车离心和向心加速度

曲线超高的设置方法主要有外轨提高法和线路中心高度不变法两种。外轨提高法是保持内轨高程不变而只抬高外轨的方法，为世界各国和我国铁路所普遍采用。线路中心高度不变法是内轨降低和外轨抬高各为超高值的一半而保证线路中心高程不变的方法，仅在建筑限界受到限制时才采用。

曲线超高在缓和曲线内过渡。对于有砟轨道，曲线超高在道床上实现；对于板式轨道，曲线超高均在底座上实现；对于双块式无砟轨道，桥梁和隧道地段曲线超高在道床上实现，土质路基地段曲线超高在基床表层上实现。

曲线上由于外轨超高 h，使重力加速度在圆心方向产生一个分量，称为向心加速度，其值为：

$$a_X = g \times \tan\alpha \approx g \times \sin\alpha = g \times \frac{h}{S} \quad (\mathrm{m/s^2}) \tag{3-7}$$

式中　g——重力加速度，$g = 9.81\mathrm{m/s^2}$；

　　　h——外轨超高（mm）；

　　　S——两根钢轨轨头中心线之间的距离（mm），对于标准轨距，$S = 1500\mathrm{mm}$。

若通过设置外轨超高产生的向心加速度正好平衡掉列车做曲线运动产生的离心加速度，列车的运动状态处于最理想的状态，则 $a_L = a_X$，即：

$$\left(\frac{V}{3.6}\right)^2 \times \frac{1}{R} = g \times \frac{h}{S} \tag{3-8}$$

相应的曲线半径与外轨超高值的关系为：

$$h = \frac{S}{g \times R} \times \left(\frac{V}{3.6}\right)^2 \tag{3-9}$$

对于标准轨距铁路，有：

$$h = \frac{1500 \times V^2}{3.6^2 \times 9.81 \times R} = 11.8\frac{V^2}{R} \quad (\mathrm{mm}) \tag{3-10}$$

可见，对于任一半径的曲线，随着速度的提高，可通过增大外轨超高值来平衡因速度提高而增大的离心加速度，其外轨超高值的大小与列车运行速度的平方成正比。以上述公式确定的超高 h，当列车以速度 V 通过曲线时，可达到最佳舒适度、内外轨磨耗均等和受力均衡的状态，称之为平衡超高（或均衡超高）。实际线路上运行的列车种类不同，各种列车的运行速度也不相同，为了反映不同行驶速度和不同牵引质量的列车对于外轨超高值的不同要求，实际中，曲线外轨设计超高是根据平均速度确定的。

在既有线上，各类列车的数目、重量和速度可经过实测求得。平均速度取各次列车的均方根速度，均方根速度按下式确定：

$$V_{JF} = \sqrt{\frac{\sum NGV^2}{\sum NG}} \quad (\mathrm{km/h}) \tag{3-11}$$

式中　N——每昼夜通过的各类列车数（列）；

　　　G——各类列车质量（t）。

新线设计与施工时，平均速度可根据最大速度乘以速度系数概略确定，即：

$$V_{JF} = \beta V_{\max} \quad (\mathrm{km/h}) \tag{3-12}$$

式中　$V_{\max}$——通过曲线的最大行车速度（km/h）；

　　　β——速度系数，在客货共线的线路上总是小于 1，根据我国运营统计资料，一般地段采用 0.80，单线上、下行速度悬殊地段可采用 0.65；客运专线铁路根据运输模式和旅客列车设计速度确定，单一高速时取 1.0，高、中速共线运行时，取 0.55～0.80。

考虑均方根速度的实设超高为：

$$h = 11.8 \frac{V_{JF}^2}{R} \quad (\text{mm}) \tag{3-13}$$

② 实设超高最大允许值

低速列车行驶于超高很大的曲线轨道时，存在向内倾覆的危险。为了保证行车安全，必须限制外轨超高的最大值。

设曲线外轨最大超高度为 h_{max}，与之相适应的行车速度为 V，产生的惯性离心力为 J，车辆的重力为 G，J 与 G 的合力为 R，它通过轨道中心点 O，如图 3-8 所示。当某一车辆以 $V_1 < V$ 的速度通过该曲线时，相应的离心力为 J_1，J_1 与 G 的合力为 R_1，其与轨面连线的交点为 O_1，偏离轨道中心的距离为 e，随着 e 值的增大，车辆在曲线运行的稳定性降低，其稳定程度可采用稳定系数 n 来表示。

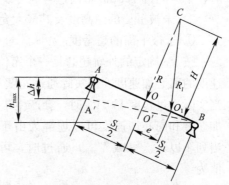

图 3-8　外轨最大超高计算图

令 $n = \dfrac{S_1}{2e}$，当 $n=1$，即 $e = \dfrac{S_1}{2}$ 时，R_1 指向内轨断面中心线，车辆处于临界稳定状态；当 $n<1$，即 $e > \dfrac{S_1}{2}$ 时，车辆丧失稳定而倾覆；当 $n>1$，即 $e < \dfrac{S_1}{2}$ 时，车辆处于稳定状态。n 值愈大，车辆稳定性愈好。

根据国内外铁路运营经验，为保证行车安全，n 值不应小于 3。对应的最大超高应满足：

$$h_{max} \leqslant \frac{S_1^2}{6H} \tag{3-14}$$

式中　H——车体重心至轨顶面高（mm），货车为 2220mm，普通客车为 2057.5mm，高速动车为 1370mm；

　　　S_1——两轨头中心线距离（mm）。

若取货车 H 为 2220mm，普通客车 H 为 2057.5mm，高速动车 H 为 1370mm，计算标准轨距铁路的最大超高值分别为 168mm、182mm、273mm。

在单线铁路上，上下行列车速度相差悬殊的地段，如设置过大的超高，将使低速列车对内轨产生很大的偏压并降低稳定系数。从工程经验出发，规定其最大超高度为 125mm。

确定曲线最大实设超高还应考虑到当列车在曲线上停车时，旅客对处于倾斜车体中的舒适度反应，以及车辆处于倾斜状态时机构的可靠性条件等。我国铁道科学研究院于 1980 年所做的试验表明，当列车停在超高为 200mm 及以上的曲线上时，部分旅客感到站立不稳、行走困难，且有头晕不适之感。

高速旅客列车由于对车辆结构和车内设施的优化，提高了舒适性，同时，高速客运专线运行的客车的速度比较一致，故其超高允许值可以比在客货共线运营时大大提高。日本东海道新干线实设超高允许值为 200mm，其余新干线为 180mm；法国 TGV 线为 180mm；德国 ICE 高速客运专线，在有砟轨道路段最大超高为 150mm，无砟轨道路段最大超高为 170mm。

综合国内外的研究与实践，我国目前在制定相应规范和规则时，客货共线铁路的实设超高最大允许值取 150mm，单线铁路上下行行车速度相差悬殊时，不应超过 125mm，高速客运专线实设超高最大允许值取 170～180mm。

2）未被平衡的超高度及其最大允许值

① 未被平衡的超高度

按 V_{JF} 确定的外轨超高是一个定值，它所产生的向心加速度只能平衡一种速度的离心加速度。当实际通过速度 $V>V_{JF}$ 时，会产生未被平衡离心加速度；当实际通过速度 $V<V_{JF}$ 时，会产生未被平衡的向心加速度。未被平衡的离心加速度和向心加速度可以理解为由于外轨超高不足或外轨超高过大所产生。当列车以 V_{max}（或 V_{min}）通过时，可以用欠超高和过超高的形式表示，其值为：

$$h_q = 11.8\frac{V_{max}^2}{R} - h \quad (mm) \tag{3-15}$$

$$h_g = h - 11.8\frac{V_{min}^2}{R} \quad (mm) \tag{3-16}$$

式中　h_q——欠超高值（mm）；

　　　h_g——过超高值（mm）。

欠超高和过超高统称为未被平衡的超高。

② 未被平衡超高允许值

未被平衡的超高使内外轨产生偏载，引起内外轨不均匀磨耗，并影响旅客的舒适度。此外，过大的未被平衡超高度还可能导致列车倾覆，因此必须对未被平衡的超高加以限制。

a. 欠超高最大允许值 h_{qy}

欠超高允许值主要根据旅客列车的旅客舒适度来考虑。一般认为 100mm（相当于 a_{Ly} 为 0.65m/s²）以内不致影响旅客的舒适度，最大不超过 153mm（相当于 a_{Ly} 为 1m/s²）。行车速度越大，要求舒适度越高，允许欠超高应小些。我国在制定客货共线铁路的相关线路设计规范的规定时，采用值为：欠超高一般取 70mm，困难时取 90mm；既有线提速改造时可取 110mm。《铁路线路修理规则》采用值为：一般应不大于 75mm，困难情况应不大于 90mm。

在高速客运专线铁路上，欠超高允许值主要取决于旅客乘坐舒适度要求。根据我国 1995 年在广深线进行的快速列车旅客舒适度调查结果，当列车通过曲线的欠超高 $h_q=110mm$ 左右时，旅客只有轻微感觉，与 YZ22 型车在 $h_q=90mm$ 时的舒适度相当，这是因为快速客车具有空气弹簧、横向减振器和抗侧滚扭杆，车辆性能优良的缘故。所以，同样的欠超高情况下，不同结构性能的车辆中的旅客舒适度也不相同。目前，我国处于高速铁路发展初期，考虑到高速铁路上过大的欠超高可能带来较大的维修工作量，因而在选择欠超高允许值时尽可能留有一定余地。我国在制定高速客运专线技术标准时选定的欠超高允许值如表 3-2 所示。

客运专线欠超高最大允许值（mm）　　　　　　表 3-2

舒适度条件	良好	较好	一般	较差
欠超高允许值 h_{qy}	40	60	70	100

b. 过超高最大允许值 h_{gy}

允许的最大过超高值主要由运行安全、乘坐舒适度和经济合理性三个条件确定。受车辆运行安全、乘坐舒适度要求的过超高值的确定，与欠超高值确定原理基本相同。区别仅在于后者是车辆向曲线外侧倾斜，而前者是向曲线内侧倾斜。

客货共线铁路主要因铁路客货通过总质量的比重不同，过超高允许值有较大差异，国际铁路联盟（UIC）的推荐值为 30~90mm。我国客货共线铁路的货运比重较大，宜采用较小的允许过超高度。我国制定新建客货共线铁路线路设计规范的规定时，过超高允许值在 30~50mm 范围内取值。

对于高速客运专线铁路，过超高允许值的确定，主要考虑对中低速旅客列车旅客乘坐舒适度的影响。在高低速列车共线运行的客运专线上，列车车辆走行性能比货物列车要好得多，因而过超高引起的对内轨磨耗和对轨道的破坏要小，故其过超高允许值可以适当放宽。同时还考虑高低速列车共线运行的客运专线铁路是以高速列车为主，重点应保证高速列车的旅客乘坐舒适度。因此，我国目前在制定相关标准时，取过超高允许值与欠超高允许值一致，见表 3-2。

3）最小曲线半径计算条件

满足旅客舒适度是铁路设计的基本要求。对于高、低速共线运行高速客运专线和客货共线铁路，铁路设计还应保证在列车以不同速度运行条件下，轮轨磨耗均匀和内外轨受力均等，以保证轨道的稳定和行车平稳。

① 旅客列车最高行车速度要求的最小曲线半径

最小曲线半径应保证旅客列车以最高速度 V_{max} 通过时，欠超高 h_q 不超过允许值 h_{qy}，以保证旅客舒适度。利用式（3-10），当曲线设置最大超高，即 $h = h_{max}$ 时，可得满足旅客舒适条件的最小曲线半径 R_{min} 为：

$$R_{min} = \frac{11.8 V_{max}^2}{h_{max} + h_{qy}} \quad (\text{m}) \tag{3-17}$$

式中　V_{max}——旅客列车最高行车速度（km/h），高速客运专线为设计速度目标值，客货共线铁路采用路段设计速度；

　　　h_{max}——最大超高值（mm）；

　　　h_{qy}——欠超高允许值（mm）；

其余符号意义同前。

② 高、低速列车共线运行条件下的最小曲线半径

对于高、低速列车共线运行客运专线或客货共线铁路，曲线外轨实设超

高 h 应按各种列车的均方根速度 V_{JF} 确定。在实设超高下，高速旅客列车以速度 V_{max} 通过时，产生的欠超高不应超过允许值 h_{qy}，以保证旅客的舒适度和外轨不过分偏磨。低速列车（中低速旅客列车或货物列车）以速度 V_D 通过时，产生的过超高 h_g 也不应超过允许值 h_{gy}，以免引起内轨的严重磨耗，加剧轨道破坏。相应的最小曲线半径计算式分别为：

$$R_{min} = \frac{11.8(V_{max}^2 - V_{JF}^2)}{h_{qy}} \quad (m) \tag{3-18}$$

$$R_{min} = \frac{11.8(V_{JF}^2 - V_D^2)}{h_{gy}} \quad (m) \tag{3-19}$$

将式（3-18）与式（3-19）相加并整理后，得：

$$R_{min} = 11.8 \frac{V_{max}^2 - V_D^2}{h_{qy} + h_{gy}} \quad (m) \tag{3-20}$$

式中　V_D——低速列车速度（km/h）；对于高速客运专线，为中低速旅客列车设计速度；对于客货共线铁路，为货物列车设计速度；

h_{gy}——过超高允许值（mm）。

高、低速列车共线运行条件下的最小曲线半径 R_{min}，取式（3-18）～式（3-20）三式计算结果的最大者。

（2）最小曲线半径选定

最小曲线半径是一条铁路干线或某区段允许采用的曲线半径最小值。它是铁路主要技术标准之一，应根据铁路等级、速度目标值、铁路运输模式、旅客乘坐舒适性和运行平稳度等因素比选确定。

1）最小曲线半径选定的影响因素

① 设计线的运输性质。客运专线主要追求旅客舒适度，重载运输线路重视轮轨磨耗均等，客货共线铁路则需两者兼顾。

② 运行安全。为了保证机车车辆在曲线上运行安全，保证轮轨间的正常接触，车辆上所受的力应保持在安全范围内。最小曲线半径应保证车辆通过曲线的安全性、稳定性及客车平稳性的评价指标，符合《铁道车辆动力学性能评定和试验鉴定规范》的相关规定。

③ 设计速度：

a. 旅客列车最高设计速度

旅客列车最高设计速度是设计线或某一路段旅客列车远期可能实现的最高速度。一条设计线各路段的地形条件不同，远期旅客列车能达到的最高速度也不同，拟定的最小曲线半径应满足各路段设计速度的需要。我国客货共线铁路目前推荐的设计速度分别为 200km/h、160km/h、140km/h、120km/h、100km/h、80km/h，客运专线最高设计速度目标值为 200～350km/h，京沪高速铁路等"四纵四横"高速客运专线的设计速度目标值为 350km/h。

b. 中、低速旅客列车设计速度

我国客运专线铁路，将实行高低速旅客列车共线运行模式。工程和运营实践表明，客运专线的中低速列车和高速列车的速度之比小于 0.6 时，会增加基础工程建设投资，降低铁路输送能力。综合考虑我国目前的技术条件，中低速旅客列车设计速度，对于设计速度目标值为 300~350km/h 的客运专线，按 200km/h 及以上设计；设计速度目标值为 200~250km/h 的客运专线，按 160km/h 设计。

c. 货物列车的通过速度

设计线各路段的坡度不同，货物列车的通过速度不同。坡度陡峻的困难地段，上坡时速度受机车牵引力制约，下坡时速度受制动条件限制，通过速度较坡度平缓路段低。在曲线上因受允许过超高的制约，外轨超高值不能过大，从而影响最小曲线半径的大小。

我国《铁路主要技术政策》明确指出，货物列车的最高速度要逐步提高到 90km/h。为了适应货物列车逐步提高的现实情况，我国新建客货共线铁路目前在拟定最小曲线半径标准中，推荐货物列车设计速度分别为 120km/h、100km/h、80km/h、70km/h、60km/h、50km/h。

④ 地形条件：

a. 平原微丘地区，曲线半径的大小通常对工程量影响不大，为创造良好的运营条件和节省运营费用，应选定较大的最小曲线半径。

b. 山岳地区地形复杂，曲线半径的大小对工程量影响很大，为适应地形减少工程，需要选定较小的最小曲线半径。

c. 客货共线铁路用足最大坡度地段，选定 $R<600m$ 或 500m 为最小曲线半径，则因粘着系数降低、粘降坡度减缓而引起线路额外展长，从而增大工程费用。

d. 高速客运专线铁路引入大城市和枢纽区段，为绕避障碍物、减少拆迁，可根据行车速度选择限速地段的最小曲线半径。

综上所述，设计线的最小曲线半径可根据具体情况分路段拟定。必要时，可初步拟定两个以上的最小曲线半径，选取设计线的某些代表性地段，分别进行平面和纵断面设计，通过技术经济比较，并结合上述因素分析评价，确定采用的最小曲线半径。

2) 最小曲线半径取值

根据采用的参数，按公式（3-17）和公式（3-20）计算，并结合我国铁路的工程和运营实践及科研成果，得到各级铁路不同路段设计速度的最小曲线半径值，如表 3-3 所示。

最小曲线半径值　　　　　　　　　　　　　　　表 3-3

铁路类型		客运专线铁路				客货共线铁路					
最高设计速度 V_{max}（km/h）		350	300	250	200	200	160	140	120	100	80
轨道类型		有砟轨道	无砟轨道	有砟轨道	无砟轨道						
R_{min}（m）	一般	7000	7000	5000	4500	4000	2200	3500	2000	1600	1200	800	600
	（特殊）困难	—	(5500)	(4500)	(4000)	(3500)	(2000)	2800	1600	1200	800	600	500

注：括号内数字为特殊条件下，经技术经济比选后方可采用的个别曲线半径。

85

设计线选定的最小曲线半径，一般不应小于表 3-3 所列的规定值。我国台湾地区甲级铁路的最小曲线半径，丘陵与山岳分别为 592.99m 与 286.54m。

2. 最大曲线半径

最大曲线半径标准关系到线路的铺设、养护、维修能否达到要求的精度，进而影响到轨道的平顺状态，间接成为限制列车运行速度，甚至是不安全的因素。

当曲线半径增加到一定程度时，再增大曲线半径，因行车速度不高，行车条件的改善并不显著；相反，因曲率太小，维修工作加大，曲线也不易保持圆顺。

轨道平顺状态的保持主要依赖于新线铺设初始状态的平顺良好和运营后对轨道状态的及时检测和保养维修。曲线的线形或轨道的平顺主要是依据绝对基准控制曲线的正矢值或偏矢值（不等弦测量）来保持的。正矢值则与曲线半径成反比，与弦长的平方成正比，即：

$$f = \frac{1000l^2}{8R} \tag{3-21}$$

式中　f——圆曲线正矢（mm）；

　　　l——弦长（m）；

　　　R——圆曲线半径（m）。

当圆曲线半径大到一定程度后，正矢值将很小，测设和检测精度均难于保证极小的正矢值的准确。其后果是曲线半径过大，反而成为轨道不平顺的隐患。因此需根据轨道测设精度和检测精度决定的圆曲线最大半径允许值。

我国目前装备在普速及准高速轨道检查车上的检测设备均为当前世界上最为先进的设备（从美国引进）。根据对既有干线的检测情况看，在普速条件下，对 $R \leqslant 8000\text{m}$ 的半径检测结果均较准确；当 $R > 8000\text{m}$ 后，轨检车记录常会自动打出"F"标记，表明对大半径曲线所测结果有疑问。若适当提高检测系统的处理功能，可准确检测半径为 12000m 左右的曲线的方向和曲率。

我国规定曲线半径的最大值：客货共线铁路为 12000m；速度 $200 \sim 250\text{km/h}$ 的客运专线，一般不宜大于 10000m，困难条件下不应大于 12000m，特殊困难条件时，经技术经济比较，最大曲线半径可取 12000m；速度 $300 \sim 350\text{km/h}$ 的客运专线铁路，一般不宜大于 12000m，特殊困难条件下，经技术经济比选后，可采用 14000m。

3. 曲线半径的选用

为了测设、施工和养护的方便，曲线半径一般应取 50m 和 100m 的整倍数，特殊困难条件下，可采用 10m 整倍数的曲线半径。双线铁路两线线间距不变的并行地段的平面曲线，宜设计为同心圆。双线同心圆的曲线半径可为零数。

我国台湾地区铁路的曲线半径，目前仍用 20m 弦长所对中心角的度数 α_{20} 表示。曲线半径 R 与 α_{20} 的关系为：$R = 10/\sin(\alpha_{20}/2)(\text{m})$。例如，$2°$、$4°$、$6°$ 曲线的半径分别为 573m、287m、191m。

曲线半径选用应遵从以下原则：

（1）因地制宜、由大到小合理选用

曲线半径的选用，应在满足最小、最大曲线半径的条件下，因地制宜、合理选用。选用的曲线半径，既能满足行车速度和设置建筑物的技术要求，又能适应地形、地质、地物等条件，以减少路基、挡墙、桥隧工程量，少占农田，做到技术经济合理。

客运专线铁路位于大型车站两端加、减速地段或必须限速的站外引线上，由于行车速度较低，为减少工程，可选用与实际行车速度相适应的较小曲线半径。

对地形、地质条件困难及工程艰巨地段，不得不选用限制行车速度的较小曲线半径时，这些小半径曲线宜集中设置，形成设计速度相对较低的设计路段，从而便于司机操纵机车，避免因分散设置而导致的多次限速，使列车频繁减速、加速，增加能量消耗，且为今后运营中提速、改建提供方便。

（2）结合线路纵断面特点合理选用

坡道平缓地段与凹形纵断面坡底地段，行车速度较高，应选配不限制行车速度的较大半径。在长大坡道地段、凸形纵断面的坡顶地段和双方向均需停车的大站两端引线地段，行车速度较低，若地形困难，选用较大的曲线半径引起较大工程时，可选用较小曲线半径。

用足坡度的长大坡道坡顶地段和车站前要用足坡度上坡的地段，虽然行车速度较低，但不宜选用 600m 或 550m 以下过小的曲线半径，以免因轮轨间粘着系数降低使坡度减缓，导致额外展长线路。

（3）慎用最小曲线半径

为避免过度强调经济性、节约投资，无限制地使用最小曲线半径，导致降低旅客舒适度，恶化运营条件，增加线路养护维修工作量，曲线半径的选用应遵循"慎用最小曲线半径"的原则。

4. 曲线半径对工程和运营的影响

（1）曲线半径对行车速度的限制

旅客列车在曲线上运行时，要产生离心加速度，而曲线外轨超高产生的向心加速度要抵消一部分离心加速度，未被平衡的离心加速度值，不能超过旅客舒适允许的限度。

根据旅客列车以较高速度通过曲线时所产生的欠超高不超过旅客舒适度要求的允许值，可推导出准轨铁路的列车通过曲线时的运行速度与曲线半径、曲线超高及允许欠超高的关系如下：

普通车体客车，$\qquad V_R \leqslant \sqrt{\dfrac{h+h_{qy}}{11.8} \times R}$ （km/h） $\qquad$ (3-22)

摆式车体客车，$\qquad V_R \leqslant \sqrt{\dfrac{h+h_{qy}+\Delta h}{11.8} \times R}$ （km/h） $\qquad$ (3-23)

式中 V_R——曲线限速，即旅客列车通过曲线时的允许速度（km/h）；

$\qquad h$——曲线实设超高（mm），可按以下要求取值：①既有运营线取实设超高；②新线或改建线路设计时，$h = \beta^2 h_{max}$；β 的取值，客货共线铁路取 0.8；客运专线，单一高速列车运行时取 1.0，中、高速列车共线运行时取 0.82；

h_{qy}——允许欠超高（mm），取值同前述；

Δh——摆式车体客车产生的附加超高，$\Delta h \approx 1500 \times \tan 6.5° \approx 170mm$；

R——曲线半径（m）；

其余符号意义同前。

对于设计速度目标值为 350km/h、近期采用 300/200 匹配模式共线运行的高速客运专线，最高设计速度不大于 160km/h 的客货共线铁路，按前述超高、欠超高最大允许值取值标准，列车在曲线上运行时，其运行速度应满足表 3-4 的限速要求。

曲线限速条件　　　　　　　　表 3-4

铁路类型	高速客运专线				客货共线铁路		
运行模式	单一高速		中、高速共线		普通车体		摆式车体
工程条件	一般	困难	一般	困难	一般	困难	
曲线限速条件	$4.5\sqrt{R}$	$4.7\sqrt{R}$	$3.9\sqrt{R}$	$4.2\sqrt{R}$	$3.8\sqrt{R}$	$4.0\sqrt{R}$	$5.4\sqrt{R}$

（2）曲线半径对工程的影响

地形困难地段，采用较小的曲线半径一般能更好地适应地形变化，减少路基、桥涵、隧道、挡墙的工程数量，对降低工程造价有显著效果，但也会由于下列原因引起工程费用增大。

1）增加线路长度

对单个曲线来说，当曲线偏角一定时，小半径曲线的线路长度较采用大半径曲线增加，如图 3-9（a）所示，其增长的线路长度为：

$$\Delta L_r = 2(T_D - T_x) + K_x - K_D \quad (m) \qquad (3-24)$$

式中　T_D——大半径曲线切线长（m）；

T_x——小半径曲线切线长（m）；

K_D——大半径曲线圆曲线长度（m）；

K_x——小半径曲线圆曲线长度（m）。

对一段线路来说，在困难地段采用小半径曲线，便于随地形曲折定线，从而增加曲线数目和增大曲线偏角，使线路增长，如图 3-9（b）所示。

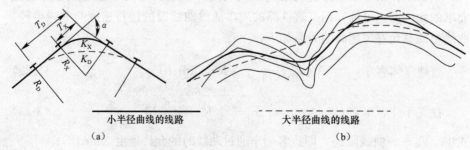

小半径曲线的线路　　　　　　　　大半径曲线的线路

（a）　　　　　　　　　　　　　　（b）

图 3-9　小半径曲线增长线路

2）降低粘着系数

机车在小半径曲线上运行，车轮在钢轨上的纵向和横向滑动加剧，引起轮轨间粘着系数的降低。根据试验，小半径曲线上的粘着系数 μ_r 随曲线半径 R（m）的减小而降低，如下式所示：

电力机车 $\qquad \mu_r = \mu_j (0.67 + 0.00055R)$
内燃机车 $\qquad \mu_r = \mu_j (0.805 + 0.000355R)$
$$\left. \right\} \tag{3-25}$$

式中 $\quad \mu_j$——计算粘着系数。

粘着系数的降低，导致机车粘着牵引力 F_μ 的降低。由式（3-25）可计算出，当电力机车 $R < 600$m 时，内燃机车 $R < 550$m 时，$\mu_r < \mu_j$，机车计算牵引力 F_j 可能受粘降后粘着牵引力 F_{μ_j} 的限制，如图 3-10 所示。

在用足最大坡度的持续上坡道上，若受粘降后机车粘着牵引力的限制，则必须在曲线范围内额外减缓坡度，因而引起线路的额外展长，其长度为：

$$\Delta L_\mu = \frac{\sum (K_y \times \Delta i_\mu)}{i_D} \quad (\text{m}) \tag{3-26}$$

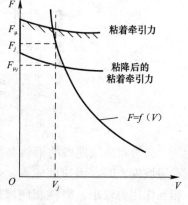

图 3-10　粘降后的机车牵引力

式中 $\quad K_y$——圆曲线长度（m）；

Δi_μ——相应的粘降坡度减缓值（‰）；

i_D——足坡路段的平均定线坡度（‰）。

3）轨道需要加强

小半径曲线上，车轮对钢轨的横向冲击力加大。为了防止钢轨被挤动而引起轨距扩大，以及整个轨道的横向移动，所以轨道需要加强。加强的方法是装置轨撑和轨距杆，加铺轨枕，增加曲线外侧道床宽度，增铺道砟，从而增大工程投资。

4）增加接触导线的支柱数量

电力牵引时，接触导线对受电弓中心的最大容许偏移量为 500mm。曲线地段，若接触导线的支柱间距不变，则曲线半径越小，中心弧线与接触导线的矢度越大。为防止受电弓与接触导线脱离，接触导线的支柱间距应随曲线半径的减小而缩短，如表 3-5 所示，从而增加了导线支柱的数量。

导线支柱的最大间距　　　　　　　　　　　　　表 3-5

曲线半径 R（m）	300	400	500	600	800	≥1000	∞
导线支柱最大间距（m）	42	47	52	57	62	65	65

（3）曲线半径对运营的影响

1）增加轮轨磨耗

列车经行曲线时，轮轨间产生纵向滑动、横向滑动和横向挤压，使轮轨磨耗增加。曲线半径越小，磨耗增加越大。

钢轨磨耗用磨耗指数（每通过兆吨总质量产生的平方毫米磨耗量）表示。运营部门实测的磨耗指数与曲线半径的关系曲线如图 3-11 所示。显见，当曲线半径 $R<400m$ 时，钢轨磨耗急剧加大；$R>800m$ 时，磨耗显著减轻；$R>1200m$ 时，磨耗与水平直线接近。车轮轮箍的磨耗，大致和钢轨磨耗规律相近，也是随曲线半径的减小而增大。

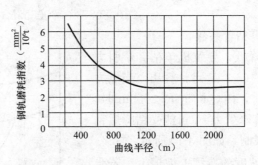

图 3-11 钢轨磨耗与曲线半径的关系曲线

另外，曲线路段的钢轨磨耗，还与坡度大小及机车类型有关。曲线位于平缓坡度上时，因速度较高、牵引力不大，且一般不需要制动，故轮轨间的相互作用力较小，磨耗相应减轻；曲线位于陡峻坡度上时，因上坡时牵引力大，下坡时往往需要制动，轮轨间的相互作用力大，因而磨耗加剧。既有线加强，蒸汽机车更换为电力机车时，$R\leqslant400m$ 的曲线磨耗明显加大。这是因为蒸汽机车有导轮、动轮有横动量，且重心高对钢轨的横向推力小，因而磨耗较小；而电力机车无导轮、支轮直径小，转向架转向不灵活，且重心低对钢轨的横向推力大，因而磨耗较大。

为了减少钢轨磨耗，我国很多工务部门已在小半径曲线上铺设耐磨钢轨，或在钢轨头部内侧涂油。有的韶山 1 型电力机车上还装有自动涂油装置，可在通过小半径曲线时，自动向钢轨轨头内侧涂油，这些措施可有效地减轻轮轨磨耗。

国外铁路，除在小半径曲线上铺设耐磨钢轨或采用化学办法处理轨面等外，南非、加拿大等国还在货车转向架上加装径向臂，使车辆通过曲线时自动转向，减少冲击角和横向推力，使轮轨磨耗降低。高速列车多装有径向轴，客车通过曲线时，可使轮轴保持径向，既可降低磨耗，又可提高曲线限速。

2）维修工作量加大

小半径曲线地段，轨距、方向容易错动，采用木枕时，容易产生道钉孔扩大和垫板切入枕木等病害，钢轨磨耗严重。电力牵引时轨面更会出现波浪形磨耗，需要打磨轨面，倒轨、换轨。这样，必将增加维修工作量和维修费用。

3）行车费用增高

若小半径曲线限制旅客列车的行车速度，则列车在曲线前方要制动减速，曲线地段列车要限速运行，通过曲线后又要加速，如图 3-12 所示。这样，必然使机车额外做功，且增加运行时分和行车费用。

采用小半径曲线，因线路加长、总转角增大，使要克服的曲线阻力功加大，也要增加行车费用。

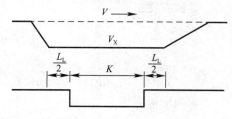

图 3-12　曲线限速示意图

综合以上分析，小半径曲线在困难地段，能大量节省工程费用，但不利于运营，特别是曲线限制行车速度时，影响更为突出。因此必须根据设计线的具体情况，综合工程与运营的利弊，选定设计线合理的最小曲线半径。

3.2.3　缓和曲线

曲率半径和外轨超高均逐渐变化的曲线，称为缓和曲线。为使列车安全、平顺、舒适地由直线过渡到圆曲线，在直线与圆曲线之间要设置缓和曲线。

缓和曲线的作用是：在缓和曲线范围内，其半径由无限大渐变到圆曲线半径，从而使车辆产生的离心力逐渐增加，有利于行车平稳。在缓和曲线范围内，外轨超高由零递增到圆曲线上的超高量，使向心力逐渐增加，与离心力的增加相配合。当曲线半径小于 350m、轨距需要加宽时，在缓和曲线范围内，由标准轨距逐步加宽到圆曲线上的加宽量。

设计缓和曲线时，有线型选择、长度计算和选用三个问题。

1. 缓和曲线线型

缓和曲线线型可以形象地用外轨超高的顺坡形式表示。目前国内外采用的超高顺坡主要形式包括：直线形超高顺坡，平面为三次抛物线、S 形超高顺坡，中间为直线、两端为二次抛物线的超高顺坡，半波正弦形超高顺坡，一波正弦形超高顺坡，五次式和七次式等缓和曲线线型。

对于客货共线普速铁路，国内运营实践表明，直线形超高顺坡缓和曲线是能满足行车安全和旅客乘坐舒适度的要求。

对于高速客运专线，缓和曲线的设置应保证高速行车安全和旅客乘坐舒适度的要求。研究结果表明，只要缓和曲线长度达到一定要求，各种线型的缓和曲线均能保证高速行车安全和旅客乘坐舒适度的要求。

我国目前在客货列车共线运行的铁路上，采用直线型超高顺坡的三次抛物线型缓和曲线，高速客运专线铁路仍以三次抛物线型缓和曲线为首选。

如图 3-13 所示，三次抛物线型缓和曲线的参数方程、直角坐标方程和外轨超高顺坡坡度的计算式分别为：

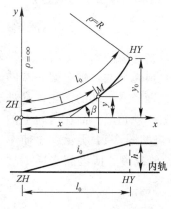

图 3-13　缓和曲线与外轨超高

参数方程：

$$x = l\left(1 - \frac{l^4}{40R^2 l_0^2} + \frac{l^8}{3456R^4 l_0^4} - \cdots\right) \approx l \qquad (3\text{-}27)$$

$$y = \frac{l^3}{6Rl_0}\left(1 - \frac{l^4}{56R^2 l_0^2} + \frac{l^8}{7040R^4 l_0^4} - \cdots\right) \approx \frac{l^3}{6Rl_0} \qquad (3\text{-}28)$$

直角坐标方程：

$$y = \frac{x^3}{6Rl_0}\left(1 + \frac{2x^4}{35R^2 l_0^2} + \cdots\right) \approx \frac{x^3}{6Rl_0} \qquad (3\text{-}29)$$

超高顺坡坡度：

$$i_0 = \frac{h}{l_0} \quad (\text{‰}) \qquad (3\text{-}30)$$

式中　x、y——缓和曲线上任意点 M 的横坐标、纵坐标；

　　　l——缓和曲线上任意点 M 距 ZH 点的长度（m）；

　　　l_0——缓和曲线全长（m）；

　　　R——圆曲线半径（m）；

　　　h——圆曲线上的外轨超高（mm）。

2. 缓和曲线长度计算

缓和曲线长度影响行车安全和旅客舒适，拟定标准时，应根据下列条件计算并取其较长者。

（1）缓和曲线长度计算条件

1）超高顺坡不致使车轮脱轨

在缓和曲线上，由于外轨超高度所引起的相对于内轨顶面的外轨顶面纵坡度为：

$$i = \frac{\mathrm{d}h}{\mathrm{d}l} \qquad (3\text{-}31)$$

对于直线型外轨超高顺坡的缓和曲线，在缓和曲线终点的外轨超高度为 h（mm），缓和曲线长度为 l_{01}（m），则：

$$i = \frac{h}{1000 l_{01}} \qquad (3\text{-}32)$$

设缓和曲线的最大容许坡度为 i_0，要使 $i \leqslant i_0$，缓和曲线长度应满足：

$$l_{01} \geqslant \frac{h}{1000 i_0} \qquad (3\text{-}33)$$

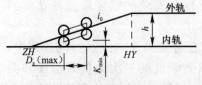

图 3-14　内轮悬空示意图

机车车辆行驶在缓和曲线上时，假设车辆无弹簧，轨道无弹性，则车架一端的两轮贴着钢轨顶面；另一端的两轮，在外轨上的车轮贴着钢轨顶面，而在内轨上的车轮是悬空的，如图 3-14 所示。要使车轮轮缘不致爬越内轨，内轨的悬空高度不应大于轮缘高度，所以超高递增坡度应满足：

$$i_0 \leqslant \frac{K_{\min}}{D_{z(\max)}} \qquad (3\text{-}34)$$

式中　K_{min}——最小轮缘高度（mm）；

$D_{z(max)}$——机车车辆的最大固定轴距（mm）。

显然，轮缘高度越小，固定轴距越大，安全条件要求的缓和曲线超高顺坡越小。在我国机车车辆中，机车车辆中最大固定轴距是 FD 型蒸汽机车，为6.5m，轮缘计算高度为轮缘陡峻部分的高度，一般取 20mm，代入上式得：

$$i_0 = \frac{K_{min}}{D_{z(max)}} = \frac{20}{6500} = 3.1 \quad (‰) \qquad (3\text{-}35)$$

考虑到列车运行过程中车辆走行部分的振动、钢轨磨耗、轨道变形等众多因素有关，并考虑必要的安全系数，我国在客货共线铁路上规定缓和曲线外轨超高顺坡不能大于 2‰，即 $i_0 = 1 : 500$。国外铁路的缓和曲线超高顺坡允许值在 $1 : 200 \sim 1 : 400$ 之间。

我国客货共线铁路上运行的主型机车车辆的固定轴距不大于 3.0m，因此，满足车轮不爬轨的最大超高顺坡均大于上述计算值。

客运专线动车组的固定轴距为 $2.5 \sim 2.7$m，由脱轨安全条件所计算的缓和曲线长度显然不起控制作用。

2）超高时变率不致使旅客不适

旅客列车通过缓和曲线，外轮在外轨上逐渐升高，其升高速度即超高时变率，不应大于保证旅客舒适的容许值 f(mm/s)，即：

$$\frac{h}{t} = \frac{h}{l_{02}/(V_{max}/3.6)} = \frac{h \times V_{max}}{3.6 l_{02}} \leqslant f$$

故得：

$$l_{02} \geqslant \frac{h \times V_{max}}{3.6f} \quad (\text{m}) \qquad (3\text{-}36)$$

式中　l_{02}——保证超高时变率不超限时的缓和曲线长度（m）；

V_{max}——旅客列车最高行车速度（km/h），可采用路段设计速度，但当曲线限速时应采用式（3-22）、式（3-23）的计算结果；

f——保证旅客舒适的超高时变率容许值率（mm/s），其值与最高行车速度及工程条件有关，我国在制定相关标准时，超高时变率容许值取值为：客货共线铁路，一般条件下 28mm/s，困难条件下 32mm/s；客运专线铁路，良好条件下 25mm/s，一般条件下28mm/s，困难条件下 31mm/s。

3）欠超高时变率不致影响旅客舒适

旅客列车通过缓和曲线，欠超高逐渐增加，其增加速度即欠超高时变率，不应大于保证旅客舒适的容许值 b（mm/s），即：

$$\frac{h_q}{t} = \frac{h_q}{l_{03}/(V_{max}/3.6)} = \frac{h_q \times V_{max}}{3.6 l_{03}} \leqslant b$$

故得：

$$l_{03} \geqslant \frac{h_q \times V_{max}}{3.6b} \quad (\text{m}) \qquad (3\text{-}37)$$

式中　l_{03}——保证欠超高时变率不超限时的缓和曲线长度（m）；

h_q——旅客列车以最高速度通过圆曲线时的欠超高（mm），可由式

（3-15）计算；

　　b——保证旅客舒适的欠超高时变率容许值（mm/s），可根据工程条件难易程度取值，工程容易时取小值，工程困难时取大值；我国在制定相关标准时，欠超高时变率容许值取值为：客货共线铁路，一般条件下 40mm/s，困难条件下 45mm/s；高速客运专线，良好条件下 23mm/s，困难条件下 38mm/s。

（2）最小缓和曲线长度计算

综上分析，缓和曲线长度 l_0 的计算公式为：

$$l_0 = \max\{l_{01},l_{02},l_{03}\} = \max\left\{\frac{h}{i_0}, \frac{h \times V_{max}}{3.6f}, \frac{h_q \times V_{max}}{3.6b}\right\} \quad (\text{m}) \quad (3\text{-}38)$$

按式（3-38）计算并检算，按缓和曲线长度进整为 10m，不足 20m 者取 20m 等要求，结合我国铁路建设工程实际，得各种路段设计速度下常用曲线半径的缓和曲线最小长度如表 3-6、表 3-7 所示。

客货共线铁路常用曲线半径缓和曲线最小长度表　　　　表 3-6

设计速度（km/h）	200		160		140		120		100		80	
工程条件	一般	困难	一般	困难	一般	困难	一般	困难	一般	困难	一般	困难
曲线半径（m） 12000	40	40	40	40	30	20	20	20	20	20	20	20
10000	50	40	50	40	30	20	20	20	20	20	20	20
8000	60	50	60	50	40	30	30	20	20	20	20	20
7000	70	60	70	50	50	30	30	20	20	20	20	20
6000	80	70	70	60	60	40	40	30	20	20	20	20
5000	90	80	70	60	60	40	40	30	20	20	20	20
4000	110	100	80	70	60	40	50	40	30	20	20	20
3000	150	130	90	80	70	50	50	40	40	20	20	20
2800	170	170	100	90	80	60	50	40	40	30	20	20
2500	—	—	110	100	80	70	60	40	40	30	30	20
2000	—	—	140	120	90	80	60	50	50	40	30	20
1800	—	—	160	140	100	80	70	60	50	40	30	20
1600	—	—	170	160	110	100	70	60	50	40	40	20
1400	—	—	—	—	130	110	80	70	60	40	40	20
1200	—	—	—	—	150	130	90	80	60	50	40	30
1000	—	—	—	—	—	—	120	100	70	60	40	30
800	—	—	—	—	—	—	150	130	80	70	50	40
700	—	—	—	—	—	—	—	—	100	90	50	40
600	—	—	—	—	—	—	—	—	120	100	60	50
550	—	—	—	—	—	—	—	—	130	110	60	50
500	—	—	—	—	—	—	—	—	—	—	60	60

注：当采用表列数值间的曲线半径时，其相应的缓和曲线长度可采用线性内插值，并进整至 10m。

设计最高速度（km/h）	350			300			250		200	
工程条件	最大	一般	最小	最大	一般	最小	一般	困难	一般	困难
曲线半径（m） 14000	280	250	220	190	170	150	—	—	—	—
12000	330	300	270	220	200	180	120	100	50	50
11000	370	330	300	240	210	190	130	120	60	60
10000	430	390	350	270	240	220	140	130	70	60
9000	490	440	400	300	270	250	160	140	70	60
8000	570	510	460	340	300	270	170	150	90	80
7000	670	590	540	390	350	310	200	180	90	80
6000	670	590	540	440	390	350	250	230	120	100
5500	670	590	540	470	420	380	280	250	140	120
5000	—	—	—	500	450	410	300	270	160	140
4500	—	—	90	540	480	430	340	300	180	160
4000	—	—	100	570	510	460	370	330	200	180
3500							420	380	250	220
3200							450	400	270	240
3000									290	260
2800									320	280
2500									350	310
2200	—								390	350

注：当采用表列数值间的曲线半径时，其相应的缓和曲线长度可采用线性内插值，并进整至 10m。

3. 缓和曲线长度的选用

线路平面设计时，缓和曲线长度应根据曲线半径、设计最高行车速度和工程条件按表 3-6、表 3-7 所列的数值选用，即应根据地形、纵断面及相邻曲线、高低速列车比例、货车速度、运输要求以及将来发展的可能等条件选用。有条件时宜采用较长的缓和曲线。具体选用原则是：

（1）各级铁路中地形简易地段、自由坡地段、高速列车比例较大路段和将来有较大幅度提高客货列车速度要求的路段应优先选用"一般"栏数值。

（2）各级铁路中地形困难、紧坡地段或停车站两端、凸形纵断面坡顶等行车速度不高的地段以及客货共线Ⅱ、Ⅲ级铁路中客车对数较少且货车速度较低的路段和对行车速度要求不高的路段，可选用"困难或最小"栏数值，或"困难或最小"栏与"一般"栏间的 10m 整倍数的缓和曲线长度。

（3）条件许可时，宜采用较表中规定数值长的缓和曲线，如采用表中较高速度档次下相同半径的缓和曲线长度，以创造更好的运营条件，并为今后列车的提速创造有利条件。

4. 缓和曲线间圆曲线的最小长度

两缓和曲线间圆曲线的最小长度，应保证行车平稳，并考虑维修方便。

在线路平面设计时，为保证圆曲线有足够的长度，曲线偏角 α、曲线半径 R 和缓和曲线长度 l_0 三者间的关系应满足下式：

$$\frac{\pi \times \alpha \times R}{180} - l_0 \geqslant L_{\text{ymin}} \quad (\text{m}) \tag{3-39}$$

95

式中 L_{ymin}——圆曲线最小长度（m），采用表 3-1 中的数值。当圆曲线两端的超高顺坡延伸至圆曲线范围内时，此长度应为圆曲线上左端超高顺坡终点与右端超高顺坡起点间的长度。

在设计线路平面时，若曲线偏角较小，设置缓和曲线后，圆曲线长度达不到规定值，即式（3-39）得不到满足，则宜加大半径，增加圆曲线长度。如条件限制，不易加大曲线半径或加大后仍不能满足要求时，则可采用较短的缓和曲线长度，或适当改动线路平面，增大曲线偏角。

3.2.4　线路平面设计计算

在确定出线路平面方案的基础上，要进行线路平面的详细计算。线路平面设计计算一般按以下步骤进行：

1. 交点坐标计算

以城市道路红线或建筑物坐标为控制点，首先确定线路任意点的坐标和沿线路走向的直线方位角，以此作为计算的基础。

从起点开始，先用已知直线相交公式及点间距离公式求出起始边长，然后用坐标公式计算交点坐标。用交点坐标及第二直线方位角作为新起始边直线，继续采用上述方法计算第二个交点坐标。这样交替计算边长和坐标直至全线交点坐标计算完成。

2. 曲线要素计算

轨道交通曲线根据是否设置缓和曲线，分为简单曲线（未加设缓和曲线）和普通曲线（缓和曲线＋圆曲线＋缓和曲线）。线路设计时，在选定的交点处，根据线路的设计标准，选用合理的曲线半径，线路平面圆曲线与直线之间根据曲线半径、超高设置及设计速度等因素设置缓和曲线。曲线要素计算方法如图 3-15 所示。

（1）简单曲线

未设缓和曲线的曲线称为简单曲线（图 3-15），其曲线要素包括圆曲线要素为：偏角 α、半径 R、切线长 T_y、曲线长 L_y 和外矢距 E_y。偏角 α 在平面图上量得，

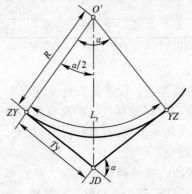

图 3-15　简单曲线

曲线半径 R 系选配得出，切线长 T_y、曲线长 L_y 和外矢距 E_y 由下列公式计算：

$$T_y = R \times \tan\frac{\alpha}{2} \quad \text{（m）} \tag{3-40}$$

$$L_y = \frac{\pi \times \alpha \times R}{180} \quad \text{（m）} \tag{3-41}$$

$$E_y = R \times \left(\sec\frac{\alpha}{2} - 1\right) \quad \text{（m）} \tag{3-42}$$

（2）普通曲线

加设缓和曲线的曲线，称为普通曲线（图 3-16）。曲线的构成，通过加设曲线渐变的缓和曲线，使曲线内移 p 和外延 m。其曲线要素为：偏角 α、半径 R、缓和曲线 l_0、切线长 T、曲线长 L 和外矢距 E。偏角 α 在平面图上量得，圆曲线半径 R 和缓和曲线长 l_0 由选配得出，切线长 T、曲线长 L 和外矢距 E 由下列公式计算：

$$T = (R + p) \times \tan\frac{\alpha}{2} + m \quad (\mathrm{m}) \qquad (3\text{-}43)$$

$$L = \frac{\pi(\alpha - 2\beta_0)R}{180} + 2l_0 = \frac{\pi \times \alpha \times R}{180} + l_0 \quad (\mathrm{m}) \qquad (3\text{-}44)$$

$$E = (R + p) \times \sec\frac{\alpha}{2} - R \quad (\mathrm{m}) \qquad (3\text{-}45)$$

式中　p——内移距（m），$p = \dfrac{l_0^2}{24R} - \dfrac{l_0^4}{2688R^3} \approx \dfrac{l_0^2}{24R}$；

m——切垂距（m），$m = \dfrac{l_0}{2} - \dfrac{l_0^3}{240R^2} \approx \dfrac{l_0}{2}$；

β_0——缓和曲线角（°），$\beta_0 = \dfrac{90 l_0}{\pi R}$；

l——缓和曲线长度（m）。

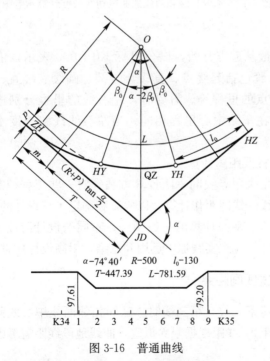

图 3-16　普通曲线

当曲线两端设置不等长度的缓和曲线时（图 3-17），其切线长度计算公式为：

$$T_{1s} = (R + p_1) \cdot \tan\frac{\alpha}{2} + (p_2 - p_1)/\sin\alpha + m_1 \qquad (3\text{-}46)$$

$$T_{2s} = (R + p_2) \cdot \tan\frac{\alpha}{2} + (p_1 - p_2)/\sin\alpha + m_2 \qquad (3-47)$$

$$L_s = \frac{\pi R \alpha}{180°} + (l_1 - l_2)/2 \qquad (3-48)$$

式中符号含义如图 3-17 所示。

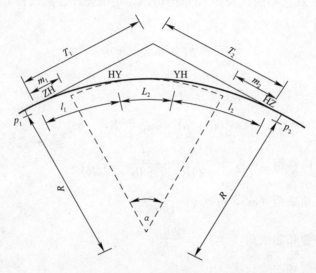

图 3-17　不等长缓和曲线的曲线切线长度计算示意图

3. 里程计算

里程计算一般从起点开始，以公里标 K0＋000 表示，依此推算各点里程。里程计算一般包括起终点、直缓、缓圆、圆缓、缓直、车站中心、道岔中心以及特殊点的里程等。需要时，左右线的里程分别进行计算，先左线后右线，一般在车站中心里程相同。当左右线线路长度不同时，右线设断链进行调整。

4. 关键点坐标及距离计算

这一步主要是采用点线间垂距计算方法，对一些工程控制点距线路的距离以及线路左右线的线间距作计算，以验算和确定工程设计的条件。

以上简要介绍了平面计算的一般做法，不同的设计阶段，计算要求的内容和深度也不一样，应在实践加以运用和总结，提高设计质量。

3.2.5　区间正线线间距离

铁路并行修建第二线、第三线时，区间相邻两线中心线间的距离称为线间距离（简称线距）。线距根据限界拟定，曲线地段线距需考虑加宽。

1. 限界

限界分为机车车辆限界、直线建筑接近限界、隧道建筑限界和桥梁建筑限界。隧道、桥梁建筑限界已在相应课程中介绍。

机车车辆限界是国家规定的机车车辆不同部位宽度和高度的最大轮廓尺寸线。一般情况下，机车车辆无论空、重状态，均不得超出机车车辆限界。机车车辆上部限界如图 3-18 所示。特殊情况下，列车装载的货物超出此最大轮廓尺寸线时，称为超限货物列车，超限货物列车也应按有关规定装载。

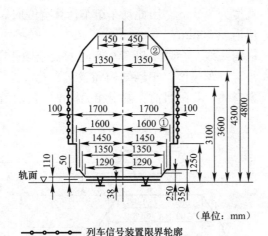

（单位：mm）

━◦━◦━◦━◦━ 列车信号装置限界轮廓

①新造电力机车为1675mm

②新造电力机车为750mm

图 3-18 机车车辆上部限界

基本建筑限界是铁路两侧建筑物和设备在任何情况下不得侵入的轮廓尺寸线（图 3-19、图 3-20）。

对于设计时速 160km/h 的客货共线铁路，建筑限界高度应按 7.0m 设计。远期有双层集装箱可能的铁路，建筑限界高度应按 7.1m 设计。

2. 区间直线地段的线间距

影响线间距的主要因素是列车交会时产生的会车压力波。列车交会产生的会车压力波的大小，与交会列车的运行速度、流线型程度、列车宽度、列车长度和线间距有关。为此，多线铁路相邻线的线间距应有足够的间距，以保证会车的安全。

（1）第一、二线的线间距离

第一、二线间的最小距离由两列车

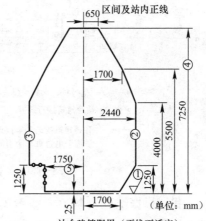

（单位：mm）

━◦━◦━◦━◦━ 站台建筑限界（正线不适应）

━━━━━ 各种建筑的基本限界

①轨面高程

②区间加站内正线（无站台）建筑限界

③有站台时建筑限界

④轨面以上最大高度

⑤站内侧线股道中心至站台边缘的宽度

图 3-19 客运专线铁路建筑限界

的机车车辆半宽加安全净距 Y 而定，可按下式计算：

$$D_{\min(1,2)} = Y + (B_1 + B_2) \tag{3-49}$$

式中 $D_{\min(1,2)}$ ——第一、二线间最小线间距（mm）；

B_1、B_2 ——两交会列车的机车车辆半宽（mm），普通列车为半个机车车辆限界宽度加列车信号超出机车车辆限界的宽度，取 1700＋100＝1800（mm）；高速列车取动车半宽；我国在高速客运专线上运行的动车组主型车为 CRH 系列，其最大宽度为 3.38m，因此动车组车计算宽度取 3.4m，车辆半宽值为 1700mm；

Y——区间两线交会列车机车车辆间的安全净距（mm），其值大小与行车速度、车辆结构和状态、允许的会车压力波等因素有关，我国目前在制定相关标准时的取值见表 3-8。

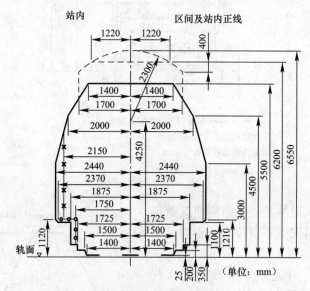

图 3-20　客货共线铁路建筑限界

我国根据试验资料，并参考国外的研究与试验资料，拟定的线间距如表 3-8 所示。

区间正线第一、二线间最小线间距　　　　　　　　　表 3-8

铁路类型	客运专线				客货共线铁路		
最高设计速度 V_{max}（km/h）	350	300	250	200	200	160	≤140
机车车辆间的安全净距（mm）	1600	1400	1200	1000	900	600	400
最小线间距（m）	5.0	4.8	4.6	4.4	4.4	4.2	4.0

客货共线双线铁路有超限货物列车通过时的会车条件规定：当两列车间最小距离大于 350mm 时可不限速，在 300～350mm 之间时行车速度不得超过 30km/h，小于 300mm 时禁止会车。因此，客货共线铁路，线距为 4.0m（设计速度为 140km/h 及以下）的双线铁路，若某一线开行一级超限货物列车

（半宽 1900mm），另一线通行一般货物列车（半宽 1700mm，车灯限界为 100mm），则两列车间距为 300mm，故两列车以 30km/h 限速在区间会车。若开行二级超限货物列车（半宽为 1940mm）或超级超限货物列车，则另一线均不得通行列车。

（2）第二、三线的线间距离

因为第二、三线间要装设信号机，因此，直线地段线间距应满足建筑接近限界的要求。第二、三线间的最小线距为：

$$D_{min(2,3)} = 2 \times B_{ZX} + B_X \tag{3-50}$$

式中　$D_{min(2,3)}$——第二、三线间最小线间距（mm）；

B_{ZX}——半个建筑接近限界宽度（mm），取 2440mm；

B_X——信号机最大宽度（mm），取 410mm。

第二、三线区间正线线距为：2440+410+2440=5290（mm），取 5.3m。

可见，第二、三线的线间距离不受列车交会运行时的空气动力作用的控制。对于客货共线铁路，满足上述线间距条件的两线可同时开行超限货物列车。

高速客运专线的正线与新建客货共线铁路、既有铁路并行地段的线间距均应满足上述第二、三线区间正线的最小线距要求，即不应小于 5.3m。

3. 区间曲线地段的线间距离加宽

位于曲线地段的线路，由于车、线之间几何关系的变化，导致上述基本建筑限界及线间距离要比直线地段有所变化，因此，应根据需要考虑适当的线间距加宽。

（1）加宽原因

1）车辆的几何偏移量

车辆在曲线上时，车辆中部向曲线内侧凸出，其值为 W_1，而两端向外侧凸出，其值为 W_2，如图 3-21（a）所示。

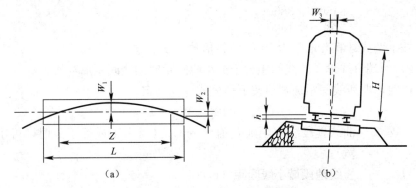

图 3-21　曲线上车体的凸出和倾斜

当车体长为 L，转向架中心距为 Z 时，根据圆的几何关系，可求出这两项凸出值：

$$W_1 \approx \frac{Z^2}{8R} \tag{3-51}$$

$$W_2 \approx \frac{1}{8R}(L^2 - Z^2) \qquad (3\text{-}52)$$

式中 R——线路曲线半径（m）。

按我国车辆最大长度 $L=26\text{m}$、$Z=18\text{m}$ 计算，则：

$$W_1 = \frac{18^2}{8R} \times 1000 = \frac{40500}{R} \quad \text{(mm)} \qquad (3\text{-}53)$$

$$W_2 = \frac{26^2 - 18^2}{8R} \times 1000 = \frac{44000}{R} \quad \text{(mm)} \qquad (3\text{-}54)$$

2）外轨超高引起的车辆偏移量

当曲线设有外轨超高时，车体向内侧倾斜，如图 3-21 (b) 所示。在距轨面高度 H 处，车体向内侧倾斜值为 W_3（两轨中心距按 1500mm 计）。

因：

$$\frac{W_3}{H} = \frac{h}{1500}$$

所以：

$$W_3 = \frac{H}{1500} \times h \quad \text{(mm)} \qquad (3\text{-}55)$$

式中 h——外轨实设超高值（mm）；

H——机车车辆限界图中计算点的高度（mm），$H=3850\text{mm}$。

（2）加宽值计算

1）两端直线地段为最小线间距时曲线地段的线间距加宽值

当外侧曲线的实设超高 h_W 不大于内侧曲线实设超高 h_N 时，曲线线距加宽值为：

$$W = W_1 + W_2 = \frac{40500}{R} + \frac{44000}{R} = \frac{84500}{R} \quad \text{(mm)} \qquad (3\text{-}56a)$$

当外侧曲线的实设超高 h_W 大于内侧曲线实设超高 h_N 时，曲线线距加宽值为：

$$W = W_1 + W_2 + W_3 = \frac{40500}{R} + \frac{44000}{R} + \frac{H}{1500}(h_\text{W} - h_\text{N})$$

$$= \frac{84500}{R} + \frac{3850}{1500}(h_\text{W} - h_\text{N}) \quad \text{(mm)} \qquad (3\text{-}56b)$$

按上两式计算并取整为 5mm 的整倍数。

2）两端直线地段的线间距大于最小线间距时的线间距加宽值

此时，曲线线间距加宽值按下列公式计算确定：

$$W' = (D_\text{min} \times 10^3 + W) - D \times 10^3 \qquad (3\text{-}56c)$$

式中 W'——曲线地段线间距加宽值（mm）（当小于或等于零时，可不加宽）；

D_min——直线地段最小线间距（m）；

D——曲线两端直线地段的线间距（m）；

W——直线地段为最小线间距时曲线地段的线间距加宽值（mm）（采用前述方法计算的值）。

（3）加宽方法

新建双线或增建第二、三线时，并行地段的内外侧两曲线按同心圆设计，曲线线距加宽可采用加长内侧曲线的缓和曲线长度的方法实现，如图 3-22（a）所示。因为圆曲线两端加设缓和曲线后，圆曲线起点 ZY、终点 YZ 向圆心方向移动，移动距离称内移距离 p。若加大内侧曲线的缓和曲线长度，可使其内移距离增大，从而使两线间的距离加宽。

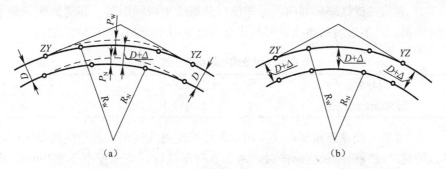

图 3-22　曲线地段线距加宽

为了在曲线上使线距由直线上的线间距 D 增大为 $\Delta + D$，当外侧曲线设置缓和曲线后的内移距离为 $p_{\mathrm{w}} = \dfrac{l_{\mathrm{w}}^2}{24R_{\mathrm{w}}}$ （m）时，则内侧曲线的内移距离为：

$$p_{\mathrm{N}} = p_{\mathrm{w}} + W' \times 10^{-3} \quad \text{（m）} \tag{3-57}$$

所以内侧曲线的缓和曲线长度应为：

$$l_{\mathrm{N}} = \sqrt{24R_{\mathrm{N}} \times p_{\mathrm{N}}} = \sqrt{24R_{\mathrm{N}}(p_{\mathrm{w}} + W' \times 10^{-3})} \quad \text{（m）} \tag{3-58}$$

其中：
$$R_{\mathrm{N}} = R_{\mathrm{w}} - D - W' \times 10^{-3} \quad \text{（m）} \tag{3-59}$$

式中　D——曲线两端直线地段的线间距（m）。

在曲线毗连地段，如果夹直线长度较短，或者曲线偏角过小，不能过多地加长内侧线的缓和曲线长度时，内外线可采用相同的缓和曲线长度，而加宽曲线两端直线段的线间距，使其满足曲线加宽要求，如图 3-22（b）所示。

（4）加宽条件

1）客货共线铁路

客货共线铁路应按上述方法进行曲线加宽。

2）高速客运专线不限制行车速度的曲线地段

曲线地段线间距加宽的目的，是为了保证两交会列车之间的最小安全净距。目前，我国规定的设计速度大于 200km/h 的线间距，其安全净距比空气动力学要求的距离有较大的富余量，一般均大于 200mm，而按上述方法计算，各级高速客运专线的最小曲线半径要求的线间距加宽均不大于 150mm。因此，设计时速大于 200km 的客运专线，可不考虑曲线线间距加宽；设计时速不大于 200km 的客运专线，应按上述方法进行曲线加宽。

3）高速客运专线限制行车速度的曲线地段

限制行车速度的曲线地段，通常由于工程条件等原因而采用小于最小值的曲线半径，此时，应按上述方法进行曲线线距加宽设计。

104

4. 区间线路线间距变更方法

(1) 线间距变更方法

1) 车站两端和桥隧地段的线间距变更宜利用附近曲线完成。条件不具备时，可在第二线上采用反向曲线完成。

2) 客货共线铁路相邻两线采用反向曲线变更线间距时，如受圆曲线最小长度限制，可不设缓和曲线，但圆曲线半径不得小于表 3-9 规定的数值。

表 3-9

可不设缓和曲线的最小圆曲线半径

旅客列车设计行车速度（km/h）	160	140	120	100	80
最小圆曲线半径（m）	12000	10000	5000	4000	3000

3) 客货共线铁路相邻两线采用反向曲线变更线间距，若受曲线偏角限制难以满足圆曲线最小长度标准时，对旅客列车设计行车速度小于 100km/h 的地段，可采用较短的圆曲线长度，但不得小于 20m。

(2) 线间距变更地段线距计算方法

1) 直线地段线距，根据变更地段两端的线距，按线性内插方法计算。

2) 曲线地段线距，按第 6 章介绍的曲线地段线间距计算方法计算。

3.3　区间线路纵断面设计

线路纵断面是由长度不同、陡缓各异的坡段组成的。坡段的特征用坡段长度和坡度值表示，如图 3-23 所示。坡段长度 L_i 为坡段两端变坡点间的水平距离（m）。

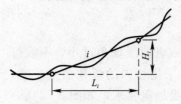

坡度值 i 为该坡段两端变坡点的高差 H_i(m) 与坡段长度 L_i(m) 的比值，以千分数表示，即 $i = \dfrac{H_i}{L_i} \times 1000$ （‰），上坡取正值，下坡取

图 3-23　坡长与坡度示意图

负值。如坡度为 10‰，即表示每千米高差为 10m。

线路纵断面设计，主要包括确定最大坡度、坡段长度、坡段连接与坡度折减等问题。以下分别阐述其设计要求、技术标准和相互配合问题。

3.3.1　线路的最大坡度

新建铁路的最大坡度是纵断面设计采用的设计坡度最大值。客货共线运行的铁路，线路的设计最大坡度是由货物列车牵引质量要求决定的，在单机牵引路段称限制坡度，在两台及以上机车牵引路段称加力牵引坡度，其中最常见的为双机牵引，称双机牵引坡度。客运专线采用大功率、轻型动车组，牵引和制动性能优良，能适应大坡度运行，一般情况下最大坡度不受牵引质量的限制，而应根据工程和运营两方面的技术经济条件，确定设计线的最大坡度。

最大坡度是一项具有全局性意义的铁路主要技术标准，它对设计线的输送能力、工程数量和运营质量具有重要影响，有时甚至决定线路的走向。

1. 客运专线最大坡度

高速客运专线的线路最大坡度，应根据动车组总功率、地形条件、列车平均走行速度以及列车编组辆数等因素，经比选后确定。新建客运专线一般选用较大的最大坡度，以利于适应地形，降低线路高度，减少桥隧建筑物数量，并可能取直线路，缩短高速铁路与公路、既有铁路立交和桥梁引线的长度，从而大大节省工程量和工程造价。

（1）最大坡度值确定

高速旅客列车，无论是采用动力集中型还是采用动力分散型，机力所确定的线路最大坡度值主要取决于高速列车的牵引功率、牵引特性和制动性能。

对于特定机车（或动车组），机车功率所确定的线路纵断面最大坡度按下式计算：

$$i_{max} = \frac{(\lambda_y F_j - W_0) \times 10^3}{M \times g} = f_j - w_0 \quad (\text{‰}) \qquad (3-60)$$

式中　M——列车质量（t）；

　　　F_j——列车最大牵引力（kN）；

　　　W_0——计算速度下列车的运行基本阻力（kN）；

　　　λ_y——机车（动车）牵引力使用系数，取 0.9。

或　　　　$$i_{max} = \frac{3600 p_k - w_0 \times g \times V_{max}}{g \times V_{max}} \quad (\text{‰}) \qquad (3-61)$$

式中　p_k——每吨列车质量所需功率（kW/t）；

　　　V_{max}——列车运行最高速度（km/h）；

　　　w_0——最高速度时的列车运行单位基本阻力（N/kN）。

提高列车速度须通过提高列车单位质量牵引功率或系统地降低列车质量来实现。例如，CRH_3 动车组以 300km/h 最高速度持续运行的最大坡度计算如下：

CRH_3 动车组的吨均功率为 21.05kW/t，单位基本阻力为：

$$w_0'' = 0.66 + 0.00245V + 0.000132V^2$$
$$= 0.66 + 0.00245 \times 300 + 0.000132 \times 300^2 = 13.275 \text{N/kN}$$

则　$i_{max} = \dfrac{3600 p_k - w_0 \times g \times V_{max}}{g \times V_{max}} = \dfrac{3600 \times 21.05 - 13.275 \times 9.81 \times 300}{9.81 \times 300}$

$$= 12.47\text{‰}$$

可见，在给定编组条件下，CRH3 动车组可在 12‰ 的坡道上以 300km/h 的速度持续运行。

增加动车数量，可增加动车组总功率，从而提高吨均功率。减少编组辆数，可减少列车总编组辆数，从而达到提高吨均功率的目的。因此，高速客运专线的最大设计坡度不受牵引功率的限制。

（2）最大坡度选择

最大坡度标准的确定以适应地形、跨越控制高程的需要为主。就地形条件而言，我国近期修建的高速客运专线或城际铁路大多位于平原和低山丘陵区，沿线地形平坦，高程控制问题不太突出，无须采用大坡度。但高速铁路线路采用全封闭式的高架结构，即使在地形比较平坦的地区，也应该尽可能选择较大的纵断面最大坡度。这是因为高速铁路所经地区经济发达，人口稠密，居民点星罗棋布，公路交通发达，这些地区地形虽然平坦，但线路要通过居民区，跨公路，与其他建筑物干扰，因而立交结构很多，如果纵断面最大坡度标准较小，整个线路的平均高度就可能增加，从而使工程造价剧增。在线路跨过需要立交的道路与通航河流时，因桥下要保证必要的净空而使桥梁抬高，若采用较大的坡度，可使桥梁两端引线缩短，桥梁支墩高度降低。

根据高速客运专线特点，在我国高速客运专线的设计中最大坡度选择在12‰～30‰是适宜的。随着客运路网的形成，建设项目最大坡度标准的选择还应注意与相邻线路的协调统一，结合项目具体条件并经牵引计算来确定设计线的最大坡度标准。

2. 客货共线铁路限制坡度

（1）限制坡度最大值计算

客货共线铁路限制坡度是单机牵引普通货物列车，在持续上坡道上，最终以机车计算速度等速运行的坡度，它是限制坡度区段的最大坡度，据此计算货物列车的牵引质量。对于给定的牵引质量标准，限制坡度最大值不应大于下式计算的值：

$$i_{x}=\frac{\lambda_{y}F_{j}-(P\times w'_{0}+G_{x}\times w''_{0})\times g}{(P+G_{x})\times g}\qquad(‰)\qquad(3\text{-}62)$$

式中　G_{x}——设计线拟定的牵引质量标准（t）；

　　　w'_{0}——计算速度下机车的单位基本阻力（N/kN）；

　　　w''_{0}——计算速度下货车的单位基本阻力（N/kN）；

其余符号意义同前。

【例 3-1】　客货共线铁路，韶山 3 型电力机车，牵引滚动轴承货车，求牵引质量为 3500t 时，设计线的最大限制坡度值。

【解】　查表 2-1 有：$V_{j}=48\text{km/h}$，$F_{j}=317800\text{N}$，$P=138\text{t}$，则得：

$$w'_{0}=1.25+0.019\times48+0.00032\times48^{2}=3.899\text{N/kN}$$

$$w''_{0}=0.92+0.0048\times48+0.000125\times48^{2}=1.4384\text{N/kN}$$

$$i_{x}=\frac{0.9\times317800-(138\times3.899+3500\times1.4384)\times9.81}{(138+3500)\times9.81}$$

$$=6.48‰，\quad 取\ i_{x}=6‰。$$

（2）影响限制坡度选择的因素

限制坡度选择是涉及铁路全局的重要工作，应根据铁路等级、地形类别、牵引种类和运输需求，并应考虑与邻接铁路的牵引定数相协调，经过全面分析、技术经济比选，慎重确定。

1）铁路等级

铁路等级越高，则设计线的意义、作用和客货运量越大，更需要有良好的运营条件和较低的运输成本，因此宜采用较小的限制坡度。

2）运输需求和机车类型

铁路的输送能力必须能完成运输任务。

输送能力与货物列车牵引吨数有关，而牵引吨数是由限制坡度值与机车类型决定的。所以限制坡度的选择，应根据运输任务，结合机车类型一并考虑。力争选定的限制坡度与平均自然纵坡相适应，不引起额外展线。同时选择恰当的机车类型，满足运输要求。

设计线的客货运量是逐年增长的。选择限制坡度时，应尽量采用节约初期投资、逐期加强的方案，如初期采用内燃牵引、远期采用电力牵引，或初期采用小功率机车、远期更换大功率机车。这样，就有可能采用适应地形条件的较大限坡而又能满足运输要求，达到节省初期投资的目的。

3）地形条件

地形条件是选择限制坡度的重要因素，限制坡度要和地形相适应。既不能选择过小的限制坡度，引起大量人为展线，又不能选择过大的限制坡度，使该限坡得不到充分利用，节省工程的效果不显著，却给运营带来不良影响。

一条长大干线应力争选定同一限坡，以利直通列车的开行。但若各区段地形条件差别很大，亦不宜强求统一限坡。可根据各区段地形特点，分区段选定限坡，各区段采用不同的机车类型，统一全线的牵引定数。

线路跨越分水岭，自然纵坡陡峻的越岭地段，可采用双机牵引坡度，以减少展线。

线路由盆地上升到台地，或跨越分水岭，其两侧河谷纵坡相差很大时，应考虑分方向选择限坡的可能性。

4）邻线的牵引定数

当设计线与邻接铁路的直通货流量很大，或者设计线在路网中联络分流的作用很显著，则选择限制坡度时，应考虑与邻线牵引定数相协调，尽量使其统一。这样，直通货物列车可避免在接轨站的甩挂作业，加速货物运送，降低运输成本。

我国既有铁路干线的限制坡度，4‰者约占 1/4，6‰者约占 1/2，12‰者约占 1/4，少数干线为 9‰或 10‰，全国路网基本形成了 4‰、6‰与 12‰的限制坡度系统。应该说这与我国复杂的地形条件是不相适应的，其原因是过去因牵引动力与机车工业落后，不得已采用相同的限制坡度来统一相邻线路的牵引吨数而形成的。今后统一牵引定数的措施应以采用不同的机车类型为主。

5）符合《线规》规定

设计线选定的限制坡度，不应大于《线规》规定值，如表 3-10 所示。

铁路等级		I			II			III		
地形类别		平原	丘陵	山区	平原	丘陵	山区	平原	丘陵	山区
牵引种类	电力	6.0	12.0	15.0	6.0	15.0	20.0	9.0	18.0	25.0
	内燃	6.0	9.0	12.0	6.0	9.0	15.0	8.0	12.0	18.0

限制坡度最大值（‰）　　　　　　　　　表 3-10

限制坡度最小值在《线规》中未作规定，但通常取 4‰。这是因为限制坡度若小于 4‰，虽然按限制坡度算得的牵引质量很大，但受起动条件和到发线有效长度（一般最长取 1050m）的限制而不能实现，而工程投资却可能有所增加。所以，一般不采用小于 4‰ 的限制坡度。

我国台湾地区铁路的最大坡度：甲级线为 7‰～15‰，乙级线为 10‰～15‰，丙级线为 15‰～20‰。国外铁路的最大坡度：苏联 I 级和 II 级线为 15‰，III 级线为 20‰；法国干线为 8‰，支线为 20‰，山区为 35‰；德国干线为 25‰，支线为 66‰；英国为 27‰；美国没有明确规定，既有线上有 18‰～22‰ 甚至更大的坡度。

（3）分方向选择限制坡度

一般情况下，一条线路双方向的限制坡度是相同的，即双方向最大持续上坡道坡度值是相同的。但有些线路具备一定条件，可以在重车方向设置较缓的限制坡度（上坡坡度），在轻车方向设置较陡的限制坡度（上坡坡度），称为分方向选择限制坡度。

1）分方向选择限制坡度的条件

① 轻、重车方向货流显著不平衡且预计将来也不会发生巨大变化。

② 轻车方向上升的平均自然纵坡较陡，而重车方向上升的平均自然纵坡较缓，分方向选择限制坡度，可以节省大量工程。

③ 技术经济比较后证明分方向选择限制坡度是合理的。

具备上述条件，各级铁路均可按不同方向分别选择限制坡度，但 I 级铁路多属路网中的重要干线，意义重大，分方向选定不同限制坡度时，应特别慎重，只有在特殊困难条件下，有充分技术经济依据时方可采用。

2）轻车方向限制坡度的限制

① 轻车方向限制坡度不应大于重车方向限制坡度的三机牵引坡度值，这是为了将来货流发生变化、轻车方向货运量增大时，可采用三机牵引，达到重车方向的牵引吨数。为了保证重车方向货物列车下坡时的行车安全，还应进行下坡制动安全检算。

② 根据双方向货流比，按双方向列车对数相同、每列车车辆数相同的条件，可估算出轻车方向货物列车的牵引质量 G_q，轻车方向限制坡度值 i_{xq} 不应大于根据 G_q 按式（3-63）计算的坡度值。因为轻车方向的限制坡度值 i_{xq} 若大于计算值，则每列车的牵引质量就要小于 G_q。这样，轻车方向的列车数反而多于重车方向，重车方向就会产生单机回空或附挂折返而虚糜机力，这是不合理的。

轻车方向限制坡度值按下式计算：

$$i_{xq} \leqslant \frac{\lambda_y \times F_j - (P \times w'_0 + G_q \times w''_{0(p)})g}{(P + G_q)g} \quad (‰) \qquad (3\text{-}63)$$

式中　F_j——机车计算牵引力（N）；

　　　λ_y——机车牵引力使用系数，取 0.9；

　　　P——机车计算质量（t）；

　　　w'_0——计算速度下的机车单位基本阻力（N/kN）；

　　$w''_{0(p)}$——计算速度下空重车的平均单位基本阻力（N/kN）；

　　　G_q——轻车方向的牵引质量（t）。

轻车方向的牵引质量 G_q 和车辆平均单位基本阻力 $w''_{0(p)}$，可用下式计算：

$$\left.\begin{aligned} G_q &= n(\lambda_{QZ} \times q_j + q_z) \\ w''_{0(p)} &= \frac{\lambda_{QZ}(q_j + q_z) \times w''_{0z} + (1 - \lambda_{QZ}) \times q_z \times w''_{0q}}{\lambda_{QZ} \times q_j + q_z} \end{aligned}\right\} \qquad (3\text{-}64)$$

式中　　n——轻车方向每列车的车辆数（其值与重车方向相同）；

　　　λ_{QZ}——轻、重车方向的货流比；

　　　q_j——每辆满载货车的平均净载质量（t）；

　　　q_z——货车车皮的平均质量（t）；

w''_{0z}、w''_{0q}——重车、空车的单位基本阻力（N/kN）。

3. 客货共线铁路加力牵引坡度

加力牵引坡度（简称加力坡度）是两台及以上机车牵引规定牵引吨数的普通货物列车，在持续上坡道上，最后以机车计算速度等速运行的坡度，它是客货共线铁路加力坡度路段的最大坡度。该路段的普通货物列车牵引吨数，是按相应限制坡度上用一台机车牵引的计算值确定的。

一条客货共线铁路干线的某些越岭地段，平均自然纵坡很陡，若按限制坡度设计，会引起线路大量展长或出现较长的越岭隧道，使工程加大、工期延长。这种地段，可采用加力牵引，保持在限制坡度上单机牵引的牵引定数不变，从而可采用较陡坡度线。

采用加力坡度可以减少展线，缩短线路长度，大量减少工程，有利于降低造价和缩短工期，是在长大越岭地段克服巨大高差的一种行之有效的设计决策。当然采用加力坡度，也必然增加机车台数和能量消耗，在加力牵引的起讫站要增加补机摘挂作业时分，并要增建补机的整备设备。加力坡度太大时，对下坡行车也将产生不利影响。因此，是否采用加力坡度，应从设计线意义、地形条件以及节省工程和不利运营等方面全面分析，比选确定。

（1）采用加力坡度的注意事项

1）加力牵引坡度应集中使用，使补机能在较长的路段上行驶，提高其利用率。

2）补机要进行必要的整备作业，需要相应的机务设备。所以加力坡度的起讫站，宜有一个为区段站或其他有机务设备的车站，困难时也应尽量与这类车站接近，以利用其机务设备。

3）补机要在加力坡度的起讫站摘挂，增加列车的停站时分。因此，与起讫站邻接的加力牵引区间的往返行车时分要相应减少，以免限制通过能力。

4）加力牵引采用重联牵引或补机推送中的何种方式，与牵引质量、车钩强度有关。若车钩强度允许时，应采用重联牵引，以便各台机车的司机相互配合、同步操纵，充分发挥机车的牵引力；否则，应采用补机推送，此时补机的牵引力就不能充分发挥。

5）重联牵引的车钩允许拉力 F_c 应大于列车工作拉力，即：

$$F_c \geqslant \sum \lambda F_j - \sum P(w'_0 + i_{\mathrm{JL}})g \quad (\mathrm{N}) \tag{3-65}$$

式中　F_j——机车计算牵引力（N）；

λ——机车计算牵引力利用系数，与牵引种类、操纵方式有关；

P——机车整备质量（t）；

w'_0——机车计算速度下的单位基本阻力（N/kN）；

i_{JL}——加力牵引坡度值（‰）。

6）采用补机推送时，补机前方要换挂成车重为 16t 的四轴守车，因为重约 8t 的二轴守车有被补机顶起而脱轨的可能。若货物列车取消了车长和守车，这个问题则不复存在。

（2）加力坡度的最大值

加力坡度的最大值取决于货物列车在陡坡上的运营条件，包括下坡的制动安全、闸瓦磨耗、上坡的能量消耗以及车站技术作业对通过能力的影响等。电力、内燃机车都可用电阻制动控制下坡速度，但因电力机车的电阻制动较内燃机车的大，因而要分别规定其最大的加力牵引坡度。

1）内燃牵引的最大加力坡度

东风系列等内燃机车都装有电阻制动。内燃机车牵引的货物列车，在长大下坡道上，电阻制动与闸瓦制动可配合作用，闸瓦磨耗与发热问题大为好转，故规定内燃牵引的最大加力牵引坡度为 25‰。

2）电力牵引的最大加力坡度

电力机车如韶山系列的电阻制动力比内燃牵引的大，在 30‰ 的下坡道上，仅用电阻制动就可以控制下坡的速度。同时宝成线宝秦段 30‰ 的加力坡度上，采用电力牵引已取得成功的经验，故规定电力牵引的最大加力坡度为 30‰。

（3）加力坡度的计算

加力牵引坡度的坡度值 i_{JL}，可根据限制坡度上的牵引吨数、机车台数和加力牵引方式，按下式计算：

$$i_{\mathrm{JL}} = \frac{\lambda_y \sum \lambda \times F_j - (\sum P \times w'_0 + G \times w''_0) \times g}{(\sum P + G) \times g} \quad (‰) \tag{3-66}$$

式中　G——限制坡度上单机牵引的牵引质量（t）；

w'_0、w''_0——计算速度下机车、货车的单位基本阻力（N/kN）；

其余符号意义同前。

双机牵引坡度采用最广泛，两台机车类型一般相同，重联或推送的牵引方式由车钩允许应力决定。双机牵引坡度 i_{SJ} 的计算式为：

$$i_{SJ} = \frac{(1+\lambda)\lambda_y \times F_j - (2P \times w_0' + G \times w_0'') \times g}{(2P+G) \times g} \quad (\permil) \qquad (3\text{-}67)$$

采用相同类型的机车加力牵引时，各种限制坡度相应的加力牵引坡度如表 3-11 所示。表中内燃牵引加力坡度未进行海拔与气温修正。

电力和内燃牵引的加力牵引坡度（‰） 表 3-11

限制坡度	双机牵引坡度		三机牵引坡度	
	电力	内燃	电力	内燃
4.0	9.0	8.5	14.0	13.0
5.0	11.0	10.5	16.5	15.5
6.0	13.0	12.5	19.0	18.5
7.0	14.5	14.5	21.5	21.0
8.0	16.5	16.0	24.0	23.5
9.0	18.5	18.0	26.5	
10.0	20.0	20.0	29.0	
11.0	22.0	21.5		25.0
12.0	24.0	23.5	30.0	
13.0	25.5			
14.0	27.5	25.0		
15.0	29.0			
16.0	30.0			

4. 最大坡度对工程和运营的影响

（1）对输送能力的影响

客货共线铁路的输送能力取决于通过能力和牵引质量。在机车类型一定时，牵引质量即由限制坡度值决定。限制坡度大，牵引质量小，输送能力低；限制坡度小，牵引质量大，输送能力高。图 3-24 所示是韶山 3 型（SS$_3$ 型）、韶山 4 型（SS$_4$ 型）、东风 4B 型（DF$_{4B}$ 型）和前进型（QJ 型）机车在各种限制坡道上的牵引质量，以及每天一对货物列车相应的输送能力图。可

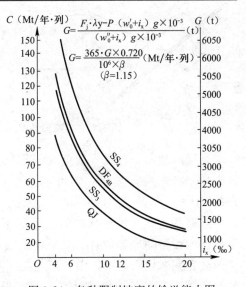

图 3-24 各种限制坡度的输送能力图

以看出，牵引质量、输送能力与限制坡度及机车类型间的关系密切。

客运专线铁路的输送能力取决于通过能力和动车组编组辆数。当动车组总功率一定时，为了提高运行速度，增大人均功率数，坡度越大，动车组编组辆数越少，相应的旅客输送能力减小。

（2）对工程数量的影响

平原地区，最大坡度值对工程数量一般影响不大，但在铁路跨过需要立

交的道路与通航河流时，因桥下要保证必要的净空而使桥梁抬高，若采用较大的最大坡度，可使桥梁两端引线缩短，填方数量减少。

丘陵地区采用较大的最大坡度，可使线路高程升降较快，能更好地适应地形起伏，从而避免较大的填挖方，减少桥梁高度，缩短隧道长度，使工程数量减少，工程造价降低，如图 3-25 所示。

图 3-25　不同最大坡度的起伏纵断面

在自然纵坡陡峻的越岭地段，若最大坡度小于自然纵坡，线路需要迂回展长，才能达到控制点预定高程，工程数量和造价急剧增加。图 3-26 为宝成线宝鸡秦岭间展线示意图。宝鸡秦岭间直线距离 25km，高差 810m，30‰中选方案线路长 44.3km，20‰比较方案线路长 61.9km，土建工程的造价前者仅为后者的 56%。

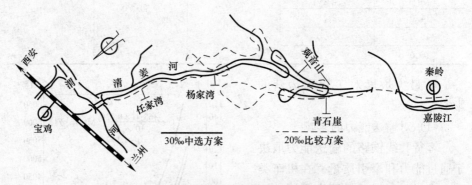

图 3-26　宝秦段 20‰与 30‰方案线路示意图

在越岭地段，若最大坡度大于平均自然纵坡 1‰～3‰（自然纵坡越陡，地形越复杂，其值越大），就可避免额外的展长线路。这种方案通常是经济合理的。

线路翻越高大的分水岭时，采用不同的限制坡度，可能改变越岭垭口，从而影响线路的局部走向。图 3-27 为成昆线双福至峨边段的越岭选线示意图。该段线路翻越峨眉山系，山势西北高东南低。原来采用 10‰的限制坡度，越岭地段采用 19‰的双机牵引坡度，线路可在龙池垭越岭，仅长 55km。后因调查运量增大，限制坡度改为 6‰，双机牵引坡度为 13‰，线路方向随之改变，绕走百家岭垭口，展长为 86.6km。

高速铁路线路采用全封闭式的高架结构，即使在地形比较平坦的地区，也应该尽可能选择较大的纵断面最大坡度。这是因为高速铁路所经地区经济发达，人口稠密，居民点星罗棋布，公路交通发达，这些地区地形虽然平坦，但线路要通过居民区，跨公路，与其他建筑物干扰，因而立交结构很多，如

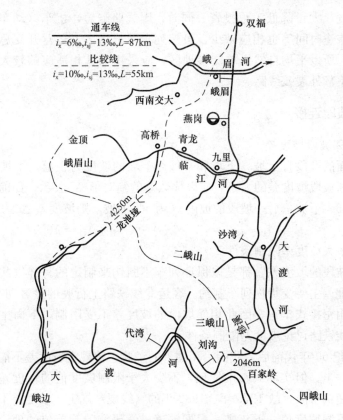

図 3-27 成昆線双福峨辺間不同限坡方案

果纵断面最大坡度标准较小，使整个线路的平均高度就可能增加，从而使工程造价剧增。在高速铁路线路跨过需要立交的道路与通航河流时，因桥下要保证必要的净空而使桥梁抬高，若采用较大的坡度，可使桥梁两端引线缩短，桥梁支承墩高度降低。例如，京沪高速铁路沿线经济发达，人口稠密，居民点星罗棋布，公路等其他交通发达，需要修建的通道桥涵及公路立交桥密度大。据统计资料，人行通道或拖拉机通道桥涵及公路立交桥，平均不到一千米需设置一处。因此，为避免较多地增加工程数量和工程投资，应选用较大的线路纵坡。根据试验定线资料分析，沪宁杭地区地形平坦，若全部采用地上线路（地面线或高架线），最大坡度为 20‰ 便能满足爬坡要求。考虑到跨越特大江河时，有可能采用隧道方案，为了从高架线路尽快下降到要求的地下深度，需要采用较大的坡度。根据试验定线分析，最大坡度采用 40‰，便能满足定线要求。

（3）对运营费用的影响

在完成相同运输任务的前提下，客货共线铁路采用的限制坡度越大，则货物列车的牵引质量越小，需要开行的货物列车对数越多，机车台数增多，机车乘务组、燃料消耗、修理费用等加大，区间距离缩短，车站数目加多，管理人员和日常开支增加，列车区段速度降低，旅途时间加长，相应开支加大。总之，采用较大限坡，运营支出要相应增加，行车设备的投资也略有增加。

在平均自然纵坡陡峻地区，采用与自然纵坡相适应的最大坡度，可以缩短展线长度，大量降低工程投资。同时，因线路缩短，机车（动车）数、车站数目、旅途时间等也相应减少，虽然列车数目增多，运营开支总和也不致增加很多。所以平均自然纵坡陡峻地区，应采用与其相适应的较大的最大坡度，力争不额外展长线路。

3.3.2 坡段连接

1. 相邻坡段坡度差

纵断面的坡段有上坡、下坡和平坡。上坡的坡度为正值，下坡的坡度为负值，相邻坡段坡度差的大小，应以代数差的绝对值 Δi 表示。如前一坡段的坡度 i_1 为 6‰ 下坡，后一坡段的坡度 i_2 为 4‰ 上坡，则坡度差 Δi 为：

$$\Delta i = |i_1 - i_2| = |(-6‰) - (+4‰)| = 10‰$$

（1）最大坡度差限制条件

相邻坡段的坡度差，都是以保证列车不断钩来制定的。客货共线铁路相邻坡段坡度差主要受货物列车制约。客运专线铁路上行驶的旅客列车质量小，且车钩采用密接式车钩，因此相邻坡段的坡度差不受限制。下面主要针对普通客货共线铁路讨论坡度差限制条件。

20 世纪 60 年代前后，我国沿用国外的经验，曾规定坡度差不能大于限制坡度值的一半，但实际调查中发现，不少大于限制坡度值的坡度差，运营中并未发生断钩事故，故 1975 年、1982 年的《线规》规定：坡度差不应大于重车方向的限制坡度值。近年来，根据铁道科学研究院等单位的理论研究、模拟计算和现场试验，列车通过变坡点时的纵向力有如下规律：

① 列车纵向力随变坡点坡度差值的增大而有所增大；

② 凸形纵断面列车纵向拉力增大，压力减小；凹形纵断面拉力减小，压力增大；

③ 列车通过变坡点时的纵向力主要取决于列车牵引吨数（列车长度）、机车操纵工况和纵断面形式。

根据列车通过变坡点时产生的纵向力不大于车钩强度，即保证列车不断钩，进行计算，最大坡度差可以达到 2 倍限制坡度值。但考虑到远期列车牵引吨数可能增大，最大坡度差应留有适当余量。

（2）最大坡度差允许值

列车运动仿真计算结果表明，列车牵引质量的大小对列车纵向力起决定作用。而列车的牵引质量在机车功率可变的情况下，主要决定于车站到发线有效长度，故直接以远期到发线有效长度作为拟定坡度差的参数。客货共线铁路的最大坡度差的规定值如表 3-12 所示。

最大坡度差 表 3-12

远期到发线有效长度（m）		1050	850	750	650	550
最大坡度差（‰）	一般	8	10	12	15	20
	困难	10	12	15	18	25

为保证行车安全，司机通视距离应不小于紧急制动距离。在凸形纵断面的坡顶，若坡度差过大，则司机的通视距离缩短，必要时加以检算。

2. 竖曲线

在线路纵断面的变坡点处，为了保证行车的安全平顺，设置的与坡段直线相切的竖向曲线称为竖曲线。

常用的竖曲线有两种线形：一为抛物线形，即用一定变坡率的 20m 短坡段连接起来的竖曲线；另一种为圆弧形竖曲线。因圆弧形竖曲线测设、养护方便，目前国内外均大量采用。以下论述均以圆弧形竖曲线为主。

（1）竖曲线半径

1）竖曲线半径限制条件

圆形竖曲线的半径应根据以下五个条件拟定。

① 旅客舒适条件

旅客列车通过竖曲线时，产生的竖向离心加速度不应大于旅客舒适要求的允许值 a_{SH}。竖曲线的半径 R_{SH}，根据旅客列车的最高速度 V_{max} 用下式计算：

$$R_{SH} = \frac{V_{max}^2}{3.6^2 \times a_{SH}} \quad (m) \tag{3-68}$$

竖向离心加速度的允许值 a_{SH}，国外一般取 $0.15 \sim 0.6 m/s^2$。

我国客货列车共线铁路取 $a_{SH} = 0.15 m/s^2$ 和 $0.2 m/s^2$，则竖曲线半径应满足：

$$R_{SH} \geqslant 0.5 V_{max}^2 \text{ 和 } R_{SH} \geqslant 0.4 V_{max}^2 \tag{3-69}$$

旅客列车最高速度 $V_{max} = 160 km/h$ 时，$R_{SH} = 12800m$ 和 $10200m$；旅客列车最高速度 $V_{max} = 140 km/h$ 时，$R_{SH} = 9800m$ 和 $7800m$。

高速客运专线，参考国外资料，取 a_{SH} 值一般为 $0.4 m/s^2$，困难条件为 $0.5 m/s^2$，则竖曲线半径应满足：

$$R_{SH} \geqslant 0.2 V_{max}^2 \text{ 和 } R_{SH} \geqslant 0.15 V_{max}^2 \tag{3-70}$$

② 保证车轮不脱轨条件

列车通过凸形竖曲线时，产生向上的竖向离心力，使车辆有上浮倾向，上浮车辆在横向力作用下容易产生脱轨事故。

列车以速度 V 运行在半径为 R_{SH} 的竖曲线上时，产生的列车竖向加速度为 a_{SH}，相应的竖向离心力（或向心力）为 F_{SH}。F_{SH} 由下式计算：

$$F_{SH} = m \times a_{SH} = \frac{m}{3.6^2 \times R_{SH}} \times V_{max}^2 \tag{3-71}$$

式中　a_{SH}——竖向加速度（m/s^2）；

　　　F_{SH}——竖向离心（向心）力（N）；

　　　V_{max}——列车最高运行速度（km/h）；

　　　R_{SH}——竖曲线半径（m）；

　　　m——车辆质量（kg）。

列车运行在竖曲线上所产生的离心力对列车运行的安全性有影响。另一

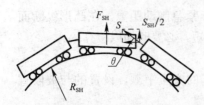

图 3-28　车辆在凸形竖曲线上受力示意图

方面，列车运行于图 3-28 所示的凸形竖曲线上时，考虑最不利运行情况，即假设此时列车进行制动，制动产生的列车纵向压力为 S，其向上的分力为 $S_{SH}/2$，即：

$$S_{SH} = 2S \times \sin\theta = \frac{l}{R_{SH}} \times S \quad (3\text{-}72)$$

这两个力的合力 ΔW 对列车有减载作用，其大小计算如下：

$$\Delta W = F_{SH} + S_{SH} = \frac{1}{R_{SH}}\left(m \times \frac{V^2}{3.6^2} + l \times S\right) \quad (3\text{-}73)$$

由此产生的减载率为：

$$\frac{\Delta W}{W} = \frac{1}{m \times g \times R_{SH}}\left[m \times \frac{V^2}{3.6^2} + l \times S\right] \quad (3\text{-}74)$$

式中　W——车辆重力（N），$W = m \times g$；

　　　g——重力加速度（$9.81\mathrm{m/s^2}$）；

　　　l——车辆钩舌距（m）。

根据日本资料，从运行安全考虑，列车运行在竖曲线上时产生的竖直方向的离心力使轴重减载率不大于 10%，即 $\Delta W/W \leqslant 0.1$，则从运营安全角度考虑的竖曲线半径应满足：

$$R_{SH} \geqslant 0.08V_{max}^2 \quad (3\text{-}75)$$

此项安全要求在我国客货列车共线铁路上，对竖曲线半径不起限制作用。

③ 保证列车不脱钩条件

普通客货共线铁路，列车通过线路纵断面变坡点时，当相邻车辆的连接处于变坡点附近时，车钩要上、下错动（图 3-29），其值超过允许值将会引起脱钩。保证列车不脱钩的竖曲线半径可按下式计算：

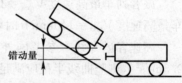

图 3-29　车钩错动示意图

$$R_{SH} = \frac{(S+d)d}{2f_R} \quad (\mathrm{m}) \quad (3\text{-}76)$$

式中　R_{SH}——竖曲线半径（m）；

　　　S——车辆两转向架中心距（m）；

　　　d——转向架中心至车钩中心距（m）；

　　　f_R——车钩中心线上下位移允许值，货车取 11mm，客车取 16mm。

中国铁路技术标准《准轨铁道限界》GB 146.1—83 中规定的两种计算车辆中，S 分别为：货车取 9.35m，客车取 18m。d 按 1/2 转向架固定轴距加钩舌距离计算，我国最大轴距 4.8m，车钩的钩舌内侧面距车体外缘约 469mm，则 d 的最大值按 2.9m 计算。得竖曲线半径分别为：对于货物列车不小于 3229.55m，对于旅客列车不小于 3788.13m。

④ 附加纵向力限制的竖曲线半径

设置竖曲线可减小列车通过变坡点的附加纵向力。但是，对客货共线铁路的货物列车仿真计算结果表明，当竖曲线半径增大到 2000m 后，列车以不同工况通过变坡点的最大纵向力趋于该工况下的稳定值。计算结果表明，当竖曲线半径为 10000m 时，牵引吨数不大于 5000t 的货物列车，通过限坡或双机坡构成的凹、凸形变坡点，各种运行工况产生的列车纵向力均不大于车钩强度的允许值，说明竖曲线半径不小于 10000m，能保证附加纵向力的要求。

高速客运专线的竖曲线半径不受此条件限制。

⑤ 养护维修条件

采用大的竖曲线半径，可提高列车通过变坡点的运行平稳性和旅客舒适度。但当竖曲线半径大到一定程度时，养护维修很难达到其设置要求。根据国外养护维修经验，最大竖曲线半径不宜大于 40000m。

2）竖曲线半径取值标准

我国在拟定相关标准时，参照国内外的研究与实践，拟定的竖曲线半径标准如下。

① 最小竖曲线半径：综合分析限制竖曲线半径取值的各项因素可见，对竖曲线最小半径起控制作用的，是旅客舒适度条件，其值如表 3-13 所示。

竖曲线半径最小值   表 3-13

铁 路 类 型	客 运 专 线				客 货 共 线	
设计最高行车速度（km/h）	350	300	250	200	200，160	≤140
R_{SH}（m）	25000	20000	15000	15000	15000	10000

我国台湾地区铁路仅规定竖曲线长度标准，丘陵地区：凸形为 $4 \times \Delta i$ (m)，凹形为 $8 \times \Delta i$(m)。山岳地区：凸形为 $2 \times \Delta i$(m)，凹形为 $4 \times \Delta i$(m)。苏联按铁路等级规定竖曲线半径标准 Ⅰ 级为 15000m，Ⅱ 级和 Ⅲ 级为 10000m，Ⅳ 级为 5000m，Ⅴ 级为 3000m。法国按最高速度规定竖曲线半径标准：$V \leqslant 100$km/h 时，$R_{SH} = 5000$m；$V = 100 \sim 120$km/h 时，$R_{SH} = 10000$m；$V > 120$km/h 时，$R_{SH} = 20000$m。德国的竖曲线半径标准一般不小于 10000m。

② 最大竖曲线半径：竖曲线半径不应大于 40000m。

（2）竖曲线的几何要素

1）竖曲线切线长 T_{SH}

由图 3-30 可知：

$$T_{SH} = R_{SH} \times \tan \frac{\alpha}{2} \approx \frac{R_{SH}}{2} \tan\alpha = \frac{R_{SH}}{2} \times \tan |\alpha_1 - \alpha_2|$$

$$= \frac{R_{SH}}{2} \left| \frac{\tan\alpha_1 - \tan\alpha_2}{1 + \tan\alpha_1 \times \tan\alpha_2} \right| \approx \frac{R_{SH}}{2} |\tan\alpha_1 - \tan\alpha_2|$$

$$= \frac{R_{SH}}{2} \left| \frac{i_1}{1000} - \frac{i_2}{1000} \right|$$

$$= \frac{R_{SH} \times \Delta i}{2000} \quad \text{(m)} \tag{3-77}$$

式中　α——竖曲线的转角（°）；

　　α_1、α_2——前、后坡段与水平线的夹角（°），上坡为正值，下坡为负值；

　　i_1、i_2——前、后坡段的坡度（‰），上坡为正值，下坡为负值；

　　Δi——坡度代数差的绝对值（‰）。

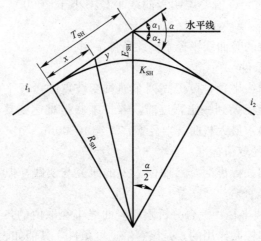

图 3-30　竖曲线

2）竖曲线长度 K_{SH}

$$K_{SH} \approx 2T_{SH} \quad (\text{m}) \tag{3-78}$$

3）竖曲线纵距 y

因为：

$$(R_{SH} + y)^2 = R_{SH}^2 + x^2$$

$$2R_{SH} \times y = x^2 - y^2 (y^2\ \text{值很小，可略去不计})$$

所以：

$$y = \frac{x^2}{2R_{SH}} \quad (\text{m}) \tag{3-79}$$

式中　x——切线上计算点至竖曲线起点的距离（m）。

变坡点处的纵距称为竖曲线的外矢距 E_{SH}，计算式为：

$$E_{SH} = \frac{T_{SH}^2}{2R_{SH}} \quad (\text{m}) \tag{3-80}$$

变坡点处的线路施工高程，应根据变坡点的设计高程，减去（凸形变坡点）或加上（凹形变坡点）外矢距的高度。路基填挖高度应根据施工高程计算。

【例 3-2】　某客货共线 I 级铁路凸形变坡点 A 的地面高程为 476.50m，设计高程为 472.36m，相邻坡段坡度为 $i_1 = 6‰$，$i_2 = -2‰$，竖曲线半径为 $R_{SH} = 10000$m，求 A 点的挖方高度。

【解】　A 点的坡度差：$\Delta i = |6 - (-2)| = 8‰$

A 点的竖曲线切线长：$T_{SH} = \dfrac{10000 \times \Delta i}{2000} = 5 \times \Delta i = 40$m

A 点的竖曲线外矢距：$E_{SH} = \dfrac{T_{SH}^2}{2R_{SH}} = \dfrac{40^2}{2 \times 10000} = 0.08$m

A 点的施工高程为：$472.36 - 0.08 = 472.28$m

A 点的挖方高度为：476.50－472.28＝4.22m

（3）设置竖曲线的限制条件

1）需要设置竖曲线的最小坡度代数差

① 保证列车不脱轨条件

在线路纵断面上，若各坡段直接连接成折线，列车通过变坡点时，产生的车辆振动和局部加速度增大，乘车舒适度降低。当内燃、电力机车的前转向架中间轴机车车辆重心未通过变坡点前，机车前轮将呈悬空状态；当悬空高度大于轮缘高度时，将导致脱轨，所以必须在变坡点处用竖曲线把折线断面平顺地连接起来，以保证行车的安全和平顺。

脱轨要求的坡度差条件为：

$$\Delta i \leqslant \frac{d_{\min}}{L_Z} \tag{3-81}$$

式中 L_Z——车辆重心至前转向架第一轮中心的距离（m）；

$d_{\min}$——轮缘高度（m）。

车辆重心至前转向架第一轮中心的距离取最大者 SS_4 型机车的值 5.6m，轮缘高度取 0.025m，则相应的坡度差为 4.5‰。

② 轨道自然柔顺条件

根据运营实践，普通轨道在纵距为 10mm 左右而不设竖曲线时，在施工、养护时变坡点处轨面能自然形成竖曲线，据此可得相应竖曲线半径与最小坡度差的关系，如表 3-14 所示。

竖曲线半径与最小坡度差的关系 表 3-14

R_{SH} (m)	25000	20000	15000	10000
$\Delta i_{\min}$ (‰)	1.8	2.0	2.3	2.8

③ 国内外研究与实践

我国广深准高速铁路考虑到时速 200km/h 行车对轨道的平顺性要求较高，一般要求在 2.5~5m 弦长范围内铺设精度达 2~3mm（方向、高低、水平），只有在坡度差不大于 1‰时，不设竖曲线，轨道的高低差才能满足要求。因此，不设竖曲线的坡度代数差定为 1‰。

日本新干线规定，所有变坡点均应设置竖曲线；法国高速铁路设竖曲线的起始坡度代数差为 4‰；德国高速铁路设竖曲线的起始坡度代数差为 1‰；美国铁路设竖曲线的起始坡度代数差为 4‰；苏联高速铁路设竖曲线的起始坡度代数差为 4‰。

④ 相关规定

综合考虑各项影响因素，并参考国内外研究与实践，我国规定各级铁路需设置竖曲线的条件为：设计速度为 160km/h 及以上的区段，按相邻坡段的坡度差 $\Delta i \geqslant 1‰$ 时，设置竖曲线；设计速度小于 160km/h 的区段，按相邻坡段坡度差 Ⅰ、Ⅱ级铁路 $\Delta i > 3‰$，Ⅲ级铁路 $\Delta i > 4‰$ 时，设置竖曲线。即在路基面上做出竖曲线线形，竖曲线长度不宜小于 25m。

2）竖曲线不应与缓和曲线重叠

竖曲线范围内，轨面高程以一定的曲率变化；缓和曲线范围内，外轨高程以一定的超高顺坡变化。如两者重叠，一方面在轨道铺设和养护时，外轨高程不易控制；另一方面外轨的直线形超高顺坡和圆形竖曲线，都要改变形状，影响行车的平稳。

为了保证竖曲线不与缓和曲线重叠，纵断面设计时，变坡点离开缓和曲线起终点的距离，不应小于竖曲线的切线长（图 3-31a）。

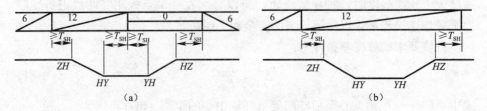

图 3-31　变坡点距缓和曲线起讫点的距离

3）竖曲线不应设在明桥面上

在明桥（无砟桥）面上设置竖曲线时，其曲率要用木枕高度调整，每根木枕厚度都不同，若要按固定位置顺序铺设，给施工、养护带来困难。为了保证竖曲线不设在明桥面桥上，变坡点距明桥面端点的距离，不应小于竖曲线的切线长。

4）竖曲线不应与道岔重叠

道岔的尖轨和辙叉应位于同一平面上，如将其设在竖曲线的曲面上，则道岔的铺设与转换都有困难。同时，道岔的导曲线和竖曲线重合，列车通过道岔的平稳性降低。

为了保证竖曲线不与道岔重叠，变坡点与车站站坪端点的距离，不应小于竖曲线的切线长。

5）竖曲线不宜与平面圆曲线重叠

设计速度为 160km/h 及以上的区段，竖曲线与平面圆曲线不宜重叠设置。因此，线路设计时，应尽量将同一平面曲线范围设置为一个坡段，如图 3-31（b）所示。若需要将一个平曲线设置为多个坡段，其相邻坡段坡度差不宜大于不设置竖曲线的最小坡度差。

3.3.3　坡段长度

相邻两坡段的坡度变化点称为变坡点。相邻两变坡点间的水平距离称为坡段长度。

从工程数量上看，采用较短的坡段长度可更好地适应地形起伏，减少路基、桥隧等工程数量（图 3-32）。但从列车运行的平稳性要求出发，纵断面坡段长度宜设计为较长的坡段。因此，坡段长度的确定，既要满足列车运行的平稳性要求，又要尽可能地节约工

图 3-32　不同坡长的纵断面

程投资，使两者取得最佳的统一。

客运专线铁路，为避免列车运营过程中的频繁起伏，提高舒适程度，不得连续采用"N"形短坡段。采用大坡度路段，宜避免采用"V"形纵断面。

1. 最短坡长限制

最短坡长的限制主要是从列车行驶平稳性的要求考虑的。

(1) 车钩强度限制的最小坡段长度

普通客货共线铁路上，列车通过变坡点时，变坡点前后的列车运行阻力不同，车钩间存在游间，将使部分车辆产生局部加速度，影响行车平稳。同时也使车辆间产生冲击作用，增大列车纵向力，坡段长度要保证不致产生断钩事故。货车车钩强度允许的纵向力，拉伸力取 980kN，压缩力取 1960kN。根据仿真分析计算结果，在可能设置的最大坡度代数差和列车非稳态运行（如紧急制动、由缓解到牵引）的不利工况下，设置或不设置分坡平段与缓和坡段，其最大纵向力均不会超过车钩强度限制值。

坡段长度所决定的车钩应力与列车牵引吨数有直接关系，牵引吨数用远期到发线有效长度表示。经过铁道科学研究院的理论计算与实践验证，最小坡段长度根据对 6500t 列车的计算结果，按 1/3 列车长度设置是合理的。

客运专线铁路上运行动车组，列车采用密接式车钩，坡段长度不受此条件限制。

(2) 列车运行平稳条件要求的最小坡段长度

1) 竖曲线上产生的车辆垂向振动不致影响旅客舒适度

从列车运行平稳性的角度考虑，最小坡段长度不仅应保证同坡段两端所设的竖曲线不在坡段中间重叠，同时在两竖曲线间还应有足够长的夹坡长度，以确保列车在同坡段前一个竖曲线上产生的振动在夹坡段范围内完全衰减，不与后一个竖曲线上产生的振动叠加，为此，两竖曲线间有一定的夹坡段长度，如图 3-33 所示。原理同夹直线最小长度，但因车体振动衰减较缓和曲线上快，故取值略小。

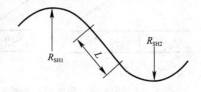

图 3-33 竖曲线间坡段长度

对于两竖曲线间夹坡段长度的要求，德国、日本两国高速铁路的规范无具体规定；法国高速铁路要求两竖曲线间夹坡段长度不得小于 $0.4V_{\max}$。借助国外的经验，规定两竖曲线间的最小夹坡段长不小于 $0.4V_{\max}$，即最小坡段长度应当满足：

$$l_{\min} = 2 \times \left(\frac{R_{\mathrm{SH}} \times \Delta i_{\max}}{2000} \right) + 0.4V_{\max} \quad (\mathrm{m}) \tag{3-82}$$

式中　　$l_{\min}$——最小坡段长度（m）；

$\Delta i_{\max}$——相邻坡段最大坡度差（‰）；

R_{SH}——竖曲线半径（m）。

2) 旅客列车不同时跨两个变坡点条件要求的坡段长度

为了提高旅客列车运行平稳性，应使旅客列车不同时跨两个变坡点，以免列车过变坡点的附加加速度叠加而影响旅客舒适，为此，坡段长度应大于远期旅客列车长度。考虑我国铁路发展趋势，大于 160km/h 的旅客列车将逐渐采用动车组，因此，中速动车组长度起控制作用。例如，旅客列车按 16 辆编组，动车平均长度取 25.0m，并考虑列车两端 15m 的安全距离，则坡段长度宜大于 450m。

（3）最小坡段长度限制

1）相关标准值

综合安全、舒适、工程、运营等各种因素，我国相关规范规定的各级铁路最小坡段长度不应小于表 3-15 所列标准值，且采用最小坡段长度值的坡段不宜连续使用两个以上。

最小坡段长度表 表 3-15

铁路类型	客运专线		客货共线铁路					
设计速度（km/h）	300～350	200～250	200	160	≤140			
到发线有效长度（m）					1050	850	750	650
最小坡段长度（m）	900（600）	800（600）	600（400）	400	400	350	300	250

注：括号内数字为困难条件下的最小坡段长度值，采用困难条件下的标准。

2）200m 坡段长度采用条件

设计最高时速≤140km/h 的客货共线铁路在某些行车速度较低的路段，为了因地制宜节省工程，坡段长度允许缩短至 200m。

① 凸形纵断面坡顶为缓和坡度差而设置的分坡平段，其长度宜为 200m，如图 3-34（a）所示；凹形纵断面底部为缓和坡度差而设置的分坡平段，其长度仍按表 3-15 取值，如图 3-34（b）所示。

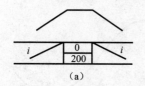

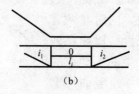

图 3-34 分坡平段的坡段长度

② 因最大坡度折减而形成的如图 3-35（a）所示坡段，包括折减坡段及其中间无须折减的坡段，这些坡段间的坡度差较小，坡长可以缩短。

③ 在两个同向坡段之间为了缓和坡度差而设置的缓和坡段如图 3-35（b）所示。缓和坡段使纵断面上坡度逐步变化，对列车运行平稳有利，故允许缩短为 200m。

④ 长路堑内为排水而设置的人字坡段如图 3-35（c）所示。人字坡段的坡度一般不小于 2‰，以利于路堑侧沟排水。

⑤ 枢纽疏解引线范围内的线路纵坡，因行车速度较低，且一般因跨线需要迅速升高（或降低）纵断面高程，可设计较短的坡段。

2. 最大坡长限制

（1）客货共线铁路

对客货共线铁路，货物列车在接近长大下坡道区间的车站时，列车自动制动机需进行持续一定时间的全部试验，从而增加列车在车站的停站作业时

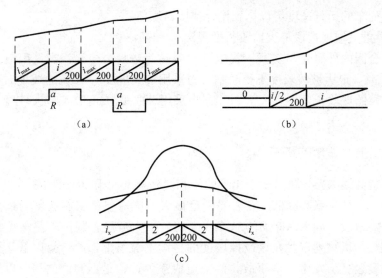

图 3-35　200m 坡段

间。因此，纵断面设计时，应尽量减少长大下坡道的设置。根据我国目前列车自动制动机技术要求，客货共线铁路的长大下坡道指的是：线路坡度超过 6‰、长度为 8km 及其以上者；线路坡度超过 12‰、长度为 5km 及其以上者；线路坡度超过 20‰、长度为 2km 及其以上者。

(2) 客运专线

对于高速客运专线铁路，为了防止高速列车的牵引电机发生过热现象，当纵断面采用最大坡度时，宜限制最大坡度地段的坡段长度。

1) 国外研究与实践

日本东海道新干线根据其停车后再起动主电机温升控制在 120℃ 以内的条件规定：最大坡度为 15‰，其坡道长度可达到 7km；坡道长度短于 2.5km 时，允许采用 18‰ 的坡度；坡道长度不超过 1km 时，坡度可用到 20‰ 等。日本山阳新干线规定：在 10km 路段内平均坡度不大于 12‰ 时，最大坡度可采用 15‰。

法国规定：对于小于 3km 的坡段长度，其坡度值不应超过 18‰；对于 3～15km 的长度，最大坡度不超过 15‰。法国建议在实际应用中，上述坡度再降低 2‰。对于坡度大于 25‰ 的线路，最大坡长为 4km。

欧盟 2001 年底编制了泛欧高速铁路互连互通技术标准。在坡段方面规定，10km 范围内坡度不大于 25‰，6km 范围内，坡度≤35‰，40‰ 的坡度作为个案处理。

2) 仿真分析

最大坡道上的坡段长度可根据在一定初始速度下，以不低于设计速度的 90％ 运行的坡段长度作为设计最大值采用，以确保运营速度在一定范围内，充分、合理地发挥基础设施的功能。对最高速度为 350km/h、200km/h 的动车组列车进行 15‰、20‰ 和 30‰ 的运行模拟，结果表明，在 15‰～30‰ 不同

123

坡道上列车的运行速度可以达到设计速度目标值。

3）最大坡度地段最大坡段长度规定

综合国内外研究与实践，我国目前《高速暂规》建议：当采用最大坡度为12‰时，最大坡段长度不受限制；当采用最大坡度为15‰的坡度时，最大坡度地段的坡段长度不宜大于9km；当采用20‰的坡度时，最大坡度地段坡段长度不宜大于5km。

3.3.4 最大坡度的折减

客货共线铁路，当平面上出现曲线和遇到长度大于400m的隧道时，附加阻力增大、粘着系数降低。在需要用足最大坡度（包括限制坡度与加力牵引坡度）的地段，如果纵断面的加算坡度超过最大坡度，则按限制坡度计算的牵引吨数的货物列车，在该设计坡度的持续上坡道上，最终会以低于计算速度的速度运行，发生运缓事故，甚至造成途停，这是不允许的。所以线路纵断面设计坡度值加上曲线和隧道附加阻力的换算坡度值，不能大于最大坡度值。为此，纵断面设计时，需将最大坡度值减缓，以保证普通货物列车以不低于计算速度或规定速度通过该地段。此项工作称为最大坡度的折减。

1. 曲线地段的最大坡度减缓

（1）设计坡度

在曲线地段，货物列车受到的坡度阻力和曲线阻力之和，不得超过最大坡度的坡度阻力，以保证列车不低于计算速度运行。所以设计坡度 i 应为：

$$i = i_{max} - \Delta i_R \quad (‰) \tag{3-83}$$

式中 i_{max}——最大坡度值（‰）；

Δi_R——曲线阻力的相应坡度减缓值（‰）。

（2）曲线地段最大坡度减缓的注意事项

1）当设计坡度值和曲线阻力之和不大于最大坡度值时，此设计坡度不用减缓。

2）既要保证必要减缓值，又不要减缓过多，以免损失高度，使线路额外展长。

3）减缓时，涉及的曲线长度系未加设缓和曲线前的圆曲线长度，涉及的货物列车长度应取近期长度，因近期长度短于远期长度，按近期长度考虑能满足远期长度的减缓要求。

4）减缓坡段长度应不短于且尽量接近于圆曲线长度，取50m的整倍数，且不应短于200m。通常情况下，所取的坡段长度还不宜大于货物列车长度。

5）减缓后的设计坡度值，取小数点后一位。

（3）曲线地段最大坡度减缓的方法

1）两圆曲线间不小于200m的直线段，可设计为一个坡段，不予减缓，按最大坡度设计。

2）长度不小于货物列车长度的圆曲线，可设计为一个坡段，曲线阻力的坡度减缓值为：

$$\Delta i_{\mathrm{R}} = w_{\mathrm{r}} = \frac{600}{R} \quad (\text{‰}) \qquad (3\text{-}84)$$

3）长度小于货物列车长度的圆曲线，设计为一个坡段，曲线阻力的坡度减缓值为：

$$\Delta i_{\mathrm{R}} = \left(\frac{600}{R} \times \frac{K_{\gamma}}{L_i}\right) = \frac{600}{R} \times \frac{\pi \times R \times \alpha}{180 L_i} = \frac{10.5\alpha}{L_i} \quad (\text{‰}) \qquad (3\text{-}85)$$

式中　α——曲线转角（°）；

　　K_{γ}——圆曲线长度（m）；

　　R——圆曲线半径（m）；

　　L_i——设计坡段长度（m），当其大于货物列车长度时，取货物列车长度。

4）若连续有一个以上长度小于货物列车长度的圆曲线，其间直线段长度小于200m，可将小于200m的直线段分开，并入两端曲线进行减缓，坡度减缓值按式（3-85）计算。也可将两个曲线合并折减，减缓坡段长度不宜大于货物列车长度，曲线阻力的坡度减缓值为：

$$\Delta i_{\mathrm{R}} = \frac{10.5 \sum \alpha}{L_i} \quad (\text{‰}) \qquad (3\text{-}86)$$

式中　$\sum \alpha$——折减坡段范围内的曲线转角总和（°）。

5）当一个曲线位于两个坡段上时，每个坡段上分配的曲线转角度数，应按两个坡段上曲线长度的比例计算，相应的曲线坡度减缓值，按分配的曲线转角计算。

【例 3-3】　客货共线铁路设计线为电力牵引，限制坡度为 12‰，近期货物列车长度为 550m，线路平面如图 3-36 所示，该地段需用足限制坡度上坡，路段设计速度为 100km/h，试设计其纵断面。

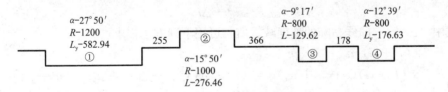

图 3-36　曲线坡度折减

【解】　设计纵断面坡度折减方法如下：

a. 将②号曲线前后长度不小于 200m 的两直线段，分别设计为长度 200m 和 350m 的坡段，坡度不予减缓，按限制坡度 12‰ 设计。

b. 将长度大于近期货物列车长度的①号圆曲线，设计为一个坡段，坡段长度取 600m，设计坡度为：

$$i = i_{\mathrm{x}} - \frac{600}{R} = 12 - \frac{600}{1200} = 11.5\text{‰}，取为 11.5‰。$$

c. 将长度小于近期货物列车长度的②号圆曲线，设计为一个坡段，坡段长度取 300m，设计坡度为：

$$i = i_x - \frac{10.5\alpha}{L_i} = 12 - \frac{10.5 \times 15.83}{300} = 11.45\text{‰}，取为 11.4‰。$$

d. 将长度小于近期货物列车的③、④两圆曲线，连同中间小于 200m 的直线段，划分为长度各为 250m 的两个坡度进行减缓，设计坡度分别为：

$$i = i_x - \frac{10.5\alpha}{L_i} = 12 - \frac{10.5 \times 9.28}{250} = 11.61\text{‰}，取为 11.6‰。$$

$$i = i_x - \frac{10.5\alpha}{L_i} = 12 - \frac{10.5 \times 12.65}{250} = 11.47\text{‰}，取为 11.4‰。$$

也可将曲线③、④边同中间夹直线并为一个坡段，取为 500m 进行减缓，则设计坡度为 11.5‰。

上述设计结果如图 3-37 所示。

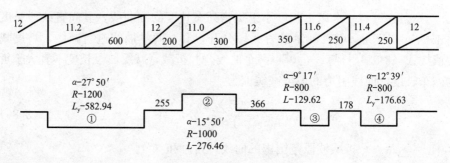

图 3-37 【例 3-3】设计结果

2. 小半径曲线地段的最大坡度减缓

当货物列车以接近或等于计算速度通过位于长大坡道上的小半径曲线时，为了保证货物列车不低于计算速度运行，若粘降后的粘着牵引力 $F_{\mu j}$ 小于计算牵引力 F_j，还需要进行曲线粘降的坡度减缓。因此，需要用足最大坡度设计的位于长大坡道上的小半径地段，其设计坡度应为：

$$i = i_{max} - \Delta i_R - \Delta i_\mu \quad (\text{‰}) \tag{3-87}$$

式中 Δi_μ——曲线粘降的坡度减缓值，可用下列方法推求：

$$\begin{cases} F_j = (P+G)(i_{max}+w_0)g \\ F_{\mu j} = (P+G)(i+w_0+w_r)g = (P+G)[(i_{max}-\Delta i_R-\Delta i_\mu)+w_0+w_r]g \\ \qquad = (P+G)(i_{max}+w_0-\Delta i_\mu)g（因为 \Delta i_R \approx w_r） \end{cases}$$

两式相除，得 $\dfrac{F_j}{F_{\mu j}} = \dfrac{i_{max}+w_0}{i_{max}+w_0-\Delta i_\mu}$，故有：

$$\Delta i_\mu = \left(1 - \frac{F_{\mu j}}{F_j}\right)(i_{max}+w_0) \quad (\text{‰}) \tag{3-88}$$

$$F_{\mu j} = 1000P_\mu \times g \times \mu_r \approx 10000P_\mu \times \mu_r \quad (\text{N})$$

式中 i_{max}——最大坡度值（‰）；

w_0——计算速度时，列车平均单位基本阻力（N/kN）；

$F_{\mu j}$——计算速度时，小半径曲线粘降后的粘着牵引力（N）；

P_μ——机车粘着质量（t）；

μ_r——小半径曲线计算速度下的粘着系数，根据牵引类型查表 3-16。

牵引种类	μ_r	μ_j
电力	$\mu_r = \mu_j(0.670 + 0.00055R)$	$\mu_j = 0.24 + \dfrac{12}{100 + 8V_j}$
内燃	$\mu_r = \mu_j(0.805 + 0.000355R)$	$\mu_j = 0.248 + \dfrac{5.9}{75 + 20V_j}$

利用式（3-87）计算小半径曲线地段粘降减缓时，因为各种类型机车在计算速度下，粘着牵引力与计算牵引力比较，都有一定的富余量，但富余的百分比不同。在小半径曲线上，粘降后的粘着牵引力 $F_{\mu j}$ 和计算牵引力 F_j 的比值，也不相同，理论计算的粘降值 Δi_μ 也出入甚大。在拟定曲线粘降减缓值时，应考虑以下实际情况：

（1）目前内燃机车的粘着牵引力富余量比较大，故不需进行小半径曲线的粘降折减。若设计线近期采用内燃牵引而远期采用电力牵引时，其小半径曲线粘降减缓值应按电力牵引计算。

（2）电力牵引时采用粘着牵引力富余量为 5.5%。当 $R = 500$m 时，计算的 Δi_μ 值很小，可忽略不计；$R < 500$m 时，计算结果取为 0.05‰ 的整倍数，即得表 3-17 所列数据。

电力牵引小半径曲线粘降坡减缓值（‰）　　　　　　　表 3-17

R(m) ＼ i_{max}(‰)	4	6	9	12	15	20	25	30
450	0.20	0.25	0.35	0.45	0.55	0.70	0.90	1.05
400	0.35	0.50	0.65	0.85	1.05	1.35	1.65	1.95
350	0.50	0.70	1.00	1.25	1.50	2.00	2.45	2.90
300	0.70	0.90	1.30	1.65	2.00	2.60	3.20	3.80

注：当 R 和 i_{max} 为表列中间值时，坡度折减值可采用线性内插得出。

（3）小半径曲线粘降的减缓范围，理论上只要机车进入曲线，粘着系数将立即降低，在曲线前方一个货物列车长度内，也应进行粘降减缓。但只要机车驶出曲线，粘降就不存在，故又应在曲线末端一个货物列车长度内，不进行粘降减缓。为了简化设计，只在小半径曲线范围内进行粘降减缓。设计时，当所取坡段长度因取 50m 整数而大于曲线长度时，应将整个坡段按 Δi_μ 减缓，以利安全。

【例 3-4】　客货共线铁路设计线为电力牵引，限制坡度为 9‰，近期货物列车长度为 650m，线路平面如图 3-38 所示，该地段需用足限制坡度上坡。

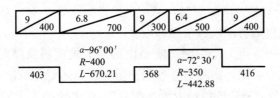

图 3-38　小半径曲线的坡度减缓

127

【解】 设计纵断面坡度减缓方法如下：

a. 将左端直线段取 400m 坡长，坡度不减缓，按限制坡度 9‰设计。

b. 第一个曲线的减缓坡度取为 700m 坡长，设计坡度由下式计算，式中 Δi_μ 由表 3-17 查得。

$$i = i_{\max} - \Delta i_R - \Delta i_\mu = 9 - \frac{600}{R} - 0.65 = 9 - \frac{600}{400} - 0.65$$

$$= 6.85‰，取为 6.8‰。$$

c. 中间的直线段取为 300m 坡长，坡度不予减缓，按限制坡度 9‰设计。

d. 第二个曲线的减缓坡段取为 500m 坡长，设计坡度：

$$i = i_{\max} - \Delta i_R - \Delta i_\mu = 9 - \frac{10.5\alpha}{L_i} - 1.00 = 9 - \frac{10.5 \times 72.5}{500} - 1.00$$

$$= 6.48‰，取为 6.4‰。$$

e. 右端直线取为 400m 坡长，坡度不予减缓，按限制坡度 9‰设计。

3. 隧道内的最大坡度折减

位于长大坡道上且隧道长度大于 400m 的地段，最大坡度应进行折减。

(1) 影响折减的因素

1) 隧道空气附加阻力。列车在隧道内运行，要产生隧道空气附加阻力，因此最大坡度要相应进行折减。隧道空气附加阻力 w_s，目前尚无可靠的公式计算，粗略估算可参考公式 (2-60)、式 (2-61) 计算。

2) 内燃牵引时，为防止油烟、废气进入司机室，要提高列车通过隧道的速度。根据《牵规》规定，内燃机车牵引列车通过长度小于或等于 1000m 的隧道时，最低运行速度不得小于机车的最低计算速度，隧道长度大于 1000m 时，不得低于机车计算速度 $V_j + 5km/h$。为了保证列车的过洞速度，最大坡度 $i_{\max}$ 的折减值应为 $i_{\max} - i_v$。i_v 为规定的过洞速度下相应的均衡坡度值 (‰)。过洞速度下的单位合力值为 $f - w_0$ (N/kN)，$i_v = f - w_0$ (‰)。

3) 隧道内粘着系数降低。隧道内轨面较为潮湿，且粘附有烟尘油垢，使轮轨间粘着系数降低，粘降百分率随隧道加长而增大。当粘降后的粘着力小于计算牵引力时，需要进行粘降的坡度折减。但因电力、内燃机车的粘着系数公式，已考虑了隧道内不利的轨面条件，因此可不必再考虑隧道粘降。

4) 内燃机车通过隧道时，若速度过低，因散热条件不良，将引起柴油机功率降低。当双机重联时，第二节机车的功率降低更为严重。目前用提高内燃机车过洞速度的办法，来减少功率降低，功率修正应通过试验确定。《牵规》规定：DF_{4B} 型内燃机车，通过长度 1000m 以上的隧道时，牵引力修正系数单机为 0.88；双机重联牵引时，第一台机车为 0.88，第二台机车为 0.85。

(2) 最大坡度的折减系数与设计坡度

根据以上分析，电力牵引时，隧道内的最大坡度折减仅需考虑隧道空气附加阻力。内燃牵引除考虑隧道空气附加阻力外，还要考虑过洞速度的要求。

为了简化计算，隧道内的最大坡度折减值 Δi_s，可换算为最大坡度系数 β_s。它和设计坡度 i 的关系是：

$$i = i_{\max} - \Delta i_s = \left(1 - \frac{\Delta i_s}{i_{\max}}\right) \times i_{\max} = \beta_s \times i_{\max} \quad (‰) \qquad (3\text{-}89)$$

电力牵引时：$\beta_s = 1 - \dfrac{w_s}{i_{\max}}$

内燃牵引时：$\beta_s = 1 - \dfrac{w_s + (i_{\max} - i_v)}{i_{\max}} = \dfrac{i_v - w_s}{i_{\max}}$

式中　w_s——隧道空气附加阻力（N/kN）；

　　　i_v——过洞速度下的均衡坡度（‰）。

按式（3-89）可计算出各种牵引的最大坡度系数。《线规》考虑了各种实际情况，将计算值适当修正后，得出的最大坡度系数如表 3-18 所示。

电力与内燃牵引隧道内的最大坡度系数 β_s 　　　　表 3-18

牵引类型 隧道长度（m）	电力牵引	内燃牵引
$400 < L_s \leqslant 1000$	0.95	0.90
$1000 < L_s \leqslant 4000$	0.90	0.80
$L_s > 4000$	0.85	0.75

位于曲线地段的隧道，应先进行隧道折减，再进行曲线折减。

（3）折减范围

隧道坡度折减的主要因素包括隧道空气附加阻力和通过隧道的最低速度两项。隧道空气附加阻力中列车头部的压力，虽然在机车刚进入洞门时就突然产生，但列车四周与空气的摩阻力，却是随列车进入隧道的长度而逐步增大，列车全部进入隧道后才达到稳定值。而列车尾部吸力则是在列车全部进入隧道后才产生，并逐步增大最后才趋于稳定。为简化计算，各种牵引的折减范围仅限于隧道长度内，并随折减坡段取值，进整为 50m 的倍数。

为满足内燃牵引的过洞速度要求，按规定进行隧道坡度折减后，还应进行列车进洞速度检算，如达不到过洞的最低速度要求，则应在进洞上坡前设计加速缓坡，使机车进洞时速度达到规定值。

（4）加速缓坡的设计

内燃牵引时，若隧道长度所要求的过洞速度高于机车计算速度时，则应在隧道上坡进洞前方设置加速缓坡。加速缓坡的坡段长度 L_{SJ}（图 3-39），可按下式计算：

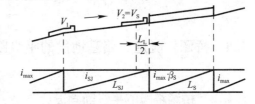

图 3-39　隧道前的加速缓坡

$$L_{SJ} = \sum \frac{4.17(V_2^2 - V_1^2)}{f - w_0 - i_{SJ}} + \frac{L_L}{2} \quad (m) \qquad (3\text{-}90)$$

式中　V_1——加速缓坡起点处的行车速度（km/h），在长大坡道上取机车计算速度 V_j；

　　　V_2——机车头部达到洞口时的行车速度（km/h），即规定的过洞最低速度 V_s；若 V_1 与 V_2 的差值过大，应分为若干不大于 5km/h 的速度间隔，分段计算后累计；

$f-w_0$ —— 平均速度 $\dfrac{V_1+V_2}{2}$ 时的单位合力（N/kN）；

i_{SJ} —— 加速缓坡的坡度（‰），一般不大于隧道内的设计坡度；若加速缓坡的坡段内，平面上有曲线，则 i_{SJ} 应为加算坡度值；

L_L —— 货物列车长度（m）。

计算的加速缓坡长度应进整为 50m 的倍数，且不短于 200m。

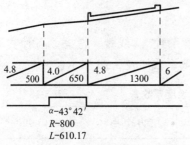

图 3-40　隧道路段的坡度折减

【例 3-5】 客货共线铁路设计线采用内燃牵引，限制坡度为 6‰，机车类型为 DF_{4B} 型，货物列车长度 493m，隧道长度为 1300m，线路平面如图 3-40 所示。该路段需要用足限制坡度上坡。

【解】 纵断面坡度设计的方法如下：

a. 隧道内的坡度折减长度 $L_S=1300m$，查表 3-18，得 $\beta_S=0.80$，则

$$i = i_{max} \times \beta_S = 6 \times 0.8 = 4.8‰$$

b. 加速缓坡的设计：

$L_S=1300m$，DF_{4B} 型机车的计算速度 $V_j=21.8km/h$，过洞速度 $V_s=26.8km/h$，i_{SJ} 取与隧道内相同坡度 4.8‰。因隧道前方平面上有曲线，故 i_{SJ} 为加算坡度值。按下式计算加速缓坡长度为：

$$
\begin{aligned}
L_{SJ} &= \sum \frac{4.17(V_2^2 - V_1^2)}{f - w_0 - i_{SJ}} + \frac{L_L}{2} \\
&= \frac{4.17(26.8^2 - 21.8^2)}{f|_{V=24.3} - w_0|_{V=24.3} - 4.8} + \frac{493}{2} = \frac{4.17(26.8^2 - 21.8^2)}{7.58 - 1.61 - 4.8} + 247 \\
&= 1113.1m
\end{aligned}
$$

取 $L_{SJ}=1150m$，分为 500m 直线段和 650m 曲线段。

i_{SJ} 为加算坡度值，直线段取 4.8‰。曲线段的设计坡度为：

$$i = 4.8 - \frac{600}{800} = 4.8 - 0.75 = 4.05‰，取为 4.0‰。$$

3.4　桥涵、隧道、路基地段的平纵断面设计

3.4.1　桥涵路段的平纵断面设计

桥梁按其长度可划分为：特大桥（桥长大于 500m）、大桥（桥长 101～500m）、中桥（桥长 21～100m）和小桥（桥长 20m 及以下者）。涵洞孔径一般为 0.75～6.0m。

1. 桥涵路段的平面设计

小桥和涵洞对线路平面无特殊要求。

特大桥、大桥、连续梁、钢梁及较大跨度的桥梁宜设在直线上，困难条件下必须设在曲线上时，宜采用较大的曲线半径。桥梁设在曲线上有以下缺

点：桥梁结构设计和施工不便；更换钢轨和整正曲线比较困难；线路位置容易变形造成过大偏心，对墩台受力不利；曲线上行车摇摆对桥梁受力和运行安全均属于不利。

明桥面桥宜设在直线上。若设在曲线上，则因桥梁上未铺道砟，线路很难固定，轨距不易保持，影响行车安全。明桥面桥上的曲线外轨超高要用桥枕高度调整，铺设和抽换轨枕比较困难。确有充分技术经济依据时，方可将跨度大于40m或桥长大于100m的明桥面桥设在半径小于1000m的曲线上。

明桥面桥不应设在反向曲线上。因为如将桥梁设在反向曲线上，列车通过时，将产生剧烈摆动，影响运营安全。同时线路养护不易正确就位，桥梁产生偏心，有害于桥梁受力，明桥面桥更为严重。所以只有道砟桥面的桥梁，在困难条件下，才允许设在反向曲线上，并应尽量采用较长的夹直线。

桥梁上采用的曲线半径，应不限制桥梁跨度的合理选用。常用定型梁的允许最小曲线半径，如表3-19所示。

常用定型梁的允许最小曲线半径值　　　　表3-19

梁的类型		钢筋混凝土梁		预应力钢筋混凝土梁		钢筋混凝土板梁与板梁结合梁	
		普通	低高度				
跨度（m）		≤4	20	≤20	23.8 24.0	31.7 32.0	32	40
允许最小曲线半径（m）	一般情况	350	400	600	400	600	300	500
	特殊情况	250	300		300	450		

连接大桥的桥头引线，应采用桥梁上的平面标准。如设计为曲线时，半径不应小于该路段的最小曲线半径，并应考虑采用架桥机架梁时，对桥头引线曲线半径的要求。

2. 桥涵路段的纵断面设计

涵洞和道砟桥面桥可设在任何纵断面的坡道上。

连续梁、钢梁及较大跨度梁的桥上纵断面设计应满足桥梁设计的技术要求。

明桥面桥宜设在平道上。设在坡道上时，由于钢轨爬行的影响，线路难于锁定，轨距也难于保持，给线路养护带来困难，同时影响行车安全。如果必须设在坡度上时，坡度不宜大于4‰，以免列车下坡时，在桥上制动增加钢轨爬行。所以如将跨度大于40m，或桥长大于100m的明桥面桥设在大于4‰的坡道上，应有充分技术经济依据。

明桥面桥上不应设置竖曲线，以免调整轨顶高程引起铺设和养护的困难。所以纵断面设计时，应使变坡点距明桥面桥两端不小于竖曲线切线长，如图3-41所示。

桥涵处的路肩设计高程，涵洞处应不低于水文条件和构造条件所要求的最低高度。桥梁处应不低于水文条件和桥下净空高度所要求的最低高度。平原地区通航河流上的大型桥梁，为了保证桥下必要的通航净空，并使两端引

132

线高程降低，可在桥上设置凸形纵断面。

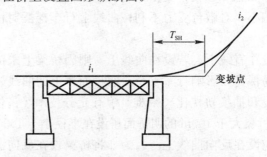

图 3-41 变坡点至明桥面桥的距离

客运专线铁路跨越其他铁路、公（道）路时，纵断面设计高程应满足其净高要求。跨越客运专线的立交桥，其桥下净高不应小于 7.25m。客运专线下穿既有立交桥时，经技术经济比选，可采用较低的净高。

穿越通航河流的桥梁纵断面设计除应满足水文条件、桥梁结构要求外，还应满足通航净空的要求。

因跨越道路或地质条件较差地段而设置的高架线路，桥式主要采用跨度不大于 32m 的简支梁或等跨连续箱梁，其高度一般不应大于 15m。

3.4.2 隧道路段的平纵断面设计

1. 隧道路段的线路平面

隧道内的测量、施工、运营、通风和养护等条件均比空旷地段差，曲线隧道更为严重，所以隧道宜设在直线上。如地形地质等条件限制必须设在曲线上时，宜将曲线设在洞口附近，并采用较大的曲线半径。

隧道不宜设在反向曲线上。必须设在反向曲线上时，其夹直线长度不宜小于 44m，以免两端的曲线加宽发生重叠，施工复杂。

当直线隧道外的曲线接近洞口时，应使直缓点或缓直点与洞门的距离不小于 25m，以免引起洞口和洞口的衬砌加宽。

2. 隧道路段的线路纵断面

隧道内的线路纵断面可设置为单面坡或人字坡。单面坡能争取高度且有利于长隧道的运营通风，人字坡有利于施工中的排水和出渣。

需要用足最大坡度路段的隧道，为了争取高度，一般应设计为单面坡。

地下水发育的长隧道宜设计为人字坡。人字坡的长隧道，由于通风不良，内燃牵引时，双方向上坡列车排出的废气与油烟，污染隧道，恶化运营和维修工作条件，必要时应采用人工通风。

隧道内的坡度不宜小于 3‰，以利排水。严寒地区且地下水发育的隧道，可适当加大坡度，以减少冬季排水结冰堆积的影响。

3.4.3 路基对线路纵断面的要求

跨越排洪河道的特大桥、大中桥的桥头引线、水库地区和滨河地段、行洪及滞洪区以及低洼地带的路基，其路肩设计高程应不小于"设计水位＋壅水高度＋波浪侵袭高度＋0.5m"，且应满足国家防洪标准设计的相关要求。

小桥涵洞附近的路基，路肩设计高程应不小于"设计水位＋壅水高度＋0.5m"。

长大路堑内的设计坡度不宜小于2‰，以利侧沟排水。客货共线铁路当路堑长度在400m以上且位于凸形纵断面的坡顶时，可设计为坡度不小于2‰、坡长不小于200m的人字坡。

路、桥分界高度应根据路堤地基条件、填料性质及来源、当地土地资源、城镇交通要求等，通过技术经济比较综合确定。

3.5 站坪的平面和纵断面设计

3.5.1 站坪长度

站坪长度 L_z 由远期到发线有效长度 L_{yx} 和两端道岔咽喉区长度 L_{yh} 决定，如图 3-42 所示。站坪长度不包括站坪两端竖曲线的切线长度。

1. 客货共线铁路

客货共线铁路站坪长度根据正线数目、车站类别、车站股道布置形式和远期到发线有效长度等条件确定。车站类别不同，股道

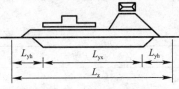

图 3-42　站坪长度示意图

数量不同，则站坪两端咽喉区长度不同。股道布置形式和到发线有效长度，决定站坪中段的长度。客货共线铁路站坪长度一般可采用不小于表 3-20 所列数值。

客货共线铁路站坪长度表　　　　　　　　表 3-20

车站种类	车站布置形式	远期到发线有效长度（m）						
		1050		850		750		650
		单线	双线	单线	双线	单线	双线	单线
会让站、越行站	横列式	1450	1700	1250	1500	1150	1400	1050
中间站	横列式	1600	2000	1400	1800	1300	1700	1200
区段站	横列式	2000	2500	1800	2300	1700	2200	1600
	纵列式	3500	4000	3100	3600	2900	3400	2600

表列站坪长度未包括站坪两端的竖曲线长度。站坪两端变坡点的坡度差大于3‰（Ⅰ、Ⅱ级铁路）和4‰（Ⅲ级铁路）时，变坡点应设在站坪端点外侧不短于竖曲线切线长之处。

表列的站坪长度，会让站、越行站、中间站和区段站的站坪长度，除越行站、双线中间站两端按各铺一组18号道岔单渡线确定外，正线上其他道岔全部是按采用12号道岔确定的。若条件不同，站坪长度应计算确定。

133

表列数值是按一般车站计算的。站内如有其他铁路接轨时，站坪长度应根据计算确定。复杂中间站、区段站的站坪长度，可按实际情况计算确定。

表列数值系单机牵引的站坪长度，双机或多机牵引时，应根据增加的机车台数和机车长度，相应增大有效长度和站坪长度。

2. 客运专线铁路

客运专线站坪长度应根据到发线有效长度、远期车站布置形式及道岔类型等因素计算确定，如图 3-43 所示。客运专线车站布置形式、有无综合维修工区、岔线和车站间不同数量和方向的渡线等条件不同，则车站咽喉区长度不同，从而导致车站站坪长度不同，如表 3-21 所示。

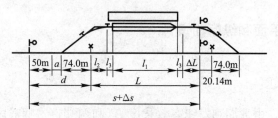

图 3-43　站坪长度示意图

客运专线中间站坪长度表　　　　　　　　　表 3-21

无工区岔线		有工区岔线	
图形	站坪长度（m）	图形	站坪长度（m）
	2200		2320
	1800		
	1800		1920
	1350		

（1）到发线按双向接发车条件不增加有效长度，同一股道发车时反向发车信号关闭。进站信号机距第一位道岔基本轨缝为 50m，距第一个正线旁警冲标 50m。

（2）站坪长度为进站信号机至另一端进站信号机或最外道岔基本轨接缝之间的距离，不包括最外道岔基本轨接缝至曲线起点（缓直点）间的直线距离和正线竖曲线。

3.5.2 站坪的线路平面

1. 车站正线的平面标准

车站要进行技术作业，为了作业的安全和方便，站坪应设在直线上。但在特殊困难条件下，若受地形条件限制，设在直线上可能会引起大量工程时，允许将站坪设在曲线上，但曲线半径应符合相应技术条件确定的最小曲线半径值要求。

车站设在曲线上，在运营上有如下缺点：

1) 站内瞭望视线不良，使接发列车、调车和列检作业条件复杂化，不仅增加传递信号的时间、降低效率，有时还可能误认信号，影响作业安全。

2) 列车起动时，增加了曲线附加阻力。

车站的规模越大，作业越多，上述影响则越加严重。

(1) 客货共线铁路

车站平面设计应满足路段旅客列车设计行车速度的要求。若将车站设在曲线上，其最小曲线半径取值应满足如下规定：

① 设计时速为 200km/h 的线路，站内曲线半径宜符合区间正线标准。困难条件下，可通过列车速度确定曲线半径，但不得小于 1000m。车站曲线宜采用较小的偏角。

② 区段站应设在直线上，特殊困难条件下，如有充分依据可设在曲线上，其曲线半径不得小于表 3-22 所列数值。

③ 中间站、会让站、越行站宜设在直线上。困难条件下需设在曲线上时，应采用较小的曲线转角和较大的曲线半径，最小圆曲线半径应不小于表 3-22 所列数值的规定，以保证远期旅客列车可以按设计速度通过车站。

站坪平面最小圆曲线半径（m） 表 3-22

路段旅客列车设计行车速度（km/h）		160	140	120	100	80
区段站		1600	1200	800		
中间站、会让站、越行站	一般	2000	1600	1200	800	600
	困难	1600	1200	800	600	600

(2) 客运专线铁路

车站应设在直线上。困难条件下，经技术经济比选，可将车站设在曲线上，但站内正线最小曲线半径应结合设计速度合理确定。所有列车均停站的车站，其最小曲线半径不得小于 1000m。车站设在曲线上时应满足下列要求：

① 且宜采用较小的曲线偏角及曲线长度。

② 在渡线及跨线旅客列车联络线等出岔地段，正线上缓和曲线与道岔前后接缝间的直线段长度应符合表 3-23 的规定。

站坪范围缓和曲线与道岔前后接缝间的直线段最小长度 表 3-23

设计最高行车速度（km/h）		350	300	250	200
直线段长度（m）	一般	210	180	150	120
	困难	140	120	100	80

2. 站坪设置在反向曲线上的规定

客货共线铁路的横列式车站不应设在反向曲线上，以免更加恶化瞭望条件，降低效率，影响作业安全。纵列式车站如设在反向曲线上时，则每一运行方向的到发线有效长度范围内，不应有反向曲线。

客运专线的车站不应设在反向曲线上。

3. 车站咽喉区的平面要求

车站咽喉区范围内有较多道岔，道岔设在曲线上有严重缺点。如，尖轨不密贴且磨耗严重，道岔导曲线和直线部分不好连接，轨距复杂不好养护，列车通过摇晃厉害且易脱轨，曲线道岔又需特别设计和制造。所以车站咽喉区的正线应设在直线上。

3.5.3 站坪的线路纵断面

1. 站坪的坡度

站坪宜设在平道上，以确保车站作业的方便和安全。但在自然纵坡较陡的地形条件下，为了节省大量工程或争取线路高度，允许将站坪设在坡道上，但设计坡度应满足车站作业、行车安全的要求。

（1）站坪坡度限制条件

1）保证车站停放的车辆不致溜逸的最大坡度

装有滚动轴承的车辆，若停放在大于车辆不溜逸的坡度的站坪上，当遇到大风、振动或碰撞时，就有可能溜逸。我国铁道科学研究院的试验研究表明，车站上停放的装有滚动轴承的货车，不致溜逸的坡度约为 1.6‰。但是，运营实践中发现，在站坪为 1.5‰ 的既有车站上，车辆连挂时仍有溜逸的现象。客车由于质量较货车小、惯性力小，因而不致溜逸的坡度还要小。

因此，保证车辆不溜逸的坡度应不大于 1‰。

2）保证停站列车不溜逸所允许的最大坡度

列车在车站上停车时，一般处于施行制动状态。当列车实施制动停留在坡道上时，作用在列车上的力有下滑力和制动力。保证列车不溜逸的坡度为：

$$i \leqslant (B + M \times w_0 \times g)/(M \times g) = b + w_0 \quad (‰) \quad (3\text{-}91)$$

式中　B——列车制动力（kN）；

　　　M——列车质量（t）；

　　　w_0——列车单位基本阻力（N/kN）；

　　　b——列车单位制动力（N/kN）。

① 高速列车不溜逸条件

高速列车在车站停车时按常用制动考虑，常用制动时粘着系数在 0.02～0.06 之间。分析计算所得不同的制动粘着系数下保证列车不溜逸的最大坡度见表 3-24。

高速列车溜逸最大坡度				表 3-24
粘着系数	0.02	0.03	0.04	0.05
i_{max}（‰）	25	35	45	55

可见，由于高速动车组制动性能高，列车可在较陡的坡道上安全停车。

② 普通中速列车不溜逸条件

普通中速列车在车站停车时实施空气制动，制动力为 $B = 1000 \sum K\varphi$，相应列车不溜逸的最大坡度为：

$$i \leqslant \frac{1000 \sum K\varphi + (Pw_0' + Gw_0'') \times g}{(P+G) \times g} = \frac{1000 \sum K\varphi}{10 \times (P+G)} + w_0 \quad (3\text{-}92)$$

式中　P、G——机车、列车质量（t）；

$\sum K$——机车换算闸瓦压力（kN）；

w_0——列车惰行时的单位基本阻力（N/kN）；

φ——车轮与闸瓦间的换算摩擦系数。

若采用 104 型制动机，制动力为 330kN，w_0 取速度为 5km/h 时的基本阻力 1.8，换算摩擦系数取 0.25，普通中速旅客列车的轴重取值为，机车 20t、车辆 17t，则 i_{max} 为 7.7‰。

《线规》在综合考虑各项因素的基础上，建议列车不溜逸坡度取 6‰。

3）站内调车作业条件

客货共线铁路的许多中间站，需办理列车调车、甩车和挂车作业。根据我国运营实践，车站设在 6‰ 的坡道上，不能保证车站作业的安全；但车站设在 2.5‰ 的坡道上，作业安全能得到保证。

4）国外铁路采用站坪坡度情况

国外铁路的站坪坡度，苏联规定不大于 1.5‰，困难条件下不大于 2.5‰；德国、捷克斯洛伐克规定不大于 2.5‰，个别情况不大于 10‰；日本规定站坪坡度不大于 2.5‰，个别情况下不大于 6‰；瑞典考虑采用滚动轴承车辆，站坪最大坡度为 1.25‰，个别情况允许采用 2.5‰。

（2）站坪坡度设计

综合各项影响因素，我国在相关规范中规定车站站坪坡度设计应满足以下规定：

1）站坪宜设在平道上，困难条件下必须把站坪设在坡道上时，坡度一般不宜大于 1.0‰，以保证站内调车的安全与方便。

2）在特殊困难条件下，有充分技术经济依据时，客运专线允许将中间站设在不大于 2.5‰ 的坡道上，越行站可设在不大于 6‰ 的坡道上。客货共线铁路允许将会让站、越行站设在不陡于 6‰ 的坡道上，以免列车进站下坡停车和出站上坡起动发生困难。但两个相邻的车站不应连续设置陡于 6‰ 的坡道。这是考虑到沿线工农业不断发展，在相邻两个车站中远期至少有一个车站能办理甩挂作业，以方便地方运输。

3）客货共线铁路，设在坡道上的车站，应根据机车类型和牵引定数通过起动检查，确定列车能启动的坡度。

　　4）我国台湾地区铁路的站坪坡度，一般不大于 2‰，最大不得超过 3‰。

　　（3）列车起动坡度

　　客货共线铁路，当列车的机车类型和牵引定数一定时，可按下式计算列车的最大起动坡度 $i_{q(max)}$：

$$i_{q(max)} = \frac{\lambda_y \times F_q - (P \times w'_q + G \times w''_q)g}{(P+G) \times g} \quad (‰) \qquad (3\text{-}93)$$

式中　F_q——机车起动牵引力（N）；

　　　w'_q——机车单位起动阻力（N/kN），电力、内燃机车取 5N/kN；

　　　w''_q——货车单位起动阻力（N/kN），按式（2-46）、式（2-47）计算确定。

　　在列车起动范围内如有曲线时，则列车长度内包括曲线附加阻力的加算坡度值不应大于最大起动坡度。

　　若列车起动范围内设计为两个坡段，应考虑列车位于最不利的位置时，列车长度内的平均加算坡度不应大于最大起动坡度。

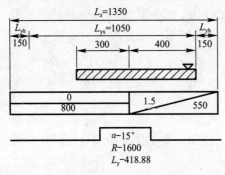

图 3-44　检算起动坡度

　　【例 3-6】　客货共线铁路设计线 $i_x = 6‰$，采用 DF$_{4B}$ 型机车（$F_q = 442.2$kN，$P = 138$t，$L_j = 21.2$m），$G = 3870$t，列车长度为 700m。某会让站的站坪平、纵断面如图 3-44 所示，检算安装滚动轴承的货物列车在图示的最不利位置时，能否顺利起动。

　　【解】　最大起动坡度 $i_{q(max)}$ 按式（3-93）计算：

$$i_{q(max)} = \frac{\lambda_y \times F_q - (P \times w'_q + G \times w''_q) \times g}{(P+G) \times g}$$

$$= \frac{442200 \times 0.9 - (138 \times 5 - 3870 \times 3.5) \times 9.81}{(138+3870) \times 9.81} = 6.57‰$$

　　列车位于图示最不利位置时，平均加算坡度 i_j 为：

$$i_j = \frac{1.5 \times 400}{700} + \frac{10.5 \times 15}{700} = 1.08‰$$

　　因为平均加算坡度小于最大起动坡度，故列车能顺利起动。

　　2. 站坪的坡段

　　站坪范围内，一般设计为一个坡段。为了减少工程，也可将站坪设计在不同的坡段上。

　　车站道岔咽喉区的正线坡度宜与站坪坡度相同。特殊困难条件下，可将咽喉区设在限制坡度减去 2‰ 的坡道上，这是因为咽喉区的道岔附加阻力大约为 2.0N/kN。但区段站、客运站不得大于 2.5‰，中间站、会让站、越行站不得大于 10‰。

3. 旅客乘降所

客货共线铁路的旅客乘降所允许设在旅客列车能够起动的坡道上，但不宜大于 8‰。在特殊困难条件下，有充分技术经济依据时，可设在大于 8‰ 的坡道上。

3.5.4　站坪两端的线路平面和纵断面

1. 线路平、纵面设计标准

客货共线铁路车站两端正线的线路设计标准，应与区间线路相同。客运专线铁路车站在特殊条件下，可按下列条件设计：

（1）全部高速列车停车的车站两端加、减速地段，可采用与行车速度相适应的技术标准。

（2）部分高速列车停车、部分高速列车通过的车站两端，应根据线路所经地区的地形条件、城市环保要求、该站高速列车的停站比例等，经综合技术经济比选确定设计速度，并按相应速度的标准设计。

2. 竖曲线和缓和曲线设置

在纵断面上，竖曲线不应伸入站坪。站坪端点至站坪外变坡点的距离不应小于竖曲线的切线长度 T_{SH}，如图 3-45 右端所示。

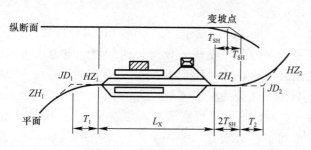

图 3-45　站坪两端的平纵面

在平面上，缓和曲线不应伸入站坪。站坪端点至站坪外曲线交点的距离不应小于曲线的切线长度 T_1，如图 3-45 左端所示。若站坪两端的线路，在平面上有曲线，在纵断面上有竖曲线，则应考虑竖曲线不与缓和曲线重叠的要求，如图 3-45 右端所示，曲线交点距站坪端点的距离不应小于 $2T_{SH}+T_2$。

客运专线站外缓和曲线与道岔前后接缝间的直线段长度应符合下列规定：

（1）渡线及跨线旅客列车联络线等出岔地段，应满足表 3-23 的规定。

（2）位于大型车站两端减、加速以及利用既有铁路等限速路段，站坪端点至站坪外曲线交点的距离不应小于：

一般条件下：　　　　　　　　$L \geqslant 0.6V$　　　　　　　　（3-94）

困难条件下：　　　　　　　　$L \geqslant 0.4V$　　　　　　　　（3-95）

式中　L——站外缓和曲线起讫点至道岔前后接缝间的直线段长度（m）；

　　　V——计算路段的设计速度（km/h）。

140

3. 客货共线铁路进站起动缓坡

由于列车不正点到达车站，车站作业延误，车站设备临时性故障，加之线路不空闲、咽喉段占用等原因，往往造成进站列车在进站信号机前临时停车。为使上坡进站的列车停车后能顺利起动，需在进站信号机前方设置起动缓坡。根据检算结果表明：电力牵引时，在限制坡度上均可起动；内燃牵引时，在平缓限制坡道上，列车起动困难。故《线规》规定：限制坡度小于或等于 6‰ 的内燃牵引铁路，编组站、区段站和接轨站进站信号机前的线路坡度不能保证货物列车顺利起动时，应设置起动缓坡，除地形困难者外，其他车站也宜设置。

起动缓坡的坡度值，可按式（3-93）计算，其长度应不短于远期到发线有效长度。进站信号机一般设于距进站道岔尖轨尖端（顺向道岔为警冲标）不少于 50m 的地点，起动缓坡设在进站信号机前方。

4. 客货共线铁路出站加速缓坡

车站前方有长大上坡道时，为使列车出站后能较快加速，缩短运行时分，当地形条件允许时，在站坪外上坡端设计一段坡度较缓的坡段，这种缓坡称为出站加速缓坡。当地形困难时，应绘制速度距离曲线进行检查，判断列车尾部进入限制坡道上时，是否能达到计算速度，如未达到计算速度，则需设置加速缓坡，以免列车运行困难。

计算表明，内燃机车的起动牵引力较大且计算速度较低，一般在站坪范围内即可加速到计算速度，不需要设置加速缓坡。电力机车因计算速度高，所以在站前为限制坡道上坡的不利情况下，通常需要设置加速缓坡。

5. 站坪与区间纵断面的配合

地形条件允许时，站坪尽可能设在两端坡度较缓、升高不大的凸形纵断面顶部，以利于列车进站减速和出站加速。设在凹形纵断面底部的站坪，不利于列车进站减速和出站加速，对运营是不利的。

3.6　线路平面图和详细纵断面图

线路平面图和纵断面图是铁路设计的基本文件。线路平面图全面、清晰地反映了铁路平面位置和经过地区的地形、地物等，纵断面图反映了线路的空间位置和起伏状态。线路平面图和纵断面图是设计人员设计意图的重要体现，线路平面图和纵断面图在铁路工程项目提供部门审批、专家评议、指导施工和线路维护等方面都有重要作用。

在铁路生命周期的各个阶段都要编制要求不同、用途不同的各种平纵断面图，本节从教学需要出发，介绍线路平面图和详细纵面图的基本要求和图中数据计算的方法。

3.6.1　线路平面图和纵断面图的分类与比例尺

在铁路生命周期的各个阶段都要编制不同要求、不同用途的各种平纵面图，其比例尺、项目内容和详细程度均不相同。

预可行性研究需编制线路平纵断面缩图、线路方案平面图、线路平面图和线路纵断面图。可行性研究需编制线路平纵断面缩图、线路方案平面图、线路平面图和线路纵断面图。新建铁路可行性研究需编制线路方案平面缩图、线路方案平面图、推荐方案和主要比较方案线路平面图、推荐方案和主要比较方案线路纵断面图，客运专线还需编制联络线、动车组走行线等相关线路平、纵断面图。初步设计阶段需编制线路方案平面图、线路平面图和线路详细纵断面图。施工图设计阶段主要编制线路平面图、线路详细纵断面图和改移道路及平（立）交道设计图。

线路平纵断面缩图是表达线路基本走向的平纵面概略图，其比例一般是：平面为 1：50000～1：500000；纵断面为横 1：50000～1：500000、竖 1：1000、1：2000、1：5000 三种。

线路方案平面缩图绘出推荐方案和各重大线路比较方案，填绘主要地质构造线和重大不良地质范围，比例一般为 1：50000。

线路方案平面图，预可行性研究时，应标注控制线路走向的主要不良地质和环境敏感区；可行性研究时，应绘出推荐方案和各重大线路方案、线路局部方案，填绘主要地质构造线和重大不良地质范围，并标出有关水利、城市、交通及环境保护特殊地区对线路设计的要求，比例一般为 1：10000～1：50000。

线路平面图是线路设计的主要成果，在不同阶段，其比例尺、项目内容和详细程度均不相同。绘出推荐方案和主要比较方案，标注控制线路走向或线路方案的主要不良地质和环境敏感区，填绘不良地质范围及性质。平面应贯通，包括车站和枢纽。平面图的比例：预可行性研究的平面图为 1：10000～1：50000；初步设计、施工图设计为 1：2000 或 1：5000。

预可行性研究和可行性研究，应编制推荐方案和主要比较方案的纵断面图，比例为横 1：10000～1：50000、竖 1：500～1：1000。

初步设计和施工图设计，编制设计线的详细纵断面图，比例为横 1：10000、竖 1：500 或 1：1000。

3.6.2　线路平面图

线路平面图，是在绘有初测导线和经纬距的大比例带状地形图上，设计出线路平面和标出有关资料的平面图，如图 3-46 所示。

1. 线路中线的展绘

线路平面图应展绘推荐方案和主要比较方案的线路中线，并宜绘在同一卷图内。图中应标注设计起终点里程、方案名称、接线关系。里程标注应在整千米处标注线路千米标，千米标之间标注百米标，里程桩号标注在垂直于线路的短线上，里程从左向右或右向左增加时，字头均朝向图纸左端。千米标应注写各设计阶段代号，可行性研究为 AK，初测为 CK，定测为 DK 等。其余桩号的千米数可省略。两方案或两测量队衔接处，应在图上注明断链和

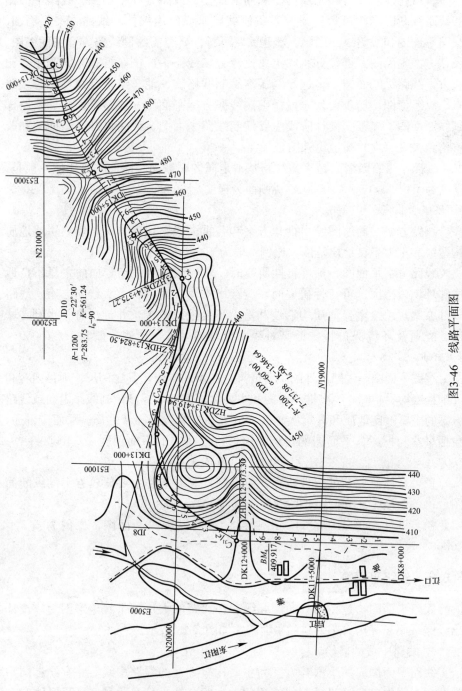

图3-46　线路平面图

断高关系。

螺旋线、回头曲线字头朝向的改变应符合线路展直后字头仍朝向图纸左端的规定。

新建双线应绘制左、右线并标注左线里程，注明右线绕行起终点里程关系、绕行线里程、段落编号和断链。线间距变换处应标注设计线间距数值。

2. 曲线要素及其起终点里程

当纸上定线比例不小于 1：10000 时，应绘制曲线交点，并应标注交点编号。定测放线时，应绘制曲线控制桩（曲线起讫点），并应分别编号。曲线控制桩标注应垂直于线路中心线引出，并应标注符号和里程。

新建单线曲线要素应标注在曲线内侧。

新建双线或预留第二线，曲线要素应按左线、右线分别标注，左线标注在左侧，右侧标注在右侧适当的位置。内业断链标注在曲线要素下方。

曲线交点应标明曲线编号，曲线转角应加脚注 Z 或 Y，表示左转角或右转角。曲线要素应平行线路写于曲线内侧。曲线起点 ZH 和终点 HZ 的里程，应垂直于线路写在曲线内侧。

3. 线路上各主要建筑物

沿线的车站、大中桥、隧道、平立交道口等建筑物，应以规定图例符号表示，并注明里程、类型和大小。如有改移公路、河道时，应绘出其中线。

4. 初测导线和水准基点

平面图应绘制初测导线，导线应标注导线点编号、里程、高程及导线的方位角或方向角，如图 3-46 中连续的折线。图中导线点符号为 C，脚注为导线点编号。图中还应绘出水准基点的位置、编号及高程，其符号为 BM。

3.6.3 详细纵断面图

1. 详细纵断面图的内容

详细纵断面图，横向表示线路的长度，竖向表示高程。

图中应标注主要技术标准、设计起终点里程、一次施工地段和第二线绕行地段的起终点里程、接线关系和断链。在纵断面起点和高程断开处应绘制高程标尺。图幅上部应绘制图样、下部绘制纵断面栏（图 3-47）。图中应标注断链关系及水准点编号、高程、所在位置。详细纵断面图宜绘制地质图形符号。

新建双线、增建第二线的纵断面图应按左线连续绘制。预留第二线的纵断面图应按第一线连续绘制。绕行地段和两线并行不等高地段均应绘制辅助纵断面图。

2. 纵断面栏目

纵断面栏目的内容及格式尺寸应根据建设项目的类别及设计阶段确定。该部分内容标注在图的下方。自下而上的顺序为：

（1）连续里程。一般以线路起点车站的旅客站房中心线处为零起算，在整千米处注明里程。

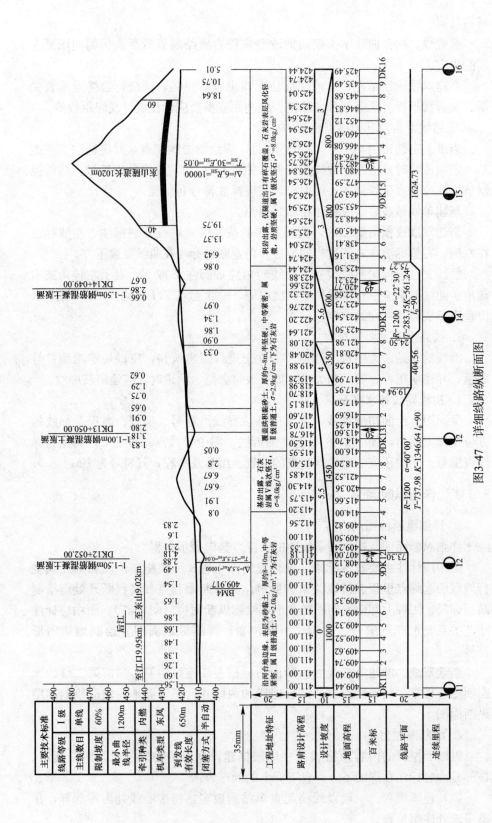

图3-47 详细线路纵断面图

（2）线路平面。它是表示线路平面的示意图。线路平面曲线应用凸起或凹下的折线绘制。凸起部分表示右转曲线，凹下部分表示左转曲线。凸起与凹下部分的转折点依次为 ZH、HY、YH、HZ 点。在 ZH 和 HZ 点处要注上距前一百米标的距离。曲线要素注于曲线内侧。两相邻曲线间的水平线为直线段，要标注其长度。

（3）百米标与加标。在整百米标处标注百米标数，加标处应标注距前一百米的距离。

（4）地面高程。各百米标和加标处应填写地面高程。在地形图上读取高程时，精度为十分之一的等高线距；外业测得的高程，精度为 0.01m。

（5）设计坡度。向上或向下的斜线表示上坡道或下坡道，水平线表示平道。线上数字表示坡度的千分数，线下数字表示坡段长度（m）。

（6）路肩设计高程。图上应标出各变坡点、百米标和加标处的路肩设计高程，精度为 0.01m。

（7）工程地质特征。扼要填写沿线各路段重大不良地质现象、主要地层构造、岩性特征、水文地质等情况。

3. 纵断面图样

图样绘于图的上方，表示线路纵断面概貌和沿线建筑物特征。图样中应绘制设计坡度线和地面线，如图 3-47 所示。图中细线表示地面线，粗线表示设计坡度线。

纵断面示意图的左方，应标注线路的主要技术标准。

车站符号的左、右侧，应写上距前、后车站的距离和前、后区间的往返走行时分。

设计坡度线的上方，要求标出线路各主要建筑物的名称、里程、类型和大小。

绘出断链标和水准基点标的位置和数据。

小结及学习指导

本章介绍了区间线路平面设计，区间线路纵断面设计，桥涵、隧道、路基地段的平纵断面设计，站坪的平面和纵断面设计以及线路平面图和详细纵断面图。通过本章学习，要求掌握区间线路设计的基本要求，区间线路平面设计方法，区间线路纵断面设计方法，最大坡度折减方法，桥涵、隧道、路基地段的平纵断面设计的基本原则以及站坪的平面图和纵断面图设计方法。

思考题与习题

3-1 线路平面和纵断面设计必须满足哪些基本要求？

3-2 铁路设计中为什么要进行最大坡度折减？分析最大坡度折减条件、原则及折减方法。

3-3   何谓"分方向选择限制坡度"？简述采用分方向限制坡度的条件。

3-4   分析限制坡度、最小曲线半径、坡段长度大小对工程和运营的影响。

3-5   何为铁路线间距？如何确定直线地段线间距？简述曲线地段线间距加宽的原因及加宽值计算方法。

3-6   已知某高速客运专线的技术条件为：$V_{max}=350km/h$，$V_Z=200km/h$，$h_{max}=180mm$，$h_{QY}=150mm$，$h_{GY}=70mm$，按旅客舒适条件和钢轨磨耗条件，计算并确定该线的最小曲线半径。

3-7   某设计线路段旅客列车设计行车速度为 160km/h，线路平面上两相邻曲线的交点 JD_1 与 JD_2 之间的距离为 1705.00，已知曲线资料为 $\alpha_1=30°$，$R_1=2000m$，$\alpha_2=40°$，$R_2=2500m$。计算该两曲线间的夹直线长度，并检查其最小夹直线长度是否满足《线规》标准的要求。

3-8   试推导米轨和宽轨铁路的曲线限速公式。米轨：$S=1060mm$，$h_{max}=100mm$，$h_{QY}=80mm$。宽轨：$S=1530mm$，$h_{max}=150mm$，$h_{QY}=67.5mm$。

3-9   某线为 I 级单线铁路，纵断面上一凸形变坡点处的设计高程为 123.45m，竖曲线半径为 10000m，求竖曲线切线长 T_{SH}，并计算竖曲线上每 20m 点处的施工高度。

3-10   某新建 I 级单线铁路某区段，线路平面如图题 3-10 所示。该线采用电力牵引，限制坡度为 $i_x=12‰$，近期货物列车长度为 400m，远期货物列车长度为 650m。当隧道长度为 1001~4000 时，隧道内最大坡度系数为 0.90。A 点设计标高为 $H_A=100.00m$。要求：

1）从 A 到 B 按用足坡度上升设计线路纵断面；

2）计算 B 点的设计高程 H_B；

3）图示纵断面设计结果。

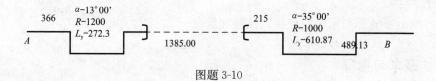

图题 3-10

第4章
铁路定线

本章知识点

> 知识点：铁路选线的基本原则、铁路走向、车站分布与车站选址、定线的基本方法、主要自然条件下的定线原则、桥涵隧道及与道路交叉地段的定线问题、铁路环境保护。
>
> 重　点：铁路走向、车站分布与车站选址、定线的基本方法、主要自然条件下的定线原则、桥涵隧道及与道路交叉地段的定线问题。
>
> 难　点：车站分布与车站选址、定线的基本方法。

4.1 概述

铁路定线，就是在地形图或地面上选定线路的方向，确定线路的空间位置。通过定线，决定各有关设备与建筑物（如路基、桥梁、涵洞、隧道、车站、机务段）的分布和类型。这些设备与建筑物所耗费的资金、材料、劳动力以及占用土地情况，与选定的线路位置是否合理有密切关系。

影响铁路定线的自然条件主要有地形、气候、水文地质、工程地质、土壤及植物等。

地形决定了定线条件，并在很大程度上影响铁路的主要技术标准。按铁路经行区域内地形形态、相对高差、地面倾斜度及平整度等，可将地形分类为平原、丘陵和山区。

气候情况直接或间接地影响着地表水的数量、地下水位高度、大气降水量及其强度和形态、路基水温情况、泥泞期、冬季积雪和冰冻延续期，并在一定程度上限制施工期限和条件。

水文情况决定排水结构物的数量和大小，水文地质情况决定了含水层的厚度和位置、地基或路基岩层坍塌的可能性。

地质构造决定地基及路基附近岩层的稳定性，确定有无滑坍、碎落和崩塌的可能，同时也决定土石方工程施工难易和筑路材料的质量。

土是路基的材料，它影响路基形状和尺寸，也影响结构的形式。

地面的植物覆盖影响暴雨径流、水土流失程度，并在一定程度上影响路基土壤的水理和热理情况。

148

所有上述自然情况，相互联系并相互制约，并且处于经常相互作用和不断变化的过程中。因此铁路选线时要细致调查、实地考察、充分考虑自然条件，并注意到今后自然条件变化和铁路建成后的影响，保证铁路在复杂的自然条件下的坚固稳定与交通运输的畅通无阻。

铁路选线与定线是铁路勘测设计中决定全局的重要工作。要做好选线与定线工作，必须综合考虑多方面的因素，逐步接近地、分阶段地进行工作。每一阶段都应精心设计，多作方案比选。内容应从粗到细、从整体到局部，工作过程是从面到带、从带到线，直到确定线路的具体位置，这种特点决定了铁路定线过程中内外业的关系：外业勘测与调查是内业定线的依据，而内业定线又指导下一阶段的外业勘测，经过多次反复，最后才将线路测设于地面。

4.2　走向选择

选定铁路线路的基本走向是铁路线路设计中最根本的问题。线路走向是否合理，不仅直接关系到铁路本身的工程投资和运输效率，更重要的是影响到设计线在铁路网中所发挥的作用，即是否满足国家的政治、经济、国防的要求和长远利益。

在设计线起讫点间，因城市位置、资源分布、工农业布局和自然条件等具体情况的不同，常有许多可供选择的重要城镇或交通中心，这些设计线必须经过的点称为"经济据点"或"交通中心点"，把这些点连接成折线，就是设计线若干可供选择的线路走向方案。由路网规划和国民经济规划确定的设计线必须经由的"据点"所组成的连折线成为设计线的基本走向。在两个据点之间由于自然条件不同，线路通常有许多不同的走法。如图 4-1 所示，若将线路起讫点和必须经过的城市 A、B、C 直接连接，则线路必须多次跨越大河，穿越较高的山岭和不良地质地段，不仅投资多，而且线路质量差、隐患大。为了降低工程造价，节约运营支出和消除隐患，可根据自然条件选择有利地点通过，如特大桥或复杂大桥的合适桥址 D 和 E，绕避不良地质的 F 和 G，垭口 H 和 I，这些点称为控制点。这样，据点 A、B 之间就有两个可能走向，即 ADFB 和 AGEB，而据点 B、C 间也有 BHC 和 BIC 两个可能走向，统称为航空折线。选线的基本任务之一，就是从中选出最合理的方案作为进一步设计的依据。

4.2.1　影响线路走向的主要因素

影响线路走向的因素很多，主要可归纳为如下四个方面：

1. 设计线的意义及与行经地区其他建设的配合

干线铁路的线路走向应力求顺直，以缩短直通客、货运输距离和时间。地方意义的铁路，则宜于靠近城镇和工矿区，以满足当地客、货运输的需要。走向的选择还应与路网规划及行经地区其他建设项目协调配合。要根据客货

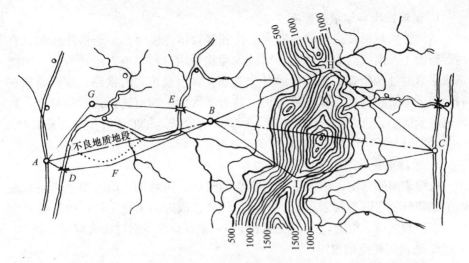

图 4-1 线路走向的拟定

流向选好接轨站，力争减少折角运输。要有利于规划的干线或支线引入。要考虑与地区其他交通体系的合理衔接，并应满足国防要求。当线路经过较大城市时，线路走向和车站位置必须密切配合城市规划。

2. 设计线的经济效益和运量要求

选择线路走向应尽可能为更多的工矿基地和经济中心服务。既加速地区国民经济的发展，又使铁路扩大运量，增加运输收入，争取较高的经济效益。

3. 自然条件

地形、地质、水文、气象等自然条件决定线路的工程难易和运营质量，对选择线路走向有直接的影响。对于严重不良地质地区、缺水地区、高烈度地震区以及高大山岭、困难峡谷等自然障碍，选线时宜考虑绕避。

4. 设计线主要技术标准和施工条件

设计线的主要技术标准在一定程度上影响线路走向的选择，同样的运输任务，采用大功率机车，则可以采用较大的最大坡度值，使线路有可能更靠近短直方向。

施工期限、施工技术水平等，对困难山区的线路方向选择具有重大影响，有时甚至成为决定性的因素。如成昆线沙木拉打隧道方案的选定，主要原因是当时工期紧迫，又缺乏特长隧道的施工技术和经验，不得不放弃其他技术经济指标较好的长隧道方案。

上述各项因素互为影响，应整体考虑才能得到较理想的线路走向。

4.2.2　线路走向选择要点

铁路线路走向是一条连接重要政治、经济中心点的折线。走向选择的关键，是选定各级重要控制点，即"经济据点"。由于线路从一个经济据点引向下一个经济据点，往往需跨越山脉、江河等自然障碍，因此不同的地形、江河跨越点，也会影响线路走向的选择。

149

1. 运输性质与运量的影响

运输性质是指直达运输、地方运输和客货运比重等。一条铁路线如以直达运输为主，则线路力求短直，以减少运输费用；如以地方运输为主，则线路应尽量通过产生客、货运量的各个基地。客运量很大的铁路，重点要放在满足客运需要和提高行车速度方面。货运量大的，则应选择运营指标高、运输成本低的平、直、短的线路方案。因此，对经济运量的调查预测关系很大。

运量偏大影响到线路技术标准和设备规模，影响到线路方案比选的真实性。

2. 通过重要城镇的选定

线路走向的选定，不仅是铁路自身的问题，同时也是地区国民经济发展的组成部分。它既连接着国家的政治、经济、国防和文化中心，也连接着城乡、工矿和港口。因此，一条铁路干线，一般都应尽量通过较大城镇。

3. 通过工矿点的选定

设计线吸引范围内如有大的工矿企业点时，如何合理地连接各个工矿企业据点，使其与铁路线路走向相结合，也是选定线路走向的重要影响因素。以成昆铁路为例，西线虽建筑里程长，造价高，工程艰巨，但线路经行地区矿产资源丰富，适应钢铁基地及工业布局需要，经济据点多，吸引范围广，又通过少数民族地区，且地理位置适宜，有利于干、支线接入，发挥其在路网中的骨干作用，故确定采用西线方案。

4. 接轨站的选择

设计线与既有线的接轨方案是影响线路走向的重要因素，它关系到路网规划、运输效率、工程投资等一系列主要问题。接轨方案与线路走向相互影响，设计时应综合考虑。接轨点的选择要尽量与设计线的基本方向一致，避免因地形、地质、河流等不同自然条件的差异，直接影响铁路工程投资。选线设计中接轨站的选择主要是解决接轨点的选择和接轨方向的选择两个问题。

（1）接轨点的选择

影响接轨点选择的主要因素：

1）路网规划。通常，国家重要干线的接轨点已在路网规划中确定，选线设计时应充分考虑；一般干线和次要线路的接轨点，也应征求并尽量考虑各级规划部门的意见合理确定。

2）主要客货流方向。接轨站应选在使主要客货流方向顺直，运程尽量缩短的车站。接轨点的选择要注意与客货流产生的主要城镇、工农业基地、水陆联运点、原材料产地与消费地区的联系，尽量采用运输联系最集中和运量最多的方向。

3）既有区段站的分布及当地的接轨条件。接轨站应力求选在既有线的区段站上，这样既可减少列车编组作业设备和机务设备的投资，又可改善运营管理条件。

（2）接轨方向的选择

在接轨点选定后，就要解决从接轨站的哪一端引入的问题。主要考虑以下两点：

1）主要客货流方向，应力求减少客货流的折角运输；

2）城市规划与新线引入的条件，一般城市居民密集，应力求减少拆迁工程量。

新线引入枢纽，不宜直接接轨于编组站，应在枢纽前方站或枢纽内适当车站上接轨。

5. 交通走廊选择

经济发达地区城市建设已具规模，各种人工建筑密集，交通设施纵横交错，线路走向应与城市规划相配合，应尽可能沿交通走廊布线，以便与其他交通设施共用空间，减少拆迁和征地。在经济发达地区，中心城市之间通常已形成或规划了多个交通走廊，交通走廊的选择应与车站分布、控制点引线、路网连接等因素相配合。

6. 中间站站址选择

在设计线起终点和重要据点之间，分布有大量的中间站。中间站站址选择，往往成为影响线路局部走向的重要因素。

高速铁路中间站站址选择对线路走向的影响明显。高速铁路中间站分布广泛，吸引沿线大量客流，是高速铁路直接为地方服务、方便旅客、服务于地方经济建设的重要窗口。高速铁路中间站是沿线的经济据点，是高速铁路选线的控制点。为了有利于吸引客流，高速客运专线一般沿城市布线。因此，一般情况下都是先有站址方案，再选择站址之间的具体线路走向。但中间站的具体位置，需考虑吸引客流、工程条件、城市发展等诸多方面的因素，一般都需要经过多方案比选。

铁路线路走向选择与铁路车站的分布和选址关系非常密切，选线中应点、线结合，通过多因素比选确定合理的中间站分布与选址方案。

7. 长大复杂桥址选定

长大复杂桥址，原则上应选在河流顺直、河床稳定、冲刷和淤积较少、浅滩不多和地质较好的河段，并力求线路垂直跨越河流。这类桥址，常常作为线路控制点，线路方向一般要服从这些控制工程的要求。

8. 沿河越岭线位的选定

山区铁路一般都是从一条河的流域跨过分水岭进入另一条河的流域，因此越岭选线与河谷选择是山区选线的两个重要组成部分。在线路基本走向的主要据点之间，不同的越岭线位，往往导致线路局部走向的不同，选线时，应在对所有可能的垭口、河谷进行同精度比较的基础上，确定重要据点间的线路局部走向。越岭地区的选线知识在4.5节介绍。

9. 地质条件的影响

线路方向的选定与沿线地质条件的关系密切。我国幅员辽阔，不同地区有截然不同的地质情况，当遇到有危害线路的严重不良地质地段，如滑坡、岩堆、崩塌、泥石流等，一般应尽量绕避。如无法绕避或穿越比绕避更合理时，则应采取根治、不留后患的措施。但处理地质病害，必然会影响工程造价的大幅度增大。复杂地质地区选线方法见4.6节。

4.3 车站分布

车站是铁路运输的基本生产单位，它集中了与运输有关的各项技术设备。车站按其作业内容及作业性质的不同，客货共线铁路可以分为会让站、越行站、中间站、区段站和编组站。高速客运专线铁路的车站分为：越行站、中间站和始发站。客运专线的中间站按车站客运量大小又分为大、中、小型车站。

车站分布应在满足运输需要的前提下，结合地形、地质、工程难易程度，有无其他线接轨及接轨条件，方便地方客货运输等因素，综合考虑，比选确定。

4.3.1 车站分布的基本原理

铁路车站是完成运输生产兼经营的基层单位。为了保证铁路具有必要的通过能力并进行必要的技术作业，以及办理客货运业务，必须合理地分布车站。

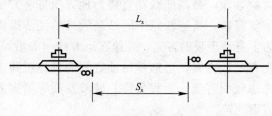

图 4-2 站间区间示意图

为保证铁路线路具有一定的通过能力，沿铁路线划分若干区间。图 4-2 为单线铁路的区间示意图，以进站信号机作为区间的分界。

车站的分布对地区客货运输服务和国民经济的发展有密切的关系。车站（尤其是区段站以上的大型车站）的作业量大、人员多，因而有较密集的设备与建筑物，使车站投资大、占地广，且建成后难以迁移。

由上述可知，车站分布是铁路选线的重点问题之一，应将车站分布与铁路定线有机地结合起来。客货共线铁路，一般过程是：先结合机车交路的设计分布区段站，然后结合纸上定线，并保证需要的通过能力，分布一般的中间站、会让站或越行站。客运专线铁路，一般结合沿线城市分布情况，先分布有始发列车作业大型站，再结合平面定线情况，分布中型站和小型站。总之，要点线结合，才能得到总体上较为理想的线路位置和适当的车站分布。

4.3.2 客货共线铁路区段站分布

区段站是客货共线铁路的重要技术作业站。区段站分布对客货共线铁路的线路的方向选择和工程、运营条件，特别是对机车的运用效率有很大的影响。因此，必须结合交路布置拟定若干个分布方案，认真进行技术经济比较，从中选出经济合理、运营方便的方案。

影响区段站分布的因素较多，主要有以下几个方面：

（1）区段站设置应和接轨站选择结合考虑，可利用既有线基本段，如图 4-3（a）、图 4-3（b）所示；或利用设计线新建基本段，在既有线区段站折返，如图 4-3（c）、图 4-3（d）所示。需根据车流情况、既有线机务段的负荷与改建条件比选确定。

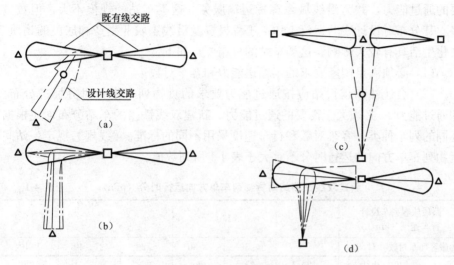

图 4-3　各种接轨情况下的交路和区段站设置示意图

□—基本段；△—折返段；○—中途换班段

（2）尽量靠近较大城镇和工矿企业所在地，以满足客货流集散的需要，并可改善铁路员工的生产、生活条件。站址位置应和城镇发展规划相配合。

（3）区段站应设在地形平坦、地质条件较好、少占农田、便于"三废"（废气、废水、废渣）的处理和水源、电源较为方便的地点。

（4）为减少列车改编设备和补机整备设备的投资，宜在列车换重点、补机摘挂点设置区段站。

4.3.3　客运专线动车段（所）分布

客运专线的动车段（所）通常与有始发作业的高速车站设在一处。因此，动车段（所）的分布实质上是有高速列车始发、终到站的分布。动车段（所）的分布应遵从以下原则：

（1）动车段（所）分布应结合路网规划和沿线城市布局，结合有高速列车始发的车站分布进行布点。在高速客运专线的起点、终点站应设动车段，大型铁路枢纽和直辖市、省会市所在地的大型中间站，可分布动车维修所或运用所，如京沪高速铁路的北京站和上海站是始发站，而天津站、济南站和南京站是有高速列车始发终到的中间站。

（2）动车段（所）的布点，应结合列车开行方案和列车牵引动力分析计算，布点应利于动车组周转运行。

（3）动车段（所）布点应根据运输组织的需要，考虑沿线高速站晚间存

153

放动车组的条件。

4.3.4　中间站、会让站或越行站分布

1. 客货共线铁路

客货共线铁路的会让站、越行站和中间站分布的目的是为了保证铁路必要的通过能力，并为沿线城乡客货运输服务。这类车站的规模不大，但数量多，其分布对设计线的运营工作、工程投资及沿线工农业生产和居民的物质、文化生活具有较大影响。这类车站的分布要点如下：

(1) 必须满足国家要求的年输送能力和客车对数。

(2) 会让站和越行站应按通过能力要求的货物列车走行时分标准分布。即通过能力 N 必须大于需要的通过能力。新建双线铁路的车站分布，应根据不同的列车种类、客车对数和行车速度采用不同的标准。《线规》规定，站间货物列车单方向的运行时分不宜大于表 4-1 所列数值。

新建双线铁路站间货物列车单方向运行时分（min）　　　表 4-1

路段旅客列车设计行车速度（km/h）		160	140		≤120		
旅客列车对数（对/d）		—	≤30	>30	≤20	21~40	>40
机车种类	电力	20	25	20	30	25	20
	内燃	25	40	35	45	40	—

注：困难条件下，个别站间的货物列车运行时分可比上表规定值增大 1~2min。

(3) 办理客货运业务的中间站，应根据日均客货运量，结合该地区其他运输方式的发展情况合理分布，并与城市或地区规划相协调，有技术作业的中间站应满足技术作业要求。

单线铁路技术作业站相邻区间的列车往返走行时分，应比站间最大往返走行时分少，规定如下：

① 区段站相邻站间各减少 4min；

② 其他技术作业站如因技术作业时分影响站间通过能力，且将来不易消除其影响者，可根据需要减少相邻站间走行时分。

(4) 应考虑站间通过能力的均衡性，可用均等系数 j 表示：

$$j = \sum_{i=1}^{n} \frac{T_i}{nT_{\max}} \tag{4-1}$$

式中　n——站间数目；

T_i——第 i 个站间运行图周期（min）；

$T_{\max}$——控制站间运行图周期（min）。

(5) 应结合地形、地质、水文和铁路运营条件考虑。

(6) 新建单线铁路的个别地段时，若设站引起巨大工程，经技术经济比较，可设计为双线，以延长站间距离、减少工程。

(7) 远期为双线、近期为单线的新建铁路，宜按双线标准分布车站。近期单线不能满足通过能力的需要时，可采用增加会让站等措施过渡；如确有

技术经济依据，也可按满足近期单线运量要求分布车站。过渡工程设计应远近结合，尽量减少废弃工程。

（8）新建铁路最小站间距离：单线不宜小于 8km，双线不宜小于 15km。枢纽内站间距离不得小于 5km。站间距离太短，将使工程费、运营费增加，运营指标恶化。

（9）新建线路分期开设的车站，应按各设计年度客货运量要求的通过能力和地方运输需要分别确定。

（10）改建既有线或增建第二线时，在通过能力允许的情况下，宜关闭作业量较小的车站。

2. 客运专线铁路

高速客运专线铁路的车站，按作业性质和所处线路上的位置分为：越行站、中间站和始发站。按车站客运量分为大、中、小型车站。一般情况下，直辖市、省会市所在地的车站为大型站，也称客运枢纽站，应结合城市规划和铁路枢纽首先选定；省辖市所在地的车站为中型站；位于县城和县级市的车站为小型站。下面主要介绍此类车站的分布与选址。

高速客运专线中间站分布应满足设计能力要求，便于运营管理，方便旅客乘降。站址选择应与城市总体规划相协调，与其他交通方式有机衔接，并应留有一定的发展条件。

（1）站间距离

我国高速铁路办理客运业务车站的站间距离，主要受城市分布、城市间距离的制约。京沪高速铁路宁沪段城市密度大，客运站平均距离约 40km，徐宁段城市少，其平均距离约 66km。京沪高速铁路全线客运站平均距离约为 55km。此外，由于高速铁路客车运行速度并不相等，高速列车也需在距离较长的客运站之间，增加越行站使站间距离适当均衡。在一般情况下，包括越行站在内的平均站间距离以 30～50km 为宜。当自然分布的客运站距离大于 50km，如该区间通过能力不受限制时，其间可不加越行站，也可预留远期加站条件。

（2）大型中间站的分布

客运专线上的大型中间站，一般设于铁路枢纽和直辖市、省会市所在地，是具有大量客运业务的客运站，如京沪高速铁路的天津站、济南站和南京站。大型中间站主要办理大量停站高、中速列车到发和少量通过高、中速列车通过作业，还办理为数较多的高速列车始发终到作业。大型中间站规模较大，配设有高速列车运用维修所等机车、车辆设施。高速客运专线大型中间站的设置应注意与相邻或附近的既有铁路线或车站的联系，以便通过高、中速联络线，在车站或附近办理高、中速列车的转线或可能的中速车换挂机车作业。

（3）一般中间站的分布

为了尽量吸引沿线大小城市客流，高速客运专线的一般中间站应结合沿线的省辖市、县城和县辖市进行分布。理论上，高速客运专线车站分布应有利于吸引沿线所有大小城市的客流，然而如果车站过多、过密，停站列车速度难以提高，通过列车运行于过密的咽喉区将影响旅客舒适度和增加不安全因素，也给养护维修增加难度。高速车站造价较高，特别是受客观因素控制时需要设高架站或拆迁大量建筑物，使得一个中间站的造价高达亿元以上，车站过密将增加大量投资。因此，要做到既要保证高速铁路有足够的客运量又要合理设置车站，从我国实际情况出发，高速客运站的设站条件应是具有较多的到发客运量的城市。

（4）车站分布应考虑的其他因素

当高速铁路线路靠近既有铁路的联轨客运站（衔接既有多个方向及以上干线的既有站），具有较多的与高速线换乘客运量和地方到发量，宜在既有站附近设高速站。

根据国外高速铁路养护基地的分布，结合我国情况，沿线约 50km 左右须设一处综合养护维修工区，车站分布宜结合工区分布，使综合工区的岔线尽量在高速站与正线连接，车站选址时应一并考虑综合工区的用地。

4.4　定线的基本方法

地形条件、特别是地面平均自然坡度的大小，对线路位置和定线方法影响很大。定线时应分两种情况区别对待：

（1）采用的最大设计坡度大于地面平均自然坡度（$i_{max} > i_{pz}$），线路不受高程障碍的限制。这时，主要矛盾在平面一方，只要注意绕避平面障碍，按短直方向定线，即可得到合理的线路位置。这样的地段，称为缓坡地段。

（2）采用的最大坡度不大于地面平均自然坡度（$i_{max} \leqslant i_{pz}$），则线路不仅受平面障碍的限制，更要受高程障碍的控制。这样的地段，称为紧坡地段。这时，主要矛盾在纵断面一方，这就需要根据地形变化情况，选择地面平均自然坡度与最大坡度基本吻合的地面定线，有意识地将线路展长，使之能达到预定的高程。

由于紧坡和缓坡地段的条件不相同，因此它们的定线方法也不相同。

4.4.1　紧坡地段定线

1. 紧坡地段定线要点

紧坡地段通常应用足最大坡度定线，以便争取高度使线路不至额外展长。当线路遇到巨大高程障碍（如跨越分水岭）时，若按短直方向定线，就不能达到预定的高度，或出现很长的越岭隧道。为使线路达到预定高度，需要用足最大坡度结合地形展长线路，称为展线。

在展线地段定线时，应注意结合地形、地质等自然条件，在坡度设计上适当留有余地。

展线地段若无特殊原因，一般不采用反向坡度，以免增大为克服高度引起的线路不必要的展长，同时增加运营支出。

在紧坡地段定线，一般应从困难地段向平易地段引线。因为垭口附近地形困难，展线不易，故从预定的越岭隧道洞口开始向下引线较为合适。个别情况下，当受山脚的控制点（如高桥）控制时，也可由山脚向垭口定线。

2. 展线方式

为克服巨大高差需要迂回展线时，应根据需要展长线路长度，结合地形和地质等条件，用直线和曲线组合成各种形式，如套线、灯泡线、螺旋线等来展长线路。

套线。当沿河谷定线时，遇到主河谷自然坡度大于最大坡度而侧谷又比较开阔时，常常在侧谷内采用套线式的展线。简单套线由三个曲线组成，每一曲线的偏角均不大于180°（图4-4）。

灯泡线。在谷口狭窄的侧谷内，采用套线展线，在谷口往往需要修建隧道或深路堑引起较大工程，为了更好地适应谷口狭窄地形，可以采用灯泡形展线。它是由三个或三个以上的曲线组成。若为三个曲线，则中间一个曲线的偏角大于180°而小于360°。从图4-5所示的平面和纵断面中可以看出，采用灯泡形展线（实线方案）比采用套线展线（虚线方案）可节省两座隧道和部分土石方工程。

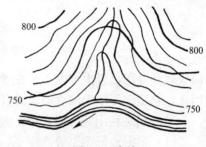

图 4-4　套线

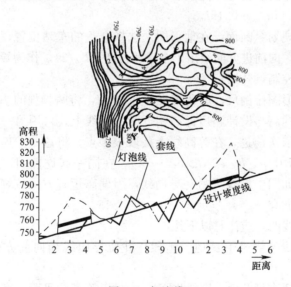

图 4-5　灯泡线

螺旋线。在地形特别困难的地段，线路可以迂回360°呈环状，称为螺旋线。在上、下两线交叉处，可以用跨线桥或隧道通过（图4-6）。

展线没有标准图式，应根据地形变化的实际情况，因地制宜地组合各种展线方式，并使之相互配合。

3. 导向线定线法

在紧坡地段，线路的概略位置与局部走向，可借助于导向线来拟定。导

157

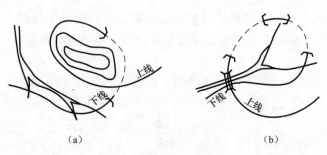

图 4-6 螺旋线

(a) 隧道螺旋线；(b) 桥梁螺旋线

向线就是既用足最大坡度，又在导向线与等高线交点处填挖为零的一条折线。因此，它是用足最大坡度而又适合地形、填挖最小的线路概略平面。

导向线是利用两脚规在小比例尺地形图上定出来的，其定线步骤如下：

（1）根据地形图上等高距 Δh，计算出线路上升 Δh 需要引线的距离——定线步距 Δl，即：

$$\Delta l = \frac{\Delta h}{i_{\mathrm{d}}} \quad (\mathrm{km}) \qquad (4-2)$$

式中　i_{d}——定线坡度，$i_{\mathrm{d}} = i_{\max} - \Delta i$ (‰)；

　　　Δi——曲线和隧道坡度折减平均值，视地形、地质困难情况可取 $0.05 i_{\max} \sim 0.15 i_{\max}$。

（2）参照规划纵断面，在地形图上选择合适的车站位置，从紧坡地段的车站中心开始，向前进方向绘出半个站坪长度（$L_z/2$），作为导向线起点（或由预定的其他控制点开始）。

（3）按地形图比例尺，取两脚规开度为 Δl，将两脚规的一只脚，定在起点或附近地面标高与设计路肩标高相近的等高线上，再用另一脚截取相邻的等高线。如此依次前进，在等高线上截取很多点，将这些点连成折线，即为导向线（图 4-7 中 a、b、c、d、e，……）。在同一起讫点间，有时可定出若干条导向线，如图中虚线为另一导向线，因偏离短直方向较细实线远，线路增长，故可以放弃。

绘制导向线时，应注意以下几点：

（1）导向线应绕避不良地质地段，并使导向线趋向前方的控制点（或车站）。

（2）如果两脚规开度（定线步距）Δl 小于等高线平距，表示定线坡度大于局部地面自然坡度，线路不受高程控制，即可根据线路短直方向引线。遇到等高线平距小于 Δl 的地段，再继续绘制下一地段的导向线。

（3）线路跨越沟谷需要设置桥涵，故导向线不必降至沟底，可直接向对岸引线（图 4-7 中 i 至 j 点）。线路穿过山嘴，要开挖路堑或设置隧道，导向线也不必升至山脊，可直接跳过山嘴。跨越沟谷或山嘴时，应根据引线距离是 Δl 的几倍，即表示线路要下降或上升几个 Δh，以便决定在沟谷或山嘴对侧的哪条等高线开始绘制导向线。

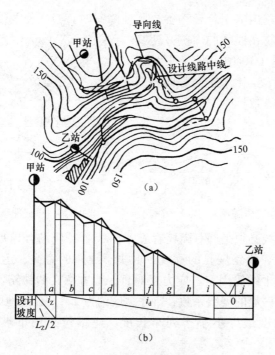

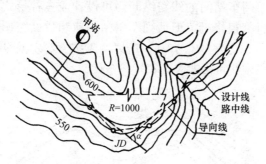

图 4-7 导向线定线

(a) 平面；(b) 纵断面

（4）导向线是一条折线，仅能表示线路的概略走向，为了定出线路平面，须以导向线为基础，借助铁路曲线板和三角板，在符合线路规范有关规定的前提下，圆滑、顺直地绘出线路平面图（图 4-8）。

图 4-8 沿导向线定线及半径选配

4.4.2 缓坡地段定线

在缓坡地段，地形平易，定线时可以航空线为主导方向，既要力争线路顺直，又要节省工程投资。为此，应注意以下几点：

（1）为了绕避障碍而使线路偏离短直方向时，必须尽早绕避前方障碍，力求减小偏角。图 4-9 表示两种绕避湖泊的方法，虚线方案在全长范围内很少偏离短直方向，但将使曲线数目、总偏角和线路长度均较实线方案有所增加。所以，绕避障碍时，定线应从一个障碍尽早引向另一障碍。

159

（2）线路绕避山嘴、跨越沟谷或其他障碍时，必须使曲线交点正对主要障碍物，使障碍物在曲线的内侧并使其偏角最小。从图 4-10 中可见，曲线正对障碍物的实线方案比未正对障碍物的虚线方案的土石方数量少。

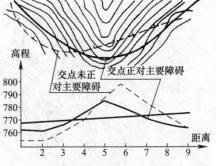

图 4-9　绕避障碍　　　　　图 4-10　平面曲线的合理位置

（3）设置曲线必须是确有障碍存在，曲线半径应结合地形尽量采用大半径。在缓坡地段，线路展长的程度，取决于线路的意义、运量大小、地形、地质条件、路网干线等因素，应力求顺直。地方意义的铁路，则力求降低造价并靠近城镇。一般的展线系数：平原地区约为 1.1，丘陵地区为 1.2～1.3。

（4）坡段长度最好不小于列车长度，应尽量采用下坡无须制动的坡度——无害坡度。

（5）力争减少总的拔起高度，但绕避高程障碍而导致线路延长时，则应认真比选。

（6）车站的设置应不偏离线路的短直方向，并争取把车站设在凸形地段。地形应平坦开阔，以减少工程量。如图 4-11 所示，甲站的设计标高为 600m，在前方约 9.3km 的地方需设乙站，其合理的设计标高约为 608m。两站之间为平缓坡地。此时，两车站间的线路纵断面可设计成三种形式。这三个方案的线路长度和工程量都很接近，但就列车出站加速和进站减速的条件而言，不论甲站或乙站，均以方案①最有利。所以，应按方案①的纵断面来考虑线路的平面位置，这样定线可以改善列车运行条件。

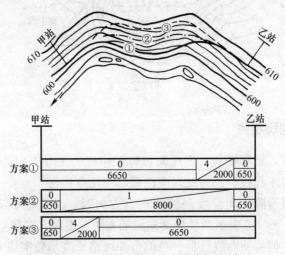

图 4-11　缓坡地段的站间纵断面设计

4.4.3 横断面定线

在横坡较陡地段和不良地质地段定线时，有时从纵断面上看，填挖高度并不大，平面也合理，但从横断面上看，则可能出现很大的工程，或者线路处于地质条件十分不利的位置。因此，定线工作不仅要使线路的平面和纵断面合理，同时还要使横断面也合理。这就需要在初步定出纵断面以后，进行横断面定线，其工作步骤如下：

（1）首先找出控制线路位置的横断面。在横坡较陡地段、不良地质地段、河岸冲刷严重地段以及有代表性的百米标处，测绘其横断面图。

（2）根据各控制断面原设计的路肩标高，确定线路中心在横断面上可以左右移动的合理范围。例如，在图 4-12（b）中，可以看出原定线路的路堤坡脚已伸入河流中，显然不合理，需要将线路中线向靠山方向移动。这时，可以设计两个路基横断面：一个是路堤坡脚伸到岸边，以不受冲刷为限，可得靠河一侧的线路中心位置点 P；另一个是尽量向靠山一侧移动，使路堑边坡高度等于最大容许值，可得靠山一侧的线路中心位置点 Q。P、Q 之间即为线路中心在图上可能移动的合理范围。

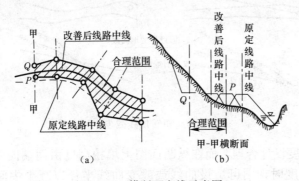

图 4-12　横断面定线示意图

（3）将各横断面图上线路可能左右移动的边缘点（如 P、Q），按相应的距离和比例尺移到平面图上，连接各边缘点，即可得到在平面图上线路可能移动的合理范围，见图 4-12（a）中阴影部分。

（4）在平面图上线路可能移动的范围内，重新设计平面，并在两端和原定线路妥善连接，即得在平、纵、横三个面上均较合理的新的线路中线位置。

4.4.4　线路平面、纵断面的改善

对初步确定的线路平面和纵断面，进行研究分析，找出存在的问题及解决办法，进行局部修改。小的改动是凭经验判断，较大的改动需要通过技术经济比较确定。在设计过程中，平、纵、横断面三者相互影响、相互制约，对任一视图进行修改，均应检查其他二视图的合理性，以求设计的协调一致。

现以常见的修改平、纵断面以减少填挖方数量的几种情况为例，说明如下：

（1）原坡度设计不当，局部地段出现填挖方过大时，可改变坡段组合或

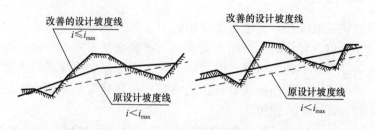

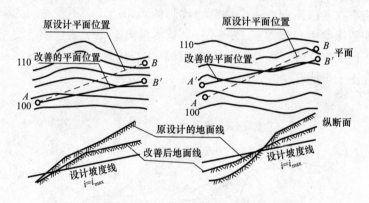

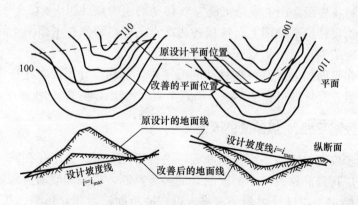

设计标高以减少填挖方数量，如图 4-13 所示。

图 4-13　改变设计坡度减少工程

（2）原设计坡度不宜改动（如已用足最大坡度），但在纵断面图上填挖高度由一端向另一端逐渐增大到不合理的程度时，则可根据具体情况改变线路平面位置，如将线路扭转一个角度（图 4-14）。

图 4-14　扭转切线减少工程

（3）原坡度设计合理，而在纵断面图上填挖高度由两端向中间逐渐增大到不合理的程度时，则可增设曲线或改变曲线半径以减少中间的填挖高度（图 4-15）。

图 4-15　改变曲线减少工程

（4）当平面曲线和切线配合不当而引起工程增加时，应重新调整偏角和配置曲线，以减小工程量。如图 4-16 所示，原定线路的纵断面图上，两涵洞间一段挖方和右侧一段填方都很大。经在平面图上研究，发现在挖方处将线路往低处横向移动，填方地段往高处横向移动，即可减少挖方和填方。为此，改变了曲线半径和右侧的切线方向。

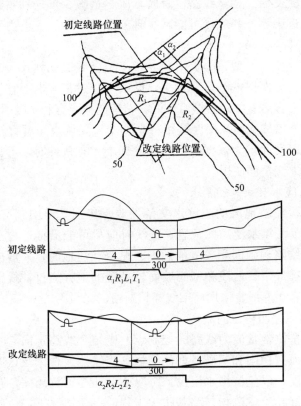

图 4-16 改动切线和曲线半径减少工程

4.5 主要自然条件下的定线

4.5.1 平原、丘陵地区的定线

平原地区地形平坦，丘陵地区丘岗连绵，但相对高差不大，一般工农业都比较发达，占地及拆迁问题比较突出，地质条件比较简单，但水文条件可能复杂。因此，在平原、丘陵地区定线，应着重注意解决好下列问题。

1. 线路尽量顺直

平原、丘陵地区定线，一般不受高程障碍控制，应遵循航空折线把线路尽量定得顺直。平原区选线，先把线路总方向内所必须经过或必须绕避的主要据点，如城镇、工矿企业、文物风景区等作为大的控制点。然后在大控制点间确定经行区或绕避区，从而建立起一系列中间控制点。定线遵循控制点间连折线的原则，绕避障碍物及设置曲线，必须有充分理由。在不致引起工程量显著增加的前提下，尽量采用较小偏角、较大半径，以便缩短线路并取

163

得较好的运营条件。

2. 正确处理铁路与行经地区的关系

(1) 平原、丘陵地区城镇密布，工、农业发达，城镇内外的道路、沟渠、电力线路等纵横交错。选定线路位置时，应尽量减少拆迁和占地，在地形有利时铁路宜靠近山坡，并应尽可能减少现有道路、沟渠、电力及通信线路和管道系统的改移。

(2) 车站（尤其大型客、货站）分布应结合城镇规划，既要方便地方客货运输，也要充分发挥铁路运营效率，设站不应过密，也不宜为靠近城镇而过分迂回线路。客运专线宜沿城市布线，站址选择要有利于吸引客流。

(3) 为方便沿线交通并确保铁路行车安全，要认真布置好沿线的道口和立交桥涵，并以交通量为依据确定其修建标准。有条件时，可加大排洪桥涵孔径，并兼作立交桥涵使用。

3. 注意适应水文条件的要求

平原和低缓丘陵地区的土壤水文条件差，特别是河网湖区，地势低平，地下水位高，易受洪水泛滥的危害。选线时应尽可能沿接近分水岭的地势较高处布线。当线路遇到面积较大的湖塘、泥沼和洼地时，一般应绕避；如需穿越时，应选择最窄、最浅和基底坡面较平缓的地方通过，线路高程应高出规定值。高速客运专线宜采用高架线穿越湖塘、泥沼区。

4. 处理好线路与桥位的关系

(1) 大桥桥位常常成为线路的控制点。应结合线路走向，将大河桥址选在主流集中、河槽稳固和基础较好的河段。当线路通过洪泛区时，桥梁、路基应有足够高度，以免被洪水淹没。跨河桥梁孔径不宜压缩，路基应有足够的高度，并做好导流建筑物与路基防护工程。一般情况下，桥位中线应尽可能与洪水的主流流向正交，桥梁和引道最好都在直线上。

(2) 小桥涵位置应服从线路走向。遇到斜交过大或河沟过于弯曲时，可采取改河措施或调整线路位置，以调整桥轴线与水流流向的夹角，以免过分增加施工困难和加大工程投资。

(3) 桥涵设置要保证农田排灌需要，低洼地段虽无明显水道，亦应设置排涝桥涵。桥涵设置还应结合交通情况，有条件时宜将排洪桥涵孔径加大，以利于农村交通运输。对于运量大、运输繁忙或须要行驶高速列车的线路，一般应设立交桥以取代平交道口。

5. 车站设置

平原、丘陵地区的车站，应尽量靠近城镇和较大的居民点、工矿区，不宜片面强调区间通过能力的均衡性。地形条件允许时，应将车站设在起伏不大的凸形纵断面的顶部，以利于列车起动加速和进站停车。

4.5.2 河谷区定线

山区河谷的主要造型：流水的垂直侵蚀和旁蚀。只要河流一有很小的弯曲，在凹岸往往形成陡崖峭壁，而凸岸一侧就形成伸出的缓坡山嘴，由此而造成了某些部分的河曲及有冲积物组成的河漫滩。

沿河而行的路线称为河谷线。沿河谷选线具有下列优点：

（1）河谷纵坡为单向坡，可避免线路出现逆坡。在紧坡地段，可利用支流侧谷展线。

（2）多数城镇位于开阔的河谷阶地，铁路通过阶地，便于在阶地设站，可更好地为地方服务。既可提高铁路的效益，又方便了铁路员工的物质、文化生活。

沿河谷定线要着重解决好以下三个问题：

1. 河谷选择

山区的主河流及其支流的终端，都和山岭的垭口相连，往往有几条不同的河谷通向各个越岭垭口。在大面积选线时，为了选出合理的线路走向，要认真研究水系的分布，优先考虑接近线路短直方向的越岭垭口和垭口两侧的河谷。尽量利用与线路走向基本一致的河谷定线。在选择河谷时，还要注意寻找两岸开阔、地质条件较好、纵坡及岸坡较平缓的河谷。

河谷纵坡的大小，对最大坡度（i_{max}）的选定有较大影响。各种河流的纵坡变化较大，一般情况下，上游河段比下游河段纵坡陡。因此，对于平缓河段，选用的限制坡度宜接近或略大于河谷纵坡；而对于个别纵坡较陡的河段，则可采用展线或加力坡度解决。

2. 岸侧选择

河谷两岸的自然条件常有差异，应结合地形、地质、水文、农田及城镇分布情况，选择有利岸侧定线。但有利的岸侧，不会始终局限于一岸，应注意选择有利的地点跨河改变岸侧。例如成昆线设计分别选用了 13 次跨牛日河，8 次跨安宁河，49 次跨龙川河，16 次跨旧庄河，使线路选在有利地形并避开了左、右岸较大的地质病害密集地段。图 4-17 是成昆铁路拉旧至黄瓜园左右岸方案示意图。在沿山区河谷定线时，遇到稍长一些的隧道，就可考虑与一次或两次跨河的方案比较。如在图 4-18 中，线路沿右岸设隧道或建桥改变岸侧就形成两个方案，应结合其他条件进行比选。

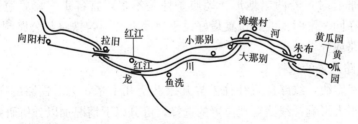

图 4-17　成昆铁路拉旧至黄瓜园左右岸方案示意图

影响岸侧选择的主要因素有以下三点：

（1）地质条件

河流两岸的地质条件常为岸侧选择的决定因素。沿河线路如遇不良地质，应通过跨河绕避与整治措施的比较确定岸侧。

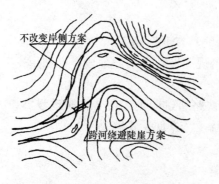

图 4-18 改变岸侧示意图

在山区河谷中，如山体为单斜构造，应注意岩层的倾向。如图 4-19 所示，虽然左岸地面横坡较缓，但因岩层倾向河谷，容易产生顺层滑坡，反不如将线路设在横坡较陡，但山体稳固的右岸为好。

局部不良地质（如滑坡、崩坍、岩堆等）地段，影响岸侧选择，应进行综合整治、隧道绕避或跨河绕避等方案比较确定。

（2）地形条件

当河谷两岸地质条件较好或差异不大时，线路应选在地形平坦顺直、支沟较少和不受水流冲刷一岸的阶地上，如图 4-20 所示。当需要展线时，应选择在支沟较开阔，利于展线的一岸。一般地说，河谷两岸的地形条件易于识别，但地质条件则较为隐蔽，若对地质条件疏忽，则可能造成不良后果。

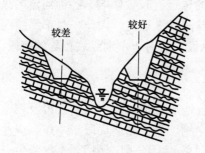

图 4-19 岩层倾向对线路的影响

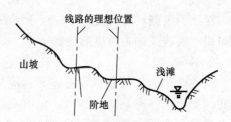

图 4-20 河岸上线路位置的选择

（3）农田及城镇分布条件

线路一般应选择在居民点和工矿企业较多、经济较发达的一岸，使铁路便于为地方服务。但为避免大量拆迁民房和不妨碍城镇发展等原因，也可能需要绕避。应根据具体情况，征求地方意见，慎重取舍。河谷中遇有引灌渠道与线路平行时，若两岸地形、地质条件差不多，宜各走一岸，避免干扰。当必须选在同一岸时，线路位置最好设于灌渠上方。若铁路与公路频繁干扰，可改移公路或分设两岸。

3. 线路位置的选择

沿河谷定线，线路位置往往差异几米甚至几十米，会对铁路的安全和工程量带来很大影响。线路合理位置的选择，可分以下情况加以分析研究：

（1）河谷较开阔，横坡较缓且地质良好时，理想的线路位置为不受洪水冲刷的阶地，如图 4-20 所示。

（2）河谷较宽，山坡不稳定地段，线路应选在靠河一侧，必要时作一些路堤防冲刷工程。

（3）河谷狭窄，横坡较陡，且地质不良时，线路应将避开山坡与外移建桥（顺河桥）的方案进行比选。

例如，成昆线铁马大桥位于牛日河左岸乃托站南端，原设计线路靠山，山坡高达 400～500m，横坡达 30°以上，松散的碎石土较厚，基岩也比较破碎，山坡处于极限平衡状态，且有几处表土坍塌、古滑坡、冲沟，威胁施工及运营安全。最后决定将线路外移至河谷阶地上，建顺河桥通过，如图 4-21 所示。

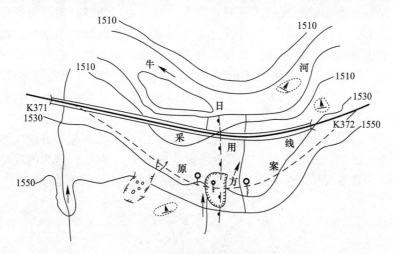

图 4-21　牛日河修建顺河桥方案

（4）河谷十分弯曲时，可根据山嘴或河湾的实际情况，采取沿河绕行或取直方案。

① 线路遇到山嘴时有两种定线方案：沿山嘴绕行，线路较长，在紧坡地段有利于争取高度，但易受不良地质危害和河流冲刷的威胁，线路安全条件差；以隧道取直通过，线路短直，安全条件好，对运营有利，但工程投资较大。两者应比选决定，如图 4-22 所示。

② 当线路遇到河湾时，有沿河绕行、建桥跨河及改移河道三种方案（图 4-23）。沿河绕行方案，线路迂回较长，岸坡一般陡峭，水流冲刷严重，路基防护工程大，线路安全条件差；跨河建桥方案比较顺直，线路短，安全条件好，但两座桥的工程量较大；改河方案也可使线路短直，但改变了天然河槽，仅在地形条件好，能控制洪水流向，且土石方工程量不太大时才有利。方案的取舍应通过技术经济比较确定。

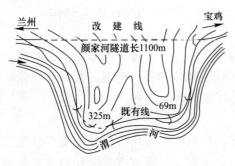

图 4-22　线路绕行与截弯取直

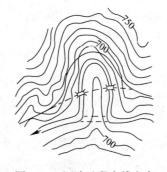

图 4-23　河湾地段定线方案

4.5.3 越岭地段定线

山岭是具有陡峭的山坡、沟谷和明显分水线的绵延较长的高地。垭口则是该绵延高地上的马鞍形低地，一般都存在于两条沟谷发源分水处。

当线路需要从某一水系（河谷）转入另一水系（河谷）时，必须穿越分水岭。如宝成线横越秦岭、川黔线过娄山山脉、成昆线翻越小相岭，都是越岭地区定线的实例。越岭地区高程障碍大，一般需要展线，地质复杂，工程集中，对线路的走向、主要技术标准（特别是最大坡度和最小曲线半径）、工程数量和运营条件等影响极大。所以应大面积选线，认真研究，寻找合理的越岭线路方案。

越岭线路通常由岭顶长隧道（或深路堑）、沿分水岭两侧河谷向下游的引线以及谷底桥梁（或高路堤）三部分组成，如图 4-24 所示。理想的越岭线路位置是：两侧展线少，主要技术标准和地质条件都较好的位置。

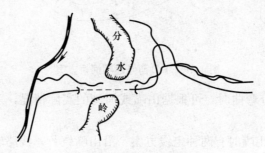

图 4-24 越岭线路选择

越岭线路应解决的主要问题为越岭垭口选择、越岭高程选择和越岭引线定线三个问题。

1. 越岭垭口选择

垭口是越岭线路的控制点，选择越岭垭口，应注意以下几点：

（1）选择高程较低、靠近线路短直方向的垭口

在大面积选线中，首先注意找出高程较低的垭口。低高程垭口克服高度小，可以缩短线路或采用较平缓的坡度，既节省了投资，又降低了运营费。

在实际中，常常是高程低的垭口偏离短直方向较远，而位于短直方向附近的垭口高程较高，展线较长。因而，应通过技术经济比较选定垭口。

（2）选择山体较薄的垭口

垭口山体薄，有利于缩短越岭隧道的长度，或者能够降低越岭高程。当垭口高程虽高而山体较薄时，设置较长的越岭隧道，可缩短线路长度或减缓最大设计坡度，因而也是有比较价值的垭口。

（3）选择地质条件较好的垭口

垭口往往是地质构造的薄弱地带，当越岭线路难以避开严重不良地质地段时，则应另选地质条件较好的垭口，或者以长隧道方案避开地质条件不良的垭口。

（4）选择引线条件较好的垭口

垭口选择时，应充分顾及河谷两侧的引线条件，一般要求：

1）定线的河谷（或沟谷）开阔、纵坡平缓，河谷方向与航空线方向基本一致；

2）引线的地质条件较好，不良地质易于整治或绕避。

同一垭口并非同时具备上述各条件，此时，应精心比选，找出最合理的越岭垭口。

2. 越岭高程选择

越岭垭口一般都用隧道通过，越岭高程选择，就是越岭隧道高程与隧道长度选择。

高程越高隧道越短，但两端引线越长。对工程而言，理想的越岭高程应使引线和隧道总的建筑费用最小，就运营而言，越岭高程越低、引线越短越有利。垭口两侧的地面坡度多为上陡下缓，故选择隧道高程多以地面坡度陡缓过渡部分作为研究的基础。有时，隧道高程过高，隧道缩短有限；而高程过低，则隧道急剧加长，且可能受洞口洪水位控制。

越岭隧道的合理高程与长度的选择，除取决于垭口的高程、地面自然坡度、地质条件外，还与设计线的运量、限制坡度（或加力坡度）以及隧道施工技术水平有关。

设计线的运量大、限坡小时，宜采用高程低的长隧道方案。

隧道施工的技术水平是越岭高程选择的重要因素。解放初期，由于受隧道施工技术水平的限制，越岭隧道一般长度控制在 2km 左右。随着施工技术水平的提高，隧道长度也不超过 6～7km。因此，在越岭地区，常不得不采用大量的人工展线以争取高度，致使线路盘旋于崇山峻岭，桥隧工程密集，既耗费巨额工程投资，又严重恶化运营条件。到 20 世纪 80 年代，京广铁路南段修建第二线，对坪石乐昌间沿武水峡谷的一线路段裁弯取直，选定了长达 14.3km 的大瑶山双线隧道，是我国特长隧道施工技术的新发展，为今后在越岭地区选线时，合理选用高程低、坡度缓、运营条件好的长隧道方案提供了范例。

3. 越岭引线定线

越岭引线定线时，应注意下列几点：

（1）结合地形条件选择合理的最大坡度（限制坡度或加力坡度）。越岭地区高差大，为避免大量人工展线，除应研究低高程的长隧道越岭方案外，还应与采用较陡坡度（采用多机牵引或大功率机车）的方案进行技术经济比较。

（2）为了能控制合理的展线长度，应从垭口往两侧（从高处往低处）定线，以避免展线不足或过长。由于垭口两侧自然坡度上陡下缓，在上游应尽量利用支沟侧谷合理展线，使线路尽早降入主河沟的开阔台地。

（3）垭口附近，地形尤为困难，在有充分依据时，引线可合理选用符合全线标准的最小曲线半径。

169

4.6 桥涵、隧道及与道路交叉地段的定线问题

铁路沿线上要分布大量的桥梁、涵洞和隧道建筑物，线路与桥隧建筑物是互相依存的整体与局部的关系，必须在总体设计的基础上综合考虑。一般说来，特大桥和长隧道往往影响线路的局部走向，而数量众多的一般桥涵、隧道，则随所定线路而布置。为了保证这些建筑物的安全和经济合理，根据地形、地质和水文情况，有时也需将线路做局部移动。

4.6.1 桥涵地段定线

在铁路沿线，由于跨越江河、路基排水、农田灌溉等原因，需要修建跨越或过水建筑物。

过水建筑物有桥梁、涵洞、明渠、高架水槽等。另外，有时为了少占农田，采用旱桥代替高路堤；为了有利于交通安全，用立交桥代替平交道口。线位选定必须与桥涵分布和桥址选择密切配合。

1. 桥涵分布

大桥和特大桥，通常根据江河位置选定桥位，定线应服从桥位引线。

中、小桥和涵洞的分布，概略定线阶段，是利用平面图和纵断面图进行的，并在外业进行现场核对。详细定线阶段，应根据现场勘察资料，结合平面和纵断面图来确定。

原则上，每一自然水流应设一个桥涵，理由充分时，才可合并，即将两股距离较近的水道，在达到线路之前并成一股通过线路。两桥涵合并，必须充分估计到自然水流改道后，冲刷和淤积带来的危害。只有当两桥涵很近，本身汇水量又不大，改道工程量小且无冲刷路基的危险时才予以考虑。

在平坦地区，如果长距离中没有明显的水道，相隔一定距离也必须设一桥涵以排除地表水。在漫流地区，有时还应采用一河多桥的方案，并配合相应的导治建筑物，以策安全。

分布桥涵，应与平面定线和纵断面设计相结合，应使铁路线上游的地表水能顺畅地通过铁路，保障铁路和沿线人民生命财产的安全。

分布涵洞时，应力争不改变或少改变现有的灌溉系统，以免影响农用灌溉。灌溉涵洞的出水口高程应与当地农田水利部门协商确定。排洪涵洞还应考虑涵前积水不致淹没上游村庄和农田。交通涵洞应尽力满足当地交通需要。

2. 桥址选择

大、中桥的桥越范围较大，包括桥梁梁部及墩台、导治建筑物和桥头引线。桥址选择不但影响桥越本身，还常常影响与桥址毗连线路的定线。特大桥桥址的选择还可能影响线路的走向。

桥址选择所考虑的主要因素，可归纳为与最短线路方向偏离的程度、水文和地貌条件、工程地质条件以及桥头引线条件等几个方面。

（1）与最短线路方向偏离的程度

一般来说，与最短线路方向偏离程度最小的桥址具有明显的优点，因此，有条件时，应尽量使桥址选择在偏离最短线路方向较小的地方。特别是对于预期运量很大的铁路的线路，为了使线路短而顺直，即使桥址处于较不利的地点，从工程和运营两方面综合分析，也有可能是合理的。

（2）水文和地貌条件有利

1）桥址尽可能选在河床稳定、河道顺直和水流顺畅的河段，避开水流紊乱、流向多变、河床宽度急剧变化等冲淤作用复杂的河段。

2）为了缩短桥长，桥址最好选在河床较窄的河段，避开沙洲、古河道和河汊。

3）桥址避免设在较大支流汇合处，以免两河洪水涨落引起急剧多变的冲淤变化，危及墩台基础和桥头路堤的安全或导致排洪不畅，也避免设在容易流冰与失控流放的木筏、木材堵塞处。山前河流、沟谷出口处，冲淤变化尤为剧烈，应多方案选择桥址，并辅以工程措施。

4）桥梁应尽可能与河槽、河谷正交，必须斜交时，应尽量减小斜交角（桥梁中心的法线与水流方向的夹角），以利于排洪和缩短桥长。

（3）工程地质条件较好

桥址处河床的地质条件，不但影响基础类型、桥式、桥跨，而且影响桥梁造价，施工难易程度和运营的安全，选定桥位时应十分重视地质条件。

桥址应尽量选在基岩埋藏浅、岩性坚硬、整体性好、倾斜度不大的地段。如基础不能置于基岩时，则应选在土质均匀、容许承载力高、抗冲性强的河段。应尽量避免断层、岩溶、滑坡等不良地质处。

（4）合理选用大跨高桥以改善线路

大跨、高墩桥梁施工技术的进展，有利于在地形、地质复杂地区选择较理想的桥位。如峡谷地区山高谷深，线路穿越峡谷地区的较大河流时，桥梁往往位于纵断面凹形地段，桥高则线路顺直，桥低则需展长线路。采用大跨度桥梁可避开高墩和不良地质，而大跨高桥的采用，还可减少展线总长度。桥梁工程中新技术、新工艺和新型结构的应用，为大跨高桥方案的选用提供了有利的条件，在山区铁路的定线中，应结合具体情况考虑采用。

（5）桥头引线的设计要求

桥梁附近的路基设计高程如图 4-25 所示，应满足：

$$H_{min} \geqslant H_L + H_G - H_J \tag{4-3}$$

式中　H_{min}——路肩设计高程（m）；

　　　H_L——梁底设计高程（m），其值按规定的洪水频率（客运专线、客货共线 I、II 级铁路为 1/100，III 级铁路为 1/50）的设计水位与要求的净空高度决定，要求的净空高度可查有关部门颁发的标准；

　　　H_G——梁底至轨底的高度（m）；

　　　H_J——轨底至路肩的高度（m）。

在桥隧毗连地段，线路平、纵断面设计应与桥式方案选择综合考虑。如

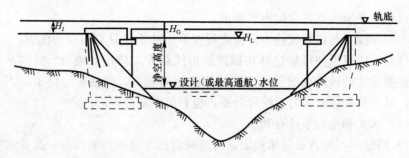

图 4-25 桥梁及桥头路基与水位关系

采用架桥机架设桥梁时，线路平、纵断面设计和隧道洞门的位置应考虑架桥机架梁时施工的安全与便利。决定设计高程时，除应满足桥下净空要求外，还应注意隧道施工弃渣的影响。

3. 涵洞处的路基条件

涵洞附近路肩设计高程应比规定洪水频率（客运专线、客货共线Ⅰ、Ⅱ级铁路为1‰，Ⅲ级铁路为2‰）的设计水位连同壅水高度至少高出0.5m，即要求路堤填土高度（$h_{\min}$）高出涵前积水高度（h_p）至少0.5m：

$$h_{\min} \geqslant h_p + 0.5 \quad (\text{m}) \tag{4-4}$$

为了改善洞身受力状况，涵洞顶上应有一定厚度的填土，以保证涵洞结构条件所需的最小路堤高（h_j）。涵洞处自沟底起算的路堤填土高度（h_h）应满足：

$$h_h \geqslant h_j \quad (\text{m}) \tag{4-5}$$

各种孔径涵洞相应流量的涵前积水高度和结构条件所需最小路堤高度，可从桥涵水文计算的有关手册中查取。

当纵断面设计的路堤填土高度不能同时满足上述两项要求时，可采取如下措施：

（1）在满足设计流量的要求下，改用需要填土高度较小的涵管类型。

（2）加大孔径、降低积水高度，改单孔为双孔以至多孔，但拱涵不得用三孔。

（3）适当挖低沟底，适用于出口有较深或纵坡较陡的沟床。

（4）改变纵断面坡度，提高路肩设计高程；或者改动线路平面，降低涵洞处地面高程。

4.6.2 隧道地段定线

铁路选线中，采用隧道是克服高程障碍、降低越岭高程、缩短线路长度和绕避不良地质的重要措施。合理设置隧道，是提高选线设计质量的重要环节。铁路定线时，遇到下述情况常用隧道通过：线路翻越分水岭，在垭口修建隧道，即越岭隧道；沿河傍山定线，或要求裁弯取直，或绕避不良地质而修隧道，即傍山隧道，如图4-26所示。

1. 隧道位置的选择

关于越岭隧道位置及高程选择，已在上一节介绍。下面说明傍山隧道的位置选择。

傍山隧道的位置选择应注意以下问题：

（1）埋藏较浅时，线路宜向内移，以避免隧道偏压过大。

（2）应避开岩堆、滑坡等不良地质以及河岸冲刷、水库坍岸范围。

（3）可结合当地的地形、地质情况和工程大小，进行裁弯取直的长隧道方案和沿河绕行方案的比较，如图4-26所示。

（4）地形曲折、地质条件复杂时，河谷线常出现隧道群。在决定线路平面位置与高程时，要充分注意隧道施工期间的弃渣、排水和便道运输之间的相互干扰，并尽量减少对现有的水利、道路等设施的影响。

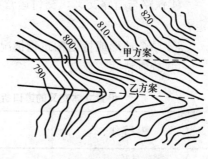

图4-26　沟谷洞口位置比较

2. 隧道洞口位置的选择

洞口是隧道的薄弱环节，洞口工程处理不当，易产生病害，危及行车安全。隧道地段定线，应考虑下列因素，通过技术经济比较，认真选择洞口位置。

（1）选择洞口位置宜贯彻"早进洞，晚出洞"的原则，避免片面追求缩短隧道长度，忽视洞口边坡稳定的做法。

不宜用深路堑压缩隧道长度，以免洞口边坡、仰坡开挖过高。在一般情况下，边坡、仰坡开挖高度不宜超过15～20m，围岩较差时不宜超过10～15m，围岩较好时也不宜超过20～25m。

不应将洞口设在沟心，否则，不但工程地质条件差，而且施工时排水和弃渣也较困难。因此，洞口线路一般选在河谷一侧，如图4-26甲方案所示。

（2）洞口应尽可能设在山体稳定、地质条件较好之处，以保证洞口安全，否则应修建挡护工程或延伸洞口，增建明洞。

（3）洞口宜设在线路与等高线正交或接近正交处，如采用斜交，则要修建斜交洞门或修建明洞。

4.6.3　铁路与道路交叉

当铁路与道路相交时，为保证行车和人身安全，应设置平交道口或立体交叉。交叉的形式应根据铁路设计速度、铁路与道路的性质、等级、交通量、地形条件、安全要求及经济与社会效益等因素确定。一般应优先考虑设置立体交叉，减少平交道口。

1. 立体交叉的设置条件

（1）客运专线铁路与公（道）路交叉时，必须设置立体交叉。对密集的公（道）路应考虑适当的合并改移后，设置立体交叉。

（2）客货共线铁路与高速公路、一级公路和城市道路中的快速路交叉，必须设置立体交叉。

（3）客货共线铁路与其他道路交叉，符合下列条件之一者应设置立体

173

交叉：

① Ⅰ级铁路与其他道路交叉；

② 铁路与二级公路交叉；

③ 铁路路段旅客列车设计行车速度不小于 120km/h 的地段；

④铁路与道路交叉，交付运营第 5 年的道口折算交通量不小于表 4-2 中规定者；

⑤ 结合地形或桥涵构筑物情况，有设置立体交叉条件者；

⑥ 确有特殊需要者。

设置立体交叉的道口折算交通量（万辆次/年平均昼夜） 表 4-2

瞭望条件	路段速度（km/h）	
	100	80
良好	12.0	16.0
不好	6.0	8.0

注：瞭望条件满足表 4-4 者为良好，否则为不良。

2. 铁路与道路立体交叉的建筑限界

（1）道路上跨客货共线铁路时，铁路的建筑限界应符合现行国家标准《标准轨距铁路建筑限界》GB 146.2 的规定。有双层集装箱运输需求的铁路，应满足双层集装箱运输限界的要求。

（2）跨越客运专线的立交桥，其桥下净高不应小于 7.25m。客运专线下穿既有立交桥时，经技术经济比选，可采用较低的净高。

（3）道路下穿铁路时，公路、厂外道路、城市道路的建筑限界应符合国家现行的有关部门标准和规范的规定。

（4）铁路与规划公（道）路交叉时，应考虑规划公（道）路的穿越条件。

（5）乡村道路下穿铁路时，乡村道路的净空应根据通道种类和交叉条件与有关单位协商确定，但不得小于表 4-3 所列的规定。

立交桥下乡村道路净空（m） 表 4-3

通道种类	汽车及大型农机	机耕车和畜力车	人力车、人行通道
净宽	5.0①	4.0	2.0
净高	4.5②	3.0	2.5

注：① 特殊困难条件下，可减至 4.5m；
② 特殊困难条件下，可减至 3.5m。

3. 道口设置条件

（1）道口宜设在瞭望视距不小于表 4-4 规定的处所。线间距不大于 5.0m 的双线铁路道口，机动车驾驶员侧向最小瞭望视距应另加 50m，多线铁路道口按计算确定。

（2）道口不得设在车站内，也不宜设在铁路曲线地段以及道岔、桥头和隧道口附近。

（3）道口间距离不应小于 2km。

（4）铁路与道路平面交叉宜设计为正交，斜交时交叉角应大于45°。

最小瞭望视距（m）   表 4-4

铁路路段速度（km/h）	火车司机最小瞭望视距	机动车司机侧向最小瞭望视距①
100	850	340
80	850	270

注：① 机动车驾驶员侧向最小瞭望视距为机动车在距道口相当于该等级的道路停车视距并不小于50m处，应能看见两侧铁路上火车的范围。

4.7 环境保护

4.7.1 环境保护的重要意义

铁路虽然在土地占用、能源利用、环境污染与生态影响方面优于其他运输方式，但对人类的生存环境仍会带来一定的危害，主要表现在噪声、振动、电磁干扰、大气环境、水环境及生态环境污染等方面。

铁路建设必须遵守《中华人民共和国环境保护法》等法规，为把铁路对环境的不利影响减少到最低限度，应采取必要的环境保护及防护措施。

国标《铁路边界噪声限制标准及其测量方法》规定：距铁路外层轨道中心线 30m 处的昼间及夜间等效连续 A 声级均不应大于 70dB（A）。国标《城市范围环境振动标准》规定：铁路两侧振动标准为昼间、夜间均为 80dB。

4.7.2 铁路建设的环境保护措施

根据环境保护的有关规定，在铁路规划与设计中宜采取相应的环境保护措施。

1. 主要技术标准选择

（1）牵引种类

从环保的角度考虑，牵引种类的选择以电力牵引为佳。电力牵引热效率高，能源利用合理，且可实现零排放、无污染，条件允许时，宜优先采用电力牵引。但电力牵引时，大功率传输导线中的强电流及集电弓与接触网的离合导致对周围环境产生较强的电磁干扰，影响铁路通信、信号设备的正常工作，也对沿线精密电子设备和数字化自动控制设备的正常使用带来不利影响，故采用电力牵引时，应采取防电磁干扰措施。

内燃牵引需用昂贵的液体燃料，蒸汽牵引机车热效率低、能耗大，这两种牵引均排放有害气体。蒸汽机车的烟尘、炉渣、油污、废水等也是主要污染源。采用内燃、蒸汽牵引时，应采取相应的环保措施。

（2）最大坡度及最小曲线半径

最大坡度与最小曲线半径标准应与地形相适应，以减少展线长度，减少高填、深挖，从而减少铁路用地，少占良田，不过多破坏植被，减少局部水土流失，减轻对坡面稳定性的影响，以维护生态环境。

175

2. 选线设计

（1）走向选择：线路走向选择应结合城乡建设规划，配合城乡发展，避免穿越密集的居民点。

（2）新建铁路应避免破坏自然景观、人文景观、文物古迹及民族文化遗产。客运专线铁路选址宜绕避自然保护区、风景名胜区、饮用水源保护区、国家重点文物保护单位等环境敏感区，必须经过环境敏感区时，应符合有关法律、法规规定，并应采取适宜的减缓不利影响的降噪减振措施。

（3）应注意资源保护，线路位置不宜覆盖矿产资源与生态资源。

（4）有配属内燃、蒸汽机车的车站，其站址应选在城镇主导风向的下游，以减少有害气体及烟尘对城镇的危害。

3. 路基设计

（1）土石方调配宜移挖作填，减少取、弃土石方，合理选择取、弃土场地，避好就劣，少占耕地。

（2）路基两侧征地范围内宜植树种草，搞好绿化，维护生态环境。

（3）客运专线铁路路基边坡宜采用绿色植物防护与工程防护相结合的防护措施，并兼顾美观与环境保护、水土保持、节约土地等要求。

4. 桥涵设计

（1）桥涵位置及孔径应尽可能满足农田排灌和防洪、排洪要求，确保宣泄通畅，上下游做好铺砌，防止冲刷造成水土流失。

（2）保持天然径流流向及状态，尽量不改沟、并沟。

（3）城镇附近宜避免采用钢梁桥，以减少噪声、振动，高架桥梁应避免破坏都市景观。

5. 隧道设计

（1）贯彻"早进晚出"原则，洞口避免高边坡、高仰坡，尽量少破坏山体平衡。

（2）隧道出渣应移作路基填料，避免弃渣堵塞河道、挤压河床。

（3）设计供内燃或蒸汽牵引的列车通过的隧道，应加强通风措施，以减少洞内废气污染，危害维修工人身体健康。有条件时，隧道应设在直线上，洞内地下水不发育时，纵断面宜设计为一面坡，以利烟尘排放。

6. 轨道设计

（1）无缝线路可减弱振动和噪声，行车量大或行车速度高的线路宜优先采用无缝线路。

（2）为减弱振动与噪声，有条件时宜用弹性好的轨道结构。

7. 道口及交叉设计

合理设置平交道口，以方便人、畜、车辆通行。自然保护区宜设置野生动物通道。有条件时，应结合农田排灌与通行需要设置立体交叉。

8. 车站环保设施

大型车站、机务段排出的生产与生活污水和垃圾应加以处理，达标后才允许排放，以避免污染车站附近的水源，破坏水环境。

小结及学习指导

本章主要介绍了影响铁路定线的自然条件、走向选择、车站分布、定线的基本方法、主要自然条件下的定线等内容。通过本章学习，要求掌握铁路走向选择方法，接轨方案的选择方法，车站分布与选址原则，主要自然条件下的定线方法，桥涵、隧道及与道路交叉地段的定线原则以及铁路环境保护的设计原则。

思考题与习题

4-1 分析影响线路走向选择的主要因素，简述走向选择的要点。

4-2 简述车站分布的一般过程，分析中间站、会让站和越行站分布要点。

4-3 怎样区分紧坡地段与缓坡地段？简述紧坡地段、缓坡地段定线的要点。

4-4 铁路定线与车站分布时，最好将车站设在纵断面的什么部位？简要说明理由。

4-5 分析各种主要自然条件下的定线要点。

4-6 简述各种复杂地质条件下的定线要点。

4-7 简述桥涵、隧道和道路交叉地段的定线要点。

第5章 方案技术经济比较

本章知识点

> 知识点：方案技术经济比较的概念、方案技术经济评价的指标、经济比较的基础数据、方案的经济评价、方案的综合评价。
>
> 重　点：方案技术经济评价的指标、经济比较的基础数据、方案的经济评价。
>
> 难　点：方案的经济评价。

5.1　概　　述

5.1.1　方案技术经济比较的任务

铁路设计的总体目标，是以较低的投资实现所要求的运输能力，同时创造良好的运营条件，降低运营费用。此外，还应注意减少污染和美化环境，方便公众对客货运输的需要，创造良好的社会效益。实现一项设计目标，可提出各种技术决策供比较选用，每一种技术决策，都称为方案。例如，不同限制坡度的选择、河谷地段线路的岸侧选择等，构成不同的比较方案。线路设计时应根据实际情况提出各种可能的方案进行筛选，并对筛选出的几个方案进行计算、分析和对比，从中选出最佳方案。

各种设计方案采用的技术措施不同，其工程特征、运营特征和经济效益就会不同。各个方案都有其优缺点，需要进行全面的分析比较，从中找出最合理的方案，这就是方案技术经济比较的任务。

为了保证方案技术经济比较能够得到正确的结论，需要遵守下列原则：

① 完成规定的运输任务；

② 不遗漏有比较价值的方案；

③ 各方案应在同等精度的基础上比较。

5.1.2　方案技术经济评价的指标

在选线设计中，通常要从技术特征、工程条件、运营条件和经济效果等方面对方案进行评价和比选，比选的依据是反映上述各方面特征的技术指标和经济指标。

1. 技术指标

技术指标反映线路方案的技术特征，对线路的工程条件和运营条件具有重要的影响。

反映工程条件的技术指标：线路建筑长度、展线系数、最大坡度、最小曲线半径、地质不良地段的数目和长度、车站数目、土石方及桥隧工程数量、劳动力投入、占地数量及建设工期等。

反映运营条件的技术指标：运营长度、控制区间和全线的往返走行时分、拔起高度、通过能力、牵引吨数、输送能力、旅行速度、运用机车台数和车辆数、机车与车辆小时、机车与列车乘务组小时和能量、燃料消耗等。

2. 经济指标

线路方案的经济特征指标包括工程费、运营费、换算年费用、投资回收期、净现值、内部收益率等。

工程费指方案所涉及的土建工程费和机车车辆购置费的总和，反映方案对建设期内的资金投入量，以工程费（万元）表示。运营费指方案在运营期将发生的费用支出，在一定程度上反映了各方案运营条件的优劣，以每年的运营支出（万元）表示。

为综合体现方案在工程和运营两方面的经济性，可通过一定的折算方法将工程费和运营费换算为一定时期内的平均年费用，即换算年费用。该指标综合反映了方案在建设期和运营期的费用支出，其值较低的方案为优。

当不同的方案导致运量和运输收入不同时，方案的经济指标还应考虑收入的因素，投资回收期反映铁路运输收入冲抵包括工程投资和运营费在内的各种支出所需的年限。

净现值是铁路建设项目经济寿命期内各年度的现金流入和现金流出的差额（即净现金流量），考虑资金的时间价值进行折现后的总和。线路方案的净现值越高，在经济上越有利。从财务评价角度进行比选时，用财务净现值（简称 FNPV）指标；从国民经济评价角度进行比选时，用经济净现值（简称 ENPV）指标。

内部收益率是净现值等于零时的折现率。它代表建设项目实际达到的盈利率，用以衡量项目盈利的高低，其值越高，在经济上越有利。从财务评价角度进行比选时，用财务内部收益率（简称 FIRR）指标；从国民经济评价角度进行比选时，用经济内部收益率（简称 EIRR）指标。

5.1.3　方案的分类

在项目前期工作和进行铁路勘测设计的各阶段中，均有不同性质、不同规模的方案比较。归纳起来，可分为以下三类：

1. 网性方案

网性方案是对地区国民经济的发展和交通网的构成有重要影响的方案，如线路起讫点或主要经济据点间不同走向的比选，增建第二线与修建分流线的比选等。这类方案对地区国民经济服务的程度、工程投资和经济效益等方面可能有显著的差别。其比选牵涉投资决策问题，需要通过预可行性研究、可行性研究解决。

2. 总体方案

这一类方案对满足地区国民经济需要的程度大致相同，主要区别在于选择的主要技术标准（限制坡度、牵引种类、机车交路等）不同，或线路行经地区的局部走向不同。其比选结果，对线路的主要技术标准、工程条件、运营条件、投资和经济效益，具有决定性的影响。一般在可行性研究或初步设计中进行原则方案比选。

3. 局部方案

局部方案是指仅限于局部地段工程措施不同的方案，包括对局部地段的不良地质、平面障碍或高程障碍的绕避，平、纵断面设计的改善和小桥涵类型的选择等。其比选对于工程费、运营费、施工条件和运营条件等有一定的影响。局部方案比选，主要在初步设计阶段和编制施工图前的平、纵断面的改善设计中进行。

以上分类，只是为了讨论问题的方便，在实际工程中，常常不能截然分开。如网性方案，必然要结合主要技术标准的研究；又如原则性方案比选中的局部地段走向选择，对地区工农业的发展和交通网的建设，具有一定的影响，在定线过程中要考虑局部方案问题等。

5.1.4　方案技术经济比较的简要过程

概括地说，铁路选线的整个工作过程，也就是方案比选的过程。结合方案评比工作的特点，可将方案技术经济比较归纳为以下过程：

① 明确任务；

② 拟订方案，进行设计；

③ 计算和整理评比指标；

④ 方案的评价与选择。

在方案的经济比较中，对某些具体的工程设计问题，在满足约束条件的前提下，可按某一指定的评比指标建立目标函数，利用电子计算机从多方案中求解最优方案。

在一般情况下，铁路选线中重大决策的方案比较，牵涉的因素很复杂，除了各种各样的自然条件外，还有政策因素和社会因素，对方案评价影响很大，使寻求最优方案的问题复杂化。设计中只能就拟定的有限方案，进行力所能及的评价，从中选择出最合理的方案，习惯上也称为最优方案。

本章将扼要介绍前述过程中有关经济评比指标的计算和方案评价等内容。

5.2　经济比较的基础数据

方案经济比较的基础数据包括投资和运输支出等数据，这些数据是分析方案经济比较的依据，对方案比较的结论有决定性的影响，一定要在取得可靠的调查研究资料的基础上把这项工作做好。

5.2.1　投资

1. 投资分类

铁路建设项目的投资，按照构成和用途可分为直接投资和相关投资两类。在方案技术经济比较中，通常只考虑直接投资，即计算工程费和机车车辆购置费。

（1）土建工程投资：包括土建工程、运输设施、施工准备与管理等费用，占项目投资的主要部分。

（2）机车车辆购置费：包括客运和货运机车、车辆、动车购置费。

2. 土建工程投资

方案技术经济比较的工程投资计算，在不同设计阶段，精度和深度要求不同。常用方法是先计算各项建筑和设备的工程数量，并采用相应的综合单价或分析单价，按下式计算工程投资：

$$工程投资 = \sum（项目单价 × 相应项目的工程数量）（万元）\qquad (5-1)$$

铁路工程费包括以下几项费用：

（1）拆迁工程

拆迁工程包括拆迁建筑物、改移道路、迁移通信线路与电力线路等，可分项统计工程数量。

（2）路基工程

1）路基土石方：一般用平均断面法计算路基土石方数量，再按每立方米土石方的综合单价估算其费用。详细计算时应根据地质资料确定土石成分，按路基横断面分别统计土方和石方数量，并以相应的分析单价或综合单价计算其费用。

2）路基附属工程：包括路基附属土石方、加固、防护工程等，可按相应的数量和综合单价估算其费用。

3）挡土墙：可根据其类型、高度分类统计其延长米，或根据各类挡土墙的圬工数量，按相应的单价计算工程费。

（3）桥涵工程

1）桥梁：可按其类型和跨度根据梁的数量、墩台圬工数量和相应的单价计算；亦可根据水文资料和线路平纵断面图，估出每座桥梁的长度（必要时考虑桥高），统计其座数和总延长米，然后以每延米的综合单价估算其费用。

2）涵洞：可按类型和孔径分别统计涵长和横延米计算工程费。

（4）隧道工程

根据设计资料提供的隧道和明洞的长度，按长度分级统计其延长米数，采用相应的单价计算其费用。

（5）轨道工程

1）正线铺轨：可按正线长度和相应轨道类型的单价计算其费用。

181

2）站线铺轨：按轨道类型根据其铺轨长度、道岔组数和相应的单价计算。

（6）通信及信号工程

1）通信：包括通信线路、通信设备等，可以千米、站、门为单位统计工程数量。

2）信号：包括行车指挥设备、闭塞设备、联锁设备等，可以正线千米、组、站为单位统计工程数量。

（7）电力牵引铁路的供电设备

1）电力：包括供电线路、电源设备等，可以正线千米、处、站为单位统计工程数量。

2）电力牵引供电：包括接触网、牵引变电所、供电段等项目，可以正线千米、条千米、处为单位统计工程数量，根据工程数量和综合单价计算其费用。

（8）房屋

房屋包括生产及办公房屋、居住及公共房屋等项目，可以平方米为单位统计工程数量。

（9）其他运营生产设备及建筑物

它包括给水排水、机务、车辆、客货运、工务、其他建筑物及设备等项目，可以正线千米、处等为单位统计工程数量。

（10）其他间接费

它包括临时设施费、劳动保险基金、施工队伍转移费等，可以正线千米等为单位统计工程数量。

（11）其他费用

它包括材料差价、计划利润、税金、器具及生产家具购置费、其他费等，可以正线千米为单位统计工程数量。

（12）预备费

预备费指在可行性研究、初步设计、施工图阶段投资估算、总概算、投资检算中难以预料的工程费用，一般按以上各项费用之和的百分数计列。

（13）工程造价增长预留费

它是考虑由设计概算编制年度到项目建设竣工的整个期限内，因材料、设备价格上涨和人工费标准提高，以及其他各项费用标准的调整，而导致总投资额的增加，所计入的预留费，一般按年平均涨价率计列。

局部方案一般只需计算上述（1）～（5）项工程费，称主体工程费。其他方案比较，也只需计算各方案间有差异的指标，而不必按上列项目逐一计算全部工程项目的工程费。

3. 机车、车辆购置费

（1）机车购置费

$$A_j = (1+\gamma_j)\frac{\dfrac{t_1+t_2}{\beta_L}+(t_{jz}+t_{zz}+2t_{jd})\times n_j}{1440}(N_H+N_K)\times a_j \quad （万元） \quad (5\text{-}2)$$

式中 A_j——机车购置费（万元），当货机与客机机型不同时，应分别计算；

t_1、t_2——列车上、下行走行时分（min），不包括起停附加时分；

β_L——旅行速度系数，单线铁路取 0.7～0.75，双线铁路取 0.85；

t_{jz}——机车在机务段整备作业时分（min）；

t_{zz}——机车在折返段整备作业时分（min）；

t_{jd}——机车等待列车时分（min）；

N_K、N_H——旅客列车、货物列车对数（对/d）；

n_j——机车交路数目；

γ_j——机车检修备用系数，内燃机车取 0.35，电力机车取 0.30；

a_j——机车价格（万元/台）。

（2）补机购置费

当全区段采用双机牵引时，补机的购置费与本务机车相同。局部地段采用补机时，其购置费可按下式计算：

$$A_{bj} = \frac{T_{bj}}{1440 - t_{zb}} N_H \gamma_j a_j \quad （万元） \tag{5-3}$$

$$T_{bj} = \frac{t_b' + t_b''}{\beta_L} + 2t_{jd} \quad （min） \tag{5-4}$$

式中 A_{bj}——补机购置费（万元）；

T_{bj}——补机周转一次所需时分（min）；

t_b'、t_b''——补机往、返走行时分（min），不包括起停附加时分；

t_{zb}——每昼夜补机整备作业所需总时分（min），根据所需作业次数和一次作业时分估定；

其余符号意义同前。

（3）车辆购置费

车辆购置费按下式计算：

$$A_l = M \times a_l \times (1 + \gamma_l) \quad （万元） \tag{5-5}$$

货车 $$M_H = (1 + \gamma_l) \frac{\frac{t_1 + t_2}{\beta_L} + 2t_q n_q}{1440} N_H n \quad （辆） \tag{5-6a}$$

客车 $$M_K = \frac{\frac{t_1 + t_2}{\beta_L} + (t_S + t_Z)}{1440} N_K n \quad （辆） \tag{5-6b}$$

动车组 $$M_{DV} = \frac{\frac{t_1 + t_2}{\beta_L} + \sum_{n_D} t_{Dj}}{1080} N_{DV} n_D （辆） \tag{5-6c}$$

式中 A_l——客车、货车、动车组车辆购置费（万元）；

γ_l——客车、货车、动车组车辆检修备用系数，货车 0.23，客车 0.16，动车组 0.16；

a_l——客车、货车、动车组车辆平均价格（万元/辆）；

M_H、M_K——客车、货车运用车辆总数（辆）；

t_q——车辆在区段站停留时分（min）；

n_q——区段站数目；

n——列车编挂辆数（辆/列）；

t_S、t_Z——旅客列车在始发站、终到站停留作业时间（min）；

t_{Dj}——动车组在动车段（所）的整备作业时间（min）；

M_{DV}——速度为 V 的高速动车车辆数（辆）；

N_{DV}——速度为 V 的高速列车对数（对/d）；

n_D——动车编挂辆数；

1080——高速铁路每天运营时间（min），一般按 18h 计算；

其余符号同前。

5.2.2　运营费计算

用于方案比较的运营费可划分为"与行车量有关的运营费"和"固定设备维修费"两部分进行计算。

1. 与行车量有关的运营费

（1）计算原理

与行车量有关的运营费：

$$E_y = 365N_L \big[N(e_1 + \Delta e_4) + A_Q e_2 + A_Z e_3$$

$$+ (e_5 + e_6 + e_7 + e_8 + e_9 m) \frac{T}{\beta_L} \big] 10^{-4} \quad (万元/a) \quad (5-7)$$

式中　　N_L——列车对数（对/d），按计算年度客、货运量分别计算（不计波动系数）；

e_1——与能耗有关的机车、车辆、动车组维修费支出定额（元/kW·h 或元/吨油）；

e_2——与牵引功有关的机车、动车维修费支出定额（元/kN·km）；

e_3——与阻力功有关的机车、车辆、动车维修费支出定额（元/kN·km）；

e_4——电力或燃料单价（元/kW·h 或元/吨油）；

e_5——与时间有关的机车、拖车维修费支出定额（元/h）；

e_6、e_7——机车、列车乘务组小时工资（元/h）；

e_8——列车运行小时支出定额（元/列车小时）；

e_9——与时间有关的车辆、动车维修费支出定额（元/车辆小时）；

m——列车编组辆数；

β_L——旅速系数；

Δ——单位换算系数，电力、内燃牵引 $\Delta = 1$；

N、A_Q、A_Z、T——每列车双方向能耗（kW·h 吨油或吨汽）、牵引功（kN·km）、阻力功（kN·km）、运行时间（h），按客货列车分别用牵引计算方法求得。

(2) 运行能耗计算

1) 电力牵引

电力牵引时，运行能耗 N 包括牵引运行耗电量 N_Q（kW·h）与惰行、制动及停站自用电量 N_0（kW·h）。

牵引运行耗电量：$N_Q = \dfrac{U_W \sum \left[(I_p + I_{p0})t \right]}{60 \times 10^3}$ （kW·h） (5-8)

式中　U_W——受电弓处电压（V），取 25000V；

　　　I_p——每一速度间隔内的平均有功电流（A），根据 $V = f(s)$ 曲线上每一速度间隔的平均速度 V_p 查有功电流图；

　　　I_{p0}——牵引运行机车自用电有功电流（A），四轴和六轴机车取 6A，八轴机车取 7.5A；

　　　t——每一速度间隔所对应的牵引运行时分（min），可在 $t = f(s)$ 曲线上查得，或用数解法求得。

惰行、制动及停站自用电量 N_0 按下式计算：

$$N_0 = \frac{U_W I_{p0} \sum t}{60 \times 10^3} \quad (\text{kW·h}) \tag{5-9}$$

2) 内燃牵引

内燃牵引时，运行能耗 N 包括牵引运行耗油量 N_Q(kg) 与柴油机空转耗油量 N_0(kg)。

牵引运行耗油量：

$$N_Q = \sum (e_y t) \quad (\text{kg}) \tag{5-10}$$

式中　e_y——牵引运行单位时间燃油消耗量（kg/min），按手柄位及计算段的平均速度确定；

　　　t——对应计算段平均速度的运行时分（min）。

内燃机车惰行、制动运行或在车站停留时，燃油消耗量均按柴油机空转燃油消耗量计算，即：

$$N_0 = \sum (e_0 t) \quad (\text{kg}) \tag{5-11}$$

式中　e_0——柴油机空转单位时间燃油消耗量（kg/min），它与柴油机转速有关，计算时可查相应的表格。

(3) 牵引机械功计算

牵引机械功就是机车（动车）牵引力在运行中所做的功，可用平均牵引力与走行距离的乘积计算。牵引机械功 A_Q 用以克服阻力机械功 A_Z 并积累列车的位能和动能，因此有：

$$A_Q = \sum (F \times \Delta s) = A_Z + 1000 \times (P + G) \times g \times (H_2 - H_1) + 41.7$$
$$\times (P + G) \times (V_2^2 - V_1^2) \tag{5-12}$$

式中　A_Q——列车在甲、乙站间运行的牵引机械功（J）；

　　　F——各计算段的平均牵引力（N）；

　　　Δs——各计算段的距离（m）；

A_Z——阻力机械功（J）；

H_2——乙站中心高程（m）；

H_1——甲站中心高程（m）；

V_2——列车通过乙站时速度（km/h）；

V_1——列车通过甲站时速度（km/h）。

（4）阻力机械功计算

阻力机械功 A_Z 是转化为热能，对机车、车辆、动车和轨道磨损有害的阻力功，它是克服列车的基本阻力、曲线阻力和制动力等所做之功，可由牵引机械功减去列车的位能和动能而求得，即：

$$A_Z = A_Q - 1000(P+G) \times g(H_2 - H_1) - 41.7(P+G) \times (V_2^2 - V_1^2) \quad (J)$$

$$(5-13)$$

对高速动车组，上式中的 $P+G$ 以 M 取代。

（5）列车数的计算

1）旅客列车数 N_K

旅客列车对数根据需要的旅客输送能力和运输计算确定各种旅客列车数。通常采用客运量调查预测结果。旅客列车数可以按下式计算：

$$N_K = \frac{\beta_K A}{365\gamma_K} \quad (5-14)$$

式中　β_K——月间客流波动系数；

　　　A——单方向（上行或下行）年度客流量（人）；

　　　γ_K——列车平均定员数（人）。

2）货物列车数 N_H

货物列车数根据要求的年货运量分方向计算。

设 C_Z、C_Q 为重车和轻车方向的年货运量，G_Z、G_Q 为重车方向和轻车方向的满载列车牵引吨数（t），则：

① $C_Z = C_Q = C$，$G_Z = G_Q = G$

$$N_H = \frac{C \times 10^6}{365G \times K_J} \quad （对 /d）（不计货运波动系数） \quad (5-15)$$

式中　C——年货运量（Mt/a）；

　　　G——牵引吨数（t）；

　　　K_J——净载系数。

② $C_Z \neq C_Q$（或 $G_Z \neq G_Q$）

重车方向：　　$$N_{ZH} = \frac{C_Z \times 10^6}{365G_Z \times K_J} \quad （列 /d） \quad (5-16)$$

轻车方向：若整列排空且两方向列车数目相同时，则：

$$N_{QZ} = \frac{C_Q \times 10^6}{365G_Q \times K_J} \quad (5-17)$$

$$N_{PK} = N_{ZH} - N_{QZ} \quad （列 /d） \quad (5-18)$$

若空重车混编时，则：

$$N_{QH} = \frac{C_Q \times 10^6 + 365 G_Z (1 - K_J) \times N_{ZH}}{365 G_{QZ}} \quad (列/d) \qquad (5-19)$$

式中　N_{ZH}、N_{QZ}——重、轻车方向的列车数（列/d）；

$\quad\quad\quad N_{PK}$——轻车方向排空列车数（列/d）；

$\quad\quad\quad N_{QH}$——轻车方向空重混编列车数（列/d）；

$\quad\quad\quad G_{QZ}$——轻车方向空重车混编列车的牵引吨数（t）。

（6）列车公里法计算与行车量有关的运营费

建设项目前期工作阶段或精度要求不高时，可用列车公里法计算与行车量有关的运营费。因该法是以均衡速度法为基础的，故应另加列车起停附加费用。

1）列车走行费

列车走行费采用列车公里法计算。

① 货物列车单方向运行一次走行费：

$$\varepsilon_l = \sum e_i \times l_i + 0.0105 \sum \alpha \times (P + G) \times a \times 10^{-3} \quad (元/列) \quad (5-20)$$

式中　e_i——各种坡度（按线路的设计坡度）每列车公里走行费（元/km·列）；

$\quad\quad\quad l_i$——各种坡度相应的坡段长度（km）；

$\quad\quad\quad a$——每吨公里机械功能耗综合支出（元/t·km），韶山 1 型机车为 0.53，韶山 3 型机车为 0.55，韶山 4 型机车为 0.54，韶山 7 型机车为 0.5，东风型机车为 0.75；

$\quad\quad\quad \sum \alpha$——单方向牵引坡地段（机车牵引运行地段）曲线转向角总和（°）。

② 年走行费

a. 上、下行方向运量及牵引吨数一致时，双方向年走行费用为：

$$\varepsilon_X = 365 \times (N_H + \eta \times N_K) \times \sum \varepsilon_l \times 10^{-4} \quad (万元/a) \qquad (5-21)$$

式中　ε_X——双方向年走行费之和；

$\quad\quad\quad \sum \varepsilon_l$——每一货物列车往返一次走行费之和（元/列）；

$\quad\quad\quad \eta$——旅客列车走行费换算系数，与客、货列车牵引吨数及机型有关；

其余符号同前。

b. 上、下行方向运量不一致时，重车方向与轻车方向的年走行费应分别计算。

重车方向：

$$\varepsilon_{ZX} = 365 \times (N_H + \eta \times N_K) \times \varepsilon_l \times 10^{-4} \quad (万元/a) \qquad (5-22)$$

轻车方向：

整列排空时（$G_Z = G_Q$，$N_{ZH} = N_{QZ} + N_{PK}$），

$$\varepsilon_{QX} = 365 \times (N_{QZ} + \mu \times N_{PK} + \eta \times N_K) \times \varepsilon_l \times 10^{-4} \quad (万元/a) \quad (5-23)$$

空重混编时（$G_Z \neq G_Q$），

$$\varepsilon_{QX} = 365 \times (N_{QH} + \eta \times N_K + E_D \times N_D) \times \varepsilon_l \times 10^{-4} \quad (万元/a) \quad (5-24)$$

式中　E_D——单机单方向走行一次费用（元/次）；

$\quad\quad\quad N_D$——单机每天走行次数。

双方向年走行费为：

$$\varepsilon_X = \varepsilon_{ZX} + \varepsilon_{QX} \quad (万元/a) \qquad (5-25)$$

2) 列车起停附加费

均衡速度计算的列车走行费为列车在车站不停车通过的运营费，但列车在线路运行时需要进行会让、越行、技术作业和商务作业，因此各类列车均需要在一定数量的车站停车。起停附加费是指列车因起停较通过而增加了运行时分、多耗费了能量所发生的附加费。

列车年起停附加费按下式计算：

$$\varepsilon_{qt} = 365 e_{qt} K_{qt} (N_{ZH} + N_{QZ} + \mu \times N_{PK} + \eta \times N_K) \times 10^{-4} \quad (万元/a)$$

$$(5\text{-}26)$$

式中　e_{qt}——货物列车起停一次的附加费用（元/次），可查阅有关手册；

　　　K_{qt}——货物列车平均起停次数（次/对），可查阅有关手册。

其余符号意义同前。

2. 固定设备维修费（含折旧费）

固定设备维修费 E_G 包括正线维修费、站线维修费、车站维修费、信联闭和通信设备维修费及供电设备维修费，可按下式计算：

$$E_G = [(e_{zx} + e_{xl} + e_w) \times L_{zx} + e_{df} \times L_{df} + e_{bz} \times L_{bz} + e_q \times L_q$$
$$+ \sum e_c \times N_c + e_b \times N_b] \times 10^{-4} \quad (万元/a) \qquad (5\text{-}27)$$

式中　e_{zx}、e_{xl}、e_w——正线、信联闭与通信设备及接触网的年维修费定额（元/km）；

L_{zx}、L_{df}、L_{bz}、L_q——正线、到发线、编组线及其他线的长度（km）；

　　　e_{df}、e_{bz}、e_q——到发线、编组线、其他站线的年维修费定额（元/km）；

　　　　N_c、e_c——各类车站数目及其年维修费定额（元/站）；

　　　　N_b、e_b——牵引变电所数目及其年维修费定额（元/所）。

3. 年运营费

年运营费可按下式计算：

$$E = E_y + E_G \quad (万元/a) \qquad (5\text{-}28)$$

5.3　方案的经济评价方法

5.3.1　经济效益评价方法分类

1. 按时间因素分类

经济效益计算时，按时间因素可分为静态法和动态法两类。

（1）静态法：一定的货币额所代表的价值不随时间变化。

静态法不能反映延长建设工期占用资金的经济损失，也不能确切计算提前投产的经济效益。但静态法因略去时间因素，计算简单，适合于多方案比选中淘汰明显不合理的方案，以及局部方案的比选。

（2）动态法：一定的货币额所代表的价值随时间而变化。

动态法考虑了资金的时间价值，体现了经济社会的价值规律。它可以把不同时间的费用和效益折算成同一基准时间的价值进行计算和比较，能正确地反映方案的经济效益。

2. 按评价指标分类

按经济评价指标可分为：

(1) 按最小费用评价方案，包括年换算工程运营费法、分期投资经济比较方法等。

(2) 按费用—收益评价方案，包括投资回收期法、净现值法和内部收益率法等。

5.3.2 常用经济评价方法

经济评价中，可根据方案的特征及规模，选用下列所述方法评选方案。

1. 差额投资偿还期法

两个方案进行比选时，通常投资多的方案其年运营费较少。可用投资较多的方案每年节省的运营费来补偿该方案多投入的投资，补偿所需的年数称为差额投资偿还期。若差额投资偿还期小于基准偿还期 $T_{基}$，则投资大的方案有利。计算公式为：

$$T = \frac{C_1 - C_2}{E_2 - E_1} \quad \text{(a)} \tag{5-29}$$

式中　T——差额投资偿还期（a）；

C_1、C_2——方案 1、方案 2 的投资额（万元），$C_1 > C_2$；

E_1、E_2——方案 1、方案 2 的年运营费（万元/a），$E_1 < E_2$。

$T > T_{基}$ 时，方案 2 有利；$T < T_{基}$ 时，方案 1 有利。

考虑到铁路通车后运量是逐年增长的，年运营费也将逐年变化。为体现这一特点，差额投资偿还期可按下式解算：

$$C_1 - C_2 = \sum_{t=1}^{T} (E_{2t} - E_{1t}) \tag{5-30}$$

式中　E_{1t}、E_{2t}——方案 1、方案 2 第 t 年的运营费（万元/a）。

进一步考虑资金的时间价值，则差额投资偿还期可按下式解算：

$$\sum_{t=1}^{m} \frac{C_{1t} - C_{2t}}{(1+i_c)^t} = \sum_{t=m+1}^{m+T} \frac{E_{2t} - E_{1t}}{(1+i_c)^t} \tag{5-31}$$

式中　T——差额投资偿还期（年）；

　　　i_c——铁路基准收益率；

C_1、C_2——方案 1、方案 2 的投资额，$C_1 > C_2$；

E_1、E_2——方案 1、方案 2 的年运营费，$E_1 < E_2$；

　　　m——设计线建设工期（a）。

2. 年换算费用法

在投资偿还期法中，若取 $T = T_{基}$，则：

$$\frac{1}{T_{基}} \times C_1 + E_1 = \frac{1}{T_{基}} \times C_2 + E_2 \tag{5-32}$$

上式中的投资 C_1、C_2 乘以年度系数 $1/T_{基}$ 后，即换算为年度支出，分别

与年运输支出 E_1 及 E_2 相加，即求得各方案的年换算费用。

系数 $1/T_{基}$ 可用 Δ 表示，称为投资效率系数，也称为基准收益率。投资效率系数 Δ 值与国民经济部门盈利及投资政策有关，过去在铁路方案比选中常用 0.10，现行《铁路建设项目经济评价办法》（第二版）规定为 0.06。如以 A 表示工程投资、K 表示年换算费用，则：

$$K = E + \Delta \times A \tag{5-33}$$

在多方案的经济比较中，以年换算费用 K 最小的方案最经济。该方法为静态经济比较法。

3. 最小费用法

线路长度基本相同且运输收入也基本相同的方案进行比较时，为简化计算，可采用最小费用法进行比较。费用计算包括各方案的投资总额和各方案在项目寿命期内的各种费用（主要为年运营费用）。费用最小的方案为最优方案，基本计算公式为：

$$K_i = C_i + \sum_{t=1}^{n} E_{it} \tag{5-34}$$

式中　K_i——第 i 方案的总费用（万元）；

　　　C_i——第 i 方案的总投资（万元）；

　　　E_{it}——第 i 方案第 t 年的运营费（万元/a）；

　　　n——计算期年数（a）。

若进一步考虑资金的时间价值，则总费用的计算公式为：

$$K_i = \sum_{t=1}^{n} \left(\frac{C_{it}}{(1+i_c)^t} + \frac{E_{it}}{(1+i_c)^t} \right) \tag{5-35}$$

式中　C_{it}——第 i 方案第 t 年的投资额（万元/a）；

　　　E_{it}——第 i 方案第 t 年的运营额（万元/a）；

　　　i_c——铁路基准收益率；

　　　n——计算期年数（a）。

若计算期结束时部分方案还存在固定资产余值，总费用的计算公式可作如下修正：

$$K_i = \sum_{t=1}^{n} \left(\frac{C_{it}}{(1+i_c)^t} + \frac{E_{it}}{(1+i_c)^t} \right) - \frac{C_{yi}}{(1+i_c)^n} \tag{5-36}$$

式中　C_{yi}——第 i 方案在计算期末的固定资产余值（万元）。

4. 差额投资内部收益率法

以差额投资内部收益率作为评价指标的经济比较方法。差额投资内部收益率是两个方案各年度净现金流量差额的现值之和等于零时的折现率。由下列公式解算：

$$\sum_{t=1}^{n} \left[(CI - CO)_{2t} - (CI - CO)_{1t} \right] (1 + \Delta FIRR)^{-t} = 0 \tag{5-37}$$

式中　　CI——现金流入；

　　　　CO——现金流出；

$(CI-CO)_{2t}$——投资大的方案在第 t 年的净现金流量；

$(CI-CO)_{1t}$——投资小的方案在第 t 年的净现金流量；

$\quad \Delta FIRR$——差额投资财务内部收益率；

$\qquad n$——计算期。

从国民经济效益角度比较：

$$\sum_{t=1}^{n}\left[(B-C)_{2t}-(B-C)_{1t}\right](1+\Delta EIRR)^{-t}=0 \qquad (5\text{-}38)$$

式中　　　B——效益；

$\qquad C$——费用；

$(B-C)_{2t}$——投资大的方案的年净效益流量；

$(B-C)_{1t}$——投资小的方案的年净效益流量；

$\quad \Delta EIRR$——差额投资经济内部收益率。

进行方案比较时，可按上述公式计算差额投资内部收益率，并与财务内部收益率 i_c（从企业效益角度比较时）或社会折现率 i_s（从国民经济效益角度比较时）进行对比。当 $\Delta FIRR \geqslant i_c$ 或 $\Delta EIRR \geqslant i_s$ 时，以投资大的方案为优；反之，投资小的方案为优。

本方法适用于 2 个或 3 个方案进行比较。当方案较多时，为避免方案两两比较增加工作量，可采用净现值法进行比较。

5.4　方案的综合评价

方案的综合评价，是在取得各项技术经济评价指标的基础上，进行综合分析，评选最合理方案。

方案综合评价所依据的各种技术经济指标，主要包括技术特征、运营特征、工程数量和工程条件以及经济评价等几个方面的指标。

进行方案的综合评价，应根据方案之间的差别情况，选用广度恰当的指标体系，列表进行评比。现以新建铁路为例，将常用指标列在表 5-1 中。

新建铁路线路方案技术经济比较指标　　　　　表 5-1

序号	指标	名称	单位	方案	
				Ⅰ	Ⅱ
1	线路长度	建筑长度/运营长度	km		
2	展线系数				
3	牵引吨数		t		
4	往返走行时分	控制区间/全线	min/h		
5	通过能力		对/d		
6	输送能力		Mt/a		
7	最大坡度	限坡/双机坡	‰		
8	最大坡度地段长度	限坡/双机坡	km		
9	拔起高度	上行/下行	m		

191

续表

序号	指标	名称	单位	方案	
				I	II
10	最小曲线半径		m		
11	地质不良地段	处数/总长度	处/km		
12	车站	区段站	个		
		中间站			
13	土石方	填方	10^4m^3		
		挖方			
14	桥　梁	总座数/总长度	座/m		
		其中，特大桥座数/总长			
15	涵　洞	总座数/总横延米	座/m		
16	隧道	总座数/总长度	座/m		
		其中，长隧道座数/总长度			
17	施工劳动力		万工天		
18	用地		10^3m^2		
19	投资	工程费	万元		
		机车车辆购置费			
20	造价		万元/km		
21	设计年度运营费		万元/a		
22	年换算工程运营费		万元/a		
23	设计年度资金利税率		%		
24	投资回收期		a		
25	净现值		万元		
26	内部收益率		%		

小结及学习指导

本章主要学习了铁路方案技术经济比较的概念、方案技术经济评价的指标、经济比较的基础数据、方案的经济评价、方案的综合评价。通过本章的学习，要求重点掌握经济比较的基础数据计算方法、方案的经济评价方法以及方案的综合评价方法。

思考题与习题

5-1　为保证铁路设计方案技术经济比较能得到正确的结论，在进行方案比较时应遵循哪些原则？

5-2　简述方案技术经济评价的技术指标。

5-3　网性方案、局部方案的技术经济评价指标是否应有所不同？原因是什么？

5-4 一般在局部方案比选时为什么仅用工程费和运营费进行比较？

5-5 用年换算费用法评选下列方案，如表题 5-5 所示并计算相应的偿还期。

表题 5-5

方案	I	II
工程费（万元）	12374.5	11585.5
运营费（万元/年）	1856.2	2084.0
机车车辆购置费（万元）	1523.4	1769.9

第6章
既有线改建与增建二线设计

本章知识点

> 知识点：加强铁路运输能力的措施、铁路客运提速、兴建高速铁路、发展重载运输的技术路线、既有铁路能力加强的总体设计、既有线改建线路设计的基本内容、既有线改建线路设计的基本原则、放大纵断面图、既有线平面改建、既有曲线整正与拔距计算、增建二线平面设计、第二线平面计算。
>
> 重　点：既有线路能力加强的措施、既有线改建线路设计、既有曲线整正与拔距计算、增建二线平面设计、第二线平面计算。
>
> 难　点：既有曲线整正与拔距计算、第二线平面计算。

随着国民经济的迅速发展和对外贸易的不断扩大，铁路客货运量也逐年大幅度地增长。因此，既有铁路的技术装备和输送能力，往往不能适应铁路现代化和运量增长的要求，需要进行技术改造和能力加强。同时，因时间价值和时间观念的增强，旅客对提高行车速度、节约旅行时间的要求日益增强，加之铁路面对其他运输方式的激烈竞争，为谋求铁路自身的发展，客观上也需要提高行车速度。既有线改造是铁路运输综合扩能的重大措施，应根据国民经济发展规划统筹安排，本章将分别介绍既有线能力加强与提高行车速度的技术措施，既有线改建与增建二线线路设计方法。

6.1　加强铁路运输能力的措施

加强铁路能力的方案和时机，主要根据需要能力和现有能力的水平来确定。铁路输送能力由通过能力和牵引吨数决定。需要的通过能力根据未来需要开行的客、货列车数并考虑一定的后备能力进行计算，即：

$$N_X = [N_H + \varepsilon_K N_K + (\varepsilon_{KH} - \mu_{KH})N_{KH} + (\varepsilon_L - \mu_L)N_L + (\varepsilon_Z - \mu_Z)N_z](1 + \alpha) \tag{6-1}$$

$$N_H = \frac{10^6 \beta C}{365 \varphi G} \quad （列） \tag{6-2}$$

式中符号意义见第 12 章有关内容。

需要开行的旅客列车数可以按下式计算：

$$N_K = \frac{\beta_K A}{365 \gamma_K} \tag{6-3}$$

式中　β_K——月间客流波动系数；

　　　A——单方向（上行或下行）年度客流量（人）；

　　　γ_K——列车平均定员数（人）。

既有线能力加强应从提高通过能力 N 和牵引吨数 G 两方面着手。对于既有铁路运输能力的加强措施，可归纳为运输组织措施、改革牵引动力、信联闭的措施和改造工程措施。而作为铁路现代化的标志技术，客运提速、发展重载运输和兴建高速铁路，却是提高铁路运输能力和服务水平最有效途径。

6.1.1　运输组织措施

运输组织措施基本上不增加设备、不改建工程，而是采用特殊的行车方式，发挥既有铁路潜力，以提高通过能力，通常作为既有线改建前适应运量增长的过渡措施。

1. 缩短控制区间的运行图周期

编制列车运行图时，使进入控制区间为上坡方向的列车不停车，提高其行车速度，缩短走行时分。

当既有线采用电气路签（牌）闭塞时，可把控制区间两端车站上的路签（牌）机移到搬道房内，以节省车站值班员递送路签（牌）的走路时间，缩短会车间隔时分；或者允许控制区间的路签（牌）可以直接折返使用，以节省取送路签（牌）时间，缩短会车间隔时分。

当技术作业站相邻区间为控制区间时，若因技术作业如给水、摘挂机车等时间较长，增大运行图周期，可视具体情况，采用移动列车运行线的办法，缩短控制区间的运行图周期。

2. 在单线区段采用特殊运行图

（1）不成对运行图

当上、下行行车量不均衡时，可编制不成对运行图，使重车方向加开列车，轻车方向多余的机车，附挂在回程列车上折返。不成对运行图的通过能力，可按重车、轻车方向分别计算。

图 6-1（a）为非自动闭塞区段的不成对运行图，其通过能力为：

重车方向：$N_Z = \dfrac{(1440 - T_T)\beta}{(t_W + t_F + t_B + t_H) + (\beta - 1)(t_W + t_L)}$　（列 /d）(6-4)

轻车方向：　　　　$N_Q = \dfrac{N_Z}{\beta}$　（列 /d）　　　　　　(6-5)

式中　N_Z、N_Q——分别为重车、轻车方向的通过能力（列/d）；

　　　t_W、t_F——列车在区间内往、返走行时分（min）；

　　　t_B、t_H——列车会车与不同时到达的间隔时分（min）；

　　　t_L——同向列车连续发车间隔时分（min）；

　　　β——不成对系数，即重车方向与轻车方向列车次数之比值，

$\beta = N_Z/N_Q$，图 6-1（a）中 $\beta = 2$。

图 6-1（b）为自动闭塞区段的不成对运行图，重车方向可追踪运行，其通过能力为：

重车方向：
$$N_Z = \frac{(1440 - T_T)\beta}{(t_w + t_F + t_B + t_H) + (\beta - 1)I} \quad （列 /d） \qquad (6-6)$$

轻车方向：
$$N_Q = \frac{N_Z}{\beta} \quad （列 /d） \qquad (6-7)$$

式中　I——追踪列车发车间隔时分，一般取 $I=10\text{min}$ 或 $I=8\text{min}$。

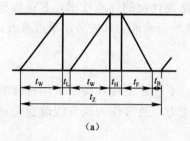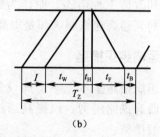

图 6-1　不成对运行图

(a) 非自动闭塞；(b) 自动闭塞

(2) 追踪与部分追踪运行图

在单线自动闭塞区段上，当中间车站的到发线数量较多，能够组织双方向追踪列车在车站上交会和越行时，可采用两列（或几列）车连续发车的追踪或部分追踪运行图，如图 6-2 所示。追踪运行图虽然可以提高通过能力，但由于列车交会停站时间加长，使区段速度降低，并需增加车站站线数量，为了缓和上述缺点，实际上多采用部分追踪运行图。

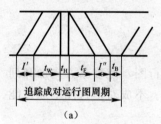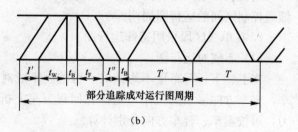

图 6-2　追踪与部分追踪运行图

(a) 追踪；(b) 部分追踪

图 6-2（a）为两列车追踪运行图。其通过能力为：

$$N = \frac{(1440 - T_T) \times 2}{(t_w + t_F + t_B + t_H) + (I' + I'')} \quad （对 /d） \qquad (6-8)$$

式中　I'、I''——分别为上行、下行方向追踪列车发车间隔时分（min）。

图 6-2（b）为部分追踪运行图，其通过能力为：

$$N = \frac{(1440 - T_T) \times 4}{3(t_w + t_F + t_B + t_H) + (I' + I'')} \quad （对 /d） \qquad (6-9)$$

3. 减少旅客列车扣除系数

编制列车运行图时，若能使多数车站都要停车的普通旅客列车按货物列车运行线铺画，则可减小这些旅客列车的扣除系数，使线路通过能力有所提高。若能使旅客快车集中发车，也可减小这些旅客快车的扣除系数，提高通过能力。

4. 采用动能闯坡、补机推送或双机牵引

（1）利用动能闯坡

当一个区段内有个别陡而短的坡段限制了全区段的牵引吨数时，可采取适当措施，如使列车在陡坡前的车站不停车，借助司机的先进操纵技术，以提高陡坡前的列车速度和爬坡时的机车牵引力，使机车能牵引较重的列车，利用动能闯过陡坡，从而能提高全区段的牵引吨数。

采用动能闯坡时，通常应使列车到达坡顶的速度不低于机车计算速度，并据此确定动能闯坡的牵引吨数。牵引吨数可用图解法确定。其方法是先假定 2～3 个牵引吨数，根据线路平纵面，分别绘出速度距离曲线，得到 2～3 个相应的坡顶速度，据此可绘出牵引吨数与坡顶速度的关系曲线，如图 6-3 所示。在曲线上，可找到与机车计算速度对应的牵引吨数，即能以机车计算速度闯过坡顶的牵引吨数。必要时，允许将坡顶速度适当降低，但一般不宜低于 15～20km/h。

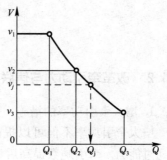

图 6-3　牵引吨数与坡顶速度关系曲线

（2）补机推送

若区段内个别位于车站附近的陡坡，限制牵引吨数且利用动能不能闯上坡顶时，可采用补机推送办法，以提高牵引吨数和行车速度。补机挂在列车尾部，可推送到下一车站，然后附挂在对向列车上，折回补机站；亦可将列车推送到陡坡坡顶，在区间摘钩折返。

补机推送可在单线区段和非自动闭塞的双线区段采用。其通过能力应根据行车组织和补机运行方式进行计算。

图 6-4 为单线区间补机推送运行图。其中图 6-4（a）为补机在全区间推送，图 6-4（b）和图 6-4（c）为补机在区间摘钩折返。图 6-4（b）中补机推送与折返时分之和（$t_{BW}+t_{BF}$）不大于上坡列车区间走行时分 t_W，图 6-4（c）中 $t_{BW}+t_{BF}>t_W$。图 6-4（a）、（b）、（c）的区间通过能力计算式分别为式（6-10）、式（6-11）、式（6-12）。

$$N = \frac{1440 - T_T}{T_Z} = \frac{1440 - T_T}{t_W + t_F + t_{HG}^A + t_{HG}^B} \quad （对 /d） \qquad (6-10)$$

$$N = \frac{1440 - T_T}{T_Z} = \frac{1440 - T_T}{t_W + t_F + t_B + t_{HG}^A} \quad （对 /d） \qquad (6-11)$$

$$N = \frac{1440 - T_T}{T_Z} = \frac{1440 - T_T}{(t_{BW} + t_{BF}) + t_F + t_L + t_{HG}^A} \quad （对 /d） \qquad (6-12)$$

式中 t_{HG}^A、t_{HG}^B——A、B 站换挂补机的作业时分（min）；

t_B——B 站作业的间隔时分（min）；

t_L——连发间隔时分（min）。

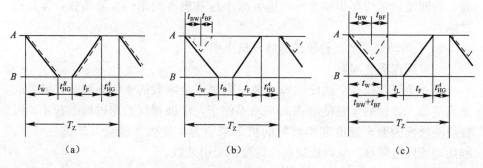

图 6-4 单线补机推送运行图

（a）全区推送；（b）$t_{BW}+t_{BF} \leqslant t_W$；（c）$t_{BW}+t_{BF} > t_W$

6.1.2 改革牵引动力与信联闭的措施

1. 增大牵引功率的措施

增大牵引功率不但可以提高牵引吨数，并且可以提高运行速度，相应增加通过能力。牵引吨数提高后，车站到发线有效长度也要相应加长。

（1）采用多机牵引

在一个区段内，有连续几个区间为持续陡坡，限制牵引吨数时，可考虑在持续陡坡的路段内，采用多机牵引。这样，全区段的牵引吨数即可根据其他单机牵引路段的较缓坡度来决定，从而使全区段的牵引吨数得以提高。

多机牵引路段，因牵引力往往有富裕，可以使行车速度提高。若原来控制通过能力的区间位于加力牵引路段内，则全区段的通过能力也可相应的提高。在多机牵引的起讫车站，因摘挂补机要增大车站作业的间隔时分，有可能使多机牵引的起讫区间通过能力降低，对此应加注意，并根据具体情况采取相应措施。多机牵引的起点站或终点站应设置补机的整备设备，有可能时宜将有机务设备的车站作为多机牵引的起讫车站。多机牵引路段的车站到发线有效长度，应较规定的有效长度增加一台机车的长度。

（2）采用大功率机车

在全线或个别区段采用功率较大的机车，既能提高牵引吨数，又可提高列车运行速度，缩短限制区间的运行图周期，从而可提高铁路线路的通过能力。采用大功率机车的效果和采用多机牵引相比，除能达到同样的目的外，且可获得节省机车台数和机车乘务组需要数的效果。

（3）采用电力或内燃机车

电力与内燃机车牵引力大、速度高、起动与制动性能好，可以大大提高牵引吨数、行车速度和输送能力。

电力、内燃机车整备一次可行驶很长距离，不需中途给水、加煤，可以大大延长交路距离，提高机车运用效率，提高区段速度，减少机务段数目，且乘务员具有良好的工作条件。所以采用电力、内燃牵引时，多改用轮乘制的超长交路，交路距离可延长到300km以上。

采用电力、内燃牵引，牵引吨数提高，需延长到发线有效长度，并改造既有蒸汽牵引的机务设备，拆除不必要的加煤、给水及转向设备。电力牵引还要修建供电设备，因建筑限界的高度提高可能引起隧道、桥梁与天桥的改建，既有的通信线路因供电系统交流电的干扰，也需要进行改建。

2. 改换信联闭设备

改善信号、联锁、闭塞设备，是保证行车安全、提高通过能力、改善运输工作指标的重要措施。采用较完善的信号、联锁、闭塞装置，可使列车在车站上交会、越行的作业时间缩短，从而提高通过能力。车站间隔时间缩短后，区段速度也相应提高，可加速机车车辆周转，降低运输成本。

电气路签闭塞时，一对列车在区间两端办理接发车的作业时分，通常需8~10min，通过能力相对降低。改建既有铁路时，一般不再保留路签闭塞，而应更换为半自动闭塞、自动闭塞或调度集中。

单线铁路由电气路签闭塞改为半自动闭塞，一般可提高通过能力10%左右；采用调度集中半自动闭塞，可提高通过能力15%左右。单线铁路单纯采用自动闭塞，提高通过能力约25%；再安装调度集中并组织列车追踪运行时，通过能力可提高35%~40%，但要相应增加车站到发线数量并使列车区段速度降低。

复线铁路采用自动闭塞，追踪列车间隔时分采用10~8min，平行运行图的通过能力可达140~180对/d，而半自动闭塞的通过能力仅能达到70~90对/d。因此，复线铁路应尽可能采用自动闭塞；只有当运量增长较慢，或因线路条件限制不宜采用自动闭塞时，方可采用半自动闭塞。

6.1.3 改建工程设施的措施

1. 增设车站或线路所

在既有单线铁路各区间通过能力不均衡的情况下，当少数控制区间的距离较长，且区间中段地形较平缓、设站不致引起巨大工程时，则可考虑在这些控制区间增设车站，以缩短行车时分，提高通过能力。这种措施，一般投资不多，而效果显著。

增设车站应当注意，车站之间距离不能过短。车站间最短距离，应按两站办理行车闭塞所要求的作业时间计算确定，如图6-5所示。

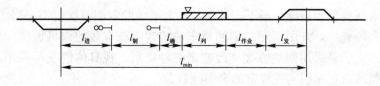

图6-5 站间最短距离

按我国目前的行车速度、列车长度、制动距离、闭塞方式等条件推算，站间最短距离一般不宜短于 6km。

在未安装自动闭塞的区段，若控制区间设站困难，可考虑在两车站之间加设线路所，以组织连发列车，提高通过能力。在采用推送补机的单线区段，为减少或消除补机折返对通过能力的影响，通常也可以修建线路所，作为采用推送补机的辅助措施。

在单线区段设置线路所，不仅会增加相对方向列车交会的时间，从而降低旅行速度，而且在开设线路所后，其通过能力往往受其他区间的限制。因此，只有在地形条件不便增设会让站，且上下行方向的行车量显著不平衡的单线区段，才采用这种措施。

2. 延长到发线有效长度

增大牵引功率和减缓最大坡度，都将使牵引吨数增大，列车长度增长。当既有车站到发线长度不足时，应根据需要予以延长。

延长到发线有效长度，要相应改移信号机位置，改铺咽喉区道岔与联锁设备。站坪长度的相应延长，还要引起延长地段路基、挡墙、桥涵工程的改建。若进站引线坡度较陡时，因站坪坡度较小，还可能引起展线，工程甚大。改建车站的咽喉区，在特殊困难条件下，有充分依据时，可设在不大于限制坡度或双机牵引坡度的坡道上，但区段站不得大于 4‰，会让站、越行站和中间站不得大于 15‰。

货物列车牵引吨数提高后，不但需要延长沿线中间站、区段站的到发线有效长度，并且需要延长有关编组站到达场、编组场、出发场的股道有效长度。编组站股道有效长度的延长，往往拆迁量大，工程艰巨。所以，应积极发展大型货车和缩短型货车，提高每延米的货车质量，以减缓延长站线有效长度的压力。若改建设计选定的站线有效长度限制牵引吨数时，列车需欠轴运行，富余的机车功率可用来提高行车速度。

至于因延长到发线有效长度或其他原因需要改建既有车站时，在特殊困难条件下，如有充分技术经济依据，站坪正线的曲线半径和坡度可比新线标准降低，保留现状。

3. 削减超限坡度和减缓限制坡度的措施

为了提高牵引吨数或统一全线的牵引定数，在改建既有线时，可采用减缓最大坡度的措施。但落坡就要改线，往往造成大量废弃工程，投资巨大，干扰运营，且占用农田。因此既有线改造设计的原则应当是力争用牵引动力来提高牵引吨数，尽量避免落坡改线，节约改建投资，加快改造进程，减少运营干扰。

既有线的限制坡度一般不应改动，长大干线的限制坡度也不必强求统一。牵引定数的统一，宜用不同功率的机车去实现。既有线的双机坡度一般应予保留，不宜轻易采用削坡方案。改变牵引种类后，视具体情况可采用功率更大的单机或双机牵引实现规定的牵引吨数。

若既有线仅有少量较短的超过限制坡度的陡坡坡段，限制了牵引吨数的提高，采用落坡措施改建工程量不大时，可以考虑将超限坡度削减，以提高牵引吨数。削减超限坡度，应根据改建地段的具体情况，采取相应措施。可以另修一段新线，采用展线方法减缓坡度；也可以在凸形纵断面的坡顶用隧道代替明堑，以降低爬坡高度；或在凹形纵断面的坡脚用高架桥代替填方，以减小下降高度。前一种改建方式，对既有线运营干扰较小，但要使线路长度增加；后两种改建方式，对既有线运营干扰较大，但不增加线路长度，且减小了克服高度，可使运营费用有所降低。

由于过去最大坡度折减的数据和方法与现行《线规》不同，引起的超限坡度的超限值一般不大，若按现行规定减缓坡度将引起巨大工程时，可以保留原设计标准不予改建。变更既有线的限制坡度或改为双机牵引坡度时，相邻坡段的坡度代数差本不应大于改建后的限制坡度值，但如有充分依据，亦可保留原坡度代数差不予改建。

4. 增建复线及其过渡措施

增建第二线是提高铁路能力最有效的措施，但造价很高。在运量增长不快的既有线上，应采用分阶段逐期加强的措施，如向控制区间延长站线，或在控制区间修建第二线，提高全区段的通过能力，最后再过渡到全线复线。这样，既可满足近期运量增长，节省了初期投资，又能在修建第二线时，充分利用初期增建的工程，不会造成废弃。

（1）向控制区间延长站线

当既有线各区间的行车时分不均等，出现控制区间，且不宜在区间增设车站时，可将车站站线向控制区间延长，缩短控制区间的运行图周期，以提高通过能力。

图 6-6 是为把控制区间的运行图周期，缩短一个不同时到达时分 t_B 的延长站线示意图。图中注出（1001）的虚线，系延长站线后 1001 次车的运行线。根据移动后的 1001 次车运行线（虚线）和 1002 次车运行线，可初步确定延长站线的长度 l_{YC}。

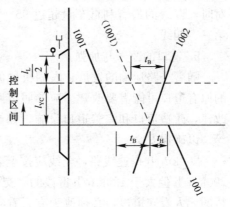

图 6-6 向控制区间延长站线

（2）修建双插段，组织不停车交会

若既有车站两相邻区间都是限制通过能力的控制区间，则可将车站站线向两端区间延长，使列车在此车站有可能组织不停车交会，如图 6-7 所示。

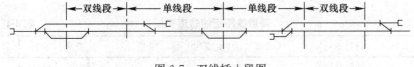

图 6-7 双线插入段图

6.1 加强铁路运输能力的措施

202

（3）在控制区间铺设第二线

控制区间铺设第二线后，可在此复线区间组织不停车交会，以提高通过能力，并可作为全线复线的一个过渡阶段。

这种措施一般适用于下列情况：

① 控制区间为持续陡坡地段，增设车站与延长站线都比较困难时；

② 当向区间延长站线后，单线区间长度不足 3km 时；

③ 控制区间的坡度陡长，既控制通过能力，又限制牵引质量（可将既有线作为复线的下坡方向运行线，而第二线采用较缓的坡度作为复线的上坡方向运行线，这样，既增加了通过能力，又提高了牵引吨数）。

（4）增建第二线

当既有铁路的运量增长迅速，采用其他加强措施，只能将修建第二线的期限稍微推迟，为了减少频繁施工对正常运营的干扰，在全线一次修建第二线，往往是合理的。

复线自动闭塞的通过能力比单线提高 3～4 倍，区段速度比单线提高 30％左右，运营费用比单线降低 20％左右。

（5）修建三线、四线、分流线

客货运输并重的双线铁路，绝对行车量可达 120 对左右。但是随着客货行车量的增大，单位运营支出亦将大幅增加。当旅客列车行车量达到 30～50 对时，双线的最有利行车量超过 95～110 对时，就应考虑新建分流线或增加第三、四线。

5. 道口的改善与加强

随着公路运输的发展、农用机械的加多和铁路运输能力的增大，既有线的原有道口可能需要改建。应参照道路交叉的有关规定，结合线路平纵面的改建，改造道口和完善道口设施，如修建立交桥、完善预报装置和自动栏木等，以确保安全。

200km/h 提速线路，全线应按全封闭、全立交进行改造。列车速度小于 200km/h 但大于 120km/h 区段的平交道口应改造为立交，确实难以改为立交桥的无人看守道口，必须改为有人看守道口。尚未改立交的有人看守区间道口采用的道口信号、道口自动控制设备，应延长报警距离，并加装遮断信号、无线预警及防闯设备。

6. 轨道加强

随着既有线的运量增长，原轨道结构一般偏弱，致使维修工作量加大，大修周期缩短，干扰正常运营。既有线加强时，应结合线路改建，根据线路年通过总质量、最高行车速度选用相应的轨道类型（表 6-1）。

普通铁路正线轨道类型　　　　　　　　　　　表 6-1

项目		单位	特重型	重型		次重型	中型	轻型
运营条件	年通过总质量	Mt	＞50	25～50		15～25	8～15	＜8
	旅客列车最高设计行车速度	km/h	200～120	200～120	≤120	≤120	≤100	≤80

项目			单位	特重型	重型	次重型	中型	轻型
钢轨			kg/m	75	60	60	50	50	50
轨枕	混凝土枕	型号	—	Ⅲ	Ⅲ	Ⅱ或Ⅲ	Ⅱ	Ⅱ	Ⅱ
		铺枕根数	根/km	1667	1667	1667或1760	1667或1760	1600或1680	1520或1640
轨道结构	碎石道床厚度	土质路基 单层 道砟	cm	35	35	35	30	30	25
		土质路基 双层 表层道砟	cm	30	30	30	25	20	20
		土质路基 双层 底层道砟	cm	20	20	20	20	20	15
		硬质岩石路基 单层 道砟	cm	30	30	—	—	—	—
	无砟轨道	板式轨道 轨枕埋入式 混凝土底座厚度	cm	≥15					
		弹性支承块式		≥17					

Ⅰ级铁路应铺设无缝线路。200km/h提速线路应采用60kg/m淬火轨或微合金钢轨，应铺设跨区间无缝线路。

6.1.4 发展重载运输

1. 铁路重载运输标准

铁路重载运输是指行驶列车总重大、行驶轴重大的货车或行车密度和运量特大的铁路运输。1994年6月国际重载运输年会上，对铁路重载运输作了最新定义，凡具备以下三个条件之二者，可视为铁路重载运输线路：

（1）经常、定期或准备开行总重最少为8000t（以前为5000t）的单元或组合列车；

（2）在长度至少为150km的铁路区段上，年计费货运量最少达到2000万t及其以上的列车；

（3）经常、定期或准备开行轴重27t（以前为25t）及以上的列车。

货运重载化是世界铁路发展的重要方向之一。铁路重载货物运输的主要特点是列车编组加长，重量加大，实现全程直达运输，通过采用大功率交流传动机车、大轴重和低自重货车、列车控制同步操纵等技术，使铁路运量大、成本低的优势更加凸显，大幅提高铁路在中长距离、大宗货物运输市场的竞争力。自20世纪60年代以来，铁路重载货物运输在许多国家引起广泛重视。

我国铁路发展重载运输主要采取两个途径：一是对既有干线铁路进行配套改造，在既有主要繁忙干线上开行5000t级整列式重载列车；二是新建能力大、标准高的重载运输专线，如大同-秦皇岛双线电气化重载运煤专线。

2. 铁路重载运输的组织形式

目前，国内外铁路开行的重载列车组织形式主要有组合式、单元式和整

203

列式重载列车三种。

（1）组合式重载列车

组合式重载列车是由两列及以上同方向运行的普通货物列车首尾相接、合并组成的列车。这种重载运输方式始于 1964 年苏联。

组合式重载列车既可作为线路大中修时封锁线路的应急措施，也可作为季节性货运量增长时的临时措施。作为常规运输方式，扩能效果较显著，在单线和双线铁路上均可采用。

组合列车有三种组合方法：①在装车站组合的始发组合列车；②在编组站组合的技术组合列车；③在技术站编成一列，在前方中间站再合并另一列的阶梯组合列车。单线区段上组织列车合并运行，应在起讫车站站外铺设复线插段，两列车的合并和分割在此复线插段上进行，并应将区段内少数中间站的一股到发线延长，以保证双方向的组合列车在车站上交会，或同方向的客运快车越行组合列车。一般车站不需延长站线，普通列车待避，组合列车通过就可以了。为不使延长站线的工程过大，线路坡度平缓时优越性更大，两列车合并运行，两个机车的操纵要协调配合，宜用无线电话或无线遥控解决，采用电力与内燃牵引时，同步操作更为方便。

开行组合列车的配套设施主要是待避站的分布、组合站与分解站的配置、同步操纵设备等，另外还需考虑组合列车对通过能力的影响。

1）关于待避站的分布。繁忙双线客货列车对数多，特别是特快、直快旅客列车多，使组合列车的停站待避不可避免。组合列车待避就要设置待避站，其到发线有效长度要有一股加长一倍，一般由 850m 延长为 1700m。待避站不宜设置过多，一个区段内一般宜设置 2～3 个，否则组合列车开行列数提高不显著，但却使投资增大。我国丰（台）沙（城）大（同）线与京秦（皇岛）线开行组合列车 10 对/d，全线长 600 多千米，有 12 个车站延长了股道，平均 50 多千米有一个车站延长了股道。

2）组合站与分解站的选定。繁忙双线的组合站可选在装车站、编组站或编组站的前方车站，分解站可选在卸车站、编组站或编组站的前后方车站。其到发线有效长度要有一股加长一倍。线路大中修开行组合列车作为应急措施时，亦可在组合站和分解站的正线上进行组合和分解。组合列车的主机和中部机车在运行中，特别是在紧急制动时，应保证同步操纵。美国、加拿大等国都采用无线电遥控技术，加挂控制车，把主机的操纵变成电信号，通过控制车，控制辅机同步操纵，技术较先进。

3）开行组合列车，应增加牵引变电站容量，加强轨道结构。组合列车的扣除系数一般在 1.15～1.50 之间，与追踪间隔时间有关，还受特快、直快旅客列车对数多少影响。追踪间隔时间为 10min 时，扣除系数为 1.15～1.20；追踪间隔时间为 6～7min 时，扣除系数约为 1.4～1.5。组合列车的开行对数，一般不宜超过 10～15 列/d，也与特快、直快旅客列车对数有关。

（2）单元式重载列车

单元式重载列车是以固定的机车车辆（大功率机车＋一定编成辆数的同

一类型的专用货车）组合成为一个运输单元，并以此作为运营计费单位，在装卸车站间循环直达运行的货物列车。这种重载运输方式运用范围广，经济效益显著。美国、加拿大、澳大利亚等国均采用此方式。我国大秦重载运煤专线上也有重载单元列车的开行。

单元列车可以大幅度增加铁路运力，提高运营效率，降低运输成本。适用于货流量大、运品单一、流向集中的铁路。除大同—秦皇岛线外，还有神木—黄骅港线、大同—准格尔线均开行单元式重载列车。

单元列车采用固定车底，循环运转于某一固定径路上。两端车站要配备容量大、速度快的装卸设备，并采用适应卸车方法的车辆，可更好地加速车辆周转，提高运输效率。如在大型矿点铺设环行线，整列空车不分解，不停车，在装料漏斗下边徐行边装车，一般可保持每小时列车徐行 800m，装料 7000t。有的卸车地点铺设环行线，采用底开门车辆在行进中卸车，如美国一个铁矿砂中转港接入一列 140 辆车的列车，只要 8～9min 即可卸完。有的采用可翻转车钩的车辆，用翻车机卸车，每辆车的卸车时间仅为 15s，甚至可缩短到 10s。组织始发直达单元列车，运输效率大为提高。美国联合太平洋铁路在运距为 1240km 间运送煤炭，车辆周转时间可由混编列车的 16～20d 缩短为 4d。

单元式重载列车在固定径路上的专线上行驶，其运输组织和其他技术要协调配套。

在运输组织上，要处理好产、运、销之间的协调关系，加强装、运、卸三个环节和铁路本身点线之间的能力匹配，密切路矿、路港、路厂之间的协调。

（3）整列式重载列车

整列式重载列车是采用普通列车的组织方法，由挂于列车头部的大功率单机或多机牵引，由不同形式和载重的货车车辆混合编组，达到规定载重量标准的列车。在我国繁忙干线上开行的重载列车主要为这种模式。

整列式重载列车的到发、编组和装卸作业与普通货物列车完全一样，只不过列车重量有显著提高。列车由大功率的单机或双机牵引，在线路最大坡度和站线有效长度的可能条件下，最大限度地增大列车重量，在平原丘陵地区列车重量达到 5000t，山岳地区达到 3000t、4000t。它是大面积、大幅度提高繁忙干线输送能力的有效措施，是今后发展重载运输的主要形式。

整列式重载列车在编挂方式和行车组织上与普通货物列车相同，牵引吨数的制约因素仍是机车功率、车钩强度、制动能力以及线路的最大坡度和到发线有效长度。通常以机车计算牵引力和线路最大坡度所决定的牵引吨数为基础，并用其他制约因素加以检算，取最小的牵引吨数作为牵引定数。

电力、内燃机车目前一般都采用持续制牵引力计算牵引吨数，在持续大上坡道上不会发生电机过热问题。若采用小时制牵引力计算牵引吨数，则应对持续大上坡道上的机车电机温升进行检算。

多机牵引的超重列车，头部的机车数量受车钩强度的限制，因此超重列车就需要在中部与后部加挂补机，但因列车过长，主机与补机的操作不能很好配合，故需采用无线电遥控。补机无人驾驶，由主机司机通过遥控盘将主机手柄位置变为无线电信号，借助遥控设备转换为补机的操作动作，从而使补机与主机同步操纵，避免断钩事故。同时减速与停车时，主机与补机能同时减压制动，也解决了长大列车制动主管过长、减压过程缓慢的问题。因此节省了补机乘务人员的开支，从而降低了运营支出。

开行重载列车尚需加强轨道结构，改铺重型钢轨。平交道口要尽量改建为立体交叉。

随着重载列车牵引吨数的提高，站间距离有加长的趋势。目前大功率的电力、内燃机车，计算速度都较高，电力机车在 50km/h 左右，内燃机车也在 25km/h 以上，其技术速度会相应提高，可设置较长的站间距离。同时，站间距离较短时，重载列车停站减速与出站加速频繁，损失列车动能，增加能时消耗，既增加运营开支，也降低运输效率，加长站间距离是经济合理的。

6.1.5　客运提速

面对运输市场的竞争，更主要的是为了满足我国国民经济发展对铁路运输的需求，上世纪末以来，我国铁路大力开展客运提速，通过六次大面积提速，我国铁路已基本掌握了 160km/h、200km/h 等级的运输装备、线路、通信、信号及运营管理成套技术，提速线路达到 16000 多公里。我国铁路既有线提速技术达到了世界铁路先进水平。

1. 既有干线提速的实施步骤

在国外，既有铁路提高列车速度的主要目的是为在一定的距离范围内与公路和航空运输竞争具有优势，而其改造费用与获得的效益之比明显合理。因此，既有铁路提速的目标值大都选择旅客列车的最高速度为 200km/h，对于货物列车，由于各国实际情况不同，其最高速度在 80～140km/h 范围之内。

为了实现上述目标，各国大都采取两步走的方案。在初期，把旅客列车最高速度提高到 140～160km/h，然后再把列车最高速度提高到 200km/h。这是因为列车提速到 200km/h 时其技术要求较高，设备改造的费用较大，提速效益并不占明显优势。

根据各国铁路的经验，在客货列车混运的既有铁路上，行驶快速旅客列车的要求条件如下：

（1）既有干线最高速度为 140km/h 的提速改造

最高速度为 140km/h 时，一般用既有运用的机车车辆、线路和通信信号设备，改造工程量较小，投资少，见效快。

（2）既有线最高速度为 160km/h 的提速改造

最高速度为 160km/h 时，可利用现有的技术设备，稍许改善线路断面，改进机车车辆的走行部分，提高牵引力和制动力，采用自动闭塞等。德国道口采用闪光信号灯加半栏木。

（3）既有线最高速度提高到 200km/h 的提速改造

最高速度提高到 200km/h 时，须对既有客货混运的线路，改善线路断面，采用多显示（四显示等）机车信号或增加信号显示。如日本和法国，当速度超过 160km/h 时，用列车速度控制设备补充地面信号系统；德国铁路则采用连续式列车速度控制装置，它既能减轻司机瞭望信号的负担，又能为程序控制列车运行操作提供条件。这样，首先能提高各种速度列车混运线路的通过能力。另外，须更好地提高制动力，如采用电子制动和磁轨制动，还要将平交道口改为立交等。

2. 客运提速对货运通过能力的影响

在提高客运速度同时，应当重视其对货运通过能力的影响，力争使客货列车的速度与行车密度、列车重量协调配合，不致过多影响货运能力。

双线自动闭塞区段，在目前客货列车行车速度条件下，旅客列车的扣除系数 ε_k 与旅客列车数 N_k（列/d）及追踪间隔时分 I 有关。旅客列车数增多，ε_k 降低；追踪间隔时分缩短，ε_k 加大。客运速度提高后，当货运速度无显著变化时，客货速差增大，ε_k 会增大，将使货运通过能力降低；当货运速度相应提高，客货速度匹配时，ε_k 会减小，有利于增大货运通过能力。

单线非自动闭塞区段，在目前客货列车运行速度条件下，旅客列车的扣除系数为 1.1～1.3。客运速度提高后，即使货运速度不变，旅客列车扣除系数一般也不致增大，不会对货运通过能力产生不利影响。当货运速度相应提高时，旅客列车扣除系数减小，有利于增加货运通过能力。

总之，提高客运速度应争取同时提高货运速度。一般认为，货、客列车速度比为 0.6 时比较合理。双线自动闭塞的繁忙干线，当客运最高速度为 160km/h 时，货运最高速度以达到 95～100km/h 为宜；当客运最高速度为 200km/h 时，货运最高速度以达到 120km/h 为宜；这是目前开行快速列车的繁忙干线争取实现的速度目标。

6.1.6 兴建高速铁路

铁路高速技术集中体现着牵引动力、车辆、线路与轨道结构、通信信号、行车组织及运营模式等领域的科技进步，是大幅度提高铁路旅客运输能力和服务水平最有效的根本途径。

1. 高速铁路的兴建条件

高速铁路与其他交通运输方式相比较具有送达速度快、运输能力大、能源消耗低、占用土地少、综合投资省、环境污染轻、安全舒适、准确便利等诸多优势。但是，兴建高速铁路需要大量的基建投资，而要以最高的安全性、准确性和服务水平稳定地运营高速铁路系统，也需要相当大的支出。因此，财政上、经济上、技术上的可行性将是确定高速铁路兴建时机的关键因素。

（1）运输需求

高速铁路线的财政情况在很大程度上取决于该线所输送的客流量，有了客流量和票价就可预计出本系统的收入水平。根据所提供的服务设施可以预计投资额度、年度运营支出以及年度换算支出，进而拟定几个可能的修建方案并从中选择能吸引足够大客流量和达到预计收益目标的方案。根据国际铁路协会（IRCA）和国际铁路联盟（UIC）研究，就欧洲而言，在既有线客、货能力已经饱和的条件下，双向年客运量达到和超过 1000 万人时，修建高速客运专线是有利的。根据德、法、比利时三国研究，在既有线能力饱和的条件下，当双向年客运量大于 500 万人时，修建客货共线的高速铁路是有利的。

（2）主要技术标准

主要技术标准的选择通常对高速铁路的初期建设投资规模和交付运营后的运营支出起决定作用。在选择高速铁路修建方案时，必须考虑诸如：线路走向、最高设计速度、平均运行速度、线路结构、牵引动力配置、列车编成、列车总重、车辆类型等，以及各种技术装备的运用、保养、维修组织等因素的最佳匹配。为此，应拟定几种可能的匹配方案进行测算，从中选择最佳方案。

（3）经济效果与建设年度

修建高速铁路的目的是为了提供快捷的旅客运输服务，通过提高运行速度，减少旅行时间。因此，由于缩短旅行时间而获得的旅客小时节约的效益，对修建高速客运专线的经济效果有很大影响。提高运营速度将增大投资额度和运营支出，只有大幅度减少旅途时间和规定合理的票价才能在激烈的运输市场竞争中吸引大量的客流和扩大高速铁路的旅客周转量。至于每一人小时的经济价值及合理的票价水平，则随国民经济与社会发展、沿线地区富裕程度及人均收入水平的提高而变动，即在不同的计算年度有不同的数值。

在速度目标值和运营模式已定的前提下，对于确定的投资规模，固定资产折旧和设备维修保养费水平一般约占总成本的 70% 左右，由此可以估算出保本运价水平和其所对应的保本运量水平的所在年度，评价该年度预计人均收入水平，检查所吸引旅客对该票价的承受能力；如果能够接受，则可据此推算高速铁路的最早开始兴建年度。

（4）城市布局与高速网建设

国外研究与实践表明，高速铁路最有竞争能力的运程为 300～800km，且客流密度与运程成反比。据此，国外的高速铁路一般都以相距 300～500km 的两大城市作为其建设起讫点，并从经济带运输最繁忙地段开始分期分段进行修建和运营，最后联结成网。

2. 高速铁路的建设模式

高速铁路的发展已是当今世界铁路的重要趋势。但是，发展高速铁路采用什么途径，不同的国家根据本国的国情和路情，作出了不同的选择，归纳起来，修建高速铁路有如下几种模式。

（1）新建高速客运专线

在经济发达、人口密集、客货流稳定增长的方向上，虽已形成交通运输大通道，但客货运量高度集中、既有铁路通过能力已经饱和，应修建最高时速 300～350km/h 的高速客运专线，实现客、货流分线运行，以满足快速发展的客、货运输的需求。高速客运专线的基础设施建设应一步到位，并从客运最繁忙区段开始，由段而线、由线而网逐步建设。

（2）新建客货混运高速铁路

在经济发达、人口较密集、客货流均稳定增长的方向上，若尚未形成密集的"交通走廊"，可将新建高速线路作为客货共线运行铁路网的一部分，不仅开行高速旅客列车，也运行货物列车。客货混运高速铁路可通过与既有铁路的接轨点进行运输调节，以增强通过能力。新建客货混运高速铁路上旅客列车的时速为 200～250km/h，货物列车时速为 120km/h。

（3）改建既有铁路干线

对连接经济发达地区中心城市和国家重要大都市的路网干线进行提速改造。其做法是对既有线进行加强取直，采用新型上部建筑和无缝线路，对小半径曲线进行裁弯取直，使绝大部分跨线运行的直达旅客特别快车的最高时速都可以达到 200km/h 以上。

在改造既有线路的同时，在繁忙区段还可以增修并行（包括局部绕行线）的第三正线或三、四正线，实行客货分线运行，或快客专线运行、慢客与货物列车混线运行。与新建高速客运专线相比，采用这种模式发展高速铁路具有上马快、投资省的优点，但也存在下列困难：

1）既有线中间站较多，线路两侧居民稠密，将既有线调直增建三、四线，购地拆迁困难；

2）在增建三、四线时，如中间站上一侧设有专用线或货场，另一侧的摘挂列车要穿越多条正线，作业不便；

3）改造既有线将对日常运营产生干扰，给施工带来很大困难。

因此，这一建设模式适用于客货运量大、地处平原、线路技术条件较好的既有干线全线或某些大城市间的繁忙区段。至于采用三线并行方案，只有当货物列车很少，旅客列车很多的情况下才比较有利。

（4）对机车车辆进行改进

这种方式是既不修建新线，也不对既有线进行大量改造，而是靠对机车车辆进行改进。比如，采用可控倾斜电动车组，即使在曲线上都能保持高速运行。摆式车体列车加速和制动性能良好，可解决客货共线且提高旅客列车运行速度的问题。

但这种模式需要引进摆式电动车组，其造价较高，维修工作量大。

3. 我国快速客运网的结构体系

我国的国情具有幅员辽阔、各地区经济发展不平衡、大城市间平均距离长、客流源点相对分散、跨线直通客车开行对数多以及建设资金相对紧缺等特点，因此，我国铁路客运高速化应因地制宜、分地区、分步骤逐步实施。

在 2004 年发布、2008 年调整的《中国铁路中长期发展规划》中，为满足快速增长的旅客运输需求，我国将逐步建立省会城市及大中城市间的快速客运通道，建设"四纵四横"铁路快速客运通道以及三个城际快速客运系统。建设客运专线 1.6 万 km 以上。

（1）"四纵"客运专线，包括北京—上海客运专线、北京—武汉—广州—深圳客运专线、北京—沈阳—哈尔滨（大连）客运专线、上海—杭州—宁波—福州—深圳客运专线；

（2）"四横"客运专线：包括徐州—郑州—兰州客运专线、杭州—南昌—长沙—贵阳—昆明客运专线、青岛—石家庄—太原客运专线、南京—武汉—重庆—成都客运专线；

（3）南昌—九江、柳州—南宁、绵阳—成都—乐山、哈尔滨—齐齐哈尔、哈尔滨—牡丹江、长春—吉林、沈阳—丹东等重要路段客运专线。

（4）九个区域城际客运系统：环渤海地区、长江三角洲地区、珠江三角洲地区、长（沙）株（洲）（湘）潭地区、成渝地区、以郑州为中心的中原城镇群、武汉城市圈、以济南和青岛为中心的关中城镇群、以福州为中心的海峡西岸城镇群等城际客运系统，覆盖区域内主要城镇。

按照我国铁路中长期发展规划，我国将铁路客运专线按经济社会发展需要和市场需求，分别定位为如下几类：

（1）时速 300～350km/h 级高速铁路（如"四纵四横"客运专线）；

（2）时速 200～250km/h 以客为主兼顾货运（甚至是双层集装箱通路）级（如甬福深、石太、宁合汉、昌莆等）；

（3）时速 200～250km/h 城际轨道交通，如环渤海、长江三角洲、珠江三角洲地区的城际铁路以及长吉、昌九等城际轨道交通；

（4）经过六次提速改造形成的提速线路，经过 1997～2007 十年间对既有铁路的提速改造，我国东、中部地区既有线已形成的时速不大于 200km/h 线路。

以上线路构成了一张完整的快速客运铁路网，时速 200～250km/h 动车组可上时速 300～350km/h 的线路运行，时速不小于 120km 客车可上时速 200～250km/h 的线路运行。这样的旅客列车运行模式，可获得最高的运输效率和最大的运输效益。大量旅客列车跨线运行，是我国国情、路情、路网兼容性需要的，也正是我国铁路路网统一性的最大优势。

6.1.7　铁路运输能力加强的总体设计

铁路运输能力加强要根据客货运量的增长特点，既有线的工程、设备情况和地形条件，做好总体规划。要因地制宜尽量利用原有设施，采取综合措施，确定逐期加强方案，以达到投资少、能力大、经济效益高的目的。

1. 总体设计的工作内容

总体设计包括两方面的工作：一是协调既有线的综合输送能力，二是拟定逐期加强的措施。

铁路的综合输送能力体现在点、线协调上。提高既有线的输送能力，不仅是增加线路的牵引吨数和通过能力，还要使其他能力与线路能力相协调，如中间站的股道数目和有效长度，电力牵引的供电设备，有关机务段的检修能力，有关编组站的解编能力以及既有线和其他铁路交叉处联络线的修建和枢纽的扩建。有时，既有线加强后，邻接铁路的能力可能成为限制因素。

逐期加强措施，应当在总体规划的指导下拟定。一方面使输送能力逐期提高，与运量逐步增长相适应，不宜毕其功于一役，造成能力过大，设施闲置，投资浪费；另一方面要使各期加强措施相互配合，既能充分利用原有的工程设备，又不致引起新的废弃工程。

2. 总体设计的原则

总体设计时，要千方百计利用原有的工程和建筑物，力争用新型的运输方式和先进的技术装备提高能力，尽量避免土建工程的改建，更不应大拆大改、大量废弃原有工程。以下几点应当注意：

（1）加强方式的选择原则

首先，要考虑运输组织上的革新挖潜，如货物组合列车，旅客列车扩大编组，补机牵引、特种运行方式等。在改建施工的过渡期间，为了完成运输任务，更应不受传统运输方式的约束，在运输组织上挖掘潜力。

其次，应考虑运输设备的加强，如信集闭的更新，牵引动力现代化，加设车站和线路所等。这种加强方式投资少、见效快、干扰较小，宜优先选用。

土建工程的改建，如落坡改线、增建二线等措施，投资大、干扰严重，必要时才应采用。

（2）加强规模的拟定原则

既有线加强应首先加强那些限制能力提高的薄弱环节，不应该一旦项目成立就进行全线普遍改建。电化改造只应当更新、改建那些与提高能力有关的项目。

修建第二线应逐步过渡，使能力提高与运量增长相适应，不能不管运量是否增长一次建成双线铁路。

（3）力争减小施工与运营的相互干扰

改建既有线和增建第二线，都是在正常的运营情况下进行施工，不可避免地造成施工对运营的干扰，如封锁区间中断行车、列车慢行以及工程运输对线路通过能力的影响等。另一方面，当既有线改建时，为了保证正常运输和行车安全，又不可避免影响正常施工，因而运营又干扰施工。因此，在选择加强方案时，应充分考虑施工和运营的相互干扰，在设计上拟定相应措施，决定合理的施工期限，在施工组织上要根据运输需要安排施工顺序，争取尽早为运营提供有利条件。

在改建既有线、挖切路基（削减坡度或整治路基病害）、改建桥涵和隧道建筑物施工时，为了不中断行车，避免干扰运营，常采取修建便线以及其他一些维持临时通车的施工措施。这些措施，都必将或多或少地限制行车速度，影响运输，且造成一定的废弃工程。

3. 适应运量图

选定的各种加强措施，除必须满足其采用期间的运量要求外，还应具有一定的富余能力，富余能力不宜过大，以节约国家早期投资。同时，各期加强措施，一般要能够适应 5 年左右的运量增长，以免铁路经常处于改建之中，影响正常运营。

选择加强措施方案时，可绘出适应运量图，确定各种加强措施的适用年限，并研究各种加强措施逐步过渡的可能性与合理性，分析其技术经济效果，以决定其取舍。适应运量图（图 6-8）中绘出的两组曲线：一组（仅一条）表示既有线各设计年度运量增长情况，它是根据运量预测取得的各年度货运量绘出的，由于货运量逐年增长，曲线亦不断升高；另一组（有几条）是各种加强措施可能完成的输送能力曲线，随着既有线的客运、零担、摘挂列车的逐年增加，直通货运通过能力的相应减小，输送能力也将随之减少，故同一加强措施的输送能力曲线呈下降趋势。两组曲线的交点，表示该项加强措施能适应运量要求的年度。阴影部分表示富余的能力，亦称储备能力。

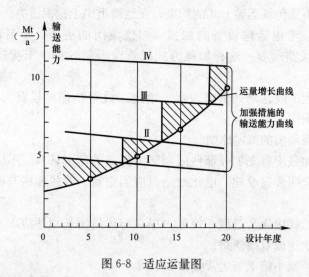

图 6-8　适应运量图

各阶段加强措施的改建时机，应早于铁路输送能力的饱和年度，以缓和施工和运营的相互干扰，降低施工干扰的费用。改建时机应根据改造工程的难易和运量增长的快慢来确定，以保证改建工程在能力饱和前交付使用。一般认为：线路能力利用率达 75%～85%，车站到发线能力利用率达 80% 左右，编组站解编能力利用率达 85%～90% 时，开始改建为宜。

4. 通过能力图

若各种加强措施的牵引吨数不变，则可绘制区段通过能力图，表示各期加强方案的通过能力和需要的通过能力间的适应情况。图 6-9 是修建第二线分期过渡的通过能力图。过渡措施有增站、控制区间修建双插段与局部区间复线并安装自动闭塞调度集中，最后全线修建第二线。

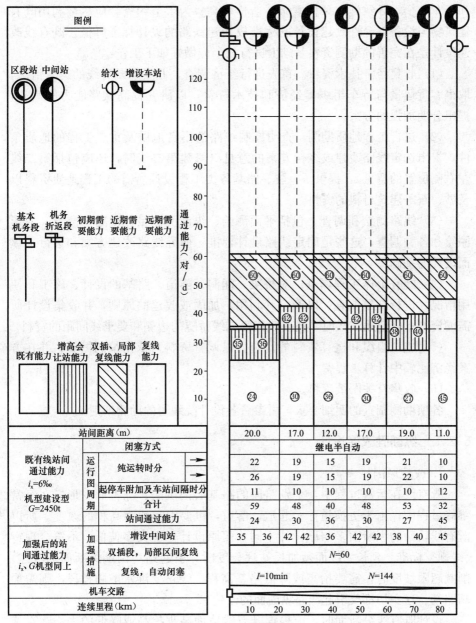

图例

| 区段站 | 中间站 | | 给水 | 增设车站 |

| 基本机务段 | 机务折返段 | 初期需要能力 | 近期需要能力 | 远期需要能力 |

| 既有能力 | 增高会让站能力 | 双插、局部复线能力 | 复线能力 |

站间距离（m）					20.0	17.0	12.0	17.0	19.0	11.0
既有线站间通过能力 i_x=6‰ 机型建设型 G=2450t	运行图周期	闭塞方式			继电半自动					
		纯运转时分	→		22	19	15	19	21	10
			→		26	19	15	19	22	10
		起停车附加及车站间隔时分			11	10	10	10	10	12
		合计			59	48	40	48	53	32
		站间通过能力			24	30	36	30	27	45
加强后的站间通过能力 i_x、G机型同上	加强措施	增设中间站		35	36	42	42	36	42	42	38	40	45
		双插段，局部区间复线			N=60					
		复线，自动闭塞			I=10min		N=144			
机车交路										
连续里程（km）					10 20 30 40 50 60 70 80					

图 6-9　通过能力图

6.2　既有线改建设计

既有线的线路改建，包括平面、纵断面和横断面改建。

线路改建往往与其他加强措施，如更换牵引种类、延长到发线有效长度、加设车站等同时研究。第二线设计也是在既有线改建的基础上进行的。

既有线的改建设计，通常划分为初步设计和施工图设计两个阶段。

既有线的改建设计，应符合《技规》和《线规》的基本要求和有关标准。但因既有线的标准往往较低，需要改建；而改建施工时，必须保证正常运营

213

214

和行车安全，导致施工条件复杂，造价增高。为了节约资金应尽量利用既有建筑物与设备，允许改建设计的标准较新建铁路的设计标准降低。既有线改建设计是在完善的勘测资料基础上进行的，应做好如下工作：

（1）收集经济技术资料。首先进行经济调查，并了解既有线的运营情况，取得客货运量与行车组织等经济和技术资料，以研究提高铁路能力的措施，提出分期加强的方案。

（2）进行工程地质勘测。查明控制线路的不良地质及重点工程的地质条件，提出选定线路改建或绕行方案的意见（修建第二线时，还应包括第二线左右侧位置的意见），提供桥、隧、路基各类工程设计所需的工程地质资料以及砂、石等建筑材料的资料。

（3）线路测绘和调查。包括平面测绘、纵断面测量、横断面测绘、地形测绘和各种调查，这些是确定线路设计标准、研究线路改建方案和进行平纵面设计的基础。

（4）既有个体工程调查。对桥梁、涵洞、隧道、路基的设计、施工和使用情况，进行细致调查，以确定其利用、加固或改建的原则，并收集设计所需的资料。修建第二线时，还要收集第二线桥隧的边侧和要求线间距的资料。

（5）施工组织和概算资料的调查。以调查资料为依据编制概算，并在方案经济比较中计算工程费。

（6）收集有关图纸资料。

各项勘测调查的明细要求，可参看各设计院编写的勘测细则。

6.2.1　纵断面改建设计

1. 改建原因

既有线在运营过程中，个别路段的路基会因沉陷、冻害而变形，在经常维修过程中，由于更换道砟、起道、落道，也要引起轨面高程的改变。所以既有线轨面的纵断面多与原设计不同，而原设计标准又多偏低，不符合现行《线规》标准。延长站线而须加长站坪长度时，引起站坪两端纵断面的改建。削减超限坡度时，需要抬高或降低路基高程。线路受洪水威胁地段，则需加高路基。这一切都要引起线路纵断面的改建。

设计既有线纵断面时，应根据既有线轨面高程抬高或降低的大小，对施工中干扰正常运营的程度以及工程费用的多少等，进行技术经济比较，分别采用道砟起道、渗水土壤起道和抬降路基面的方法来完成。

2. 一般规定

1）最大坡度与坡度差

①改建既有线时，对局部超过限制坡度的地段，若降坡将引起困难工程，且运营实践和牵引计算检算证明列车可以利用动能以不低于机车计算速度通过的坡度，可予以保留，但既有线为双线时，不应妨碍自动闭塞的采用。

②改建既有线的最大坡度地段，若按规定进行曲线和隧道折减将引起巨大工程时，可以保留原标准。

③ 改建既有线如有充分技术经济依据时，其相邻坡段的坡度差可保留原数值。

2）坡段长度

改建既有线的坡段长度，当设计速度不大于 160km/h 的路段，在困难条件下可采用 200m。设计速度为 200km/h 的路段，最小坡段长度一般不宜小于 600m，困难条件下不应小于 400m，且连续使用时不得超过 2 个。

3）竖曲线

① 设计速度 200km/h 的路段，坡度代数差大于 1‰时，须设置圆曲线形竖曲线，且竖曲线最小长度不宜小于 25m，竖曲线半径不得小于 15000m。

② 设计时速不大于 160km/h 的路段，如既有线相邻坡段采用抛物线形竖曲线连接时，在其顶点的曲率半径不小于新线标准的条件下，可保留原有连接方式。抛物线形竖曲线系由一定变坡率 γ（‰）的 20m 连续坡段组成，顶部的相应竖曲线半径 R_s 为：

$$R_s = \frac{20000}{\gamma} \tag{6-13}$$

例如，$\gamma=2‰$时，$R_s=10000m$；$\gamma=4‰$时，$R_s=5000m$。

改建既有线时，困难条件下，竖曲线的位置可不受缓和曲线位置的限制。旅客列车设计行车速度不大于 100km/h 的地段，若改造竖曲线与道岔重叠处，引起困难工程，且竖曲线半径不小于 10000m 者，可予保留。

4）设计高程

① 改建既有线纵断面设计，以轨面高程为准。轨面高程由线路纵断面测量测出。线路纵断面测量包括水准基点、百米标和加标的高程测量。百米标与加标的高程为既有线轨面高程：在直线路段为左侧钢轨的轨面高程，在曲线路段为内轨的轨面高程。

② 改建纵断面的设计方案应与施工方法相结合。一般情况下，起道高度小于 50cm 时，用道砟起道；起道高度为 50～100cm 时，用渗水土壤起道；起道高度大于 100cm 或落道后道床厚度小于规定标准时，用抬降路基面来完成。

③ 不宜降低轨面高程。设计中，为了方便施工及减轻对运营的干扰，一般不采用挖切路基的办法来降低轨面高程，仅在受建筑限界与结构物构造控制，以及为消除路基病害的路段方可采用。设计中，一般也不宜降低既有线轨面高程，以免挖切道床影响正常运营，仅在个别路段，为避免改建桥隧建筑物，避免挖切路基，或为了减少线路改建工程，才允许挖切道床以降低轨面高程。道床厚度仅允许较规定标准减薄 5cm，但最小道床厚度不得小于 25cm。

3. 放大纵断面图

（1）放大纵断面图图式

既有线纵断面的改建设计，要求细致准确，以保证尽可能利用既有建筑物，减少改建工程，设计时应采用放大纵断面图。放大纵断面图的比例尺是：距离为 1∶10000、高程为 1∶100（或 1∶200），以便细致地研究既有轨面高程的升降，将纵断面设计得更加经济合理。

放大纵断面图（图6-10）的下半部为纵断面设计的资料和数据。图中自下而上包括下列各栏：既有线平面、百米标与加标、地面高程、既有道床厚度、既有轨面高程、轨面设计坡度、轨面设计高程、既有轨面高程抬降值、路基病害路段、工程地质特征。

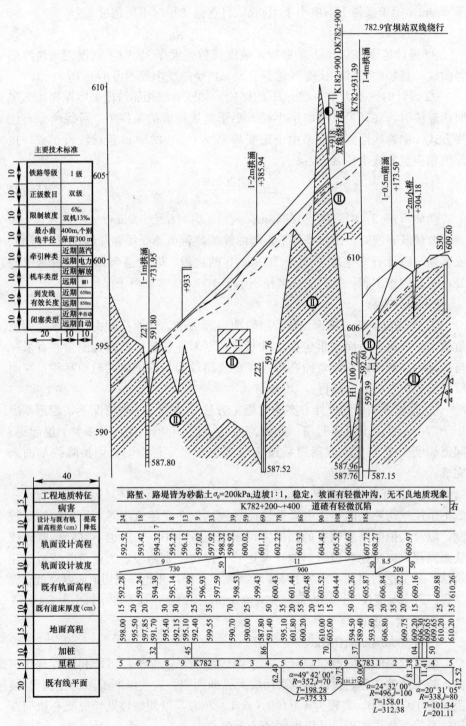

图6-10　放大纵断面图

放大纵断面图的上半部为线路纵断面图。应绘出地面线、既有道床底面线、既有轨面线、计算轨面线、设计轨面线，并应注明建筑物的特征，如车站、道口的中心里程，隧道洞门位置里程与长度，以及桥涵类型、孔径、中心里程与设计洪水位高程等。

（2）放大纵断面图的设计方法

既有线的纵断面设计，是先在放大纵断面图上设计轨面坡度，然后汇总各项设计资料绘制详细断面图。放大纵断面图的设计方法及步骤如下：

1）根据外业勘查资料，填写既有线平面、百米标与加标、地面高程、既有道床厚度及既有轨面高程各栏数据，并标明路基病害路段与工程地质特征。

地面高程一般按线路前进方向左侧的路堑坡顶或路堤坡脚点的高程填写，增建二线时按靠第二线一侧既有线路堑坡顶或路堤坡脚点的高程填写，桥涵处按实际的河底或沟底高程填写，隧道处按地形图高程填写。

2）道床底面高程与计算轨面高程的计算，如图 6-11 所示。

图 6-11　轨道高度示意图

道床底面高程＝既有轨面高程－既有轨道高度　　　　　　　　　　（6-14）

计算轨面高程＝道床底面高程＋设计轨道高度（包括钢轨高度、垫板厚度、轨枕高度与道床厚度）　　　　　　　　　　　　　　　　　　（6-15）

3）根据地面高程绘出地面线，根据既有轨面高程绘出既有轨面线，根据道床底面高程绘出道床底面线，根据计算轨面高程绘出计算轨面线。标明车站、道口的中心里程，隧道洞门里程与长度，以及桥涵类型、孔径与其中心里程。

4）由桥梁、隧道与车站咽喉拉坡，按其要求的设计高程，在放大纵断面图上初步绘出设计轨面线。设计轨面线应符合设计标准，并使其尽量接近但不低于既有轨面线与计算轨面线。低于既有轨面线，则施工时要减薄既有道床厚度，影响运营。低于计算轨面高程，则道床厚度要低于设计标准，轨道强度减低。若设计轨面线高出计算轨面线过多，则要垫铺过多的道砟，引起浪费。

个别路段有特殊需要，允许设计轨面线略低于计算轨面线，但其高程差不应大于5cm，以保证轨道的必要强度。若既有道床厚度远较设计道床厚度大，为了保证设计纵断面的平顺，亦可使设计轨面线低于既有轨面线，但在施工中要减薄道床，这对正常运营有一定影响。

5）根据初步绘出的设计轨面线，定出轨面设计坡度，坡度应取为 0.1‰

的倍数，坡段长度通常采用 10m 的倍数。

根据轨面设计坡度，标出各百米标与加标的设计轨面高程，高程准确至厘米。

变坡点的坡度代数差 $\Delta i > 3‰$ 时，应设置竖曲线。竖曲线的要素（竖曲线半径 R_{sh}、竖曲线切线 T_{sh}、由于设置竖曲线使变坡点轨面升高或降低的数值 y）与设置竖曲线后的设计轨面高程 H，应填写在变坡点竖直线的两侧。

在改建路段的起点和终点处，应注意高程的衔接。

6）最后，计算既有轨面高程抬高或降低的数值，即设计轨面高程与既有轨面高程的差数。设有竖曲线的变坡点，应按设置竖曲线后的设计轨面高程来计算抬高或降低值。

4. 改建既有线纵断面设计注意事项

（1）桥涵

在有道砟桥梁上，一般应按计算轨面高程来设计纵断面。通常情况下，不允许落低既有轨面高程，以避免降低墩台顶面高，施工困难。必要时可用道砟起道的方法，提高轨面高程，这时，往往需要加高梁的边墙，以免道砟溢出。轨面抬高值，一般限制在 $10\sim15\text{cm}$，以免加厚道砟后影响桥梁的应力与稳定性。当抬高值较大时，需加高墩台顶面高程，施工比较困难。加高墩台顶面高程时，当加高值在 0.4m 以内时，一般可不进行检算，大于 0.4m 时应进行检算。

在明桥面桥梁上，轨面高程的变动，必将引起抬降墩台顶面高程等困难工程，因此，应根据既有轨面高程设计纵断面。

在涵洞处，允许适当抬高或降低既有轨面高程。但抬高值过大时，往往需要改建涵洞的端墙与翼墙，甚至将涵洞接长。若需大量降低既有轨面高程并挖低路基时，则应保证涵洞顶到道床底面的最小填土高度。

（2）隧道

在隧道内，当需要提高隧道净空，或削减隧道内的坡度时，一般采用落道方法，以免破坏现有隧道的拱圈，但降低值以不大于 0.4m 为宜，以保护隧道边墙的基础。

（3）车站站坪

车站站坪范围内正线线路的纵断面，一般不宜过多的抬高或降低，以免引起站内建筑物如车站站线、咽喉区、站台、天桥、信号与给水设备等的改建。

当减缓站坪坡度、延长站坪长度、增设车站或者削减限制坡度引起站坪纵断面的改建时，应全面考虑，使整个改建工程量减至最小。

当车站正线要抬高或降低时，可用车站站线作为施工时的临时通车线路。

（4）路基

低洼地段与桥涵两侧的路肩高程，应高于百年周期洪水位加壅水高与波浪冲高的 0.5m。但据此设计，往往要抬高桥梁加高路堤，引起大量改建工程。当经过充分论证后，可以用调查的历史最高洪水位，作为确定桥下净空和路肩高度的依据，以避免大量改建工程，历史上未发生水害的路段，不一定按百年周期的洪水进行改建。

在挡土墙、护坡路段，抬道时应考虑加宽路基后，不使其填土坡脚盖过挡土墙或护坡。必要时，可用干砌片石加陡边坡。

路基病害路段，如沙害、雪害以及因毛细水上升引起的冻害或翻浆冒泥，均可考虑结合抬道来整治病害。

路基基床土质不良及道床排水不畅，引起道砟陷囊，一般可考虑结合落道来整治病害。

路堑路段落道时，应考虑施工时扩大路堑对行车的干扰，特别是石质路堑，需要放炮，干扰更为严重。此外尚应考虑路堑边坡的稳定与地下水位的高低，如设计的路肩高程低于地下水位，还应考虑降低地下水位的措施。

路堤段抬道时，应考虑加宽路基对路基稳定的影响，特别是高路堤路段，更应注意。

6.2.2　平面改建设计

1. 曲线改建方式

既有线的平面改建，主要是曲线及其毗邻路段的改建，应根据不同的改建原因采用相应的改建方式。

（1）线路整正：在运营过程中，一方面由于机车车辆的车轮冲撞钢轨，使曲线产生错动；另一方面由于维修时对线路拨动，使曲线偏离设计位置。改建时，需要将既有曲线拨正到设计位置，如图 6-12（a）所示。

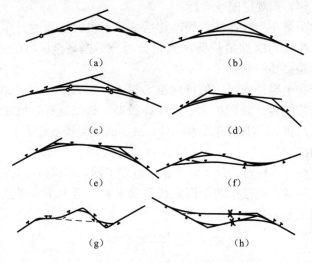

图 6-12　平面改建示意图

(a) 错动曲线的拨正；(b) 加大曲线半径；(c) 加长缓和曲线；(d) 加长夹直线；
(e) 将两个曲线改建为一个曲线；(f) 加长反向曲线的夹直线；
(g) 取直线路的平面改建；(h) 桥址改移引起线路改建

（2）提高线路标准：因铁路运量日增，行车速度日高，改建线路的设计标准也要相应提高。如既有曲线半径需要加大，缓和曲线需要加长，夹直线长度需要加长，都会引起线路的改建。图 6-12（b）、图 6-12（c）、图 6-12（d）分别为加大曲线半径、加长缓和曲线和加长夹直线的三种图式；图 6-12（e）为同向曲线间夹直线长度不够而改建为一个曲线的图式，图 6-12（f）为反向曲线间夹直线长度不够，而用移动中间切线的办法以加长夹直线的图式。

（3）线路裁弯取直改建：某段线路标准过低或绕弯过甚，改建时往往裁弯取直，另修一段新线，如图 6-12（g）所示。线路上个别桥隧建筑物位置的改移，将引起附近线路的改建，如图 6-12（h）所示。

2. 平面改建的技术条件

（1）曲线半径

既有线改建时，最小曲线半径应根据客货列车速度，结合既有线特征和工程条件比选确定。设计时速为 200km/h 的改建地段，最小曲线半径一般为 3500m，困难条件下为 2800m。既有线保留地段半径 2500m 的曲线通过速度可为 200km/h。设计时速不大于 160km/h 的路段，困难条件下，按新线标准改建将引起巨大工程小半径曲线，可经技术经济比选确定改建方案。

既有线的旅客列车最高速度应根据既有线的运输需求、地形和运营条件以及改建的难易，慎重确定路段设计速度。最小曲线半径不宜限制旅客列车速度。

在旅客列车速度不高的路段，如需要停车的大站两端、凸形纵断面的坡顶、连续陡坡路段（上坡速度受机车牵引力控制，下坡速度受制动条件限制）等，其曲线半径可小于规定的最小曲线半径。

限制速度的曲线半径，如改建特别困难或有充分依据时亦可保留原有曲线半径不予改建，而规定限速运行。

既有线的少量小半径曲线，如改建后能显著提高区间的行车速度且工程不大时，或者改建后能缩短控制区间走行时分，提高全区段的通过能力时，改建这些曲线是必要的。

电力机车在小半径曲线上的横向推力很大。当 $R=300\sim350m$ 时，会使钢轨磨耗和破损加剧、轨距扩大、轨距杆拉断、线路横移，坡度陡峻时因轨道爬行而更为严重。所以既有线电化时，最小曲线半径不宜小于 $300\sim350m$。

（2）复曲线

改建既有线，在困难条件下，为减少改建工程，可保留原有的复曲线。

保留复曲线时，应根据两个圆曲线的曲率差是否大于临界值 K，来决定是否设置中间缓和曲线：

$$K=\frac{3.6L(b+0.5f)}{11.8V_\mathrm{m}^3} \tag{6-16}$$

式中　L——车体长度（m），一般客车取 24m；

　　　b——欠超高时变率（mm/s），一般取 45mm/s，困难条件下取 52.5mm/s；

　　　f——超高时变率（mm/s），一般取 32mm/s，困难条件下取 36mm/s，特殊困难条件下取 40mm/s。

1）当 $\left|\dfrac{1}{R_1}-\dfrac{1}{R_2}\right|\leqslant K$，可不设中间缓和曲线。此时，复曲线两端的缓和

曲线长度，理论上应保证两个单曲线具有相同的内移距离，即 $P_1 = P_2$，或 $\dfrac{l_1^2}{24R_1} = \dfrac{l_2^2}{24R_2}$，故：

$$\left.\begin{array}{l} l_1 = \sqrt{\dfrac{R_1}{R_2}} \cdot l_2 \quad (\text{m}) \\[4mm] l_2 = \sqrt{\dfrac{R_2}{R_1}} \cdot l_1 \quad (\text{m}) \end{array}\right\} \tag{6-17}$$

设计时，可先选取一个缓和曲线长度，再用上式推算另一个缓和曲线长度。

2）当 $\left|\dfrac{1}{R_1} - \dfrac{1}{R_2}\right| > K$，要设置中间缓和曲线。复曲线两端和中间缓和曲线，理论上应具有相同的缓和曲线半径变更率 C，即 $C = R_1 l_1 = R_2 l_2$。设计时，可先选定一个缓和曲线长度，然后按下式计算另一个中间的缓和曲线长度：

$$l_2 = \frac{R_1 \cdot l_1}{R_2}\left(l_1 = \frac{R_2 \cdot l_2}{R_1}\right) \quad (\text{m}) \tag{6-18}$$

$$l_Z = |l_1 - l_2| \quad (\text{m}) \tag{6-19}$$

式中　l_Z——中间缓和曲线长度。

中间缓和曲线的长度应满足超高顺坡的要求，并根据计算确定。特殊情况下，可保留原复曲线。

（3）缓和曲线与夹直线

缓和曲线长度若采用新线标准改建工程较大时，可采用较短的缓和曲线长度，其长度应按实设曲线超高和规定的超高顺坡率计算确定（表 6-2）。

$$l_0 = \frac{h}{i} \tag{6-20}$$

式中　h——外轨超高（mm），曲线不限速时，$h = \dfrac{11.8 V_{\mathrm{JF}}^2}{R}$（mm）（$V_{\mathrm{JF}}$ 为该路段均方根速度，单位：km/h）。

改建既有线和增建第二线的并行地段最大超高顺坡率　　　　表 6-2

路段旅客列车设计速度（km/h）		160	140	120	100	80
最大超高顺坡率（‰）	一般地段	1/10V			1/9V	
	困难地段	1/8V			1/7V	

注：当按规定计算后的最大超高顺坡率大于 2‰时，采用 2‰，V 为路段设计速度，单位为 km/h。

曲线限速时，取最大超高值 150mm，既有曲线受线路条件和建筑物限制，改建困难时，同一曲线的两端可采用长度不同的缓和曲线。

设计时速 200km/h 改建地段，夹直线及圆曲线最小长度为 $0.7V_{\max}$，困难条件下为 $0.5V_{\max}$；既有线保留地段，困难条件下可为 $0.4V_{\max}$。

设计时速不大于 160km/h 的地段，既有曲线改变缓和曲线长度后，圆曲线和夹值线应满足新建铁路的设计标准。特殊困难条件下，对旅客列车设计行车速度小于 100km/h 的地段有充分技术经济依据时，圆曲线长度和夹直线长度可不受新线标准限制，但不得小于 25m。

3. 曲线改建的测设方法

改建线路的测设，可根据具体情况采用下述两种方法：

（1）当既有线与改建线线间距离较大时，改建线可采用新线方法直接测设；

（2）曲线及其毗邻路段的改建，通常是将既有线拨动到设计线位置，设计时需要算出既有线每个测点拨动到设计位置的拨动量。

① 对于仅因线路偏离设计线位置而导致的曲线整正，拨动量计算方法，经常性的维修与中修，一般采用绳正法；大修与改建，则利用渐伸线原理计算拨动量。具体计算方法详见 6.4 节，曲线整正计算。

② 对于因提高线路标准而导致的曲线改建，通常设计线位置与既有线位置距离较大，需先进行曲线整正，然后再计算整正曲线至设计曲线的拨动量。

4. 平面改建设计要点

由于选配的设计曲线半径和缓和曲线长度不同，改建既有曲线时，要影响拨距的大小和方向，因此选用设计曲线半径和缓和曲线长度时，要考虑下列因素，力争减小改建工程。

（1）如果曲线路段有永久性桥梁、隧道等建筑物，则应尽可能使桥隧处中线不拨动，或使其拨动量控制在 5cm 以内，以免引起桥隧建筑物的改建。

（2）如果路基一侧有挡墙、护坡或防护工程，则线路应向另一侧拨动，以免破坏原有工程。

（3）在深路堑、高路堤路段，拨动量应力求减小，免得引起大量土石方工程。在填挖方不大的路段，即使拨动较大，土石方工程也不会很大。

（4）如果既有线路基顶面宽度不够标准，则应向一侧拨动，以免在路基两侧进行加宽。如果路基修建在地质条件良好的斜坡上，路堤宜向斜坡上方拨动，以减少路基加宽工程。特殊情况下，应在横断面图上，结合路基本身的改建，决定拨动的方向和大小。

6.2.3 横断面改建设计

横断面改建设计根据测绘的线路横断面进行。线路横断面指垂直线路中心线的路基横断面。在所有百米标及部分加标上，如地形变化点、不填不挖点、高填深挖点、桥梁两端、隧道洞口、道口中心等处，应进行横断面测绘，测出的横断面如图 6-13 所示。

既有线的纵断面与平面的改建，往往需要变动线路轨面高程和使中心线侧移，因而需要改建既有线的横断面。横断面的改建设计，必须与纵断面及平面改建设计密切配合，才能得到经济合理的方案。

横断面改建设计类型，可根据既有线轨面高程抬降大小和中心线侧移多少，结合施工方法等

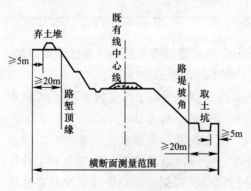

图 6-13 横断面

具体条件拟定。下面按几种常见的典型情况，介绍其设计特点和方法。

1. 既有线中线不移动

（1）抬高既有线轨面高程

1）用道砟抬高轨面高程

当抬道高度小于 0.5m 时，可用道砟起道，如图 6-14 所示，每次起道高度以 0.15m 为宜，以便利用行车间隔施工，对运营干扰不大。用道砟起道，应保证必要的路肩宽度，一般情况下，路堤不应小于 0.6m，困难时不小于 0.4m，路堑不小于 0.4m。不能保证时，应加宽路基，路堤加宽时，加宽部分的顶宽不应小于 0.5m，底宽可按设计边坡要求确定，但不应小于顶部的加宽值。加宽前，原有路堤边坡应挖成 1m 宽的台阶；如有护坡时，应先拆除。

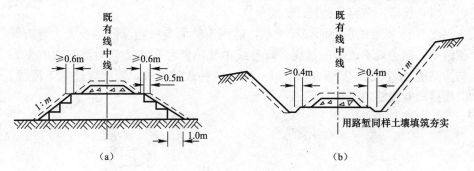

图 6-14　不移动既有线中线抬高轨面高程

2）用渗水土抬高路基

当抬道高度达到 0.5～1.0m 时，一般可考虑采用渗水土抬道，如图 6-15 所示。因为采用普通土填筑路基来抬道，须先清除既有道床，中断行车，且夯实困难，易形成道砟囊。

用渗水土抬道，可利用行车间隔时间施工，每次起道高度不宜超过 0.15m，以免给施工和运营造成困难。用渗水土抬道，下面非渗水土路基面，应做成向外侧倾斜的 1‰～4‰ 排水横坡。

3）抬高路基

当抬道高度超过 1.0m 时，采用渗水土抬道不经济，一般多采用普通土抬高路基。抬高路堤，一般需加宽原有路基，原路堤边坡应挖成 1m 宽的台阶，如图 6-16 所示。施工前需清除既有道床和整治路基病害，为此应首先修建便线维持既有线通车。修建便线工程费用较高，且需限速行车。

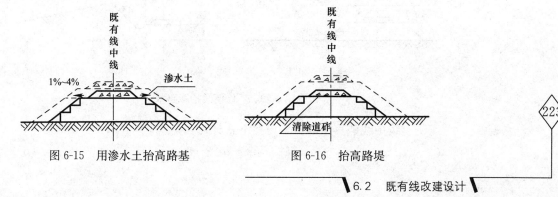

图 6-15　用渗水土抬高路基　　　　图 6-16　抬高路堤

（2）降低既有线轨面高程

1）减薄道砟层厚度

若轨面高程降低很少，且既有道砟层较厚时，可采用减薄道砟层厚度的方法来实现，以免挖切路基，造成大量工程。减薄道床路段的道床厚度允许较规定的标准厚度薄，最薄的道床厚度不得小于 25cm。

2）挖切路基

当轨面高程降低较大，且减薄道床厚度不能满足要求时，则需采用挖切路基的方法，如图 6-17 所示。这种办法，需修建便线以维持临时通车，工程造价较高，一般不宜采用。

2. 移动既有线中线抬降路基

（1）保留一侧路基边坡不改建

图 6-18 所示的横断面设计类型，适用于轨面高程抬降数值较大，且需保留路基一侧边坡不改动的情况。既有线中线的侧移距离 D，由路基边坡率 m 与抬高值 Δh 决定，其值为 $D \geqslant m \cdot \Delta h$。这种改建方式，需要修建施工便线，以维持既有线临时通车。

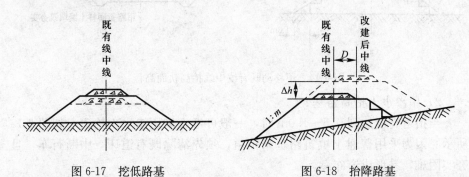

图 6-17　挖低路基　　　　　　　　图 6-18　抬降路基

（2）在正常通车的情况下抬降路基

为改建施工时不修建便线，以抬高或降低路基，一般可采用图 6-19 所示的横断面类型。这种改建方式，优点是不影响正常通车，施工与运营干扰较小，节省便线工程；缺点是要废弃一部分既有路基土方，且需拆除既有轨道。

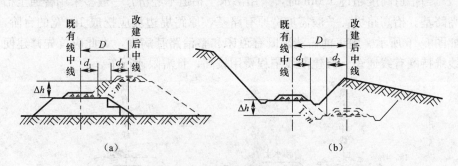

（a）　　　　　　　　　　　　　　（b）

图 6-19　不修便线抬降路基

既有线中线侧移距离 D，可按下式计算：

$$D \geqslant d_1 + d_2 + m \cdot \Delta h \tag{6-21}$$

式中 d_1——既有线路基靠改建线一侧的临时宽度，即为既有线道床底宽的一半再加 0.2m 临时路肩宽度，一般约为 2.5m；当抬高路基时，为了多利用一些既有线路基土方，在不妨碍既有线行车的情况下，d_1 值亦可适当减小；

      d_2——改建路基一侧的临时宽度，可按最小路基宽度的一半考虑，一般约为 2.2m（按道床厚度为 0.25m，道床边坡为 1：1.5，道床顶宽为 2.8m，路肩宽 0.2m 计）；当抬高路基时，为了避免以后再加宽路基（加宽部分即图中阴影部分），亦可按路基标准断面来计算 d_2 值；

      m——两线间路基边坡率，如采用草袋或板桩以加固边坡，其值亦可适当减小；

      Δh——路基抬高或降低数值。

3. 纵断面、平面与横断面的综合设计

纵断面、平面与横断面的改建设计是一个综合的整体，必须结合具体情况，统筹兼顾，全面考虑。一般应按下列步骤进行：

① 设计放大纵断面图，须充分考虑线路、车站、桥隧、路基等建筑物对纵断面设计的要求；

② 根据抬道、落道的数值，选定横断面设计类型，计算出既有线中线必要的侧移偏离；

③ 平面设计应在符合设计标准的前提下，保证横断面设计必要的侧移距离；

④ 根据纵断面设计的抬落道数值及平面设计中线路中线的侧移距离，设计百米标及加标的横断面；

⑤ 综合分析纵断面、平面与横断面设计的技术经济合理性，发现问题，须进一步修改设计，使之完善；

⑥ 改建设计完成后，编制综合性设计图纸——详细纵断面。

6.3 第二线设计

修建第二线是提高既有线通过能力最有效的方法，但需要大量人力、物力和财力。因此在研究加强既有线的方案时，应充分考虑其他加强措施的可能性，在选定修建第二线的决策时，应有充分依据。

增建第二线时，为了确保既有线的正常运营，减少施工运营的相互干扰，通常是先修建第二线，待第二线工程竣工通车后，再进行既有线的改建。本节介绍的方法，也适用于一次修建双线时第二线的设计。

6.3.1 第二线纵断面设计

1. 第二线限制坡度的选择

第二线的限制坡度通常与既有线限制坡度相同，为了避免降坡引起大量

225

改建工程，既有线个别路段的超限坡度可以保留，供下坡方向的列车行驶。第二线修建在上坡方向运行的一侧，采用单线绕行，按限制坡度设计，供上坡方向的列车行驶。

当设计线双方向货运量不平衡，且既有线限制坡度不易变更时，则既有线限制坡度可保持不变，而将第二线设计在重车方向，采用较缓的限制坡度。设计时，应力求与邻线牵引质量统一，以减少接轨站的换重作业。

当设计线双方向货运量都很大，且既有线限制坡段的比率不高时，则可考虑将第二线设计为较小的限制坡度，而在第二线竣工通车后，再将既有线限制坡度减缓，使双线铁路上下行限制坡度一致。

2. 第二线纵断面的设计方法

(1) 第二线与既有线并行等高

第二线与既有线的线间距不大于 5.0m 时，两线修建在共同路基上，且轨面高程相同，称为并行等高。两线并行等高，不但可以减少占地和节省土石方工程量，还有利于路基排水、防止雪埋、线路维修及道口设置等。

两线并行等高路段，第二线的纵断面设计，应以既有线纵断面改建设计为基础，通常是在放大纵断面图上，用轨面高程进行设计。一般情况下，两线的轨面设计高程应力求相等，即第二线与既有线应采用相同的坡度、坡段长度和竖曲线形式。并应注意，纵断面设计必须与平面布置相配合，使坡度折减及变坡点的位置能同时满足两线的要求。

当既有线改建困难，保留个别超限坡段或其他较低标准，或因两线桥梁结构不同，而在桥梁或桥头引线上出现轨面高程差时，高程差不应大于 30cm。

在易受雪埋的个别地段，应根据当地的降雪、风向、风力和地形等情况，合理确定两线的允许轨面高程差，但最大不得超过 15cm。

道口处两线轨面高程最好相等，困难时，允许两线有不大于 10cm 的轨面高程差。

并行等高路段第二线放大纵断面图的格式，与改建既有线放大纵断面图格式基本相同。

(2) 并行不等高和第二线绕行

第二线与既有线并行而路基面高程不同，称为并行不等高。并行不等高地段，两线的路基横断面形式如图 6-20 所示。其缺点是，横向排水困难，由上方线路路基边坡流到下方线路路基面上的雨水，必须设置纵向排水沟引入渗水井，才能从下方线路路基排出，使工程增大且影响路基稳。大风雪地区，下方线路易被雪埋，同时线路经常维修和大中修，都不如并行等高方便。因此，第二线设计，通常只有在削减超限坡度，变更限制坡度以及桥梁隧道引线地段等特殊情况下，才把第二线与既有线的路基设在不同的高程上。

当第二线与既有线的线间距较大，需要分开单独修建路基时，即为第二线绕行。

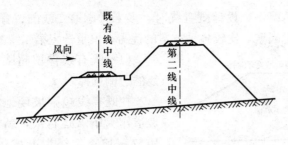

图 6-20　并行不等高横断面

在并行不等高及第二线绕行路段，第二线的纵断面设计应另绘辅助详细纵断面图，其图式及设计要求，与新建单线铁路相同，按路肩高程进行设计。

设计时，并行不等高及第二线绕行路段的起点和终点处，应注意坡度平顺连接，并考虑坡段长度内的断链关系。起点与终点处的路肩设计高程应根据该点的轨面设计高程推算：

$$路肩设计高程 = 轨面设计高程 - 钢轨高度（包括垫板厚度） - 轨枕高度$$
$$- 道床厚度 - 路拱高度 \qquad (6-22)$$

并行不等高与第二线绕行路段起点和终点的里程，应在放大纵断面图上注明。

（3）增建第二线的详细纵断面图

第二线与既有线并行等高路段的放大纵断面图和第二线并行不等高路段及第二线绕行路段的辅助纵断面图设计完成后，应汇总编制第二线的详细纵断面图。

详细纵断面图上应注明第二线并行不等高及绕行路段起点和终点的里程。

6.3.2　第二线平面设计

1. 并行与绕行地段的选择

增建第二线通常都与既有线并行，两线并行可以少占农田，节省路基土石方，便于运营管理。但是在减缓第二线限坡的地段，保留既有线超限坡度的地段，绕避既有线不良地质的地段，大桥与隧道的引线地段以及既有线标准很低、地形困难、不易改建的地段，都需要采用第二线的绕行方案。

一般认为两线中心线的线间距离大于 20m 时，即作为绕行地段考虑，绕行有第二线单独修建的"单绕"和废弃既有线以及两线都另行修建的"双绕"。

并行和绕行方案的选择，要与第二线的限制坡度选择、第二线的边侧选择以及第二线最小曲线半径选择等重大原则问题一起综合研究解决。方案确定后，再进行平面与纵断面的设计工作。

2. 第二线边侧的选择

第二线选在旧线的哪一侧，对既有线建筑物的稳定、第二线的工程数量、第二线施工期间、运营的干扰以及通车后的运营工作，都有重大影响。

若修建既有线时已预留第二线的位置，则可按预留位置决定第二线的边侧。但在通常情况下，设计既有线时，多未考虑第二线的位置，因此，就需要全面研究以下因素，比较各种方案的优劣，慎重选定第二线的边侧。

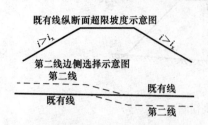

图 6-21　超限坡度地段第二线边侧选择

（1）既有线保留超限坡度时，第二线的边侧选择

在既有线超限坡度地段，应使超限坡道作为下坡运行线，新建的第二线采用较缓坡度，作为上坡运行线。这样，就可按左手行车的原则，确定第二线的边侧，如图 6-21 所示。

（2）主要货流方向对第二线边侧选择的影响

当设计线双方向货流量非常悬殊时，应将第二线设计在货流量大的那个方向。因为第二线的设计标准，一般较旧线高，其运营指标好、运输成本低，将第二线布置在货流量大的方向是有利的。

（3）车站内第二线的合理边侧

车站范围内第二线的合理边侧，应根据车站的类别与布置图决定。

在中间站范围内，一般宜将第二线布置在客运站房对侧，以保证原有的客运设备与货场不致改建，如图 6-22（a）、图 6-22（b）所示。

在区段站范围内，最好把第二线布置在客运站房同侧，以保证对侧机务段出口处及较为复杂的咽喉区不致改建。如果区段站作业量较大，也可考虑将第二线布置在机务段外侧的外包线方案，以减少第二线的出发列车对道岔咽喉区的干扰，避免咽喉区的改建，如图 6-22（c）所示。

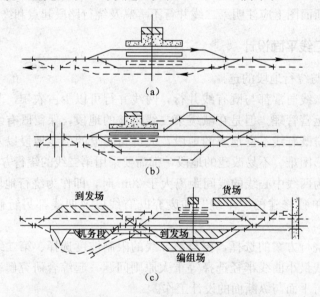

图 6-22　车站内第二线的边侧选择

（4）区间第二线的边侧选择

在区间选择第二线的边侧，应尽量少占农田、改土造田，尽可能保留原有工程，并根据地形地质条件，力争减少工程数量，保证路基稳定。大、中

桥处，应以桥址的水文条件、基础的地质条件以及战备要求，作为选择桥址、决定第二线边侧的主要依据。当上述条件出入不大时，一般宜将第二线设在既有桥梁下游一侧，以避免既有导流建筑物、桥头路基防护和桥墩破冰棱的废弃或破坏。

隧道处，第二线应尽量选在地质条件较好、隧道长度较短、施工方便的一侧。

在不良地质地段，第二线无法绕行避开时，应使第二线的选边不致扩大且有利于防治地质病害。图 6-23（a）为线路通过非活动性滑坡区时，第二线的合理位置示意图。

在路基病害地段，第二线的选边要有利于既有线的整修工作，力争结合第二线的修建来整治病害。图 6-23（b）为路基有道砟陷槽与路堑边坡塌滑地段第二线的合理位置示意图。

在陡坡地段，如既有线为路堤，第二线宜设在山坡上方；如既有线为路堑，则应设在下方。这样，可使第二线土石方工程数量减少，如图 6-23（c）所示。

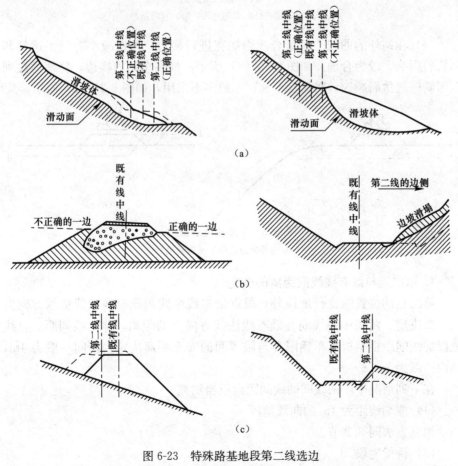

图 6-23 特殊路基地段第二线选边

（a）滑坡地段第二线选边；（b）路基病害地段的选边；（c）陡坡地段的选边

3. 第二线的换边

第二线边侧选定后，某一地段可能在既有线右侧合理；而在另一地段，又可能在左侧有利。这样，第二线就需要变换边侧。

第二线换边地点，宜选择在：

(1) 低路堤或浅路堑处，使路基较为稳定。高路堤地段不应换边，以免新旧路基沉陷不同，影响路基稳定和行车安全。

(2) 纵断面不抬高、不降低的地段，以保证施工中不修筑便线。

(3) 曲线地段或双线绕行地段，可不致额外增加曲线，如图 6-24 (a)、图 6-24 (b) 所示。直线上换边要增加一组反向曲线，仅在特殊情况下方可采用，如图 6-24 (c) 所示。

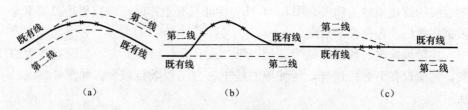

图 6-24　第二线换边
(a) 曲线地段；(b) 双绕地段；(c) 直线地段

(4) 在站外的曲线上，结合线距加宽进行换边，可以减小对施工运料和铺轨的影响，较为合理，如图 6-25 (a) 所示。如在车站内换边，将使通过列车因侧向过岔而减速，对运营不利，一般多不采用，如图 6-25 (b) 所示。

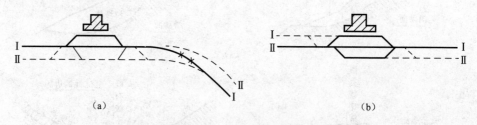

图 6-25　车站换边示意图
(a) 站外换边；(b) 站内换边

4. 第二线与既有线线间距离的确定

第二线的位置除绕行地段外，根据第二线中线距既有线中线法线方向上的距离决定。两线中心线间在既有线法线方向上的距离，称为线间距。直线地段的线间距根据机车车辆限界与限界间的安全距离决定，区间一般为 4m，站内一般为 5m。

在下列情况下，两线间的线间距离应当加宽。

(1) 两端线距为 4m 的曲线地段

加宽方法同 3.2 节。

(2) 桥梁地段

桥梁地段第二线与既有线的线间距，应根据国防要求、通航条件、地质情况、基础类型以及施工方法等因素确定。

中小桥梁的两线最小线间距离，主要根据施工条件决定。在第二线桥梁基础施工时，要确保既有线路基与桥梁墩台地基的稳固，不致发生任何有害变形。

当两线桥梁基础均为坚实的基岩时，最小线距往往由方便第二线基础施工的条件决定。

当两线桥梁基础均为非岩石土壤，且第二线墩台基础采用明挖施工时，两线间的最小线距可参照下列方法计算。

1）不设板桩防护施工（图 6-26a）

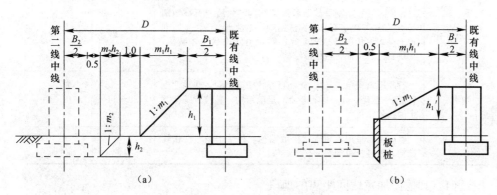

图 6-26　桥梁路段的线距

(a) 不设板桩；(b) 设板桩

最小线间距为：

$$D = \frac{B_1}{2} + \frac{B_2}{2} + m_1 h_1 + m_2 h_2 + 0.5 + 1.0 \quad (\text{m}) \qquad (6\text{-}23)$$

式中　B_1、m_1——既有线路堤宽度（m）与其边坡率；

　　　B_2、m_2——第二线基础宽度（m）与基坑边坡率；

　　　h_1、h_2——路堤高度（m）与基础埋置深度（m）；

　　　0.5——开挖基坑的富余量（m）；

　　　1.0——基坑顶缘有动荷载所留之护道宽（m）。

2）设置板桩防护（图 6-26b）

最小线间距为：

$$D = \frac{B_1}{2} + \frac{B_2}{2} + m_1 h_1' + 0.5 \qquad (6\text{-}24)$$

式中　h_1'——路肩至板桩顶的高度（m）；

　　　其他符号意义同式（6-23）。

大桥和特大桥的两线最小线间距离，应根据第二线的桥址选择来确定，一般多为单线或双线绕行路段。

（3）隧道地段

增建第二线隧道时，应保证既有隧道的结构稳定和运营安全。两相邻隧道的最小线间距，应按围岩地质条件、隧道开挖断面、施工方法等因素确定。

概略估算时，可参考表 6-3 中数据。

相邻单线隧道最小线间距离（m）　　　　　　　表 6-3

围岩类型	围岩结构特征和完整状态	最小线距	
		直线	曲线
Ⅵ	硬质岩石被切割呈巨块状整体结构	13～16	15～18
Ⅴ	硬质岩石被切割呈巨块状整体结构，软质岩石被切割呈巨块状整体结构	17～20	20～24
Ⅳ	硬质岩石被切割呈块（石）、碎（石）状镶嵌结构，软质岩石被切割呈巨块状整体结构	18～21	21～25
Ⅲ	硬质岩石被切割呈碎石状压碎结构，软质岩石被切割呈块（石）、碎（石）状镶嵌结构，黏性土、砂类土、老黄土呈大块状压密结构，碎、卵石呈巨块状整体结构，大块石土、呈堆石状松散结构	24～27	27～31
Ⅱ	石质围岩呈角（砾）、碎（石）状松散结构，非黏性土（包括一般碎、卵、砾石头土）呈散结构，黏性土及新黄土呈松软结构	29～44	43～49
Ⅰ	石质围岩呈泥消角砾状松散结构，黏性土呈塑性松软结构，砂性土呈潮湿的松散结构	＞45	＞50

（4）其他需加宽线间距离的地段

在进站引线、桥头引线、隧道引线和并行不等高地段，两线间的线距加宽较大，通常采用以下两种方法加宽线距。

1）曲线地段，线距加宽不大，一般多采用加长内侧曲线缓和曲线长度的办法实现，如图 6-27（a）所示。

2）若附近有曲线时，应在曲线上加宽线距；若附近无曲线可以利用时，亦可在直线上加设一组反向曲线来加宽线距，如图 6-27（b）所示。

采用反向曲线加宽线间距时，如受最小圆曲线长度要求的限制，可不设缓和曲线，但反向曲线的圆曲线半径一般不小于 4000m，困难条件下，可采用 3000m。

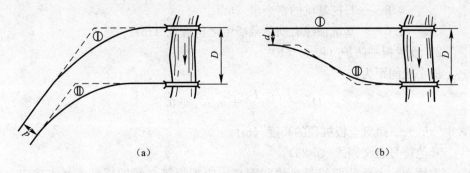

（a）　　　　　　　　　　　　　　（b）

图 6-27　加宽线距的方法

6.3.3　第二线横断面设计

增建第二线的路基横断面，有下列四种类型。设计时，应结合具体情况，选用横断面的合理形式。

1. 并行等高

第二线与既有线并行且轨面高程相同，称为并行等高。第二线的路基大多数都采用这种形式。施工中，一般是先修建第二线，建成后利用第二线行车，然后再改建既有线。

根据施工过程中，既有线中线是否移动，路基是否抬降以及第二线是否拨动，而有三种横断面设计类型。

（1）既有线中线不移动，路基不抬降，第二线中线按设计位置施工

这类路基断面适用于中线不移动、轨面高程升高不多的情况，可用道砟起道，施工比较方便。

图 6-28 所示为既有线路基不需加宽的断面。增建第二线时，既有路基的路肩宽度，一般路堤不小于 0.6m，路堑不小于 0.4m，困难地段，路堤不可小于 0.4m。第二线的路基面如为土质时，应有向外侧倾斜为 1‰～4‰ 的排水横坡。

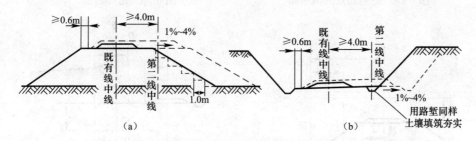

图 6-28　既有线路基不加宽的横断面
(a) 路堤；(b) 路堑

图 6-29 所示为既有线路基宽度不足、需要加宽的断面。加宽既有路堤时，加宽部分的顶宽不应小于 0.5m，底宽可按设计边坡要求确定，但不应小于顶部的加宽值。加宽前，原有路堤边坡应先挖成宽为 1m 的台阶。如有护坡时，应先拆除。当第二线路基面高于既有线路基面时，其高出部分应采用渗水土壤填筑，以利排水，渗水土下面的土质路基顶面应修成向外侧倾斜为 1‰～4‰ 的排水横坡。

（2）既有线中线移动，保留路基外侧边坡，第二线按设计位置施工

这类路基断面，既有线中线向第二线方向移动，可保留既有线路基外侧边坡。当既有线路基抬降较大时，为了保证第二线施工时既有线的正常运营，两线间应保持必要的临时线距，施工程序为先修建第二线，待其竣工后能维持通车时，再改建既有线路基。

图 6-30 所示适用于既有线轨面抬高不大、仅用道砟起道的情况。

施工时线间的临时线距为：

$$D = \Delta + 4.0 \quad (m) \tag{6-25}$$

式中　Δ——既有线向第二线一侧的拨动距离。

图 6-31 所示适用于既有线轨面抬高数值较大、需要填筑路基的情况；图 6-32 所示适用于既有线轨面降低数值较大、需要挖切路基的情况。施工时，

两线间的临时最小线距为：

$$D = d_1 + d_2 + m \cdot \Delta h \quad (\text{m}) \tag{6-26}$$

式中　d_1——既有线临时路基宽度的一半（m），一般约为 2.5m；

　　　d_2——第二线临时路基宽的一半（m），一般约为 2.2m；

　　　m——路基边坡率，一般采用 1.53；

　　　Δh——既有线路基面抬降高度（m）。

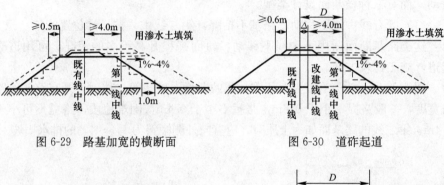

図 6-29　路基加宽的横断面　　　　　図 6-30　道砟起道

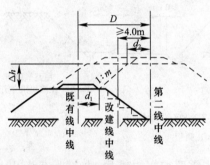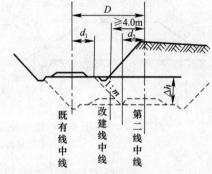

図 6-31　路基抬高　　　　　　　図 6-32　路基降低

（3）既有线中线不移动，但抬降较大；第二线中线先按临时位置施工，待既有线改建完成后，第二线再拨至设计位置

这类路基断面要废弃一部分土方，且第二线轨道须要重新拆铺一次。施工时，两线间的临时最小线距的计算同式（6-26）。

图 6-33 所示为抬高路基面，图 6-34 所示为降低路基面。

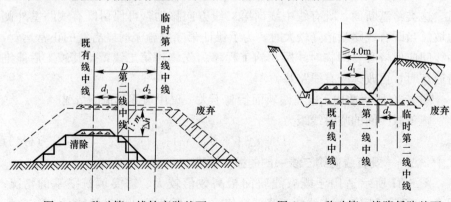

図 6-33　移动第二线抬高路基面　　　　図 6-34　移动第二线降低路基面

2. 并行不等高

当第二线和既有线并行但路肩高程不同时，称为并行不等高。通常在两线坡度不同的路段采用。图 6-35 所示为几种常见的并行不等高的路基断面。

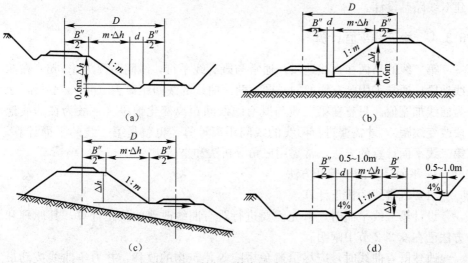

图 6-35　并行不等高的路基断面

因为这种线路的两线路基面高程不同，将使两线间排水困难，容易引起下方线路因积水而产生路基病害。大风雪地区，下方线路容易被雪埋没。下方线路抽换轨枕不便，且不能设置道口，并行不等高路段，两线的最小线间距离由两线间的路基面高差及路基边坡率 m 决定。在路堑地段，尚应考虑上线列车荷载的影响，适当放缓边坡，必要时，可加固上方路基的边坡或修建路肩墙，以减小线间距离。

根据路基构造要求，两线间最小线间距为：

$$D = \frac{B'}{2} + \frac{B''}{2} + m \cdot \Delta h + d \quad \text{（m）} \tag{6-27}$$

式中　$B'/2$——上方路基宽度的一半（m），一般为 3.35m；

　　　$B''/2$——下方路基宽度的一半（m），一般为 3.20m；

　　　m——路基边坡率，一般为 1.5；

　　　Δh——两线路肩高程差（m）；

　　　d——水沟宽度（m），水沟一般底宽 0.4m，深 0.6m 或 0.4m，水沟边坡按 1∶1 设计，则 $d = 1.6$m 或 1.2m；若采用浆砌片石排水槽，则水沟宽度 d 可减为 0.4m＋水沟一侧的边墙顶宽。

当两线间距受到限制，两线路基面高差不大，且路段较短时，可不设置两线间的排水沟（槽），但下方路基面应设置倾向外侧 1％～4％ 的排水横坡，如图 6-35（c）所示。

在粗砂、中砂、黄土、易风化岩石和其他不良土质的路堑中，两线间排水沟的上方路基一侧应设置向水沟倾斜 4％ 的平台，平台宽度视边坡高度和土壤的性质而定，一般为 0.5～1.0m，如图 6-35（d）所示。采用这种路基横断面类型，两线间最小距离计算公式还应加上排水沟平台宽度。

236

3. 第二线修建单独路基与新建双线路基

在第二线单线绕行路段以及桥隧引线与两线线间距较大时，须单独修建路基路段，应按新建单线铁路路基标准设计。双线绕行时，其路基断面按新建双线路基设计。

6.3.4　第二线平面计算

第二线的平面在直线地段，通常与既有线平行，线间距离为 4.0m。在曲线地段，通常采用既有线的同心圆，两圆曲线的线间距离为 $(4.0+\Delta)$ m，Δ 为曲线加宽值。只有在第二线与既有线线间距离变化地段（一般为在曲线地段改变线距），才需要进行两线的线间距离计算，也就是第二线的平面计算。第二线平面计算的方法，常采用三角分析法和坐标法等。

1. 平面计算的步骤和方法

（1）既有线的拨正计算

设计第二线平面时，首先需要进行既有曲线改建的拨正计算，其原理和方法已在 6.2.2 节中阐明。

改建既有曲线时，应尽量避免桥隧等建筑物的改移，并力争曲线拨动最小，以减少改建工程量。既有线最好向第二线方向拨动，以避免既有路基向两侧加宽。特殊情况下，亦可向第二线的对向拨动，但必须在第二线交付运营以前，将既有线拨至设计位置，以免两线间的限界不足，发生行车事故。

第二线的平面，根据拨正后的既有曲线来进行设计。

（2）设计曲线的曲线要素计算

如图 6-36 所示，既有线在外侧，第二线在内侧，在曲线地段线距由 D_1 加宽到 D_2。$ZH_1-HY_1-YH_1-HZ_1$ 为整正后的既有曲线，$ZH_2-HY_2-YH_2-HZ_2$ 为设计的二线曲线。根据几何关系，可求出第二线的曲线要素与内外侧两圆曲线起终点间的错动量 b_1 与 b_2。

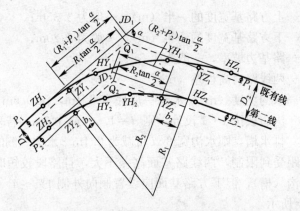

图 6-36　曲线线距加宽平面

既有线圆曲线起点 ZY_1 与终点 YZ_1 为既有线切线内移后的切点，切线内移距离为 P_1。ZY_1 点与 YZ_1 点距交点 JD_1 的切线方向距离为 $(R_1+P_1)\tan(\alpha/2)$，距内移切线的交点 Q_1 的切线方向距离为 $R_1\tan(\alpha/2)$。整正既有曲线时，所算得的圆曲线起终点里程，即图中 ZY_1、YZ_1 的里程。

第二线圆曲线起点 ZY_2 与终点 YZ_2 为第二线切线内移后的切点，切线内移距离为 P_2，ZY_2 点与 YZ_2 点距交点 JD_2 的切线方向距离为 $(R_2+P_2)\tan(\alpha/2)$，距内移切线的交点 Q_2 的切线方向距离为 $R_2\tan(\alpha/2)$。

1）选定第二线的圆曲线半径 R_2 与缓和曲线长度 l_0

首先求出假拟的圆曲线半径 R_ϕ，其曲线起点与既有圆曲线起点里程相同，据此，即可选出第二线的圆曲线半径。如图 6-36 所示，根据内、外侧圆曲线半径的相互关系，可列出两个方程式：

$$左侧：R_1 = D_1 - P_1 + P_2 + R_\phi + Z \qquad ①$$
$$右侧：R_1 = D_2 - P_1 + P_2 + R_\phi + Z \cdot \cos\alpha \qquad ②$$

式②－式①，得：

$$Z = \frac{D_2 - D_1}{1 - \cos\alpha} \qquad (6\text{-}28)$$

然后，计算 R_ϕ：

$$R_\phi = R_1 - Z - (D_1 - P_1 + P_2) \qquad (6\text{-}29)$$

在尚未选出 R_2 与 l_2 前，可假定 $P_2 = P_1$，求出概略的 R_ϕ'，将 R_ϕ' 取为 10m 整数，即第二线的圆曲线半径 R_2。

第二线圆曲线半径取整时，要保证两线间最小线距不小于 4.0m，所以当两线间切线上的出发线距有一端为 4.0m 时，则：

① 当第二线在内侧时，R_2 应进整为 10m 整数，$R_2 > R_\phi$；

② 当第二线在外侧时，R_2 应舍去不足 10m 的零数，$R_2 < R_\phi$。

然后，按照新建铁路标准，根据 R_2，选定缓和曲线长度 l_2。据此，可算出 $P_2 = \dfrac{l_2^2}{24R_2}$，即可按式（6-29）计算正确的 R_ϕ 值。

2）计算第二线圆曲线要素

α 与既有曲线相同，则：

$$T_2 = R_2 \cdot \tan\frac{\alpha}{2}, \quad L_2 = R_2 \cdot \alpha,$$

$$T_\phi = R_\phi \tan\frac{\alpha}{2} \qquad (6\text{-}30)$$

3）计算既有圆曲线与二线圆曲线的起点间与终点间的错动量 b_1 与 b_2（图 6-37）

$$\left.\begin{array}{l} b_1 = T_2 - T_\phi \\ b_2 = \alpha - (T_2 - T_\phi) = Z \cdot \sin\alpha - b_1 \end{array}\right\} \qquad (6\text{-}31)$$

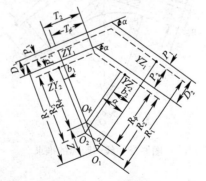

图 6-37 错动量的推求

4）计算第二线设计曲线主要点的里程

第二线里程按投影到既有线上的里程推算为：

$$ZY_2 \text{ 里程} = ZY_1 \text{ 里程} - b_1, \quad YZ_2 \text{ 里程} = YZ_1 \text{ 里程} - b_2 \qquad (6\text{-}32)$$

$$ZH_2 \text{ 里程} = ZY_2 \text{ 里程} - \frac{l_2}{2}, \quad HY_2 \text{ 里程} = ZY_2 \text{ 里程} + \frac{l_2}{2} \qquad (6\text{-}33)$$

$$\text{YH}_2 \text{ 里程} = \text{YZ}_2 \text{ 里程} - \frac{l_2}{2}, \quad \text{HZ}_2 \text{ 里程} = \text{YZ}_2 \text{ 里程} + \frac{l_2}{2} \qquad (6\text{-}34)$$

（3）内外侧圆曲线间线间距离的计算

内外侧圆曲线间距离计算如图 6-38 所示。

1）两圆心连线在既有曲线起点法线方向上的投影长度为：

$$B = R_1 + P_1 - D_1 - R_2 - P_2 \qquad (6\text{-}35)$$

2）两圆心距为：

$$A = O_1 O_2 = \sqrt{B^2 + b_1^2} \quad 或 \quad A = \frac{B}{\cos\theta} = \frac{b_1}{\sin\theta} \qquad (6\text{-}36)$$

3）两圆心连线 $O_1 O$ 的延长线与既有圆曲线起点法线方向间的夹角为：

$$\theta = \arctan\frac{b_1}{B} \qquad (6\text{-}37)$$

4）既有圆曲线上任一点 M 到既有曲线起点的弧长所对之中心角为：

$$\phi = \frac{L_1}{R_1} \cdot \frac{180}{\pi} \qquad (6\text{-}38)$$

5）既有圆曲线上任一点到第二线圆曲线的线间距离 MN 为：

$$Y = MN = O_1 M - O_1 N$$
$$= O_1 M - (O_1 F + FN)$$
$$= O_1 M - O_1 F - \sqrt{|O_2 N|^2 - |O_2 F|^2} \qquad (6\text{-}39)$$

所以 $\quad Y = R_1 - A \cdot \cos(\theta + \phi) - \sqrt{R_2^2 - A^2 \cdot \sin^2(\theta + \phi)} \qquad (6\text{-}40)$

（4）缓和曲线范围内线间距离的计算

求出圆曲线间的线间距离后，如图 6-39 所示，在圆曲线两端还应计入缓和曲线的移动距离。根据测点所在的位置，可采用表 6-4 中所列公式，计算线间距离 Δ。

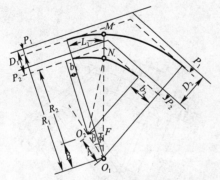

图 6-38 线间距离的推求

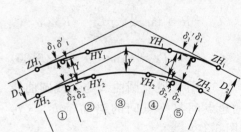

图 6-39 缓和曲线移动

线间距离计算式 表 6-4

测点范围	线间距离	δ_1、δ_1'	δ_2、δ_2'	l_1、l_2、l_1'、l_2'
ZY 外侧，未计算 Y 值，测点在缓和曲线上	$\Delta_0 = D_1 - \delta_1 + \delta_2$	$\delta_1 = \dfrac{l_1^3}{6C_1}$	$\delta_2 = \dfrac{(l_2)^3}{6C_2}$	$l_1 = $测点里程$-ZH_1$ 里程 $l_2 = $测点里程$-ZH_2$ 里程
$ZY\text{-}HY$，已计算 Y 值，测点在缓和曲线上	$\Delta_0 = Y + \delta_1' - \delta_2'$	$\delta_1' = \dfrac{(l_1')^3}{6C_1}$	$\delta_2' = \dfrac{(l_2')^3}{6C_2}$	$l_1' = HY_1$ 里程$-$测点里程 $l_2' = HY_2$ 里程$-$测点里程

测点范围	线间距离	δ_1、δ_1'	δ_2、δ_2'	l_1、l_2、l_1'、l_2'
$HY\text{-}YH$，已计算 Y 值，测点在圆曲线上	$\Delta_0 = Y$			
$HY\text{-}YZ$，已计算 Y 值，测点在缓和曲线上	$\Delta_0 = Y + \delta_1' - \delta_2'$	$\delta_1' = \dfrac{(l_1')^3}{6C_1}$	$\delta_2' = \dfrac{(l_2')^3}{6C_2}$	$l_1' = $ 测点里程 $- YH_1$ 里程 $l_2' = $ 测点里程 $- YH_2$ 里程
YZ 外侧，未计算 Y 值，测点缓和曲线上	$\Delta_0 = D_2 - \delta_1 + \delta_2$	$\delta_1 = \dfrac{(l_1)^3}{6C_1}$	$\delta_2 = \dfrac{(l_2)^3}{6C_2}$	$l_1 = HZ_1$ 里程 $-$ 测点里程 $l_2 = HZ_2$ 里程 $-$ 测点里程

注：计算 δ_2、δ_2' 时，因 l_2、l_2' 系既有线上的投影长度，其方向亦非既有线的法线方向，理论上应有误差，但误差很小，能符合精度要求。

2. 平面线距计算方法的应用

(1) 曲线地段线距加宽计算

在曲线地段改变线距，因第二线在内侧或外侧，线距由小变大或由大变小等条件而有不同的图式。各种图式的错动量计算式和线距计算式可根据几何关系加以推导，参见图 6-36 和图 6-37。

(2) 曲线路段两线换边

在曲线路段两线换边，实际上是两个"曲线线距加宽"问题。如图 6-40 所示，左侧设计线对既有线来说，线距由 D_1 变为 0；右侧设计曲线由 0 变为 D_2。计算方法和曲线线距加宽相同。

(3) 既有曲线半径由小改大

当既有曲线的转角较大，且曲线半径和缓和曲线较小，需要加大曲线半径和缓和曲线长度时，如图 6-41 所示，因拨动前后曲线长度变化，故不能用传统的拨距计算方法计算拨正量，计算拨正量需要利用线距计算方法，分三个步骤完成：

① 先将既有的错动曲线用传统的拨距计算方法，恢复为规则曲线，算出拨距 Δ_1'；

② 然后用线距计算方法，计算既有规则曲线和设计曲线间的线距 Δ_0，此时 $D_1 = D_2 = 0$；

③ 错动的既有曲线至设计曲线的拨距为 $\Delta_1 = \Delta_1' + \Delta_0$。

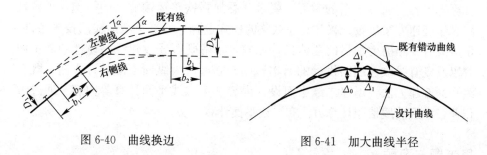

图 6-40　曲线换边　　　　　　图 6-41　加大曲线半径

(4) 直线路段两线换边

在直线上换边，实际上是两个直线上加宽线距的问题，如图 6-42 所示。对既有线来说，左侧设计线线距由 D_1 变为 0，右侧设计线由 0 变为 D_2，计算方法同上。

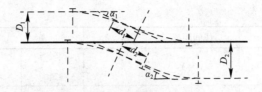

图 6-42　直线路段两线换边

（5）直线路段改变线距

直线路段改变线距，可以加设一组反向曲线，如图 6-43 所示。反向曲线的曲线半径，一般采用 4000m；困难条件下，可采用 3000m。通常情况下，应设置缓和曲线，如受最小曲线长度要求的限制，亦可不设置缓和曲线，两曲线间夹直线长度，一般不小于 80m。

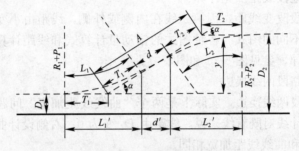

图 6-43　直线路段加宽

直线路段改变线距时，一般已知线距 D_1 与 D_2、曲线半径 R_1 与 R_2 和夹直线长度，平面各主要部分与两线间线距的计算方法同前。

小结及学习指导

本章学习了加强铁路运输能力的措施、铁路客运提速、兴建高速铁路、发展重载运输的技术路线、既有铁路能力加强的总体设计、既有线改建线路设计的基本内容、既有线改建线路设计的基本原则、放大纵断面图，既有线平面改建、既有曲线整正与拨距计算、增建二线平面设计内容、第二线平面计算等内容。通过本章的学习，要求熟悉加强铁路运输能力的措施，了解铁路客运提速方案决策、兴建高速铁路的模式选择、发展重载运输的技术条件，了解既有铁路能力加强的总体设计原则，了解既有线改建线路设计的基本内容以及既有线改建线路设计的基本原则，掌握放大纵断面图设计方法、既有线平面改建方法、增建二线平面设计内容和第二线平面计算等内容。通过大作业，掌握曲线拨距计算方法和二线平面计算方法。

思考题与习题

6-1　加强铁路运输能力的措施有哪些？简述各类加强措施能力加强的途径及其特点。

6-2 简述铁路能力加强总体设计的工作内容及设计原则。

6-3 既有线纵断面改建设计与新线纵断面设计比较，有哪些主要区别？为什么要有此区别？

6-4 绘图说明既有线曲线改建的原因及相应的改建方式。

6-5 简述既有线横断面改建设计的类型及其要点。

6-6 简述第二线纵断面设计的设计要点。

6-7 第二线平面设计的主要内容有哪些？简述各项设计的主要设计原则。

6-8 既有线上某半自动闭塞区段，由于上、下行方向行车量不均衡，采用重车方向连发的不成对运行图。运行组织采用先通过（重车方向）后停车（轻车方向）的图式，重车方向的不成对系数为 2。

1）绘出不成对运行图；

2）若区间往返走行时分分别为 $t_W = 12\min$、$t_F = 13\min$，连发间隔时分为 $t_L = 4\min$，车站作业时分 $t_B + t_H = 6\min$，综合维修天窗时分为 30min，计算重车方向的通过能力。

6-9 已知某既有曲线未设缓和曲线，转角 $a = 60°$ 及 $R_j = 500m$，测得 QZ_j 点的既要渐伸线长 $E_j = 68.539m$，如将曲线改建为 $R_s = 600m$，QZ_j 要拨到 OZ_s 位置。

1）用渐伸线原理计算拨距量 Δ；

2）用几何关系计算拨距量 Δ；

3）两次算出的 Δ 是否相同，如果不相同是什么原因？

6-10 二线平面计算。当 $D_1 = 4.0m$，$D_1 < D_2$，既有线在外侧时，用三角分析法进行第二线的平面计算。

1）绘出曲线线距加宽的平面几何关系图；

2）推导出 R_φ、b_1、b_2、B、A、θ、ϕ 的计算公式；

3）推导出圆曲线范围内线间距 Y 的计算式。

第7章
城市轨道交通规划与线路设计

本章知识点

> 知识点：城市轨道交通定义及分类，路网线路间的基本关系、路网形态结构基本类型，路网设计影响因素、轨道交通路网设计的技术要点、轨道交通路网设计方法，轨道交通运输能力、线路设计标准、线路走向选择、车站分布，车站分类、中间站设计、换乘站、车辆段与停车场，线路设计实例。
>
> 重　点：城市轨道交通定义及分类、路网形态结构基本类型、交通路网设计方法、线路设计标准、线路走向选择、车站分布、中间站设计、换乘站设计。
>
> 难　点：交通路网设计方法、线路设计标准、中间站设计、换乘站设计。

7.1 概述

7.1.1 城市轨道交通定义及分类

城市中使用车辆在固定导轨上运行并主要用于城市客运的交通系统称为城市轨道交通。当前，世界上已有 40 多个国家的 140 多个城市拥有或正在规划建设城市轨道交通，在构筑物形态、运营方式、车辆类型及运输能力等方面类型很多。

按构筑物的形态或轨道相对于地面的位置划分，城市轨道交通可分为地下铁路、地面铁路和高架铁路。

按列车运营组织方式划分，城市轨道交通可分为三类。

（1）传统的城市轨道交通：服务范围以中心城区为主的城市轨道交通，通常站间距在 1km 以内。

（2）区域快速铁路：服务范围包括城市郊区的轨道交通系统，通常站距较大，含地面线路或高架线路。

（3）市郊铁路：指位于城市范围内、部分或全部服务于城市客运的城市间铁路。

按运能范围及车辆类型划分，城市轨道交通可分为地下铁道（Metro、the Underground）、轻轨交通（Light Metro、Light Rail Transit）、独轨交通（Monorail）、有轨电车（Tram、Tramway）、客运自动轨行车（Peoplemover）、自动导向交通（Automated Guided Transit）、微型地铁（Mini-Metro）、胶轮轨道交通（Rubber Tyred Metro）、索道（Aerial Tramway）等类型，常用的是前四种。

7.1.2 城市轨道交通的发展

1. 国外城市轨道交通的发展

1804 年英国人特雷维西克试制了第一台行驶于轨道上的蒸汽机车，1825 年英国在大林顿到斯托克顿间修建了 21km 的世界第一条铁路。至 1863 年伦敦第一条地铁线开通之前，铁路在欧、美等国迅速发展，总里程超过 100000km。这个时期，尽管铁路没有直接服务于城市交通，但是它使得城市发展从靠水而建的约束中摆脱出来，其腹地范围迅速扩大，在半个世纪不到的时间中扩大了 3～6 倍，大大促进了城市交通需求的发展。美国的快速轨道交通采用了地上高架的形式，第一条高架快速轨道交通线在 1870 年开始运营，沿曼哈顿的格林尼治（Greenwich）大街及第 9 大道运行。1867 年至 1902 年间，纽约建成了 302km 的高架轨道交通网。自 1892 年起，芝加哥也大力修建高架铁道，至 1902 年达到 174km。

德国在柏林附近的 Lichterfelde 修建了世界上第一条电气化铁路线，于 1881 年投入运营。其后，北美城市建造了几条试验线，于 1888 年成功地试验出技术先进的电力机车技术。电气化铁路对快速轨道交通有决定性的影响。至 1890 年末，有轨电车迅速替换了马车铁道及缆车铁道，同时也替代了城市轨道交通中的蒸汽机车。由于电气化，到 1937 年美国的城市快速轨道交通里程增长到 1902 年的 4 倍，其中 90% 以上是在纽约与芝加哥，其余的在费城及波士顿。

英国的伦敦、法国的巴黎、德国的柏林、俄罗斯的莫斯科、日本的东京等城市，都是地铁发展较早且规模较大的城市。由于这些城市的城市间铁路非常发达，因此，在发展地铁的同时，市郊铁路也取得很大的发展，并在城市布局的发展及城市交通功能中占据重要地位。

据 1990 年统计资料，截止到 1989 年，全世界建成城市轨道交通并通车运营的国家和地区有 36 个，城市 108 座，其中有地铁的城市 79 座，有轻轨的城市 29 座，在建成地铁的城市中有 8 座建有轻轨交通，建成的地铁线路总长度约 5000km，轻轨交通线路总长度约为 1250km。

分析世界各国的城市轨道交通发展状况，各国（地区）的城市轨道交通建设分市区和大城市区（含郊区）。在市区，所有城市均建立了地铁交通系统，个别城市建有轻轨；大城市区（中心城市加周边城市）内，城市与城市之间修建市郊铁路。

2. 我国城市轨道交通的现状及发展前景

北京是我国最早建设地铁的城市，于 1969 年开始运营第一条地铁，其后天津于 1980 年建成长 7.4km 的地铁。20 世纪 80 年代以前地铁的规划与建设，除了实现城市客运的功能之外，更重要的是考虑战备的要求。

随着我国经济的发展和城市化进程的加快，我国大城市的数量和规模增长很快，目前我国百万以上人口的大城市有 34 个，其中超过 300 万人口的城市有 8 个。大城市人口的增加和规模的不断扩大，使城市交通需求迅速增长，尽管近年来城市道路及车辆拥有量都有了大幅度的提高，但交通问题依然日益突出，表现为交通阻塞、车速降低、车祸频繁、停车困难、高峰时间交通拥挤、废气噪声危害严重。尽管城市道路面积的增加使交通阻塞暂时有所缓解，但是由于新增道路处交通畅通，引来更多的车辆，时隔不久，新增或拓宽的马路又恢复到昔日的拥挤程度。而且道路的增长也是有限的，而城市交通量的增长却是无止境的。我国城市交通学者通过总结国内外城市交通发展的经验教训，越来越深刻地认识到交通需求与供给的矛盾，并达成共识：大城市的交通问题的解决必须依赖公共交通的发展，特大城市还必须建立一个以轨道交通系统为骨干、以公共交通为主体、多种交通方式相互协调的综合交通系统。

7.2　轨道交通路网结构分析

路网设计是在一定的路网规模条件下确定路网的形态及各条线路的走向。不同的路网形态对路网运营效率及城市发展都有非常重要的影响。路网结构分析包括路网线路间的基本关系分析、路网形态结构基本类型和路网形态结构的特征分析。

7.2.1　路网线路间的基本关系分析

线路是路网的基本组成要素，从线路的布置方式划分，路网可分为两种基本类型：

1. 分离式路网

各条线路在不同高程的平面上相交，在交叉处采用分离的立体交叉，路网中各条线路独立运营，不同线路上的列车不能互通，乘客必须通过交叉点处的换乘站中转才能到达位于其他线路上的目的地车站，如图 7-1（a）所示。

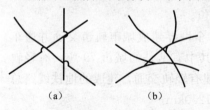

图 7-1　按线路布置方式的路网类型

（a）分离路网；（b）联合路网

2. 联合式路网

各条线路在同一平面内交叉，在交叉处用道岔连接，因而各条线路之间可以互通列车，在整个路网上可以像城间铁路那样实行联运，乘客可以直接到达位于另一条线路上的目的地车站，如图 7-1（b）所示。

分离式路网比联合式路网有明显的优点，因为分离式路网能保证在完全安全的条件下最好地组织大频率和高速度的交通，其缺点是必须换乘和路线系统不可能发展。世界上多数大城市的轨道交通线路是按分离式路网修建的，也有少数城市是按联合式路网修建的，如纽约和伦敦。还有部分城市，如马德里，将这两者组合起来，即在主要线路方向上是相互分离的，而其他线路之间是相互联系的，试图兼备上述两种路网的优点。

我国已建地铁的城市，如北京、上海、广州、深圳、南京、武汉等，都是按分离式路网规划和建设的。因此，下面主要针对分离式路网进行轨道交通线路之间的形态关系分析。

从两条线路所构成的形态来看，按其交叉点的多少，可分为三类，即线路之间无交叉、线路之间交叉一次、线路之间交叉两次及两次以上。

（1）线路之间无交叉（Ⅰ类）

轨道交通路网中，两条线路之间不交叉的情形大致有三种：一是两条线路平行或近似平行布置，二是两条线路虽不平行但相距较远，三是由于河流等地理因素两条线路之间无法或尚未连通。在这些情况下，两条线路之间无法实现直接换乘，其换乘通过与这两条线路都交叉的线路进行两次或两次以上的换乘来实现，或是通过其他出行方式来实现，因而这两线之间的客流转线很不方便。

（2）线路之间交叉一次（Ⅱ类）

轨道交通线路之间交叉一次，即两线之间存在一个换乘站。线路交叉的形态呈"+"字形、"X"形、"T"形及"Y"形四种。"+"字形交叉常见于方格式路网中；"X"形交叉出现于含有三角形的放射式路网中；"T"形或"Y"形交叉则多见于一些树状网络中。线路之间交叉一次，使得两条线路之间可以实现直接换乘，但是当换乘客流很大时，容易引起换乘客流的相互干扰和混乱。

（3）线路之间交叉两次及两次以上（Ⅲ类）

两条线路之向相互交叉两次，便构成两个交叉点，两者间的距离可以较远，也可较近，甚至是紧邻的两个站。

在交叉点相距较近的情况下，交点间的线路多为平行或近似平行式的布置，只是在两交点外侧才开始分开。在一些大城市的客流量很大的交通走廊上会采用这种情况。此外，当两条线路在某些地段的换乘客流量特别大，一个换乘站无法满足要求时，也会采用这种方式。交叉点相距较远时有两种常见的结构形态：一种是两条线路在市中心区的两端相交，交点之间的线路形成一包围CBD（中央商务区）的小环，形同鱼状，即所谓的"鱼形"结构；另一种是两条线路之间交叉两次以上或多条线路交叉，除星形外，一般都会构成两个以上的交叉点，其形态特征是上述三种基本关系的组合。例如，三角形（Ⅱ类）、"日"字形（Ⅱ类＋Ⅲ类）、"π"字形（Ⅱ类）、"大"字形（Ⅱ类）、放射-环形（Ⅱ类＋Ⅲ类）等形式的路网。

7.2.2　路网形态结构基本类型

一个城市的轨道交通线路一般是三条以上，这些线路相互组合，并受各个城市具体的人文地理环境等条件制约，便形成了千姿百态的路网形态。轨道交通路网的线路越长及条数越多，所构成的路网形态就越复杂。将这些路网形态抽象、归类，可归结为图 7-2 所示的 18 种路网形态结构。这些路网形态结构的一个共同特点是：在城市的外围区轨道交通线路呈放射状，密度较低，形成主要的交通轴向；而在内城区轨道交通线路密度较高，形成以三角形、四边形为基本单元的形态多样的网络结构。图 7-2 所示的 18 种路网形态结构中，最常见、最基本的路网形态结构是网格式、无环放射式及有环放射式三种。

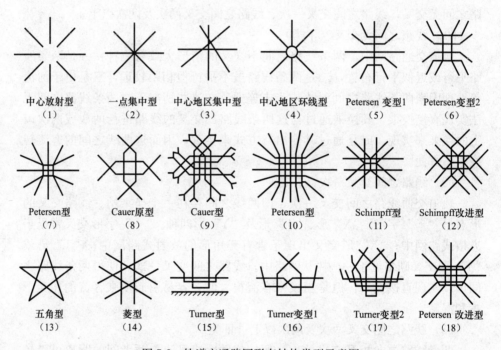

图 7-2　轨道交通路网形态结构类型示意图

网格式路网的各条线路纵横交叉，形成方格网，如图 7-3 所示。网格式路网中的线路走向比较单一，其基本线路关系多为平行与"十"字形交叉两种。这种结构的路网线路分布比较均匀，客流吸引范围比例较高，线路按纵横两个走向，多为相互平行或垂直的线路，乘客容易辨识方向，换乘站较多，纵横线路间换乘方便，路网连通性好。此类路网的缺点：一是线路走向比较单一，对角线方向的出行需要绕行，市中心区与郊区之间的出行常需换乘，有时可能要换乘多次；二是平行线路间的换乘比较麻烦，一般要换乘两次或两次以上，当路网密度较小，平行线之间间距较大时，平行线间的换乘是很费时间的。

无环放射式路网是由若干穿过市中心的直径线或从市中心发出的放射线构成，其原始形态如图 7-4 所示。这种类型的路网可使整个区域至中心点的绕弯程度最小，即全市各地至中心点的距离较短，因此其路网中心点的可达性很好，市中心与市郊之间的联系非常方便，有利于市中心客流的疏散，也方便了市郊居民到市中心的工作、购物和娱乐出行，有助于保证市中心的活力，维持一个强大的市中心。由于各条线路之间都相互交叉，任意两条线路之间均可实现直接换乘，因此路网连通性很好，路网任意两车站之间最多只需换乘两次。由于没有环行线，圆周方向的市郊之间缺少直接的轨道交通联系，市郊之间的居民出行需要经过市中心区的换乘站中转，绕行很长距离，或者需要通过地面交通方式来实现，交通联系很不方便，这种不便程度随着城市规模的扩大而增大。

当3条及以上轨道交通线路在同一点交汇时，其换乘站的设计、施工及运用都很困难，这种车站一般会在4层以上，旅客换乘不便，日常费用也高，同时庞大的客流量也难以疏解。因此，一般将市中心的一点交叉改为在市中心区范围内多点交叉，形成若干"X"形、三角形线路关系，这样既有利于换乘站的设计与施工，又有利于乘客的集散，还有利于扩大市中心区的范围。

有环放射式路网由穿越市中心区的径向线及环绕市区的环行线共同构成，基本图式如图7-5所示。径向线的条数较多，走向多样，但都经过市中心区。在一些轨道交通路网规模不是很大或建设时期较短的城市，环线一般只有一条；而在一些轨道交通路网规模较大、轨道交通发展比较成熟的城市，会出现两条或两条以上的轨道交通环线。

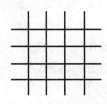

图7-3 网格式路网结构示意图

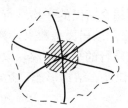

图7-4 无环放射式路网结构的基本图式

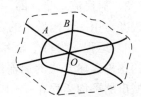

图7-5 有环放射式路网结构

有环放射式路网结构是在无环放射式线路网结构的基础上加上环形线形成的，是对无环放射式的改进，因而既具有无环放射式路网的优点，又克服了其周边方向交通联系不便的缺点。例如，图7-5周边方向 A、B 间的出行，有环放射式路网可以利用环线便捷地出行，而无环放射式路网则要通过两条径向线绕行。因此，这种路网对城市居民的使用最为便利。当城市因其郊区发展成市区后，这种形式的路网便于路网有效地扩展。莫斯科、巴黎等许多城市的轨道交通路网都采用了有环放射式。

从现代大城市的车流和人流的分析可以看出，城市辐射方向（相对于市中心）的交通量最大。据此提出城市轨道交通路网的最佳图式，如图7-6所示。辐射路线是最基本的，在市中心区相交，为了避免中心站超载，各条辐射线的交叉点不集中于一点，而在若干个车站相交。在大城市里，当沿城市边缘地区人口稠密时，应考虑用环线路线。

图7-6 轨道交通路网最佳图式

7.3　轨道交通路网设计

7.3.1　路网设计的影响因素

城市轨道交通设施是城市建设的百年甚至千年大计，它对城市发展的形态、规模、产业布局、居民出行乃至生活方式都会产生深远的影响。设计城市轨道交通路网时，首先，必须很好地分析和预测其相关区域内的客流需求，因为迅速有效地运送客流是轨道交通建设的直接且主要的目的；第二，要保证轨道交通能够顺利建成并正常投入运营，其线路位置必须满足城市地形、地质、历史文物等自然条件及人文地理条件的限制要求；第三，快速轨道交通建成后往往要使用百年以上，为了节省运输成本，减少旅客出行时间，提高路网运输效率，设计时应充分考虑轨道交通路网的运营特点。

1. 与客流有关的因素

（1）轨道交通客流基本概念

1）客运量。轨道交通的客运量是指一条或多条路线上各个区段在单位时间内单程或往返运送的实际或预测旅客量。

2）客流。客流又称客流量，是指某一区段上，在单位时间内单方向或往返的实际旅客量或预测旅客量。

3）居民流动量。即一年内每个居民的平均乘行次数，表示居民流动的频繁程度，用一年内城市的客运量除以居民总数来计算。

4）运程。为每个旅客一次乘行的平均距离，取决于城市大小、形状、现有的各种运输方式的运输网总长度、结构形态、运输组织方式等因素，一般大城市的平均运程在 6～10km。

5）客流密度。它是指每年经由每公里双线线路的旅客总数，用"人·km/km"表示。1975 年，莫斯科地铁约 11000 万人·km/km，东京地铁约 7500 万人·km/km，北京地铁约 5100 万人·km/km，纽约和巴黎地铁约 2900 万人·km/km。

（2）影响客流大小的因素

1）城市性质及地位：城市现在及其所规划的性质与地位，在战略上决定着城市的人口、用地发展规模及潜力，也决定着对其外部区域的影响力。

2）城市人口及土地利用的规模与分布形态：城市人口密度、房屋建筑密度、工作岗位及商业区的集中程度对客流的产生及其流向有重要影响，因此，要分析现今和规划的城市人口分布及大型客流集散点分布，包括重要的工业区、商业网点、文化中心、旅游点、住宅区等。

3）市内公共交通枢纽及对外交通枢纽：城市内部公交枢纽、火车站、码头、航空港等是客流集散的重要场所，其现在及规划位置对城市客流的分布也有重要的影响。

2. 与环境及建设有关的影响因素

（1）城市自然地理条件：城市的地质、地形、地貌等自然条件会限制城市轨道交通的线路走向及位置。

（2）城市人文地理条件：必须遵守国家对历史文物、自然风景区等方面的保护性法规，当轨道交通的线路位置与之相抵时必须避让或重新确定线路走向。另外，城市既有的地面建筑物、地下建筑物、地下管线对轨道交通选线也有一定影响。

（3）城市经济基础：轨道交通建设需要花费巨大的投资，城市的经济实力影响着城市轨道交通路网规划规模的合理确定，以及规划路网的按期实施。

（4）轨道交通的建筑特点：轨道交通线路位于地下隧道内还是在高架桥或地面上，以及在地下隧道中，是浅埋还是深埋，所考虑的因素都有所不同。

地下隧道全部位于地下，对通风、照明、消防等设施的要求较高。地面线路及高架线路对通风、照明等设施的要求不高，但要防治噪声，考虑线路建筑形态与周围建筑环境的协调等问题。

地下隧道设施造价高昂、长久耐用，将来很难进行改建；地面及高架线路虽然改建比地铁隧道容易，但如不预先保留有关用地，当线路两侧逐渐建成高密度、难以拆迁的建筑群后，改建也是很困难的。因而，必须在路网规划阶段就对路网各条线路的停车场、车辆段、各车站及其疏解客流的站前广场，以及各线路交叉处的换乘站等设施进行统筹规划，分期建设。

当区间隧道为浅埋（埋设深度在 12m 以下）时，一般采用明挖法施工，这时区间隧道一般采用双线隧道，要求线间距采用最小值。如果车站采用岛式站台，则在靠近车站的地段需要将线间距加宽，形成一个喇叭状。

当区间隧道为深埋（埋设深度在 12m 以上）时，区间隧道通常是两条独立修建的单线隧道，且两隧道间保持一定间距。当车站采用侧式车站时，此间距大于站上线间距，因此要在车站两端修建渡线室，用以把车站处的最小线间距加宽到区间线间距。

3. 与运营有关的影响因素

（1）路网结构：同样的线路长度按不同的结构组成的路网，对路网中各线路负荷的空间分布、运输效率以及路网的后续发展等都有影响。

（2）线路的起终点及换乘站的位置：线路的起终点决定线路的长度，影响线路的运营组织及效率，还在一定程度上决定车辆段及停车场的位置。同时，它又是特殊的车站，其周围的土地利用强度将大大提高。换乘站的位置将是人流集中的场所，对其周围的土地利用会产生重要的影响，必须要与城市规划很好地配合起来。例如，东京的新宿站在建成换乘站之前是个很一般的城市区域，但是在此建成换乘站后，大量的人流经由此地，逐渐使其发展成东京重要的副中心。

7.3.2 轨道交通路网设计的技术要点

综合分析影响快速轨道交通路网设计的因素，可归纳出轨道交通路网设计的技术要点如下：

（1）路网应在城市总体规划的基础上，根据远景客流预测分析，正确把

249

握土地利用与交通之间的相互作用关系，合理选择路网布局，使之能适应城市将来的发展。

（2）轨道交通线路应考虑与其他城市地面公共交通、城市对外客运交通枢纽（火车站、轮船码头、长途汽车站、航空港）的联系，以适应城市总体规划的交通结构。如瑞士建立的高速城市交通系统，将地铁与欧洲高速铁路相连，在旅行时间、运输量、费用和安全方面取得了很好的效果。

（3）快速轨道交通线路要沿主要客流方向布设，并尽可能经过大型客流集散点，如主要工业区、大型住宅区、商业、文化中心、公交枢纽、机场、火车站、码头、长途汽车站等，便于乘客直达目的地，应尽量减少换乘，使其可达性好。

（4）为加强中心城对周围区域的辐射力及吸引力，线路应贯通市中心。一般贯通市中心的线路称为直径线，而一端终点位于市中心的线路称为半径线。从路网体系及线路运输效率方面来看以直径线为宜。

（5）线路尽量沿城市道路干线走向，一方面便于吸引沿线地面交通量，另一方面便于施工，因为无论是线路位于地上还是地下，线路的拆迁工程量较小，不会碰到高层建筑的桩基等麻烦，还有用地费便宜、线路易于维修管理等好处。另外，随着近年来盾构法施工设备、工艺等技术水平的提高，在道路下方修建地下隧道不会对干线道路产生重大影响。

（6）力争多设换乘点，尽量使城市内任意起、终站点间的乘客出行至多换乘两次即可到达目的地，即尽量避免换乘两次及其以上的情况，因为这会使旅客在途时间大为增加。同时，为提高运输效率，换乘点应分散布置，不宜过分集中。

（7）选择线路走向要考虑城市的自然、人文、地理等制约条件，选择较好的地形、地质条件，注意历史文物保护，减少对重要地面建筑和地下构筑物的影响。

（8）线路经过中心城区时，宜以地下隧道为主，从而减少拆迁、噪声、振动及其与城市交通的相互干扰。经过郊区时，在不破坏自然风景的前提下宜选择地面或高架形式，以尽量降低建设成本。

（9）规划线路时要考虑车辆段、停车场的位置和连接两线路之间的联络线。若几条线路共用一个车辆段时，应设置连接两线的联络线。

（10）在现阶段规划我国城市轨道交通时，规划线路应涉及城市开发区及新的规划区域。因为我国现在仍是发展中国家，城市化水平还较低，城市的发展还要经历较长时期，城市地域规模快速膨胀，许多郊区地带虽然目前人流、车流都很少，但如果在这里规划一些大型集散点，如体育馆、游乐园、大型居民区等，在它们实施后就会引来大量的人流、车流。

7.3.3 轨道交通路网设计方法

如前所述，轨道交通网络设计的影响因素十分复杂，可以说直到现在路网设计仍然是经验占主导地位。但这并不是说轨道交通路网设计排斥定量分析工作，实际上，现在日益更新的定量分析手段正在成为帮助规划者获得经验的一种有效手段。有些研究者从某个侧面提出了路网设计的定量分析方法。

1. 轨道交通线网规划

轨道线网规划类似于其他线网（如常规公交线网）的规划，以路线效率最高为目标和原则，并考虑轻轨交通对附近居民生活区环境的影响。同时，由于轨道线网的建设投资大，建设期限长，因而在一定时期内，轨道线网规划就是轨道线路的规划。轨道线网规划中的一个基本假设是：车辆在独立的轨道上行驶，且线路走向基本与城市道路重合，以方便乘客进出站台。

轨道交通路网设计影响因素众多，又与其他交通方式一起承担城市交通任务，由于认识的局限性，光靠定性分析或少数的几次定量分析都难以获得满意的路网方案，必须切实有效地把定性分析与定量分析有机地结合起来，构成定性分析与定量分析的循环，在这种循环中逐渐推进规划者的认识深度。这种网络设计方法的基本步骤可归纳如下：

（1）在选择了轨道交通发展模式后，拟定路网规模。

（2）建立城市的初始研究对象——交通网络。该网络的线路包含主要的道路及现有的轨道交通线路，为简化计算分析工作，可以不包括那些次要的道路；因为它们对轨道交通客流分析影响很小。网络的节点也不包含所有道路交叉点，而主要是客流集散点及主要道路的交叉点。

（3）分析交通网络客流特征。收集历年的交通统计资料，进行必要的交通调查，进行城市综合交通的交通分布预测。建立交通方式划分及交通分配模型，对规划年度初始研究对象交通路网进行交通分配，了解路网各交通线路的主要客流走向、分布及大小。

（4）设计轨道交通初始路网方案。综合考虑城市主要客流分布，一定规模下的路网形态特征及其功能特点，城市地理、地形、地质、环境等因素，拟定一个或多个初始轨道交通路网方案。

（5）分析路网方案。对各方案进行定量分析和定性分析：定量分析是根据已建立的评价模型进行计算，获得某些定量评价指标；定性分析是对各方案的社会经济效益进行全面的分析。

（6）进行方案评价、比较和筛选。建立路网评价指标体系，对各路网方案进行比较和筛选。

（7）更新及优化方案。在上述分析、评价与比选的过程中，规划者不只是为了筛选出现的较优方案，更重要的是要通过分析和比较过程中获得的信息及领悟，更深刻地认识城市交通的现状及其发展变化规律，挖掘出那些被遗漏的、有比较价值的路网设计方案。对形成的新路网方案，连同本轮评价刚刚筛选出来的较优方案一起，进入下一轮分析评价与比选过程。如此循环往复，可以筛选出更有价值的方案。这是一个动态的过程，也是逐步趋优的过程，整个过程如图 7-7 所示。

251

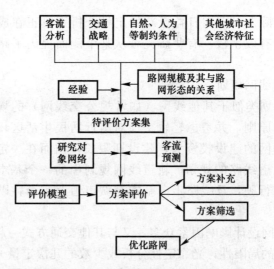

图 7-7　轨道交通路网方案设计过程示意图

2. 轨道交通线路布设

一般情况下，轻轨线路的起终点可根据交通小区的客流大小及城市综合运输系统中的交通换乘枢纽位置来确定，或通过线路布设后的运输效率来确定。因此，轻轨线路的布局规划可分为三种情况：① 起、终站点确定的轻轨线路选线；② 只有起（或终）站点的轻轨线路选线；③ 不定起、终站点的轻轨线路选线。

（1）起、终站点确定的轻轨线路选线

对于这种情况，可采用"收敛扫描法"搜索轻轨线路。搜索的基本原理为：自确定的起点（小区）出发，根据路线效率最大的原则，向所有的邻接小区方向发展，再以该邻接小区为新的起点，继续向它的所有邻接小区发展，最后收敛于确定的终点（小区），其发展过程类似于一个纺锤形图。

从所有满足线长约束的分支路径中选出路线效率最大的一条或几条，作为最优轻轨线路集。

路线效率是指每条树状分支路径所能服务的直达乘客数与路径长度的比率，即：

$$E_i = \frac{\sum\limits_{j=1}^{n}\sum\limits_{k=1}^{n} L_{ijk}}{L_i} \tag{7-1}$$

式中　E_i——第 i 条树状分支路径的路线效率；

　　　L_i——第 i 条树状分支路径的长度（km）；

　　　L_{ijk}——第 i 条树状分支路径 j、k 站点间所能服务的直达乘客量（万人次）；

　　　n——第 i 条树状分支路径所经小区总数。

分支路径所能服务的乘客数，是多种交通方式按方式划分竞争的结果。当规划一条轻轨线路后，可以认为在原来的交通系统中加入了一种新的交通方式，从而引起各交通方式客流分担比例的变化。轻轨分担的客流量比例由下式计算：

$$P_1 = \frac{P_\mathrm{p}\exp[(\gamma_1 - \gamma_\mathrm{p})/\bar{r}]}{P_\mathrm{p}\exp[(\gamma_1 - \gamma_\mathrm{p})/\bar{r}] + (1 - P_\mathrm{p})} \tag{7-2}$$

式中　P_p——原常规公交在客流中的方式划分比例；

　　　P_1——加入轻轨后，轻轨在客流中的方式划分比例；

　γ_1、γ_p——分别为轻轨和常规公交车的服务特征值，一般为交通阻抗的倒数；

　　　$\bar{r}$——平均服务特征值，$\bar{r} = (\gamma_1 + \gamma_\mathrm{p})/2$。

（2）只有起（或终）站点的轻轨线路选线

这种情况用普通扫描法。其路线搜索的基本原理是：自所给定的线路起点小区出发，向邻接小区发展，再以各邻接小区为新起点，继续向其邻接小区发展，直至满足长度约束。

在所有可行路径中找出一条或几条最优（路线效率最大）的路线放入轻轨线路备选集合中，作为轻轨路线推荐方案。

（3）不定起、终站点的轻轨线路选线

这种情况就是只定起点的轻轨选线问题。可将起点定在不同的交通小区，用普通扫描法，依次搜索出一系列只定起点的最优线路，这些最优线路中路线效率最大的一条即为所要搜索的最优轻轨线路。

通过以上三种情况及其对策的研究，可以看出，第一种情况最为简单，但人为因素的影响较多，在理论上，其最终的解不是最优路线的可能性最大，路线长度也不易控制；第三种情况由于是不定起点和终点，在全市区域内进行全面搜索，求出的路线一般是某种程度上的最优路线；第二种情况介于第一种和第三种两种情况之间，求出的解也有可能不是最佳路线。

还可以看出，以上介绍的三种方法在计算机上实现时都有可能会发生"组合爆炸"，如果以交通中区为基本单位进行轻轨线路搜索，则搜索次数将大大减少，但会使路线走向范围过大，难以满足精度要求，不能确定轻轨路线的具体走向。为此，可采用二阶段法，具体步骤如下：

① 以交通中区为基本单位进行轻轨线路搜索，一般找出 1~2 条最优线路。

② 根据搜索出的轻轨线路的走向，在图上画出轻轨线路具体布线时的可行范围，重新组合各交通小区的邻接状况。很显然，这个可行范围内的交通小区数目将远低于全市交通小区的总数，一般前者为后者的 1/3~1/2。

③ 在可行范围内，以交通小区为基本单位进行具体线路搜索，直至找到最佳线路。

实验证明，二阶段法明显优于其他三种方法，一般搜索速度可提高 50~100 倍，且最优线路走向与全市范围内按交通小区一次性搜索的结果基本一致。

3. 换乘站在路网设计中的作用

轨道交通路网中，两条或多条线路构成交叉点，即换乘站，在路网设计

253

中有着特殊重要的地位及作用。

从日常的路网运营现象看，线路之间的交叉点的个数、位置，决定着路网的形态，影响着路网中各换乘站客流量的大小、乘客的换乘地点、出行时间及方便程度，从而影响整个路网的运输效率。

从交通与城市发展的相互作用关系看，由于换乘站处有更大的客流要从这里上下，久而久之，会导致换乘站处土地利用价值的超常升值（与一般车站相比），并对换乘站周围的土地利用格局和规模产生深远的影响，最终可能会导致整个城市布局结构体系的变化及调整。例如，东京山手线上的新宿站，由于有七条以上的轨道交通线路在此交汇，不久便由一般的城市区域逐步发展成东京都重要的城市副中心。

因此，在轨道交通路网规划中，要非常慎重地选择换乘站的位置，而且光靠交通部门的努力是不够的，必须与城市规划部门一起紧密协作，从城市长远发展的战略高度上认识换乘站位置对城市规划结构的重要影响，合理选择换乘站位置，并对其周围空间进行长远而周密的规划。

7.4　轨道交通线路设计

7.4.1　轨道交通运输能力

轨道交通线建设应满足城市旅客运输的需求，其运输能力以通过能力或旅客输送能力表达。

1. 通过能力 N

通过能力也称通行能力，以 1h 单方向通过的列车数来衡量，与列车行车间隔成反比，即：

$$N = 3600/I \quad （对 /h） \tag{7-3}$$

式中　I——列车行车间隔，为两列车发车的时间间隔，通常单位用秒（s）；允许的最小行车间隔受信号设备限制，目前地铁最短可达到 75～90s，轻轨可以短至 45s；通常地铁采用的最小行车间隔是 90～120s；当行车间隔时间 I 为 90～120s 时，相应的通行能力为 40～30 对/h。

2. 输送能力 C

输送能力为 1h 单方向所能运送的旅客数，有时也称运输能力，或称运能，由一列车的容量与线路通过能力的乘积来确定，即

$$C = V \times N = v \times n \times N \quad （人 /h） \tag{7-4}$$

式中　V——列车容量，是一列车能够运送的乘客数量，为车辆容量与列车编组数的乘积，即 $V = v \times n$（人）；

　　　v——车辆容量，为车辆容纳乘客的数目，取决于车辆的大小（长度及宽度）、站位与座位的比例、旅客舒适度标准；通常地铁系统车辆的宽度约 3m，长度在 23m 左右，每节地铁车辆的定

员标准与舒适度标准有关，我国目前城市交通普遍紧张，虽然每节车辆的定员只有 150～310 人，但是实际运营中，尤其在高峰期拥挤时段，往往超员运行，每节车辆乘客人数可达 225～410 人；

n——列车编组数，是一列车包含的车辆（动车、拖车）数量；编组数越大，输送能力越大，但列车长度会受车站站台长度的限制；在市郊铁路（如德国的 S-Bahn），列车长度可达 12 节，但在市区内的地铁，通常限制在 6～8 节，轻轨更少，限制在 3～4 节；香港及上海地铁多采用 6～8 节编组。

通过车辆容量、列车编组数及通过能力，可以估算线路的输送能力。如果每节车辆载客 150 人、8 节编组、30 对/h，则输送能力为 36000 人/h。在西欧，由于舒适度标准较高，输送能力通常小于 25000 人/h。

在美国和加拿大，舒适度标准为每位 0.5m² （5.4ft²），在通行能力为 30 对/h 时，现有的快速轨道交通系统高峰小时的输送能力为 20000～34000 人/h，轻轨约为 16000 人/h。

在亚洲等人口密集的大城市，舒适度标准比欧美国家低，其快速轨道交通系统的运能较大。香港地铁的高峰小时运量达到 80000 人/h。上海地铁 2 号线，设计的最小间隔为 120s，8 节编组，每节车辆载客量 310 人，每列车载客 2480 人，高峰小时输送能力达到 74400 人/h，超员运行可达 98400 人/h。广州地铁 2 号线，设计的最小间隔为 120s，6 节车辆，每节车辆载客 310 人，每列车载客 1860 人，高峰小时输送能力达到 55800 人/h。

7.4.2　线路设计标准

线路的设计必须满足行车安全、平顺与养护维修工作方便等要求并保证乘客一定的舒适度，符合有关设计规范的要求。由于我国轻轨交通的线路设计规范尚未制订，下面主要介绍地铁规范的相关设计标准。

城市轨道交通线路设计分平面、纵断面、横断面三个部分。从平面上看，线路是由直线和曲线组成。曲线包括圆曲线和缓和曲线。其平面设计的主要技术要素有最小曲线半径、夹直线最小长度、最小圆曲线长度、缓和曲线线型和长度。从纵断面上看，线路包括坡段及坡段间的连接。纵断面设计的主要技术要素有最大坡度、坡度代数差、竖曲线线型和曲线半径。横断面设计则要满足线路各个断面列车通过的限界要求。

与城市间铁路比较，城市轨道交通线路设计有如下特点：

（1）城市轨道交通的设计年限较长，近期为交付运营后第 10 年，远期应符合城市总体规划规定的年限，且不少于交付运营后 25 年。

（2）线路一般为双线，一般车站处只有 2 股道，通常每条线路设有 1 个车辆段和 1 个停车场。城市轨道交通客运量大，必须采用分方向追踪运行。线路车站设有经常性的调车作业，为节省用地，一般车站不设到发线，车辆集中停放在车辆段和停车场。

（3）运距短，站点密，停车频繁，中等运营速度。城市内客运的运距短，且全面地分布在整个城市区域内，为保证线路的客流吸引力，通常站距在 1～2km。列车要起动加速到最高速度，再由最高速度制动使其在车站中心位置停下来，都需要一定的距离，其长度与最高速度成正比。目前国内外城市轨道交通系统实际上选用的车辆的最高运营速度都不超过 90km/h，平均运营速度多为 30～45km/h。

（4）列车长度较短。城市客流可容忍的等待时间较短，要求发车间隔时间不能太长，一般不大于 15min。由于线路各站点的吸引范围小，在这段时间里聚集的客流量有限，因而列车编组长度比城间列车短，通常为 4～8 节车厢。这样，供乘客上、下车的站坪长度就短了，通常在 100～200m。

城市轨道交通线路按其与地面的关系可分为隧道（地下线路）、地面线路、高架线路（地上线路）。按其在运营中的作用可分为正线、辅助线和车场线。正线是指列车正常运行的线路，一般为双线。辅助线包括车辆段出入线、停车场出入线、车站配线（存车线、渡线、折返线）及两线路之间的联络线。车场线简称场线，包括牵出线、车底（空车列）停留线、检修线及综合基地内各种作业线。

1. 平面设计

（1）圆曲线半径

小半径曲线具有限制车速、养护比较困难和钢轨侧面磨耗严重等缺点，特别是在地铁运量大、密度大的情况下，上述缺点更加突出。因此，最小圆曲线半径应有一定限制。地铁规范规定的线路最小曲线半径标准如表 7-1 所示。

地下铁道线路最小曲线半径标准　　　　　　　　　　　表 7-1

线路类型	正线	辅助线	车场线
一般情况（m）	300	200	110
困难情况（m）	250	150	80

由于轻轨交通运量较小，最小曲线半径视车型情况可采用比地铁线路更小的数值。

车站站台段线路应尽量设在直线上，因为站台上有大量旅客活动，直线站台通视条件好，有利于行车安全。而且城市轨道交通多为高站台，曲线站台与车辆间的踏步距离不均匀，不利于旅客上下车和乘车安全。在困难地段，站台段线路也可设在曲线上，为了保证行车安全和合理的踏步距离，其半径不应小于 800m。

（2）夹直线与夹圆曲线长度

为避免一节车辆同时跨在两个缓和曲线上，对行车稳定性和旅客舒适度产生不利影响，夹圆曲线和夹直线长度应大于一个车辆全轴距，一般客车车辆全轴距为 20m。另外，在线路维修工作中，一般采用绳正法，每 10m 要测出一个正矢，为了圆曲线上或夹直线上不少于两个正矢桩，也需要圆曲线长度和夹直线长度不小于 20m。地铁规范规定：正线和辅助线的圆曲线最小长度不宜小于 20m，在困难情况下，不得小于一个车辆全轴距。正线及辅助线上的两相邻曲线间的夹直线长度，不应小于 20m，车场上的夹直线长度不得小于 3m。

（3）缓和曲线

在直线与圆曲线间设置缓和曲线的原因之一是，直线与圆曲线间曲率突变，其值大小与曲线半径成反比。据研究，当圆曲线半径超过 2000m 时，这种影响对地铁行车影响很小，可忽略不计。因此地铁规范规定：在正线上，当曲线半径不大于 2000m 时，圆曲线与直线间应根据曲线半径及行车速度设置缓和曲线。

（4）道岔区线路

道岔应设置在直线上。道岔端部至曲线端部的距离不宜小于 5m，车场线可减少到 3m。道岔宜靠近车站位置，但道岔基本轨端部至车站站台端部的距离不小于 5m。

2. 纵断面设计

（1）坡度

城市轨道交通线路主要用于客运，列车质量较小，不受机车牵引力的限制，因此没有限制坡度的概念。线路允许设计的最大坡度即为最大坡度。正线允许的最大坡度值主要受行车安全、旅客舒适、运营速度三方面影响，一般不大于 30‰。在困难地段（例如，深埋线路从地下上升到地面段），若有充分理由，可将正线坡度设计到 35‰。辅助线的最大坡度不大于 40‰。随着各种城市轨道交通车辆性能的改进，允许的最大坡度值在增加，例如，新型的线性电机车允许的正线设计最大坡度达到 60‰。

为满足排水的要求，位于地下隧道内的线路，纵断面应设置不小于 3‰ 的坡度。在能借助其他辅助设施排水的地段，可不受此限制。位于隧道内的车站，站台段线路应设成单一坡道。坡度值宜采用 3‰，困难时可设在 2‰～5‰ 的坡道上。特殊情况下，站台也可设在平坡上，但应设置一定坡度的排水沟，以保证排水。

隧道内的存车线和车辆折返线的尽端应设置 2‰ 面向车挡下坡。道岔宜设在不大于 5‰ 的坡道上，困难地段可设在不大于 10‰ 的坡道上。

地面和高架桥上的车站站台段线路坡度宜设在平道上，困难地段可设在不大于 5‰ 的坡道上。地面或高架桥上车场线可设在不大于 1.5‰ 的坡道上。

（2）坡段长度

为了满足行车平稳和旅客舒适，线路坡段长度不宜小于远期列车计算长度。按每节车辆 19.11m 计算，当用 8 节车厢时，约为 150m；当用 6 节车厢时，约为 115m；当用 4 节车厢时，约为 75m。与城间铁路不同，城市轨道交通线路不要求坡段长度取 50m 的整倍数，通常个位取整即可。

（3）不同坡段连接

1）坡度代数差

列车通过变坡点时，车钩产生附加应力，致使车辆的局部加速度增加，其值与相邻两坡段的坡度代数差成正比。坡度代数差太大，会影响旅客舒适度。虽然地铁规范没有对坡度代数差加以限制，但是根据国内外的传统经验做法，如两反向坡段的坡度值均超过 5‰时，通常采用一段坡度不大于 5‰的坡段连接。

2）竖曲线

在纵断面上，若各坡段直接相连则形成一条折线。列车运行至坡度代数差较大的变坡点处，容易造成车轮脱轨、车钩脱钩等问题。为避免这类情况发生，当坡度代数差不小于 2‰时，应在变坡点处设置竖曲线，把折线断面平顺地连接起来，以保证行车的安全和平稳。竖曲线一般采用圆曲线。地铁规范规定：对正线的区间线路，竖曲线半径一般取 5000m，困难情况下取 3000m；车站两端因行车速度较低，其线路的竖曲线半径可取 3000m，困难情况下可取 2000m；对辅助线和车场线，竖曲线半径可取 2000m。

车站站台和道岔范围内不得设竖曲线，竖曲线离开道岔端部的距离不应小于 5m。渡线应设在 5m 以内的坡度上，而且竖曲线不应伸入道岔范围之内。竖曲线起点至道岔基本轨起点的距离，和距辙叉跟端以外短轨端点的距离，均不应小于 5m。

3）竖曲线夹直线

由于允许的坡段长度较短，而允许的坡度值又较大，因而实际设计时常会出现两条竖曲线重叠或相距很近的情形。为了避免或减轻列车同时位于两条竖曲线而产生的振动叠加，地铁规范规定，两条竖曲线之间的夹直线不宜小于 50m。

地下隧道车站的纵断面设计，除了满足相应的坡度、坡段长度、坡段连接要求外，还要综合考虑隧道类型、拟采用的施工方法及运营特点等因素。

① 对于浅埋隧道，一般采用明挖法施工，宜靠近地面，以减少土方工程量，简化施工条件。同时，又要考虑在隧道上面预留足够的空间来设置城市地下管道，有足够厚度的土壤层来隔热，使隧道内不受地面温度变化的影响。通常浅埋区间隧道衬砌顶部至地面距离不小于 2m。由于车站本身要求的净空高度大于区间，因而浅埋车站一般位于凹型纵断面的底部，这种纵断面形式是进站下坡，出站上坡，导致列车进站制动和出站加速都需要耗费较多的能量，不利于运营。

② 对于深埋隧道，通常位于比较稳定的地层内，其顶部以上的地层厚度要能够形成承载拱，为此应埋深一些。在保证车站净空要求的前提下，深埋隧道的车站应埋浅一些，尽量接近地面，因为这样设计的车站土建工程量较少，还可节省升降设备投资，乘客上、下地面的时间也相应减少。这种情况下，车站位于线路凸型纵断面顶部，便于进站减速，出站加速，节省运营成本。

③ 横断面设计

城市轨道交通线路及车站常设在地下隧道内或高架桥上，有时也设在地面上。

a. 地下隧道的横断面

地下隧道的单线区间横断面的常用形式有圆形、矩形和马蹄形，其具体尺寸应根据运营时所采用的车辆及设备的尺寸所决定的各种限界来设计，这些限界包括车辆限界、设备接近限界和建筑物限界，见图7-8~图7-10。在双线地段，区间和车站地段的横断面有许多形状，其典型形状如图7-11所示。

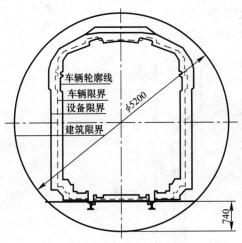

图7-8　区间直线地段圆形隧道限界图

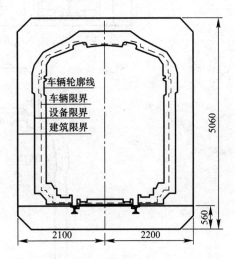

图7-9　区间直线地段矩形隧道限界图

b. 地面及高架桥上的横断面

当线路位于地面或高架桥上时，其轨上部分的横断面需要满足如图7-12所示的限界要求，轨下部分的横断面形状视轨下结构而定，常见断面形式如图7-13~图7-15所示。

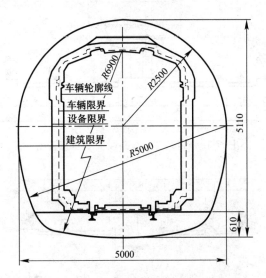

图7-10　区间直线地段马蹄形隧道限界图

7.4　轨道交通线路设计

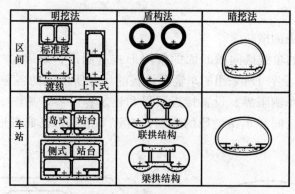

图 7-11 地下隧道典型横断面形状示意图

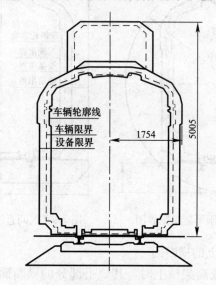

图 7-12 区间直线地段地面、高架限界图

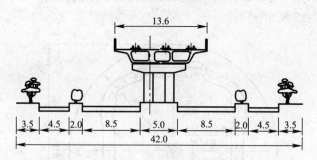

图 7-13 高架存车线路段横断面布置图

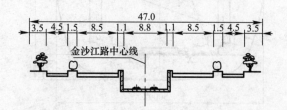

图 7-14 高架路段横断面布置图

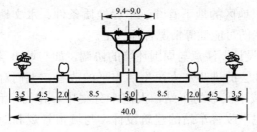

图 7-15 敞开段横断面布置图

7.4.3 线路走向选择及车站分布

1. 线路走向选择

线路走向选择的要点如下：

(1) 城市轨道交通的基本功能是城市区内客运，城市轨道交通线路基本走向应沿主要客流方向布设，主要客流方向应根据城市客流现状及预测结果综合考虑。

(2) 线路应力求通过或尽量靠近沿途附近的大型客流集散点，如工业区、大型住宅区、商业文化中心、公交枢纽、火车站、码头、长途汽车站等，以便乘客直达目的地，减少换乘，争取客流。

(3) 在满足地质条件、历史文物保护、地面建筑和地下建筑物等制约条件下，线路尽可能按短直方向定线，以缩短线路长度，节省运营费用及运营时间。

(4) 对于浅埋隧道、地面铁路或高架铁路，其线路位置通常是沿着较宽的城市干道布设，或是通过建筑物稀少的地区，这样可以减少线路穿越建筑群区域因避让桩基或拆迁房屋而增加的难度及费用，也为线路施工创造了良好的明挖条件，还为车站位置的选择增加了自由度。对于深埋隧道，其线路位置由车站位置决定，一般在其间取短直方向。

(5) 线路在道路的十字路口拐弯时，通过十字路口拐角处往往会侵入现存的建筑区域，应使用小半径曲线，尽量缩短线路通过建筑群区域的范围。此时如果改大半径曲线通过，虽然对运行速度、电能消耗、轨道养护、乘客舒适性等方面都有利，但会造成通过建筑群地带的长度增大，征地困难，用地费用增加，同时因隧道的设置，地面建筑物重量将受限制，还会伴随基础工程加固等困难出现。

(6) 先期建设的线路应考虑与远期规划线路交叉点处的衔接，虽然暂时费用支出有所增加，但为未来路网中乘客的换乘方便创造了条件，这比未来改建线路、增设换乘设施要节省投资。

(7) 选择线路走向要考虑车辆段、停车场的位置和连接两相邻轨道交通线路间的联络线。

2. 车站分布

(1) 车站分布原则

1) 车站站址要满足城市规划、城市交通规划及轨道交通路网规划的要

261

262

求，并综合考虑该地区的地下管线、工程地质条件、水文地质条件、地面建筑物的拆迁及改造的可能性等情况合理选定。

2）车站总体设计要注意与周围环境的协调，如与城市景观、地面建筑规划相协调。随着社会的进步和人民生活水平的改善，人们对建筑艺术的要求日益提高。地处城市区域的车站，人流十分集中，作为一种永久性建筑物，在经济许可的前提下改善车站的建筑设计，与城市景观和地面建筑规划很好地协调，对美化城市环境、改善人民生活质量是很有意义的。

3）车站的规模及布局设计要满足路网远期规划的要求。车站是乘客候车、上下列车及列车停靠的场所，站台长度、宽度、容量必须满足远期的旅客乘降和疏散要求。车站客流集中，一般都与地面交通有大量的换乘，车站布局设计应有效地组织人流集散，力求换乘路径便捷，减少乘客的换乘距离，给乘客带来便利。城市轨道交通路网建设是个渐进的长期过程，随着轨道交通线路数目的增加，线路交叉点数目亦增多，处在交叉点处的中间站，开始起着换乘站的作用。由于轨道交通车站，尤其是地下车站，建成通车后的改建十分困难，因此这类车站应该在轨道交通路网的远景规划中加以规定，建设初期作必要的预留措施，以便未来能够在不中断行车的情况下，较方便地扩建必要的换乘设备。

4）选择合适的车站形式，因地制宜，结合地面物业布置车站各类设备的空间，减少用地面积及空间规模，降低造价。

5）贯彻"以人为本"的思想，车站需解决好通风、照明、卫生、防灾等问题，以提供乘客安全、快捷和舒适的乘降环境。

（2）从乘客总出行时间的角度，优化站间距

单从乘客利益出发，存在乘客总出行时间最短的站间距。考察乘客一次门到门的单程出行过程，包含下面几个部分：①步行至轨道交通车站；②等车；③上车；④列车离站，起动加速至稳定速度；⑤列车以稳定速度运行；⑥列车到站制动减速；⑦中间站停站等候；⑧下车；⑨步行至目的地或换乘站换车。

由此推导出行总时间公式。设：

L：平均每位乘客的在线行程（m）；

D：平均站间距（m）；

S：停站时间（s），包括在站的上车、下车、停站等候时间；

A：列车在起动加速及制动减速过程中所行距离（假设加速度与减速度相同）（m）；

B：起动及制动总时间（s）；

V：车辆运行的稳定速度（m/s）；

F：乘客平均到站速度（m/s）；

T：乘客平均到站行程（m）。

等车时间是行车间隔的函数，不直接受站距的影响，在此不予考虑。如果以步行作为集散（到站、离站）方式，则集散出行时间可以用到站时间乘

以 2，出行总时间 $TT=$ 到站行程时间$\times 2+$中间站的个数$\times$停站时间$+$区间数$\times$起动加速及制动减速时间$+$区间数$\times$每个区间的稳定运行时间，即：

$$TT = \frac{T}{F} \times 2 + \frac{L}{D} \times S + \left(\frac{L}{D}-1\right) \times B + \left(\frac{L}{D}-1\right) \times \frac{D-A}{V} \quad (7\text{-}5)$$

对于某种确定的轨道交通系统，其最大运行速度、加速度一定，F、A、B、V 可以确定。对某个具体城市，乘客平均出行距离 L 也相对稳定。人的步行速度也相对固定。T 与车站的吸引范围有关，通常取 $D/48$。这样，式（7-5）最后可简化为只有平均站间距一个变量的函数。

站间距很小或站间距很大，总的出行时间都会很高。当站间距很小时，每位乘客在线路上的旅行会被很多中间站中断；站间距很大时，乘客到、离站的出行时间就会加长，并可能超过在线行程部分所省的时间。一些行为研究的结果表明，若乘客的步行及等待时间约等于或超过旅行平均时间的 2 倍时，乘客就会感到有所损失，因而会改换其他出行方式。因此，在大、小站间距之间存在着某个总出行时间最短的最优站间距。下面我们通过实例来计算最优站间距。在此例中假定各参数取值如下：$L=6000\text{m}$；$A=144\text{m}$；$B=24\text{s}$；$V=16\text{m/s}$；$S=20\text{s}$；$T=D/4\text{m}$；$F=1\text{m/s}$。将这些值代入式（7-5）中，得：

$$TT = \frac{210000}{D} + 0.42D + 360 \quad (7\text{-}6)$$

对 D 求导得：

$$\frac{\mathrm{d}TT}{\mathrm{d}D} = -\frac{210000}{D^2} + 0.42 \quad (7\text{-}7)$$

令此式的值为 0，则可得使时间最小的 D 值为：

$$-\frac{210000}{D^2} + 0.42 = 0 \quad (7\text{-}8)$$

解得：$D=707\text{m}$。

式（7-6）的曲线形态如图 7-16 所示，该曲线表明了这样的一种情形：当平均在线行程为 6km、到离站方式为步行（平均速度为 1m/s）、车辆的平均加速度为 1m/s^2、稳定速度为 16m/s（57.6km/h）时，站间距大约是 707m 时，出行总时间最小。

（3）最优站间距的变化

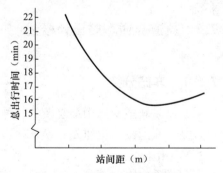

图 7-16　最优化站间距示意图

不同的城市，不同的轨道交通系统，在实际运营中，其乘客平均出行距离、到站方式及距离、车站内部走行距离、停站时间、车辆的起动、制动性能、车辆最高运行速度等因素都会有所差别。例如，莫斯科与圣彼得堡市中心区地铁乘客的平均出行距离分别为 10.0km 和 6.1km；同一城市在市区与郊区的乘客的平均出行距离也有差别，莫斯科与圣彼得堡郊区的平均出行距离分别为 14.0km 和 9.5km。同一城市同一轨道交通线路在市中心部分的运量较大，越接近于市中心，车站旅客上下车时间越长，这是因为中心区车站

263

吸引范围内的人口密度大、工作岗位多以及城市大部分客流集中到这里来等。这些因素的差异都会影响最优站间距的大小。

通过改变各种因素的数值，计算最优站距，可得到如下结果：①如果平均出行距离增大，则最优站距将增大；②如果加速度或减速度增大，则最优站距将缩短；③如果稳定速度提高，则最优站距增大；④如果集散速度（到、离站速度）增加，最优站距将增加；⑤如果停站时间减少，最优站距将减小。

例如，利用停车—换乘（Park&Ride）替换城市轨道交通的步行或公交集散方式，实际上可提高到、离站速度，因此可以增大最优站间距。美国在 20 世纪 70 年代建成的城市快速轨道交通系统，如费城的 Lindenwold 线及加州的 BART 线，都说明了这一趋势。

综上所述，车站的间距大小会对乘客出行时间、运营费、工程费以及车站在城市中的作用等多方面产生错综复杂的影响，应综合考虑，合理确定。一般城市轨道交通的合理站间距范围在 0.8～1.6km 之间，城区用得小一些，郊区用得大一些。

车站可设在广场、干线街道交叉点、铁路车站、运动场或公园附近。在轨道交通线路交叉点（包括地铁线路与地铁线路、地铁线路与轻轨交通线路、地铁线路与市郊铁路之间的交叉点）上，最好设有车站，以便换乘。

在布设轨道交通车站时，除了考虑合理站间距的条件之外，还要注意：①站间距离要尽量均衡；②站位应设在汇集大量客流的重要场所附近，并能和其他交通方式方便换乘；③设站要考虑该地区的发展，与城市规划相协调；④具体站位还要考虑施工条件、道路状况、交叉口等道路形态及地面交通情况。

7.5　轨道交通车站设计概述

7.5.1　车站分类

车站是轨道交通中最复杂的一种建筑物，车站按运营特点可分为中间站、区域站、联运站、枢纽站、换乘站、终点站、车辆段和停车场。

1. 中间站

仅供乘客上、下车之用，是轨道交通线路中最常见的一种车站，尤其是在轨道交通路网建设初期，线路交叉点数目不多时。

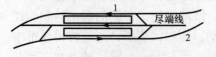

图 7-17　区域站示意图

2. 区域站

能使列车在站内折返或停车，是在车站内有尽端折返设备的中间站。图 7-17 是一种常见的区域站图式。有了区域站就可以在与之邻接的两个区段上组织不同密度的行车，一般至市中心区的那个区段密度较高，而至郊区的那个区段密度较低。

3. 联运站

可以同时供一条停车较多的管内运输线及一条快车线之用，是单向具有一条以上停车线的中间站（图 7-18），其各站台之间可用天桥或隧道相联系，因此亦可起换乘站的作用。一般在线路上每隔几个中间站便设一个联运站。

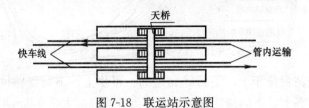

图 7-18 联运站示意图

4. 枢纽站

位于轨道交通线路分岔的地方，其中有一条是正线，可以在两个方向上接车和发车。图 7-19 所示为一种最常用的叉式枢纽站。在这种车站中，股道有两处在同一平面内交

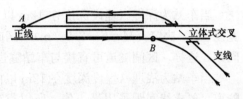

图 7-19 叉式枢纽站示意图

叉。因列车从同一车站出发，故 A 点没有撞车危险，而当列车经过 B 点后便进入了自动闭塞区间，故 B 点的交叉亦无危险。

5. 换乘站

能够使乘客从一线到另一线转乘的车站。它除了配备供乘客上下车的站台、楼梯或电梯之外，还要配备供乘客由一线站台至另一线站台的设施，这些设施形式多样，在 7.5.3 节中专门介绍。

6. 终点站

除了供乘客上、下车外，还用于列车折返及停留，因此终点站一般设有多股停车线。如果线路需要延长时，则终点站可作为中间站或区域站来使用。

7. 车辆段和停车场

轨道交通车辆段分为检修车辆段（简称车辆段）和停放车辆段（简称停车场）。在车辆段配备了必要的停车线及检修设备，列车可以在这里进行试运转、段内编组、调车、停放、日常检查、一般故障处理和清扫洗刷，还可以进行车辆的技术检查、月修、定修、架修和临修等作业。停车场是一种简易的车辆段，其与车辆段的差别是：线路数目较少，检修设备也较少，因而不能进行定修、架修和月修等技术作业。

7.5.2 中间站设计

1. 中间站布置图形

车站按站台形式可分为岛式车站、侧式车站两种基本类型。站台位于上、下行线路之间的车站称为岛式车站；站台位于线路两侧的车站称为侧式站台车站，简称侧式车站；在线路之间和两侧均设置站台的车站称为岛侧式车站；如图 7-20 所示。

265

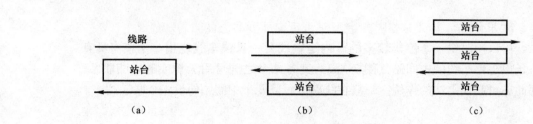

图 7-20 不同站台类型的车站示意图

(a) 岛式车站;(b) 侧式车站;(c) 岛侧式车站

岛式车站站台位于上、下行线路之间,可供上、下行线路同时使用。站台两端有供旅客上、下的楼梯通至地面。当升降高度大于 5.5m 时,一般要设自动扶梯。

当车站为深埋(埋设深度在 12m 以上)时,车站内线间距(M)由站台宽度(B)决定,$M = B + 2.9$(m),区间线路的线间距一般等于车站处的线间距。这样,区间隧道可直接与车站隧道相连接。

当车站为浅埋(埋设深度在 12m 以内)时,因为区间隧道一般皆为双线隧道,要求线间距采用最小值,所以靠近车站的地段必须将线间距加宽,形成一个喇叭状(图 7-21)。

侧式车站站台位于线路两侧,线路用最小间距通过两站台之间。当区间线路为浅埋时,因区间和车站处的线间距相同,故不需修建喇叭口;当区间线路为深埋时,由于区间两条单线隧道间要保持一定间距,此间距大于站上线间距,因此在车站两端需要修建渡线室,以便把车站处的最小线间距加宽到区间线间距(图 7-22)。

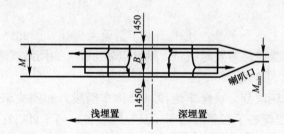

图 7-21 岛式车站与区间线路的连接示意图

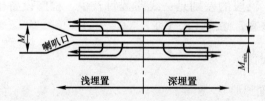

图 7-22 侧式车站与区间线路的连接示意图

侧式站台的最小宽度视其上有无立柱而定,一般为 4~6m。因站台宽度较小,故不能在站台设置三条梯带(电梯通路)的自动扶梯,因此,必须在车站的一端设置前厅，站台与前厅用楼梯相连，前厅的出口用自动扶梯与地面相联系。必要时，也可在站台中心设置出入口。

岛侧式车站是岛式车站和侧式车站的组合形式。

2. 车站用地规模估算

在车站立面条件许可的情况下，车站用地规模取决于车站的长度和宽度。

（1）车站长度估算

车站长度一要满足站台长度的要求，二要满足车站设备布置的要求。

1）站台有效长度

站台是供乘客上、下列车的平台，其有效长度按列车编组加停车误差计算。

例如，某地铁线远期为 8 节编组，动车 22.8m，拖车 22.14m，停车误差取 8m，站台有效长度设计成 186m。

2）车站设备布置要求增加的长度

中间站一般是多层结构，设备的布置不一定全部布置在站台层面上，但是，由于技术上的要求或为了运用上的便利，有些设备必须布置在站台层面上。

表 7-2 列出了放在站台层上的设备用房面积，合计面积约为 1100m²。除了设在站台有效长范围内的约 600m² 之外，约有 500m² 设备用房需设在站台之外，大约使车站长度增加 83m。车站的其他设备布置在站厅层，常用的设备用房面积见表 7-3。

地下标准站站合层上设备用房面积参考表 　　　　　表 7-2

代号	名称	面积（m²）	代号	名称	面积（m²）
51	迂回风道断面	44×2	47	蓄电池室	30
50	降压变电所	120＋150	45	污水泵房	25
49	车站回排风室	30×2	53	废水泵房	30
48	SCADA（电力监控）室	12×4	43	副值班室	20
26	配电室	12×2	44	站台服务室	20
25	1301（自动灭火系统）室	12×2	46	电梯机房	7
42	雨淋阀室	8×4	54	电梯间	5
8	人行楼梯、电梯	100×4	35	清扫室	12
40	库房	12			

地下标准站站厅层设备用房面积参考表 　　　　　表 7-3

名称	面积（m²）	名称	面积（m²）	名称	面积（m²）
信号设备室	60	环控机房	390×2	车票分类/编码室	25
警务室	12×2	环控电控室	60×2	冷水机组、水泵	150
小通风机房	60×2	问讯财务室	20	车站值班休息室	12
推力风机	84×2	生活用房	100～150	防灾报警设备室	20
区间通风机房	310×2	其他	50～100		

3）确定车站实际长度

将站台有效长加上车站设备布置延长部分，车站实用地长度为 269m。确定车站控制用地的实际长度，还应考虑由于施工等因素所增加的用地范围，一般增加 2～10m。因此，一般地铁中间站的控制用地长度为 270～280m，在 6 节或 4 节编组的轨道交通车站中，还可相应缩短。

（2）车站宽度估算

站台宽度应根据远期预测客流量、列车编组长度、站台上立柱的多少以及站台与站厅之间楼梯（自动扶梯）布置形式等因素进行计算，并满足最小站台宽度。车站的站台类型对站台宽度有较大的影响。

1）岛式车站

岛式车站的站台宽度按下式计算：

$$B_{d} = 2q \times \frac{\rho}{L} + 2b + n \times 柱宽 + 楼梯宽 + 自动扶梯宽 \geqslant B_{dmin} \quad (7-9)$$

式中　B_{d}——岛式站台宽度（m）；

　　　q——远期每列车超高峰小时上、下车设计客流量之和（人），为远期高峰小时的 1.2～1.4 倍；

　　　n——站台横断面方向的立柱数目；

　　　ρ——站台上人流密度，$\rho = 0.33～0.75 m^2/人$，通常取 $0.5 m^2/人$；

　　　L——站台有效长度（m）；

　　　b——站台边缘安全带宽度，地铁规范为 0.45m；

　　B_{dmin}——岛式站台允许最小宽度，地铁规范为 8m。

一般岛式站台宽度为 8～10m，横向并列的立柱越多，站台宽度越大。

若站台宽度为 10m，车站上两条线路的间距为 12.9m，两侧线路中心线至边墙的宽度正好构成一个区间隧道的建筑限界。按较不利的 5.0m 考虑，再加上两侧各 5m 的结构物厚度及施工安全距离，这样使得岛式车站的占地宽度约为 27.9m。

2）侧式车站

侧式车站的站台宽度按下式计算：

$$B_{c} = q \times \frac{\rho}{L} + b + b_{1} \geqslant B_{cmin} \quad (7-10)$$

式中　B_{c}——侧式站台宽度（m）；

　　　b_{1}——乘客沿站台纵向流动宽度，取 2～3m；

　　B_{cmin}——无柱式侧式站台允许最小宽度，地铁规范为 3.5m；

　　　其他符号意义同上。

一般侧式车站的站台宽度 4～6m，无立柱时偏小，有立柱时偏大。

当每个侧式站台取 6m 宽，两条线路中心线间距取 4m，两条线路中心线至各自站台边缘的宽度各为 1.45m，再加上两侧各 5m 的结构物厚度及施工安全距离，这样，侧式车站的控制用地宽度约为 28.9m，比岛式车站略宽。

因此，在规划阶段，无论是岛式车站还是侧式车站，车站的规划控制用地宽度可取 30m，曲线车站需适当加宽。岛侧式车站需要在岛式车站宽度的基础上另外增加两侧站台的宽度。

地面车站因不需两侧约 10m 的结构物宽度，故其本身占地宽度只需 20m 左右，但要考虑与周围交通用地及建筑用地的协调。

高架车站在地面层的用地宽度只受桥墩宽度的限制，通常与地面道路协同设计，但在高架层面上需要 20m 左右的实际占用宽度，为考虑噪声、振动等对周围建筑物的环境影响，通常要求其两侧的建筑物离得更远些。高架车站的结构形式有很多，一般要结合所在的道路及周围建筑物的情况综合设计。

7.5.3　换乘站概述

换乘站是路网中各条线路的交叉点，是提供乘客转线换乘的场所。除了供乘客上、下车之外，还要能实现两线或多线车站站台之间的人流沟通。换乘站可以由中间站补充换乘设备而成，或者一开始就建成供两条相交线路使用的联合车站。换乘站的形式按换乘方式分为同站台换乘、结点换乘、站厅换乘、通道换乘、站外换乘五种基本类型。下面按换乘方式分别介绍常用的换乘站类型。

1. 同站台换乘

同站台换乘的基本布局是双岛式站台的结构形式，可以在同一平面上布置，如图 7-23（a）所示，也可以双层布置，如图 7-23（b）所示。这两种形式的换乘站都只能实现四个换乘方向的同站台换乘，而另外四个换乘方向则要采用其他换乘方式。

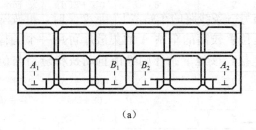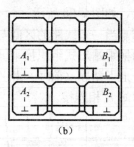

图 7-23　同站台换乘车站形式
(a) 同一平面布置；(b) 不同平面布置

2. 结点换乘

在两线交叉处，将两线隧道重叠部分的结构做成整体的结点，并采用楼梯将两座车站站台连通，乘客通过该楼梯进行换乘。结点换乘方式依两线车站交叉位置的不同，有"十"、"T"、"L"三种形式。各种交叉方式又有不同的换乘方式，如"十"字形换乘中，常用的换乘站类型有岛式与侧式换乘、岛式与岛式换乘和侧式与侧式换乘，如图 7-24 所示。

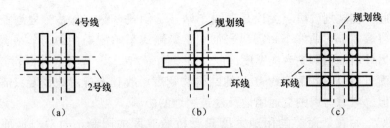

图 7-24　"十"字形结点换乘的三种形式示意图

(a) 岛式与侧式换乘；(b) 岛式与岛式换乘；(c) 侧式与侧式换乘

3. 站厅换乘

这种换乘站设置两线或多线的共用站厅，或相互连通形成统一的换乘大厅。站厅换乘站可采用同层并列侧式站台，同层并列岛式站台和上、下层平行侧式站台形式，如图 7-25 所示。

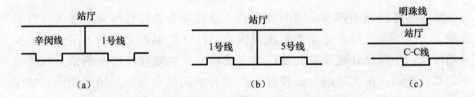

图 7-25　站厅换乘的三种形式示意图

(a) 同层并列侧式站台；(b) 同层并列岛式站台；(c) 上、下层平行侧式站台

4. 通道换乘

在两线交叉处，车站结构完全分开，用通道和楼梯将两车站连接起来，供乘客换乘。连接通道一般设于两站站厅之间，也可以在站台上直接设置。

(1) 当两条轨道交通线路在区间相交时，两线车站布置构成"L"形，两线上的轨道交通车站均应靠近交叉点设置，并用专用的人行通道相连接来完成换乘，如图 7-26 所示。

(2) 当一条线路的区间与另一条线路的车站"T"形交叉时，可按图 7-27所示的换乘站形式组织换乘。位置较高的车站 A 的集散厅可用一个人行隧道与一个地下站厅（前厅）相连接，该地下站厅则经由自动扶梯隧道与位置较低的车站 B 相连接。

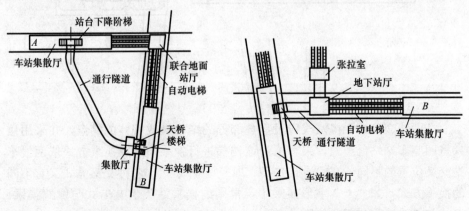

图 7-26　通道换乘方式的地下换乘站　　　　图 7-27　"T"形交叉时的换乘站

除上述四种基本的换乘方式之外，还可采用站外换乘及组合换乘来达到换乘的目的。

7.5.4 车辆段与停车场

规划研究阶段，车辆段及停车场设计的重点是根据快速轨道交通规划路网进行选址，确定各段、场的合理分工及建设规模，达到控制建设用地的目的。

1. 车辆段及停车场的布置

（1）车辆段及停车场的选址

一般每条轨道交通线设一个车辆段，若线路较长则增设一个停车场。

车辆段规划设计总体上主要分为三个部分：咽喉部分、线路部分及车库部分。

咽喉部分是车辆段的停车库、检修库与正线的连接地段，有出入段线和很多道岔，它直接影响整个轨道交通的正常运行。咽喉部分规划设计中既要注意保证行车安全、满足输送能力的需要，又要保证必要的平行作业，还要努力缩短咽喉区长度，尽量节省用地。

线路部分有各种不同用途的停车线、洗车线、牵出线、试运行线以及材料线等。

车库部分有停车库、定修库、架修库。停车库除了停放车辆外，还是日常检修保养的场所，所以设有检查坑；架修库、定修库作定期修车用。各库之间应有便捷的联系。车辆段选址的技术要点如下：

1）从运营效率来看，车辆段设在线路中部较好。但是城市轨道交通线路一般都穿越市区，线路中部多为市中心地区，要征用车辆段这样的大规模用地很困难。因此，往往在郊外征用土地，采取在线路端部设置车辆段的方法。这种方式与线路起、终点在郊外，线路中部穿过市中心的情况相配合，早上车辆由车辆段向市中心方向发车，晚上往郊外方向入车辆段，配车的损失时间减少。

2）车辆段、停车场及本线路上的折返线三方面总的停车能力应大于本线远期的配属车辆总数。为便于列车进出，一条停车线存放的列车数不应超过两列。

3）由于车辆段上除了列车停车库外，还有试车线、车辆检修设备、综合维修中心等，为充分利用这些设备，减少车辆段用地总量，应尽量将车辆段集中于一处设置。若分散布置，则所需用地面积将会增大。在技术经济合理、城市用地规划许可时，两条线路可共用一个车辆段。当一条线的长度超过20km时，为减少列车空走距离，及时对车辆进行检查，可以在线路的另一端设一个停车场。

4）车辆段和停车场应靠近正线，且位于容易铺设较顺直的出入段线路的位置，以利于缩短出入线长度、降低工程造价、改善使用条件。

5）车辆段及停车场的选址要考虑防火灾、防水害的要求，周围应有雨、污水排放条件。

6）各车辆段线路应尽可能与地面铁路专用线相接，以便车辆及物资运输，部分车辆段不具备上述条件时，也可通过相邻线路过。

7）各车辆段和停车场的任务分工必须从全网着眼，统筹规划，合理布局，有序发展。试车线长度应根据场地条件和城市规划要求设定。

8）整个路网车辆的大修任务应集中统一安排，并集中设一处职工培训中心。

9）各综合检修基地及车辆段用地规模应按规划分工所承担的作业量，并考虑将来技术发展及适当留有余地进行规划。

10）车辆段和停车场用地性质应符合城市总体规划及环境保护要求。

（2）车辆段及停车场的布置形式

车辆段及停车场的平面布置应力求作业顺畅、工序紧凑合理，通常有贯通式及尽端式两种，如图 7-28、图 7-29 所示。停车场的平面布置形式如图 7-30 所示。

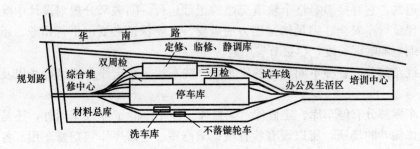

图 7-28 贯通式车辆段平面布置示意图

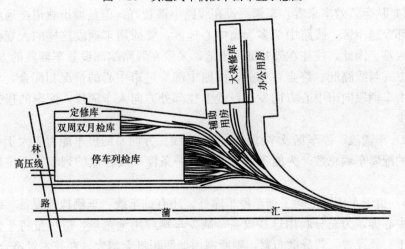

图 7-29 尽端式车辆段平面布置示意图

2. 车辆段及停车场的用地规模

车辆段及停车场的用地规模与其所承担线路的长短、配属的车辆数、布置形式以及是否与其他设施综合布置等有关。车辆段的用地规模一般在 20～45hm² 之间，约 0.20～0.45km²；停车场的用地规模一般在 5～20hm² 之间，约 0.05～0.20km²。

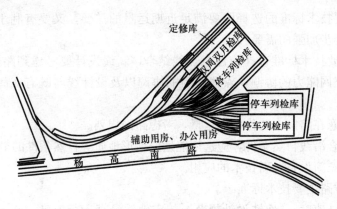

图 7-30　停车场平面布置示意图

7.6　线路设计实例

本节以北京市轨道交通 SA 线工程为例对线路设计进行介绍。

7.6.1　设计原则与技术标准

1. 设计原则

（1）线路选线应符合路网规划和城市发展总体规划要求，与城市发展方向一致，与城市改造规划相结合，同时应沿着城市主客流方向连接大客流集散点。

（2）线路选线应充分考虑现状和规划的地面建筑物及地下管线和构筑物，尽量选择施工条件好的城市主干道敷设，合理选择线路基本走向。对全线的规划方案进行深化研究、综合分析、调整优化。

（3）高架桥下净空，首先应满足各种车辆通行高度要求，同时应考虑沿线城市景观及环境的需要。

（4）应充分考虑与规划的其他线路的换乘衔接，同时根据需要和具体条件细致地考虑联络线和共用设备的设置。

（5）车站应设在客流量大的集散点和各类交通枢纽点上，坚持"以人为本"的原则，同时与城市综合交通规划网协调，有利于最大限度地吸引客流，方便乘客，使城市轨道交通成为城市公共交通骨干。城市轨道交通车站应成为城市交通换乘中心，并尽量与地面建筑物综合开发利用。

（6）列车折返线及车站配线的形式要满足列车安全、合理运行及折返的需要。

2. 技术标准

（1）技术标准选择原则

1）主要技术标准间要相互协调，使设计线的列车质量、行车速度和列车对数合理匹配。

2）主要技术标准应远近期相结合，设计线的运输能力与客运量的增长相适应，主要技术标准的选择既要满足近期运量的需要，又要有利于随着运量的增长而逐步加强的需要。

3）主要技术标准选择应注意点线结合，新线设计要考虑到路网的发展，要解决好路网能力的协调，点线能力的协调以及设计线与既有线间联络通道的通畅。

4）注意在路网中的作用和运量，考虑路网规划。

5）结合沿线自然条件，应选用能适应地形地质等自然条件的最大坡度。

6）注意新设备、新技术的应用。

（2）线路主要技术标准

1）设计速度。《地铁设计规范》规定地铁最高运行速度 100km/h，国内既有、新建、在建地铁大多采用 80km/h。

本线路在东营站之前为市区部分，设计速度取 80km/h，东营站之后进入市郊区，客流集散点距离远，取设计速度为 100km/h。

2）车辆选型。选择长春轨道 A 型动车，此车型由中国北车集团长春轨道客车股份有限公司研制，车辆最大宽度为 3.2 米，采用 4 辆编组，全部为动车，定员 710 人，最高运行速度 110km/h。车辆采用全自动控制，无人驾驶，由车辆控制中心通过无线传输系统实时掌控，停车精度可达到 250 毫米以内。

3）正线数目。正线为双线。

4）线路平面最小曲线半径。线路平面曲线半径对列车的平稳、快速运行及乘客的舒适度直接产生影响，因此尽可能采用较大的曲线半径是本设计的宗旨。但是曲线半径的采用往往受地形、地物、工程地质和水文地质等诸多因素的限制，为尽可能减少线路的土建工程量和拆迁工程量，降低工程造价，并能满足列车运行速度和旅客舒适度的要求，本设计确定最小曲线半径如表 7-4 所示。

最小平面曲线半径

表 7-4

线路		一般情况（m）	困难情况（m）
正线	$V \leqslant 80km/h$	350	300
	$80km/h < V \leqslant 100km/h$	550	450
	车站	800m	
联络线、出入线		250	150
车场线		150	110

5）最小缓和曲线长度。在平面曲线和直线之间用缓和曲线进行连接，以便进行曲率过渡、设置超高。最小缓和曲线长度不应小于 20m；半径 $R \geqslant$ 2000m 时，可不设缓和曲线。

6）最小圆曲线长度。为了便于线路养护维修，以及机车车辆的平稳通过，不使同一车辆同时跨在两缓和曲线上，最小圆曲线长度为 20m。

7）夹直线最小长度。为使列车平稳运行，平面曲线和直线之间需用缓和曲线进行连接，两曲线间的夹直线也要留有一定的长度，以保证列车的平稳过渡，本设计中夹直线最小长度取 25m。

8）线路最大纵坡是线路设计的主要技术标准之一，它直接影响工程造价、结构形式的选择及运营成本。本设计采用的最大纵坡为：区间正线最大坡度 30‰（困难地段 35‰）；地下车站站台计算长度段线路坡度宜采用 2‰，在困难条件下，可设在不大于 3‰的坡道上；地面和高架桥上的车站站台计算长度段线路宜设在平坡道上，在困难地段可设在不大于 3‰的坡道上；车场线宜设在平坡道上，条件困难时，库外线可设在不大于 1.5‰的坡道上；道岔宜设在不大于 5‰的坡道上，在困难地段可设在不大于 10‰的坡道上；辅助线最大坡度 40‰；折返线最大坡度 2‰。

9）竖曲线最小半径。区间竖曲线半径 5000m（困难地段 3000m），车站端部竖曲线半径 3000m（困难地段 2000m），辅助线竖曲线半径 2000m。

10）坡段长度。线路坡段长度不宜小于远期列车长度（本线路远期列车长度为 $2 \times 16.13 + 4 \times 15.28 = 93.38m$），并应满足相邻竖曲线间的夹直线长度的要求，其夹直线长度不宜小于 50m。

11）桥下净空要求。城市轨道交通桥下净空不但要满足桥下车辆通行的要求，而且应考虑城市景观。城市轨道交通高架桥对城市景观的影响主要表现为遮挡阳光和视线以及从空间上给人造成压抑的感觉。综合上述因素，结合该市具体情况，跨越主干道时桥下净空控制在 5m 以上，跨越铁路时桥下净空控制在 6.8m 以上，跨越电气化铁路时桥下净空控制在 8m 以上，城市轨道交通车站桥下净空 5m 以上，区间桥下净空与桥面宽之比按 1：1 考虑。

7.6.2　线路走向及线路平面方案

1. 线路基本走向

结合相关资料和平面图可以看出，SA 工程线路从起点站 S 到终点站国际机场站的轨道交通线可以以 M 村为界分为西段和东段，西段从 S 到 M 村，东段从 M 村到国际机场。现以西段为例说明线路走向选择。根据城区主干道分布，西段有北线、中线、南线三个可行的走向方案。北线方案：从 S 站起始，经过南馆公园后向北，沿和平里东街、樱花园东街、惠新东街等城市主干道一路向北直到北四环东路；然后向东穿过既有线铁路，之后沿既有线铁路向北到北小河附近，然后沿机场高速到 M 村。中线方案：从 S 沿外斜街到达三元桥，接着从三元桥沿京顺路与机场高速之间的绿化带到 M 村。南线方案：从 S 沿外小街走，穿过亮马河之后向右转，沿新源南路、亮马桥路到市旅游汽车公司后，向北沿酒仙桥路到达王爷坟，然后沿机场高速到达 M 村。

2. 线路平面方案

下面以北线方案为例，进行线路平纵面设计。线路从 S 站中心起始，首先向西，经过 M1（南馆公园）后向北，沿 M2（和平里东街）、M3（樱花园东街）、M4（惠新东街等）城市主干道一路向北直到北四环东路。线路西段全长 14.33km，设有 10 个车站，西段在市区内穿过，全部采用地下线。

（1）平面控制条件

平面控制条件如表 7-5 所示。

平面控制条件 表 7-5

控 制 物	坐标（x, y）	控制条件
南馆公园	436.42，2984.51	绕避
主干道	1216.58，3162.36	必须经过
西藏中学	5350.81，3193.31	绕避
富城花园	8007.75，2634.66	绕避
北小河	12555.81，1721.22	绕避
绿化带	13750.02，1406.43	必须经过
干道	26621.24，2303.32	必须经过

（2）线路平面定线

本项目为城市轨道交通线路，并行双线设计。平面定线时先定右线，左线区间正线按线间距 4.0m 平移得到。曲线地段应以右线为基准，左线设计为右线的同心圆。

定线设计，首先选定线路的基本走向。项目始发于 SA 站（CK0），终于国际机场站（CK25＋600），沿线建筑物密集，尽量注意避让，在尽量使用大半径曲线的情况下，展长线路。定线时，先在平面图上沿连接东直门站与首都国际机场站及期间各个重要地点的中心线定为航空折线，定线时使线路尽量接近航空折线。在航空折线附近，找出线路经过的客运站布置点，确定出控制点。

本项目的具体平面定线过程如下：

从起点 CK0 向西出行后，为 K 大街，此路为城市主干道，线路选择沿此街向西走行。当线路走行到控制点 JD1 时，正北方向依次为和平里东街、樱花园东街、惠新东街三条城市主干道，为使线路沿主干道向终点站方向走行，此处设一半径为 346m 的圆曲线，线路改朝北方前进。在线路进入和平里东街之前首先通过的是一片胡同居民区，但为使线路进入之后几条主干道，线路只好从这片居民区下通过，如图 7-31 所示。

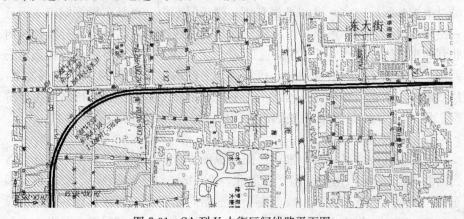

图 7-31 SA 到 K 大街区间线路平面图

线路通过第一个圆曲线及居民区之后，可沿城市主干道一直向北，直到北四环东路。此段为城市繁华地区，线路通过东大街、和平里北、北三环、曹惠路四个大型车站。因为北四环以北已经没有干道，而且终点站在此处东北方向，线路到达北四环时，设置半径为300m的圆曲线，沿北四环东路向东走行，穿过既有线铁路，如图7-32所示。

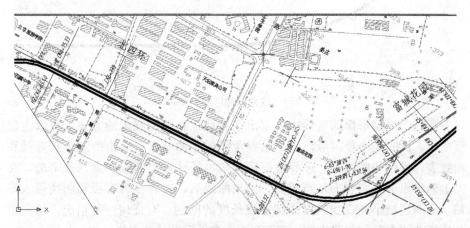

图 7-32　北四环到富城花园区间线路平面图

线路通过既有线铁路之后进入北京市郊区，此处地面建筑稀少，线路向北到达北小河附近，之后沿北小河向东到达机场高速公路。其间线路要经过控制点侯家庄，此处为一大型居民区。到达机场高速公路之后，线路沿公路旁绿化带向东北方向走行，此处设一半径为1009m的圆曲线，如图7-33所示。

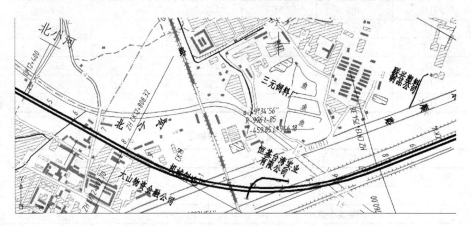

图 7-33　线路进入机场高速处的平面图

线路经过上一圆曲线之后，一直沿机场高速旁的绿化带走行，直到CK22+800处。其间经过北皋村、中苇沟和天竺镇三个人流密集处，各设置了一个车站。此处设置一半径为804m的圆曲线，线路沿机场路向北，经过国际航空技工学校到达终点站首都国际机场，如图7-34所示。

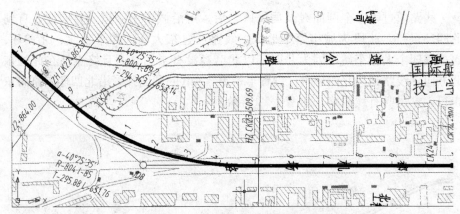

图 7-34 线路最后区间的平面图

在整个线路平面的定线中，定出交点后，利用倒圆角的方法就可以定出圆曲线，设曲线半径时应注意尽量避免用最小曲线半径。由所选半径查缓和曲线表，得缓和曲线长，进而根据转角和半径计算出曲线要素（表 7-6），在图上确定出 ZH 点和 HZ 点位置。绘出曲线后，查看是否有缓和曲线侵入车站、不满足最小夹直线长度或圆曲线长度的问题，有任何一种情况，均需重新选择曲线半径和线路走向。表 7-7 所示为平面设计技术指标表。

平面曲线要素表 　　　　表 7-6

控制点	半径	角度	切线长	缓和曲线长	曲线长
JD1	346	89	338.91	60	596.06
JD2	300	89	299.81	60	530.81
JD3	509	65	328.28	70	652.83
JD4	491	51	237.62	70	512.38
JD5	991	16	137.95	45	319.00
JD6	1009	49	465.85	85	957.42
JD7	996	24	215.57	89	513.72
JD8	1004	31	280.32	85	631.51
JD9	804	40	295.88	85	651.76

平面设计技术指标表 　　　　表 7-7

项　　目	单　　位	线 路 指 标
正线数目	条	2
正线线路总长	km	25.6×2
曲线个数	个	9×2
最大曲线半径	m	1009
最小曲线半径	m	300
车站数	个	15
高架线长	km	6.8×2
高架线占线路总长比例	%	26.56
曲线线路延长	km	5.37×2
曲线占线路总长比例	%	20.98

7.6.3 车站分布和站位设置

1. 车站分布原则

(1) 车站站址要满足城市规划、城市交通规划及轨道交通路网规划的要求，并综合考虑地区的地下管线、工程地质、水文地质条件等情况合理选定。

(2) 车站总体设计要注意与周围环境的协调。

(3) 车站的规模及布局设计要满足路网远期规划的要求。车站是乘客候车及上下车的场所，站台长度、宽度、容量必须满足远期的旅客乘降和疏散要求。车站客流集中，一般都与地面交通有大量的换乘，车站的布局设计应有效的组织人流集散，力求换乘路径便捷，减少乘客的换乘距离，给乘客带来便利。

(4) 选择合适的车站形式。因地制宜，结合地面物业布置车站各类设备的空间，减少用地面积及空间规模，降低造价。

(5) 贯彻"以人为本"的思想。车站需要解决好通风、照明、卫生、防灾等问题，以提供乘客安全、快捷和舒适的乘降环境。

2. 车站分布

线路在通过北四环之前经过北京市繁华地区，因此一千米左右设一站，线路经过北四环之后，一般在居民区设站。

(1) SA 站。线路的始发站，位于北京东直门交通枢纽。车站处于东直门外大街与东直门北大街交汇处，属于城市繁华地段。机场线在此站与地铁 2 号和 13 号线换乘。车站出入口设在东直门桥东西两侧的人行道处。

(2) M1 东大街站。车站处于线路通过护城河之后，东侧是居民区及中国计量协会，西侧是汽车修理部。车站出入口设于和平里东街、和平里南街以及民旺南胡同的交界处。

(3) M2 和平里北站。车站处于和平里北街与和平里东街的交接处，东西两侧距离车站五十米都是密集的居民区，此站可方便附近居民出行。车站出入口设于十字路口南北的人行道处。

(4) M3 北三环站。车站处于和平里东街与城市干道北三环东路相交的路口处，南侧一百米是居民区，北侧一百米是北京中医药大学和北京化工大学，人流密集，此站可方便大学学生及市民的出行。车站出入口设于十字路口南北两侧的人行道上。

(5) M4 曹惠路。车站处于惠新东街与曹惠路相交的路口处，南侧一百米是中国金融学院、中国日报社，北侧一百米是中国石油化工总公司及居民区，此站可方便大学学生、附近单位职工和市民出行。车站出入口设于路口南北两侧人行道处。

(6) M5 北四环站。车站处于北四环东路和育慧南路相交的路口处，西侧一百米左右是北京联合大学、北京旅游学院、西藏中学，东侧二百米左右是天坛家具公司，车站可方便大学及中学的学生出行，也可让市民快捷的到达家具公司购物。车站出入口设在路口东西两侧的人行道上。

（7）M6 富城花园站。车站处于既有线铁路东侧一百多米处，距车站西侧二百多米的富城花园是城市新建的高档居民区，东侧二百米处是普通居民区，此站主要为方便居民区中市民出行而设。车站出入口分别设在距离两侧居民区二百米左右的地方。

（8）M7 侯家庄站。车站处于南湖渠路上，距离南湖区东路三百米，向西三百米是密集居民区，向东三百米是侯家庄，此站可方便车站西侧居民区及侯家庄居民出行。车站出入口设在车站中心两侧一百五十米处，南湖渠路人行道上。

（9）M⑧北小河站。车站处于北小河南侧一百米的绿化带处，向南一百米是密集居民区及衡山木器家具厂，此站可方便居民区市民出行，也可令市民快捷的到达家具厂购物。车站出入口设在距离车站五十米的人行道上。

（10）M⑨（M 村）站。车站处于机场高速东侧的绿化带下，东侧五十米是北皋村及汽车修理厂，此站可方便北皋村中的居民进入市中心或去首都机场。车站出入口设在北皋村西侧出口处。

SA 线西段车站分布结果如表 7-8 所示。

西段车站分布设计结果　　　　　　　　　　　表 7-8

车 站 名 称	平面坐标（x，y）	站间距离（km）
S 站	168.18，2446.93	0
M1（东大街）站	1438.26，3169.30	1.80
M2（和平里北）站	2208.69，3192.89	0.77
M3（北三环）站	3310.06，3227.45	1.10
M4（曹惠路）站	4878.89，3276.48	1.57
M5（北四环）站	6975.45，2894.69	1.10
M6（富城花园）站	8502.32，2700.90	1.71
M7（侯家庄）站	10048.95，2723.42	1.68
M8（北小河）站	12517.60，1683.33	2.70
M9（M 村）站	14287.84，1625.55	1.90

7.6.4　线路纵断面

1. 纵断面定线原则

纵断面定线应按以下原则进行：

（1）纵断面设计要保证列车运行的安全平稳及乘客舒适，此外，地面及高架线还要注意与城市景观的协调。

（2）线路纵断面要结合不同的地形、地质、水文条件、线路敷设方式、埋深或架高要求、隧道施工方法、地上建筑物、基础情况、线路平面条件等，进行合理设计，力求方便乘客使用和降低工程造价。

（3）有条件时应尽可能设计符合列车运行规律的节能坡型，即车站布置在纵断面的凸形部位上，并设计合理的进出站坡。

2. 高程控制概况

表 7-9 和表 7-10 分别是该线路地下线部分和地上线部分的高程控制条件。

高程控制条件（地下部分）　　　　表 7-9

控制物	里程	控制物埋深（m）	覆土厚度（m）	控制埋深（m）	控制高程（m）
东直门车站	CK0+00	6	6	6	36.40
房屋	CK0+450	3	9	12	30.65
房屋	CK1+440	3	9	12	30.77
护城河	CK1+530	2	7	9	33.63
东大街站	CK1+800	6	6	6	36.65
市政管道	CK2+200	2	3	5	37.60
和平里北站	CK2+570	6	6	6	36.40
市政管道	CK2+875	2	3	5	36.90
北三环站	CK3+672	6	6	6	36.50
小月河	CK4+464	3	7	10	32.40
曹惠路站	CK5+242	10	10	10	31.70
西藏中学	CK5+730	3	9	12	29.60
北四环站	CK6+338	10	10	10	30.80
富城花园站	CK8+52	10	10	10	29.90
房屋	CK8+520	3	9	12	27.40
房屋	CK9+85	3	9	12	26.20
侯家庄站	CK9+470	10	10	10	28.15
房屋	CK10+150	3	9	12	25.45
河流	CK11+594	2	5	7	23.00
北小河站	CK12+400	10	10	10	23.40
房屋	CK12+815	3	9	12	20.75
北小河	CK13+570	5	7	12	20.28
北皋村站	CK14+300	3	3	3	28.50
水渠	CK14+595	2	2	4	27.70
东营站	CK15+744	3	3	3	31.70
技工学校站	CK24+100	6	6	6	26.25
低矮房屋	CK25+30	2	5	7	26.13
低矮房屋	CK25+430	2	5	7	27.51
首都机场站	CK25+600	6	6	6	27.70

高程控制条件（地上部分）　　　　表 7-10

控制物	里程	控制物高程（m）	净空高度（m）	控制标高（m）	控制高程（m）
互通立交	CK18+300	36.60	6.5	8	44.60
道路	CK18+810	28.70	6.5	8	36.70
道路	CK19+610	28.10	6.5	8	36.10
地面	CK20+100	23.70	6.5	8	31.70
机场高速	CK22+750	32.90	6.5	8	40.90

3. 纵断面定线

在纵断面的设计中，根据满足所跨越公路、既有铁路、房屋、河流、市政管道建筑界限及覆土厚度的要求，提前定出一些控制点。拉坡时要注意车站尽量使用节能坡型，根据车站的设计埋深及控制点的要求进行纵断面定线。

（1）东直门站——东大街站。该线的起始站，埋深 6m，设计坡度 2‰；东大街站埋深 6m，设计坡度 2‰。该区间段坡段数量为 4 个，分别为：下坡道坡度设计值为 15‰，坡段长度为 430m；下坡道坡度设计值为 3‰，坡段长度为 450m；上坡道坡度设计值为 7.5‰，坡段长度为 400m；上坡道坡度设计值为 20‰，坡段长度为 225m。相邻坡度代数差大于 2‰的变坡点处，需设竖曲线，竖曲线详细计算附后。

（2）东大街站——和平里北站。东大街站埋深 6m，设计坡度 2‰；和平里北站埋深 6m，设计坡度 2‰。该区间段坡段数量为 2 个，分别为：下坡道坡度设计值为 3‰，坡段长度为 240m；上坡道坡度设计值为 3‰，坡段长度为 320m。相邻坡度代数差大于 2‰的变坡点处，需设竖曲线，竖曲线详细计算附后。

（3）和平里北站——北三环站。和平里北站埋深 6m，设计坡度 2‰；北三环站埋深 6m，设计坡度 2‰。该区间段坡段数量为 2 个，分别为：下坡道坡度设计值为 3‰，坡段长度为 430m；上坡道坡度设计值为 3‰，坡段长度为 470m。相邻坡度代数差大于 2‰的变坡点处，需设竖曲线，竖曲线详细计算附后。

（4）北三环站——曹惠路站。北三环站埋深 6m，设计坡度 2‰；曹惠路站埋深 10m，设计坡度 2‰。该区间段坡段数量为 3 个，分别为：下坡道坡度设计值为 4‰，坡段长度为 230m；下坡道坡度设计值为 13‰，坡段长度为 500m；上坡道坡度设计值为 3‰，坡段长度为 650m。相邻坡度代数差大于 2‰的变坡点处，需设竖曲线，竖曲线详细计算附后。

（5）曹惠路站——北四环站。曹惠路站埋深 10m，设计坡度 2‰；北四环站埋深 10m，设计坡度 2‰。该区间段坡段数量为 2 个，分别为：下坡道坡度设计值为 4‰，坡段长度为 450m；上坡道坡度设计值为 3‰，坡段长度为 430m。相邻坡度代数差大于 2‰的变坡点处，需设竖曲线，竖曲线详细计算附后。

（6）北四环站——富城花园站。北四环站埋深 10m，设计坡度 2‰；富城花园站埋深 10m，设计坡度 2‰。该区间段坡段数量为 2 个，分别为：下坡道坡度设计值为 4‰，坡段长度为 870m；上坡道坡度设计值为 3‰，坡段长度为 650m。相邻坡度代数差大于 2‰的变坡点处，需设竖曲线，竖曲线详细计算附后。

（7）富城花园站——侯家庄站。富城花园站埋深 10m，设计坡度 2‰；侯家庄站埋深 10m，设计坡度 2‰。该区间段坡段数量为 2 个，分别为：下坡道坡度设计值为 3.5‰，坡段长度为 9500m；上坡道坡度设计值为 4‰，坡段长度为 600m。相邻坡度代数差大于 2‰的变坡点处，需设竖曲线，竖曲线详细计算附后。

（8）侯家庄站——北小河站。侯家庄站埋深 10m，设计坡度 2‰；北小河站埋深 10m，设计坡度 2‰。该区间段坡段数量为 3 个，分别为：下坡道坡度设计值为 4‰，坡段长度为 200m；下坡道坡度设计值为 11‰，坡段长度为 700m；上坡道坡度设计值为 3‰，坡段长度为 1500m。相邻坡度代数差大于 2‰的变坡点处，需设竖曲线，竖曲线详细计算附后。

（9）北小河站——北皋村站。北小河站埋深 10m，设计坡度 2‰；北皋村站埋深 3m，设计坡度 2‰。该区间段坡段数量为 4 个，分别为：下坡道坡度设计值为 4‰，坡段长度为 200m；下坡道坡度设计值为 16‰，坡段长度为 600m；上坡道坡度设计值为 19‰，坡段长度为 700m；上坡道坡度设计值为 3‰，坡段长度为 200m。相邻坡度代数差大于 2‰的变坡点处，需设竖曲线，竖曲线详细计算附后。

（10）北皋村站——东营站。北皋村站埋深 3m，设计坡度 2‰；东营站埋深 3m，设计坡度 2‰。该区间段坡段数量为 1 个，上坡道坡度设计值为 4‰，坡段长度为 1100m。相邻坡度代数差大于 2‰的变坡点处，需设竖曲线，竖曲线详细计算附后。

（11）东营站——中苇沟站。东营站埋深 3m，设计坡度 2‰；中苇沟站为高架站，架高 9.6m，设计坡度 0‰。该区间段坡段数量为 3 个，分别为：上坡道坡度设计值为 7‰，坡段长度为 2450m；下坡道坡度设计值为 15‰，坡段长度为 500m；平坡道坡度设计值为 0‰，坡段长度为 150m。相邻坡度代数差大于 2‰的变坡点处，需设竖曲线，竖曲线详细计算附后。

（12）中苇沟站——天竺镇站。这两站都为高架站，设计坡度 0‰。该区间段坡段数量为 4 个，分别为：平坡道坡度设计值为 0‰，坡段长度为 650m；下坡道坡度设计值为 10‰，坡段长度为 500m；平坡道坡度设计值为 0‰，坡段长度为 600m；上坡道坡度设计值为 8.5‰，坡段长度为 1050m。相邻坡度代数差大于 2‰的变坡点处，需设竖曲线，竖曲线详细计算附后。

（13）天竺镇站——国际航空技工学校站。天竺镇站架高 12m，设计坡度 0‰；国际航空技工学校站埋深 6m，设计坡度 2‰。该区间段坡段数量为 2 个，分别为：平坡道坡度设计值为 0‰，坡段长度为 800m；下坡道坡度设计值为 20‰，坡段长度为 950m。相邻坡度代数差大于 2‰的变坡点处，需设竖曲线，竖曲线详细计算附后。

（14）国际航空技工学校站——首都国际机场站。国际航空技工学校站埋深 6m，设计坡度 2‰；首都国际机场站埋深 6m，设计坡度 2‰。该区间段坡段数量为 2 个，分别为：下坡道坡度设计值为 3‰，坡段长度为 500m；上坡道坡度设计值为 4‰，坡段长度为 800m。相邻坡度代数差大于 2‰的变坡点处，需设竖曲线，竖曲线详细计算附后。

纵断面设计主要技术指标如表 7-11 所示。

纵断面设计主要技术指标表　　　　表 7-11

项　目	单　位	线路指标
全线坡段总数	个	49
最大坡段地段长度	m	2450
有害坡地段（$i > 4‰$）	m	9005
有害坡地段占线路总长比例	%	35.1

7.6.5　线路横断面

线路横断面设计如下：

（1）线路起点至 M1 段。线路起点至 M1 段，K 大街规划红线宽度为 65m，中央机动车道宽 18m，机动车道两侧各设 4m 绿化隔离带，线路布置在道路中间，SA 站为岛式站，站后设双折返线，地下线采用单洞双线。

（2）M1-M7 段。该段道路规划红线宽度为 60m，中央机动车道宽 20～24m，机动车道两侧各设 4m 绿化隔离带，线路设在 K 大道中央，占用 4m 机动车道。

（3）M7-M8 段。该段道路规划红线宽度为 60m，中央机动车道宽 20m，机动车道两侧各设 4m 绿化隔离带，由于 M7 道口东西两端道路中心错位 6m，线路过 M7 道口后桥墩采用门式墩，设在 K 大道北侧人行道和中央绿化带上。

小结及学习指导

本章学习了城市轨道交通定义及分类，路网线路间的基本关系、路网形态结构基本类型、路网设计影响因素、轨道交通路网设计的技术要点、轨道交通路网设计方法、轨道交通运输能力、线路设计标准、线路走向选择、车站分布，车站分类、中间站设计、换乘站、车辆段与停车场，线路设计实例等知识。通过本章的学习，要求掌握城市轨道交通系统选型原则，路网规划与设计方法、轨道交通线路设计标准、线路走向选择与车站分布原则，了解车站分类，掌握中间站设计方法，通过工程实例，熟悉轨道交通线路设计过程。

思考题与习题

7-1　四阶段交通需求预测系统一般由哪几个子模型组成？简述各子模型的意义。

7-2　简述交通方式划分的基本程序。

7-3　从线路布置方式划分，轨道交通路网可分为哪两种基本类型？试简述各种类型的特点。

7-4　绘图说明城市轨道交通路网的最佳图式。

7-5　简述采用二阶段法进行城市轨道交通选线的基本步骤。

7-6 简述轨道交通车站分布的原则。

7-7 何为轨道交通换乘站？按换乘方式划分，换乘站可分为哪几种形式？

7-8 设某一小区的面积为 $4km^2$，假定其未来各类规划设施的占地面积如表题 7-8 所示，试对该小区的出行生成进行预测。

小区各类土地利用的平均出行产生率 表题 7-8

序号	设施分类	占地面积 $Q_{i,j}$（$10^6 m^2$）	平均出行产生率 U_i（出行次数/m^2）
1	住宅	1.0	0.01317
2	商业	0.8	0.06015
3	娱乐	0.2	0.05917
4	医疗卫生	0.2	0.02304
5	交通运输	0.1	0.00451
6	机关	0.1	0.02639
7	文教	0.4	0.04693
8	工厂	1.2	0.00900

7-9 根据资料统计回归的某市的一个出行产生回归模型为：

$$G_i = 247 + 1.398Q_{i,1} + 1.078Q_{i,2} + 0.1125Q_{i,3}$$

式中 G_i——i 小区的出行产生量（次数）；

$Q_{i,1}$——i 小区的总人口（人）；

$Q_{i,2}$——i 小区的事务所人数（人）；

$Q_{i,3}$——i 小区的商业及事务所占地面积（m^2）。

若该市某一小区的将来预测年度总人口为 5 万人，事务所人数为 3 万人，商业及事务所占地面积为 $2\times10^6 m^2$ 的话，预测该小区的出行产生量。

7-10 某轨道交通线路采用定员为 160 人的车辆，列车编组为 7 节车，列车发车间隔为 100s，计算该轨道交通线的输送能力。

7-11 假定各参数取值如下：$L=6000m$，$A=144m$，$B=24s$，$V=16m/s$，$S=20s$，$T=D/4m$，$F=1m/s$；求最优距离 D。

7-12 绘图说明轨道交通中间站常采用的三种图形。

参 考 文 献

[1] 易思蓉主编. 铁路选线设计. 3版 [M]. 成都：西南交通大学出版社，2009.

[2] 郝瀛主编. 铁路选线设计 [M]. 北京：中国铁道出版社，1987.

[3] 易思蓉主编. 铁道工程. 2版 [M]. 北京：中国铁道出版社，2009.

[4] 王炜等著. 城市交通规划 [M]. 南京：东南大学出版社，1999.

[5] 田鸿宾等编. 世界城市地下铁道 [M]. 北京：中国铁道出版社，1998.

[6] 叶霞飞，顾保南. 城市轨道交通规划与设计 [M]. 北京：中国铁道出版社，1999.

[7] 孙中央编著. 列车牵引计算规程使用教程 [M]. 北京：中国铁道出版社，1999.

[8] 彭俊彬. 动车组牵引与制动 [M]. 北京：中国铁道出版社，2007.

[9] 徐瑞华. 轨道交通系统行车组织 [M]. 北京：中国铁道出版社，2005.

[10] 李芾等. 高速动车组概论 [M]. 成都：西南交通大学出版社，2008.

[11] 闪耀兴等. 既有铁路列车提速 [M]. 北京：中国铁道出版社，1997.

[12] 铁道第三、四勘察设计院主编. 新建时速 200～250 公里客运专线铁路设计暂行规定（上、下）[S]. 北京：中国铁道出版社，2005.

[13] 铁道第三、四勘察设计院主编. 高速铁路设计规范 [S]. 北京：中国铁道出版社，2014.

[14] 中华人民共和国铁道部. 铁路线路设计规范 [S]. 北京：中国计划出版社，2006.

[15] 中华人民共和国铁道部. 铁路线路修理规则 [S]. 北京：中国铁道出版社，2006.

[16] 铁道科学研究院主编. 新建时速 200 公里客货共线铁路设计暂行规定 [S]. 北京：中国铁道出版社，2005.

高等学校土木工程学科专业指导委员会规划教材（专业基础课）
（按高等学校土木工程本科指导性专业规范编写）

征订号	书　名	定价	作　者	备　注
V21081	高等学校土木工程本科指导性专业规范	21.00	高等学校土木工程学科专业指导委员会	
V20707	土木工程概论（赠送课件）	23.00	周新刚	土建学科专业"十二五"规划教材
V22994	土木工程制图（含习题集、赠送课件）	68.00	何培斌	土建学科专业"十二五"规划教材
V20628	土木工程测量（赠送课件）	45.00	王国辉	土建学科专业"十二五"规划教材
V21517	土木工程材料（赠送课件）	36.00	白宪臣	土建学科专业"十二五"规划教材
V20689	土木工程试验（含光盘）	32.00	宋　彧	土建学科专业"十二五"规划教材
V19954	理论力学（含光盘）	45.00	韦　林	土建学科专业"十二五"规划教材
V20630	材料力学（赠送课件）	35.00	曲淑英	土建学科专业"十二五"规划教材
V21529	结构力学（赠送课件）	45.00	祁　皑	土建学科专业"十二五"规划教材
V20619	流体力学（赠送课件）	28.00	张维佳	土建学科专业"十二五"规划教材
V23002	土力学（赠送课件）	39.00	王成华	土建学科专业"十二五"规划教材
V22611	基础工程（赠送课件）	45.00	张四平	土建学科专业"十二五"规划教材
V22992	工程地质（赠送课件）	35.00	王桂林	土建学科专业"十二五"规划教材
V22183	工程荷载与可靠度设计原理（赠送课件）	28.00	白国良	土建学科专业"十二五"规划教材
V23001	混凝土结构基本原理（赠送课件）	45.00	朱彦鹏	土建学科专业"十二五"规划教材
V20828	钢结构基本原理（赠送课件）	40.00	何若全	土建学科专业"十二五"规划教材
V20827	土木工程施工技术（赠送课件）	35.00	李慧民	土建学科专业"十二五"规划教材
V20666	土木工程施工组织（赠送课件）	25.00	赵　平	土建学科专业"十二五"规划教材
V20813	建设工程项目管理（赠送课件）	36.00	臧秀平	土建学科专业"十二五"规划教材
V21249	建设工程法规（赠送课件）	36.00	李永福	土建学科专业"十二五"规划教材
V20814	建设工程经济（赠送课件）	30.00	刘亚臣	土建学科专业"十二五"规划教材